2020-8-12

Para Ignacio Roble
De Esteban

Gracia

CRUZANDO EL OCÉANO A PIE

Estéban Gerbacio

Cruzando el océano a pie

Vérité editorial Group
Casa editorial de autopublicación y distribución de libros de la República Dominicana
Av. Lincoln Esq. 27 de Febrero, Distrito Nacional, Rep. Dom.
Teléfono: 1 809 287 5520 / WhatsApp: 1 829 814 4961
info@editorialverite.com / www.editorialverite.com

Diseño de portada: Alexander Beras
Corrección: Karen Valencia Díaz / Angel Ciprian
Edición & Diagramación: Osmary Morales

Pintura de la portada: Oksana Zhelisko
www.zheliskoart.com

ISBN: 978-9945-8-0732-5

Primera edición
Santo Domingo – Republica Dominicana 2020

DEDICATORIA

Agradezco inmensamente a todas esas personas, que, de alguna forma, hacen parte de esta historia y que hicieron grandes aportes para que mi vida fuera lo que yo soñé que fuera.

Pero no puedo decir solo gracias sin hacer mención a: Santa Faviana De la Cruz, que con su amor hizo posible que yo no me sintiera solo cuando más lo necesité, gracias.

También debo mencionar con orgullo a mi sobrino Fraylin Linares por su lealtad, sumamente agradecido con él.

Mis dos amores, mis dos razones de ser, quienes tienen mis pensamientos ocupados todo el día, ellos son mis dos hijos: Leonardo Matthew Gerbacio y Enrique Liam Gerbacio.

ÍNDICE

PREFACIO 7

LA TRAGEDIA 9

RECUPERACIÓN EN MEDIO DE LA TRISTEZA 24

LA GUERRA POR SOBREVIVIR 45

LAS HISTORIAS DE PAPÁ 59

EL DESAFÍO DE LA NIÑEZ 83

EL REGRESO 93

MI VIDA EN EL BARRIO 103

LA BODA DE IVET 120

LA IRRESPONSABILIDAD 133

SEGUNDA PARTE 141

UN ADIÓS TRISTE 153

MI PRIMER SUELDO 161

UN AMOR NO CORRESPONDIDO 170

LA MUERTE ACECHA 189

HERMANO O ENEMIGO 199

UNA MAÑANA GRIS 220

AMOR PELIGROSO 236

LA DECISIÓN 267

LA MENTIRA 302

UNA INVITACIÓN 314

EPÍLOGO 332

PREFACIO

Mi niñez la recuerdo de una manera simple.

Mis únicas preocupaciones eran pensar cómo mejorar mi carro hecho de madera; rodar una llanta de carro, golpeándola con un pedazo de madera; perderme horas en pequeños riachuelos donde solo el viento y los cantares de las aves me acompañaban.

Jugar todas las tardes con las canicas y a la pelota con mis amiguitos. Me encantaba montar caballos y perseguir las vacas para enlazarlas.

En la iglesia católica a la que mis padres me llevaban descubrí que tenía talento para la actuación por un papel que hice en una obra del niño Jesús; desde esa ocasión la gente me decía que debía estudiar para ser actor. Por eso, cuando mis padres me llevaron a vivir a la ciudad busqué por todos los medios perseguir ese sueño, y lo conseguí, logré estudiar actuación y realización de guiones, y también aprendí a ser un camarógrafo para televisión.

Este libro, no es solo una linda forma de plasmar mi historia de vida, sino que también es el resultado de mis conocimientos como guionista.

Capítulo 1
LA TRAGEDIA

Un jueves del 2007

Todo parecía indicar que era un día normal, cuando el reloj marcó las ocho de la noche le di fin a mi trabajo del día y comenzó mi segundo trabajo, el de la noche.

Monté mi carro, un *Toyota Corolla* modelo 86 de color rojo que conducía en ese tiempo. Antes de poner el carro en movimiento recordé que tenía que pagar la base del taxi para poder salir a trabajar, o "copiar", como decíamos entre nosotros los taxistas: "copio, copio"; está demás contarles a qué me dedicaba en las noches.

La noche estaba pesada, el tráfico atorado y había un calor agobiante; el transporte público estaba, como siempre, desorganizado y ruidoso, era una de esas noches raras, donde por la experiencia del trabajo ya sabía que sería una jornada difícil para conseguir algo de dinero.

Me dirigí al punto número uno, ya que las localidades de espera de los que trabajábamos en el transporte privado de taxis se identificaban por números. Después de tres horas de larga espera para tener un servicio, la base se comunicó conmigo para asignarme uno y me mandó a la dirección 55 del sector Vista Bella; me dirigí con rapidez porque corría el riesgo de que me multara la compañía o de que alguno de mis compañeros adivinara la ubicación del servicio y se lo llevara de manera informal.

Como siempre lo hacía, llamé a mi cliente para establecer contacto formalmente y después de saludarlo le pregunté a qué dirección lo llevaría, me dijo que al Residencial Remanso del mismo sector de Vista Bella. En ese momento pensé que ese servicio no me convenía puesto que yo esperaba uno de esos viajes largos hacia la ciudad con los que a mi regreso a Villa Mella pudiera traer otro cliente y así ajustar mi noche.

Diez minutos más tarde, después de abordar al pasajero, lo estaba dejando en su destino final, en verdad el trayecto había sido muy corto. Me regresé al punto número uno porque la noche aún era joven y tenía tiempo suficiente para conseguir otro cliente. Esperé pacientemente, pero el tiempo no se detuvo, así que cuando miré el reloj había esperado por más de tres horas y eran las 2:00 a.m., decidí marcharme a casa a descansar.

Como era costumbre cada noche, estacioné mi carro en el sitio asignado y me dirigí al pequeño cuarto donde dormía que estaba ubicado detrás de la casa de mi padre. Ellos estaban profundamente dormidos, la noche estaba muy oscura y el pequeño pasillo que debía recorrer hacia mi cuarto no tenía ningún tipo de iluminación, pero de tanto caminarlo ya sabía dónde estaban los obstáculos con los que podía tropezar.

En medio de la oscuridad, adiviné la llave que abría el candado de mi cuarto. Al entrar, mi siguiente paso era prender un bombillo que colgaba en medio de la habitación, solo que para encender la luz debía halar una cadenita con el peligro de tocar los alambres eléctricos que conducían la corriente al bombillo, estaban en mala condición y muy desorganizados, por lo que mi temor era equivocarme y que en lugar de tirar de la cadena, halara los cables y me electrocutara.

Con la luz encendida, miré con tristeza mi realidad, mis condiciones de vida. El espacio de la habitación apenas daba para tener la cama. Una parte de mi ropa colgaba en una soga que amarré de una esquina a otra, y la otra parte estaba arriba de mi cama. Así que me acomodé a un lado de la cama para por fin dormir unas horas. No pasaron tres minutos cuando escuché un carro que se estacionaba en el parqueadero, era mi hermano Leoncio.

Leoncio también se dedicaba en las horas de la noche a trabajar en el taxi y en el día laboraba en su negocio, una peluquería en la que yo también trabajaba, pero con la diferencia de que yo era su empleado. Él era un pequeño empresario al que le iba muy bien, de hecho, en esa semana iba a inaugurar su segundo negocio, una cafetería que quedaría ubicada en la planta baja de donde estaba la barbería, así lograría atraer como clientes a los estudiantes de una escuela secundaria que nos quedaba al frente.

La fecha de apertura estaba pautada para el sábado de esa misma semana, él le atribuía su gran progreso a que era un hombre de Dios con buenas costumbres dentro del mundo religioso, era cristiano pentecostal.

Los pensamientos retumbaban en mi cabeza porque ese día en la mañana fui yo quien abrió la peluquería, y me encontraba barriendo cuando, de repente, escuché una voz que saludó en la puerta, al darme vuelta vi que era la vecina del negocio de al lado, ella tenía un pequeño comedor, o sea una fonda, como le llamaban a esos pequeños negocios que vendían comida tradicional del país.

Era una mujer de piel muy morena, de cabello mal arreglado y de unos ojos rasgados como chinos; agregando, además, que su apariencia siempre era la de alguien descuidada, como abandonada. La invité a que pasara y tomara asiento, ella me dijo que su visita sería breve y que prestara atención a lo que iba a decirme; recuerdo que cuando miré su rostro parecía la de una vaca cuando le quitan a su becerro, allí supe que algo andaba mal. Le pregunté qué le pasaba y no contestó, recorrió con su mirada todo el lugar, como si buscara algo que le perteneciera.

—Oye —habló entonces—, dile a tu hermano que si pone ese negocio de la cafetería, se va a arrepentir.

Me atemorizó mucho y no dudé de su amenaza. Le creí por la forma y la seriedad con la que lo había dicho; cuando terminó, se dio vuelta y se marchó como si estuviera loca o sumamente perturbada.

La vida de esta mujer era una lucha consigo misma, mantenía a sus cuatro hijos que no tenían papá, y por sus apariencias, se notaba que tenían problemas económicos. El día a día se le iba tratando de vender un plato de comida que para mí nunca fue el mejor bocado que hubiese probado, tenía muy mal sabor, aunque quizás sus clientes si lo disfrutaban, o quizás, les gustaban más sus precios tan baratos.

Yo seguía pensando y no le veía la lógica a todo eso porque mi hermano y ella habían sido muy amigos en el pasado, sin embargo, entre los dos también había una gran diferencia de valores y comportamientos, mi hermano era muy dado a los principios de Dios y ella a los del Vudú debido a que su procedencia era de Haití.

Pensaba en las mañanas que nos la pasábamos increíble con cada ocurrencia y hablando de los cuentos de los clientes, pero esa mañana todo parecía ser muy diferente.

Aunque mi hermano era un hombre muy cristiano, recuerdo que siempre se afanaba porque a sus treinta años no había tenido una novia. Su debilidad eran las mujeres blancas, creo que buscaba lo contrario a él, ya que era de piel muy morena, tenía una genética de negro africano muy marcada, pero cuando de conquistar una mujer se trataba no le salía bien, era muy inseguro de sí mismo y se la pasaba preguntándonos cómo hacíamos cuando conquistábamos a una. Esto causaba la risa de todos, pero yo esperaba el momento de estar a solas con él porque su situación me causaba pena y tristeza. Así que le decía cómo debía portarse ante una dama para conquistarla, no obstante, todos los esfuerzos fueron en vano puesto que nunca lo vi disfrutar del amor de una mujer.

A pesar de todo, lo admiraba mucho por la forma en que resolvía cada problema que le llegaba; aunque en ocasiones se le complicaban las cosas, como a todos nos pasa, siempre encontraba la forma de salir adelante.

La visita de esa mujer me dejó caprichoso, nervioso y pensativo, le dio un giro total a mi día, yo que había llegado con mucha actitud como siempre ese día a trabajar. Estuve esperando toda la mañana a Leoncio, quien no llegó a la hora acostumbrada y fue muy desesperante porque quería verlo para comunicarle lo sucedido.

Los clientes que atendí notaron que algo me ocurría porque no estaba bromeando con ellos como acostumbraba y hasta me preguntaron si algo me pasaba, les dije que no, que todo estaba bien y para ocultarles mi mal humor opté por poner música aunque estuviera prohibido ponerla, mi hermano la llamaba: "música mundana", ya que por su religión solo escuchaba emisoras de alabanza a Dios.

Al cabo de la cinco de la tarde, vi que se acercaba un carro *Honda Accord* verde olivo, era el coche que conducía Leoncio, fue un alivio porque ya quería "soltar la sopa", como dicen cuando tienes algo que contar o eres hablador; pues al fin salió del coche y saludó en la puerta con esa sonrisa amable que era parte de su personalidad, lo definía el ser gentil y vivir alegre.

Cuando Leoncio reía su boca le cubría todo el rostro, las comisuras de sus labios casi tocaban sus orejas; se dirigió hacia la radio y puso su emisora cristiana, lo vi muy contento, estaba feliz aunque no era raro en él, yo sabía que era por lo de su negocio nuevo que estaba casi listo, sabía que la noticia que le iba a dar no sería buena, pero también sabía que él no iba a hacer caso a las palabras de esa persona porque él no creía en nada más que en Dios; yo, por el contrario, sí le temía a eso de la brujería porque sabía que todo era posible en este mundo.

Acabamos de pasar la tarde entre risas y cuentos con los clientes. A pesar de que mi sonrisa no salía a flote de forma normal, trataba de estar en ambiente con ellos para no verme grosero ante mi hermano y dichos parroquianos. Por fin, llegó la hora de cerrar, 8:30 p.m., era el momento para hablar a solas con mi hermano, pero recuerdo que llevaba mucha prisa porque se le hacía tarde para ir a la iglesia, comenzó a cerrar con rapidez y yo empecé a hablar rápido para que me escuchara. Le dije que la vecina de la cocina había ido para dejarle un mensaje.

—"Dile a tu hermano que si pone ese negocio se va a arrepentir…" —repetí las palabras de la mujer.

Vi la expresión en su rostro, se mostró muy relajado y confiado, sonrió un poco y movió la cabeza a ambos lados.

—¿Qué puede pasar o qué puede hacerme? No puede impedirlo, ya está todo listo para inaugurarlo el sábado —dijo. Tomó sus cosas y se marchó con un paso rápido.

Yo lo seguí hasta su carro, cuando llegué a la puerta Leoncio estaba listo para irse, yo me puse enfrente de él y muy serio le dije:

—No hay necesidad de buscarse problemas con esa señora, por favor, no pongas ese negocio, te puede traer inconvenientes, acuérdate de que existe mucha maldad y todo es posible.

Mi hermano sonrió.

—Confía en el señor, tu Dios, y nada te pasará —dijo.

Arrancó su coche y mirándome por el retrovisor me hizo un ademán con su dedo índice en señal de que todo estaba bien. Me quedé pensativo y mirando la parte trasera de su carro hasta que ya no vi más la luz roja que se perdió a la distancia.

No sé exactamente en qué momento de mis pensamientos me quedé por completo dormido, no sé cuánto tiempo transcurrió, pero de repente una voz desesperada y fuerte interrumpió mi sueño gritando mi nombre.

—¡Esteban, Esteban, despierta!

Asustado, salté de la cama, tomé una toalla, me envolví en ella como cuando vas a tomar un baño y salí corriendo; era mi padre que me llamaba, le pregunté qué pasaba, me dijo atónito:

—Los carros, los carros están ardiendo en fuego.

Ahí vi a mi hermano que llevaba una cubeta de agua, me abrí paso como pude entre la multitud de vecinos que estaban allí, unos mirando y otros ayudando a apagar el fuego. Cuando llegué a donde estaban los coches no podía ver bien porque el humo era demasiado espeso. Entre agua, arena y la ayuda de más de cincuenta personas logramos apagar el fuego; apartamos los carros, me quedé observando el mío, estaba totalmente quemado por delante, al igual que el de mi hermano.

Todo estaba bajo control, pero a un vecino se le ocurrió sacar el tanque de GLP gas propano de mi coche porque, según él, podía explotar con el calor, yo le hice caso y fuimos a sacarlo. Estaba muy pesado y era difícil, lo halábamos con fuerza y no podíamos, mi hermano se acercó a ayudar, luchamos tanto para sacar el tanque que se disparó la válvula y se esparció el gas por todos lados, nuestra desesperación fue mayor, me volteé hacia mi hermano, pero no lo podía ver porque el gas no nos dejaba, aunque sí podía escuchar su voz que me decía:

—Cuidado, el carro se puede incendiar…

No terminó de decirlo cuando vi una ráfaga de fuego que venía del motor, escuché una explosión, mi cuerpo se encendió totalmente, corrí por toda la calle tratando de apagarme, vi que mi hermano rodaba por el suelo, él estaba en llamas también, corrí hacia la casa, la toalla ya no estaba en mi cuerpo, estaba desnudo, mi papá desesperado quiso arrojarme una cubeta de agua para aliviar mi ardor.

—¡No puedo apagarme! —grité.

Ya no tenía fuego en mi cuerpo, pero sentía como si todavía ardiera en candela. Una vecina me agarró y me llevó a un carro que estaba estacionado, quizá era de uno de los que miraban o de los que ayudaban a apagar, no lo sé, solo sé que me llevaron a toda prisa a la unidad de quemados que estaba en el Hospital Moscoso Puello, en la ciudad de Santo Domingo, en República Dominicana; aún sentía mi cuerpo ardiendo cuando llegamos al hospital. Me llevaron en silla de ruedas y me sorprendí cuando vi que también a mi hermano lo llevaban en una igual; al fondo de la sala de emergencia se escuchaban los doctores discutiendo sobre la disponibilidad de una sola cama para cirugías y que nosotros éramos dos, entonces escuché que mi hermano habló.

—Éntrenlo a él primero que él está más quemado que yo.

Me llevaron a la sala que estaba a una temperatura helada, se sentía un frío muy fuerte. Era un cuarto pequeño, me acostaron en una cama boca arriba, miré el techo y vi tres luces en forma triangular y de ellas se desprendía un tubo que una enfermera puso en mi nariz mientras que otra me preguntaba cómo me llamaba, qué día de la semana era, eso fue lo último que escuché, de ahí no supe nada más.

Una luz resplandeciente me condujo por un camino estrecho y solitario del que, después de caminar por horas, aparecí en un lugar conocido para mí, era un barrio muy cercano a mi casa llamado La 28, pero todo era muy diferente, las calles estaban extremadamente limpias, no había basura, olía a perfume de rosas frescas; de repente, vi un grupo de personas conversando entre sí, vestían de un blanco tan radiante que alcanzaban a cegarme; por el movimiento de sus labios y la atención que se daban entre ellos, supe que hablaban de algo importante, me acerqué para escuchar mejor, pero no oía nada, ni una palabra, era como si no existieran porque allí solo reinaba un profundo silencio.

Seguí caminando, doblé una esquina y pude leer un aviso de la calle que decía: "Calle David". Frente a mí, a una distancia de veinte metros aproximadamente, vi el tronco de un árbol muy grande que estaba en el suelo, allí había un joven sentado con la cabeza apoyada en sus rodillas, el chico me llamó la atención porque era el único que no vestía de blanco, tenía una bata gris grande que cubría todo su cuerpo y con el viento que soplaba fuerte se le movía hacia atrás, dejaba ver algo que parecían alas. Cuando me acerqué me reconoció.

—¿Qué buscas aquí?, tienes que irte, este no es lugar para ti.

Yo también lo reconocí y le hablé, pero por sus gestos noté que no me escuchaba, le hice una pregunta y no reaccionaba, entonces me di cuenta de que mi voz no se escuchaba, me desesperé y le grité más fuerte, me sentía impotente porque en ese lugar él era la única persona que yo podía escuchar, pero él a mí no.

A su lado había una cajita cuadrada que llamó mi atención porque comencé a escuchar que venía de ella un ruido como un: "ti, ti, ti, ti, ti, ti,", en ese momento dos mujeres vestidas de blanco con tapabocas y gorros azules me hablaron, me sorprendí porque podía entenderles, les hablé desesperado y fue una alegría inmensa para mí porque también me entendían, me dijeron:

—¿Cómo te sientes? —me preguntaron.

—Bien —contesté—, pero siento mi cuerpo muy grande y la cabeza como la de un monstruo, ¿qué me pasó? ¿Por qué ustedes si me pueden entender y las otras personas no?

Ellas no contestaron mi pregunta; después, una de ellas metió una tablita debajo de mis axilas y la otra puso algo en mi pecho, estaba muy frío, en ese momento entendí que estaba en la sala de un hospital.

Miré a mi alrededor y vi en un letrero en la pared que decía SALA NUEVE, había un televisor frente a la cama, dos tanques de oxígeno a mi lado, mi boca tenía una máscara que venía de los tanques de oxígeno, y vi una caja cuadrada que hacía el mismo sonido que escuché antes, sonaba igual todo: "ti, ti, ti, ti". La cama donde descansaba mi cuerpo tenía una forma curvilínea, tenía una luz muy caliente a mi espalda y unos trapos color crema que envolvían todo mi cuerpo, quizás por eso tenía la sensación de que estaba gigante.

No sabía qué día era, ni qué hora, ni la fecha, pero sí sabía que no era de noche porque una ventana de cristal quedaba de frente a mi cama y entraba una luz muy clara que me mostraba que era de día. Una de las dos mujeres que me acompañaban tomó una jeringa e inyectó algo al suero que colgaba al lado de la cama y que, a su vez, estaba conectado a mi brazo izquierdo. Vi como pasaba un líquido por el tubo que se dirigía a mi brazo y en unos dos minutos sentí que mi cuerpo temblaba sin control, veía que todo se movía a mi alrededor, luego desaparecía todo en el lugar y el espacio se convirtió en una oscuridad profunda. De pronto, se encendió el televisor y comenzaron a pasar un programa de un concurso que pertenecía al hospital.

El concurso se trataba de que cada número de sala se iba a meter en una bolsa y a la sala que ganara se le entregarían cien mil pesos. Empezó el concurso y dijeron que las salas que iban a concursar eran las número cinco, seis, ocho, cuatro, diez y nueve, y que solo habría un ganador. Sacudían la bolsa hacia arriba y hacia abajo, entró una mano y sacó un número, todo estaba en silencio, una voz dijo la sala ganadora, "es la *sala nueve*". Me quedé en *shock*, quería moverme, brincar, reír, pero no podía. Miré hacia la puerta y se acercaba una joven como de veinte años, de piel morena con una cara bonita, traía una charola con comida, me preguntó que por qué estaba tan feliz y a qué se debía la sonrisa, le contesté:

—Porque soy el ganador —Su rostro reflejó confusión.

—Voy a subir su cama para que coma —me dijo—, porque pronto va a tener visitas.

Comí con prisa porque estaba ansioso, quería ver a alguien conocido y al no saber quién llegaría me daba mucha emoción. Podía ser mi novia con quien llevaba seis años de relación y con quien en ocasiones me quedaba en su casa. Ella era una morena de ojos oscuros, de cara redonda, graciosa y bonita, usaba unas extensiones de cabello muy largas que la hacían ver un poco más adulta de lo que era, tenía un cuerpo voluminoso, todo en su lugar. Su forma de vestir le daba un toque sensual que me gustaba mucho.

Al cabo de diez minutos, alguien empujó la puerta, volteé y era mi hermana Mariza, la menor de diecinueve años, de cuerpo muy delgado, cara perfilada, tez algo morena, boca grande y dentadura muy blanca.

—¿Cómo estás manito, cómo te sientes? —me preguntó.

Vi en sus ojos una tristeza muy profunda, su tono de voz era débil, me contagié de su tristeza y bajaron por mi rostro dos lágrimas, le contesté que estaba bien y estable. Luego le pregunté por Leoncio, no dudó en contestar, sonrió y dijo que estaba muy bien; su sonrisa me transmitió alegría y emoción.

—Guarda bien el boleto —le dije—, no lo dejes perder que con ese dinero voy a comprar mi carro nuevamente —Con su rostro me preguntó de qué hablaba, así que le dije—: El boleto de los cien mil pesos —Ahí cambió su rostro y sonrió.

—Ah, sí, ahí lo tengo guardado.

Mientras hablábamos me iba dando de comer unas frutas que me llevó. Cambiamos de tema y comenzó a hablarme de ella y de mi familia, me contó que todo estaba bien, que me extrañaban mucho y que preguntaban a diario por mí, y que Carolainy estaba muy triste y no paraba de llorar. Terminó diciéndome que estaban haciendo los arreglos para que nos dieran de alta y que harían fiesta en la casa cuando llegáramos. Cuando se marchó me quedé triste.

Miré la ventana y vi que oscurecía, ya entraba la noche. Recibí visitas de enfermeras y doctores toda la noche. No podía dormir por varias razones, una de ellas por el dolor inmenso que invadía mi cuerpo, la otra, por los pacientes vecinos que con sus lamentos se escuchaban por todo el hospital. Mis ojos no se cerraron hasta las siete de la mañana cuando entró una enfermera a la habitación.

—Te van a poner otra dosis para que te tranquilices —me dijo.

Pregunté qué era eso porque me sentía raro cuando me lo aplicaban, me dijo que era morfina y que me la ponían para que se me calmara el dolor y para que durmiera, asentí con un movimiento de cabeza, mi cuerpo reaccionó de inmediato a la inyección; comencé a temblar, en ese momento me limpiaba las heridas el doctor Mojica y una enfermera que lo acompañaba; sentía el dolor más grande que podía soportar un ser humano, vi como quitaban todas las gasas, a las que llamé: "trapos de color crema". A medida que las quitaban, iba cayendo sangre de manera alarmante, me sentí débil y con la boca reseca, el dolor me llegaba al corazón. La enfermera al ver mi agonía y desesperación me dio una sábana para que la mordiera y resistiera el dolor; esto duró unos veinticinco minutos que para mí fueron como dos horas.

De repente, vi que el doctor se convirtió en un monstruo de tres cabezas gigantes y la enfermera tenía los ojos de color rojizo como el fuego, sentí pánico y busqué ayuda a mi alrededor, pero solo vi a cinco pacientes. Le grité con todas mis fuerzas al que estaba a mi lado.

—¡No dejes que ese señor te ponga esa inyección, está infectada!

Volví y grité, pero fue en vano porque ya los había inyectado a todos, cuando llegó hasta mí, grité tan fuerte que llamé la atención de todos los doctores y enfermeras del hospital. Me di cuenta de que todos tenían los ojos puestos en mí como si fuera yo el asesino de la inyección.

Entre todos ellos reconocí la cara del doctor Mojica, era muy joven, su estatura era como de unos 5.8 pies, de piel blanca, pelo lacio, ojos claros; el típico dominicano proveniente del norte del país, era muy buen ser humano como lo era también en su carrera profesional, también digo esto porque era el único que sufría mi dolor, pues al limpiar mis quemaduras lo hacía muy despacio, como para reducir, con su paciencia, el sufrimiento que causaba el proceso. Mientras lo hacía, me conversaba como para distraerme.

A diferencia del doctor Mojica, me doy cuenta de que hay personas que estudian una carrera determinada y solo aprenden la teoría, conocimientos que algún maestro les enseñó a la fuerza porque tenían que pasar los exámenes y ganarse un diploma de graduación, pero no porque tuvieran vocación de servicio. Lo digo con mucho dolor y sentimiento porque me acuerdo de una enfermera que solía limpiar mis heridas, o más bien, lastimar mis heridas.

Esta persona siempre se mostraba enojada, como si estuviera peleada con su vida, y tampoco lucía bien físicamente. Siempre que me atendía lo hacía con tanta agresividad que me hacía dudar de si para ella, yo era un ser humano o un animal, quitaba las gasas que cubrían mis quemaduras sin piedad, y aunque yo trataba de hacerme el fuerte, mis lágrimas caían sin que pudiera detenerlas. Y cuando el dolor ya era insoportable, mi llanto salía a flote; cuando eso pasaba esa loca me amenazaba con lastimarme más, por lo que no tenía otra opción que aguantar en silencio y suplicarle de la forma más calmada y decente que limpiara mis heridas con un poco más de suavidad porque no resistía el dolor. A ella lo único que se le ocurría era poner un pedazo de sábana en mi boca para que la mordiera duro mientras me limpiaba y de esa manera soportara el padecimiento, según ella. Estaba demente.

Cuando me rodearon todos los doctores, agarré como pude un brazo de Mojica y le supliqué con llanto y desesperación:

—Sáqueme, sáqueme de aquí señor Mojica, hay un hombre que está infectando a todos los pacientes, por favor no me deje aquí.

Vi que se miraron entre ellos como si yo estuviera loco, ahí escuché a Mojica hablar.

—Tranquilízate, aquí no hay ningún hombre como el que tú dices, esos son los efectos de la morfina que te ponemos para calmar el dolor.

Quise dudar de sus palabras, pero a la vez le creía porque su forma de ser como persona y como profesional no le permitía mentir. Allí caí en cuenta y le pregunté:

—¿Qué me dice de los cien mil pesos que me gané con la rifa que hicieron con todos los pacientes y que solo yo resulté ganador?

No me contestó, solo me miró con pena y compasión, llevó su mano a mi frente y me dio unos golpecitos con cariño.

Todos se marcharon y me quedé pensativo, retrocedí en el tiempo lo vivido en el hospital y confirmé yo mismo que todo era parte del efecto que me causaba la droga y que lo sucedido eran alucinaciones; que estaba en la sala de un hospital y que me había quemado junto a mi hermano en un terrible accidente. ¡Que más habría dado porque eso también hubieran sido alucinaciones causadas por la morfina!

La incomodidad que me causaba estar acostado en una misma posición boca arriba me hacía extrañar lugares que nunca tuvieron importancia para mí, que no eran relevantes o no tenían sentido en mi vida. Después de lo sucedido era como un emigrante en la orilla del océano, mirando el horizonte, suponiendo que en esa dirección estaba la tierra que me había visto crecer y donde había dejado huella de mi primer beso. El lugar que más extrañaba era una esquina del balcón, se encontraba en la parte de atrás de la casa de mi novia, a la derecha de la puerta y tenía vista hacia los árboles, ese sitio era muy fresco y hacía sombra a diferencia del resto de la casa que hacía un calor insoportable de más de 30 grados centígrados.

Recordaba ese lugar como el más cómodo para hacer la siesta después de una buena comida. Tanto tiempo que estuve allí, tanta comida rica que probé en esa casa, y nunca hice la siesta, tuve que esperar a estar como estaba para saber que ahí mi cuerpo estaría a gusto, tendido sin preocupación alguna y que conseguiría el sueño más profundo y reparador que jamás habría podido tener. Esa reflexión me hizo prometerme a mí mismo que saliendo de ese horrible lugar mandaría a hacer la comida más sabrosa que pudiera preparar un chef profesional y que comería hasta reventar de la llenura y después iría a ese lugar, acomodaría un cojín bien abullonado debajo de mi cabeza y dormiría hasta que fueran a buscarme.

De esto, le platiqué a mi novia cuando me visitó por primera vez. En el hospital las visitas eran controladas y a mi familia le tocaba dividirse en dos días y solo entraba una persona por visita. Cuando ella llegó, la puerta estaba totalmente abierta porque la señora que limpiaba estaba recogiendo un reguero de fruta que yo había dejado caer, al verla entrar, sentí como si la morfina hubiera hecho efecto de inmediato en mi cuerpo, porque sabía que ahí estaba el dolor, pero era como si ya me hubiera sanado por completo, no sentía nada más que los latidos simultáneos de nuestros corazones; fue inexplicable la emoción al verla, estaba hermosa como el reflejo de un atardecer cuando el sol se escondía detrás de una colina. Vestía una blusa o camisa color naranja que le sentaba muy bien con su piel morena, llevaba un jean azul muy pegado a su cuerpo, unas zapatillas que combinaban con su camisa, el pelo negro y bien tratado que le llegaba hasta la cintura, y llevaba una cinta azul que la adornaba a la perfección.

Cuando intentó decirme algo, noté que se cerró su garganta y sus ojos se llenaron de lágrimas, sollozaba continuamente y me apretaba fuerte la mano. Le pedí por favor que no llorara, que fuera fuerte, que yo iba a salir bien de esa situación y que pronto estaría junto a ella en casa. Mis palabras la calmaron y me dio un beso bien tierno y un abrazo de algodón como para no lastimarme. Le dije que la extrañaba mucho, le hablé del lugar de mi sueño de la casa, de lo mucho que la amaba, de los momentos que no aproveché con ella, le pedí perdón por cualquier tontería que hubiera hecho, no sé, tenía muchos sentimientos encontrados, entre emoción, tristeza y felicidad de verla ahí conmigo.

Después de ese lindo momento juntos, le pregunté si había visitado a mi hermano, me dijo que no, pero que él estaba bien, que no me preocupara porque mi condición de salud estaba muy delicada y estar triste o pensativo no era bueno y podía demorar el proceso de recuperación. Así que se quedó conmigo toda la tarde, me contó todo lo que había pasado en las dos semanas de mi ausencia, no sé si eran cosas que se inventaba, pero me hacía reír con cada una de sus anécdotas, la pasamos súper bien.

Pude hacer honor al dicho que dice que después de la tempestad llega la calma, porque como un prisionero espera el final de su condena, yo esperaba con ansias el día de mi salida, pero no había otra opción que esperar, de paso, me había hecho amigo de algunos doctores por el tiempo que pasábamos juntos.

Una mañana, después de que el doctor Mojica me limpiara y estando acompañado de unos estudiantes, se quedaron un rato platicando conmigo.

—¿Qué crees? —me preguntó Mojica en medio de la conversación.

—¿Qué? —le contesté.

—Hoy es tu gran día.

—¿Mi gran día de qué? —le pregunté sin sospechar a qué se refería.

—Hoy te vas a casa —dijo acompañando su voz con una sonrisa.

No lo podía creer y dudé.

—¿Cómo así? Ayer me dijo el doctor Rodríguez que mi recuperación era muy lenta y que dependía por completo de las ayudadas constantes de ustedes, o sea que mi salida no estaba para ni siquiera esta semana —Sin embargo, me llené de emoción y le dije—: Bienvenidas sean sus noticias.

El doctor en ese momento me explicó que hubo cambio de planes porque la noche anterior había ocurrido un accidente de gran magnitud, una estación de combustible se había incendiado y estalló, dejando a más de diez personas con quemaduras de gravedad y unas tres de ellas perdieron la vida; y que después de una reunión que tuvieron los médicos, la conclusión era que se necesitaba espacios en el hospital para atender a los nuevos pacientes que estaban más delicados que nosotros, así que podríamos ir a casa y regresar cada semana a un chequeo rutinario.

Mira lo que es la vida y cómo afectaba la situación económica en la que vivíamos, me daban de alta aun sabiendo que necesitaba la revisión constante de los médicos. ¡Ay mi República Dominicana!

Ese día mi madre llegó muy temprano, la vi muy triste, pero con razón porque era muy duro para una madre ver a sus dos hijos en las condiciones que nos encontrábamos. Venía con todo listo para llevarme a casa, me dio la noticia con mucho entusiasmo, supuse que ella no sabía que el doctor me había dicho que me enviaría a casa, así que la escuché e hice un gesto como de no saber para no dañar su alegría. Sin embargo, mi rostro volvió cuando me dijo que no me llevarían a nuestra casa porque, según ella, había muchos mosquitos y contaminación en el barrio, y que eso no era bueno para mi recuperación. Que era mejor si me llevaban a la casa de mi primo Fernely.

Le contesté que no me parecía bien, pero que ellos sabían si era lo justo y lo mejor para mí. Pensé que iba a ser mucha molestia para esa familia tener a dos personas enfermas en su casa, y cuando le hice saber a mi madre que no estaba bien que fuéramos los dos a molestar a ese lugar, me contestó que solo iría yo porque Leoncio aún no estaba bien para darle de alta, que todavía los médicos estaban batallando con su salud.

—No es cierto.

Hacía dos semanas que yo lo había visto pasar frente a mi puerta y él iba caminando muy normal, solo que no volteó a verme.

—No dudo de lo que dices, pero ya está decidido, te llevaremos a casa de tu primo —me dijo mi mamá.

A diferencia de muchos jóvenes dominicanos que veían pasar su vida montados en el tren de la miseria, el mundo de este primo era diferente porque él sí había encontrado la forma de salir de la pobreza heredada que llevábamos en la familia como si fuera genética, y es que hasta se podría explicar así, de forma científica.

La conversación con mi madre la interrumpió un señor que saludó en la puerta y preguntó que si estábamos listos, él traía una silla de ruedas; mi madre me había puesto un pantalón de una tela muy suave, holgado y de color azul junto con un camisón, que no sé a qué doctor se lo habría pedido porque era la ropa que usaban cuando estaban en servicio. Fue muy inteligente de mi madre porque era exactamente la ropa que necesitaba para no lastimar mis heridas.

Hice el intento de levantarme para acomodarme en la silla de ruedas, pero fue un intento fallido, estaba muy débil todavía, necesité la ayuda del señor para ponerme de pie, me senté en la silla y luego recorrimos el pasillo que nos conducía hacía la salida. Íbamos pasando por todas las salas en donde estaban otros que como yo sufrían en carne viva un dolor que no tenía comparación con ningún otro. Sin embargo, pienso que quizás a ellos les dolía más porque sus gritos en la noche no me dejaban en paz, y yo me preguntaba, ¿por qué lloran? ¿Será que están más quemados que yo? Pero dudaba de eso porque mis quemaduras eran de tercer grado y eran en todo el cuerpo, entonces estábamos iguales.

Cuando pasamos por la sala diez, le pedí al señor que me llevaba que por favor me asomara a la ventana para ver a mi hermano que estaba allí, pero se negó poniendo de excusa que no estaba porque lo tenían en sala de cirugía. Cuando llegamos a la puerta de salida por fin sentí la luz del sol, le regalé una sonrisa a la vida. Había unas personas en la puerta, supuse que familiares de los demás enfermos, ellos sonrieron conmigo, percibieron la cara de felicidad que me acompañaba y creo que los contagié al instante.

Todo me parecía hermoso, eran como las cinco de la tarde, el sol estaba dando sus últimas luces del día, estaba listo para ocultarse y sus rayos eran como un amarillo combinado con un rojizo que se desvanecía en el horizonte. Luego oí el cántico de los pájaros que estaban en los árboles pequeños que eran parte del hospital, parecían cánticos de una mujer con hermosa voz, de esas que te arrullan con un tono dulce y suave.

En la acera de la calle vi un Todoterreno *Land Rover* negro con la puerta trasera abierta, supuse que era lo que me transportaría, y sí, así fue. Acomodaron la silla de ruedas, se desmontó el chofer y resultó que era mi primo, estaba feliz de ayudarme, mi madre ya me había hablado de él.

Fue muy cómodo poner mi trasero en esa camioneta, el olor a nuevo impregnaba el interior, no miento al decir que fue la primera vez que me sentaba sobre siete millones de pesos, porque eso me dijo el primo que valía mientras platicábamos. En el camino paramos en una farmacia que estaba a una cuadra del hospital, vi a mi papá que salía, él se había adelantado a comprar los medicamentos que habían ordenado los doctores. Subió a la camioneta y se ubicó al lado del chofer, iba de copiloto. Mi madre me acompañaba en el asiento trasero. Recorrimos el camino desde la parte Este hacia el Norte donde quedaba la zona de Villa Mella.

Capítulo 2

RECUPERACIÓN EN MEDIO DE LA TRISTEZA

El cambio fue drástico pero satisfactorio porque unos minutos atrás estaba hundido en un silencio total y en ese momento me encontraba en el bullicio del tráfico, vendedores de todo tipo, niños, jóvenes, mujeres que aprovechaban el tráfico detenido para hacer dinero y llevar a casa el sustento diario.

Después de media hora recorrida, llegamos a la casa del primo donde me quedaría, era una residencia enorme, a ese tipo de casa le llamábamos "mansión". Entramos por un portón que se abría con un control que el primo tenía, lo abrió sin tener que bajarse de la camioneta, me recordó a mi hermano y a mí que cuando llegábamos a la casa sí nos tocaba bajarnos para abrir.

En el parqueadero había dos carros impresionantes, llamaron mi atención de inmediato. Entramos y su sala parecía un museo de exhibición de muebles y cuadros finos en los que, calculando mal, habría más de medio millón de pesos. Los observé mientras me llevaban a la habitación que quedaba en la parte de arriba, subí por unas escaleras que quedaban en el centro de la sala, eran de madera fina; si no me equivoco, era pura caoba que es la madera que usan para dar un toque y terminado fino a ese tipo de casas de familias adineradas.

Sentí tristeza al llegar allí porque vi las grandes diferencias sociales que hay en el mundo, familias que no tienen donde sentarse en su casa y ahí sobraban, por cada persona había mínimo tres asientos y todos con un solo trasero para usarlas. Mi habitación era la de huéspedes, sin embargo, contaba con un televisor plasma de cuarenta y dos pulgadas, un aire acondicionado y una cama de tamaño normal tendida con sábanas confortables, también había un baño amplio y privado.

Desde ahí se observaba la avenida Jacobo Majluta, que es la avenida que conecta la zona de Villa Mella con el este de Santo Domingo, era como un periférico que le daba la vuelta a toda la ciudad. También había muchas residencias del mismo estilo, como si fueran construidas por el mismo arquitecto. Quizás exagero con mis descripciones, pero era la forma como veía todo después de estar encerrado por diecinueve días en un hospital.

De inmediato comencé a recibir amigos y vecinos que no habían podido ir a verme por las restricciones y normas del sistema administrativo del hospital. Empecé a aprovechar el tiempo y se pasaba rápido porque nunca estaba solo, siempre entre cuentos y risas con familiares y amigos que llegaban desde muy temprano a visitarme.

Cada lunes me llevaban a un chequeo rutinario con los doctores. De alguna forma, mi primo se sensibilizaba conmigo porque el lunes era el día que pagaba a todos sus trabajadores y sacaba las cuentas en su panadería, negocio con el que se apartó de la pobreza. Él creó una rutina y cada semana me llevaba al médico. A las siete de la mañana, que era nuestra hora de salida, el tráfico era muy pesado porque era la hora en que todos salían a sus diferentes trabajos, por eso nos veíamos obligados a tomar la avenida Jacobo Majluta para llegar al hospital Moscoso Puello. Tomando esta ruta se nos hacía más largo el camino, pero no había otra opción, ya que tenía que estar ahí a las ocho de la mañana. El primo era cristiano evangélico y siempre me iba predicando la palabra de Dios. Lo hacía con mucha naturalidad, no era el típico cristiano fanático, como suelen ser en ese tipo de denominaciones religiosas. Tanto él como mi hermano asistían a la misma iglesia.

Un día de esos que me tocaba ir a revisión con el doctor, escuché desde mi cama la voz de mi padre y mi madre que platicaban con la señora de la casa, se me hizo raro porque era muy temprano, pero más extraño era que ellos habían llegado hace rato y mi madre no subía a verme. De pronto pensaron que yo estaba dormido, fue lo que supuse porque no era normal. Mi mamá siempre estaba ansiosa por verme y era lo primero que hacía al llegar, subir a buscarme.

La verdad es que nunca habría imaginado que después de salir del hospital no lograría conciliar el sueño, me volví dependiente de la droga que me suministraban para poder descansar, y es que no solo me quitaban el dolor, también me daban una sensación agradable y relajante.

No miento que más de una vez sentí la tentación y el deseo de acudir por mi propia cuenta a la búsqueda de la morfina, pero tenía el temor de volverme adicto, aunque de cierta forma ya lo era, extrañaba todo lo que me hacía sentir. Era increíble los lugares que visitaba sin tener que moverme físicamente, cómo volaba mi imaginación, cuántas veces estuve en el paraíso. Ustedes no se imaginan los sitios tan hermosos que conocí. Sentía ganas y necesidad de tener esa droga.

Escuché unos pasos que se acercaban desde las escaleras que conducían hacia las habitaciones de la casa, pero al llegar al último escalón, retrocedieron. Pensé que quizás era uno de los niños de la casa que estaba jugando, sin embargo, los pasos sonaban muy fuertes para ser los de un niño, y tampoco era la señora de la casa haciendo ejercicio porque en ese tiempo el único que subía y bajaba las escaleras de forma constante era yo.

De esa manera ejercitaba los músculos. Antes del accidente era aficionado a las pesas, por eso mi cuerpo lucía atlético, ahora quedaba muy poco de eso, era un cadáver que caminaba y respiraba, al menos esa fue mi impresión cuando me vi por primera vez en un espejo.

De nuevo sentí los pasos en las escaleras, se detuvieron al final, oí que agarraron la chapa de la puerta, pero no la abrieron, mis ojos estaban clavados esperando a que alguien entrara. Empujaron la puerta muy lentamente, sonó un ruido muy suave, era mi padre. Entró y me saludó dándome la bendición, le pregunté que por qué mi mamá no subía y por qué quien sí subía, se acercaba a la puerta y luego se marchaba. Me dijo que él había subido en dos ocasiones y que mi madre lo llamaba para decirle que si estaba dormido no me despertara, que me dejara descansar un rato más. No sé por qué, pero no le creí nada de lo que dijo, sentí que no tenían sentido sus palabras, y eso de que mi madre no haya subido de inmediato a verme me hizo sospechar que me ocultaban algo.

Me dio mucho miedo porque en el último chequeo médico que me hicieron me sacaron sangre para analizarla, aunque lo hacían constantemente desde que estuve interno, no paraban de analizar mi sangre. Sospeché que quizá tendría alguna enfermedad terminal y que mis padres ya sabían, pero que no se decidían a contarlo. Otra vez empujaron la puerta, era mi mamá, de inmediato le pregunté molesto por qué no había subido, me dijo que estaba preparando un café y que platicaba con la señora. No sé, pero la tristeza que se reflejaba en el rostro de ambos me dejaba claro que mis sospechas eran ciertas.

Siempre tuve miedo de hacerme exámenes de sangre porque pensaba que si me diagnosticaban alguna enfermedad grave, como cáncer, me moriría antes de tiempo. Le tenía pavor a esos análisis y ahora era un hecho de que tenía algo grave, solo que nadie me lo había comunicado. Lo más desesperante para mí era saber que todos en casa lo sabían menos yo, que se suponía era mi propio destino y si alguien tenía que saberlo de primera mano, era yo.

Ese fue el único día que no les pregunté por la salud de mi hermano, pues solo tenía cabeza para la mía propia. Pensaba cosas como: "...me salvé de no morir quemado, pero ¿quién me salvará de una enfermedad incurable?". Mi madre limpió mis heridas, mi padre le ayudó a sostener mis brazos y las piernas, no dijeron ni una palabra mientras lo hacían.

Yo solo estaba lleno de preguntas que no podía hacer y que sabía que ellos tampoco querían escuchar. Cuando terminaron de curarme, me pusieron la misma ropa de doctor que me pusieron el día que me dieron de alta, pues de alguna forma era la única que no lastimaba mis heridas y me hacía sentir cómodo. Bajamos las escaleras, saludé a la señora de la casa y a dos de sus cuatro hijos que estaban con videojuegos en la sala.

Salí a paso lento, ahí estaba el primo en la camioneta esperándome, subí a la parte trasera, me hice hacia el extremo para hacerle espacio a mi madre y de copiloto iba mi padre. Como siempre, una oración antes de poner el coche en movimiento, luego el primo leyó un párrafo de la Biblia que decía: "morir en Cristo es ganancia". El primo también era cristiano, me decía que la muerte era algo natural y que debíamos aceptarla porque solo Dios daba la vida y la quitaba.

Cada una de sus palabras me asustaba más, no quería escucharlo porque estaba a punto de gritar y reclamarle por qué no me decían la verdad sobre mi enfermedad, que me dijeran que yo iba a morir. Un nudo se formó en mi garganta y no pude hablar. Llegamos al hospital y nos sentamos en la sala de espera, había mucha gente. Mi padre se sentó frente a mí y a un lado mi madre, se sentía mucha tensión en el lugar, pero los que traíamos el estrés a flor de piel éramos nosotros.

Mi madre se levantó de repente y se marchó, le hice una señal a mi padre de a dónde iba, me contestó con un gesto que no sabía. Bajé la cabeza, me apoyé con las manos en las piernas y miraba hacia el piso; cuando levanté la cabeza, mi padre me miraba fijamente, como cuando uno quiere decir algo. Lo miré con atención y me sorprendí cuando lo escuché decir mi nombre, el que usaba conmigo cuando era un niño.

—Maro —me dijo.

—Dígame —le respondí. Se quedó en silencio por un rato.

—Tengo que decirte algo y quiero que lo tomes de la mejor manera, no quiero que estés triste, ni te aflijas, porque así es la vida y tenemos que aceptar las cosas que nos pasan. Dios es el dador de vida y es quien la quita.

«Por fin me van a decir lo que esperaba, que estaba enfermo y que era incurable», pensé. Mi papá prosiguió.

—Acuérdate de lo que siempre te decía cuando eras niño, que un hombre con valor y que sepa enfrentar las adversidades de la vida vale por tres guerreros, y que cualquier problema se ve antes de que suceda, porque cuando sucede, depende de nosotros si dejamos que nos destruya.

De cierta forma me despedí de todos, mi mente divagó y viajé en el tiempo mientras mi padre hablaba, sus palabras eran puñaladas que entraban y salían de mi corazón porque, aunque cada palabra era bien intencionada y dicha de la mejor manera para que yo lo entendiera, me hacían ver mi propio funeral y sería muy pronto.

Era un hecho, siempre había pensado que si algún día padecía una enfermedad terminal, me moriría a la semana de saberlo, era mi propia predicción. Cuántos amores y desamores tuve, cuántos lindos recuerdos de niñas hermosas, ¡mis princesas!, cómo les contaba a mis amigos cada conquista que lograba. Era parte del juego presumirlas.

Ahora me encontraba allí, a punto de enterarme de mi mala suerte, en frente estaba la persona que me lo iba a decir, y qué mal porque era mi padre. Volvió y repitió mi nombre de la infancia.

—Maro, sé que vas a sentirlo mucho, al igual que nosotros hemos sufrido con esta noticia, fue difícil cuando los doctores nos lo dijeron. Tienes que ser fuerte, es hora de que sepas que tu hermano Leoncio murió.

Me quedé sin poder hablar, mis ojos estaban clavados en mi padre.

—No es cierto, ¿cómo pasó? —le dije con un tono muy fuerte porque pensé que el nudo en la garganta no me dejaría salir la voz. Caí al suelo de rodillas y exclamé—: ¡Dios mío, dime que no es cierto!

Buscaba la cara de las personas que estaban ahí para que me dijeran que no era cierto. Cuestioné a mi papá de forma grosera y agresiva, pero él no emitió ni una palabra, con los ojos llorosos movía su cabeza en señal de que era cierto.

Abandoné la sala corriendo en busca de mi mamá, la encontré en un pasillo del hospital, estaba con la cabeza recostada a la pared llorando, la abracé muy fuerte y lloramos como niños. Entre gritos me decía que la perdonara por no decirme, que era por mi bien y por mi salud, porque nos amaba mucho y no quería perdernos a los dos. Sus palabras me pusieron muy sensible, pero sabía que tenía que tomar mi rol de hombre fuerte, porque mi madre estaba a punto de sufrir un ataque y ahora quien la perdería a ella, sería yo.

No se lo dije, pero también la amaba con todo mi ser. Nos calmamos y nos sentamos a hablar abiertamente del tema. En ese momento llegó mi turno para pasar con el doctor, limpió todas mis heridas, me recetó antibióticos para la infección, me contó que la idea de que no me contaran nada sobre mi hermano había sido de ellos y que era lo mejor para mí porque al más pequeño susto que tuviera mi corazón, hubiera podido entrar en paro cardiaco. Me explicó que el día que él murió yo estaba muy débil e inestable y que enterarme de esa noticia habría bajado mi estado de ánimo y sería mi final.

Entonces hice cuentas, por lo que me contó el doctor supe que mi hermano tenía dos semanas de haber muerto. Una noche escuché la desesperación de los doctores de que alguien se les moría, ellos decían: "se nos va, se nos va", pero cómo iba a imaginar yo que se trataba de mi hermano si había diez salas y todos estábamos graves.

Salimos cuando terminó el doctor de revisarme, me sorprendí al ver el carro de mi hermano estacionado y con las puertas abiertas, imaginé que él me transportaría de regreso. Era Ramiro, el mayor de los hermanos, a diferencia de Leoncio y yo, él se dedicaba a trabajar en el taxi, no tenía otra profesión. Abordamos el carro e íbamos en total silencio, la tristeza estaba acabando con todos. Nosotros éramos una familia numerosa, yo era el quinto de ocho hermanos, crecimos juntos bajo la buena educación que nos dieron nuestros padres. Leoncio fue el único que estuvo desde los siete hasta los diecisiete años con mi abuela, aprendió sus costumbres familiares. La diferencia de criarte con tus abuelos es que te consienten demasiado y eso termina afectando, a futuro, las relaciones y la vida social.

Mi hermano, en el tiempo que vivió con mi abuela, solo tenía contacto con ella y una prima, o sea que, su mundo se reducía a dos mujeres, y en mi opinión, cuando no te relacionas con niños de tu mismo sexo durante tu adolescencia, no aprendes a socializar con otros jóvenes. Nosotros queríamos mucho a Leoncio porque era una persona muy dada a ayudar y nos sobreprotegía a todos, nos ayudaba en lo que necesitábamos, ya fuera con trabajo o con cualquier cosa. En los temas financieros era muy conservador, cuidaba mucho el dinero; por eso, cuando se le pedía ayuda económica, no la negaba, sin embargo, sí lo pensaba mucho y nos preguntaba sobre el uso que le daríamos.

Ramiro condujo por la avenida María Montés que conducía a la avenida Obando; esas calles son muy conocidas y recorridas en Santo Domingo. Mi papá bajó el cristal y señaló hacía unos escombros y comentó:

—Mira, Esteban, ahí fue que estalló la estación de gasolina dejando una decena de heridos y tres personas muertas —comentó.

—¿Y cómo pasó eso? —le pregunté; los doctores me habían comentado sobre ese accidente—. Qué pena, las cosas que pasan en esta vida —agregué.

—Lo que sucedió fue que llegó un chofer con un cigarro prendido y tiró la colilla sin apagarla y por coincidencias de la vida, el operador que le estaba echando gasolina se equivocó y sacó la manguera regando gasolina y cayendo exactamente sobre la colilla de cigarro —explicó mi papá.

Escuché un suspiro profundo de mi mamá y dijo:

—No puede ser que por dos tontos haya pasado una tragedia tan grande, solo a un loco se le ocurre tirar un cigarro prendido en un lugar así.

Mi hermano, que conducía muy concentrado, volteó hacia atrás y se unió a la conversación.

—No, mami, cuando van a pasar las cosas, pasan, yo estoy seguro de que ellos no se imaginaron las consecuencias de sus actos.

Mi papá interrumpió la conversación y cambió de tema dirigiéndose otra vez a mí.

—Hoy te llevaremos a la casa con nosotros —me informó.

Le hice una señal con los hombros de que me daba igual. Llegamos a nuestra casa familiar, eran las dos treinta de la tarde y el sol brillaba con una intensidad por la que supuse que estaríamos a unos treinta y siete grados de temperatura. La calle se sentía ardiendo, como cuando había algún gas inflamable derramado en el suelo. El barrio lucía triste y desolado, parecía como si todos sufrieran nuestra tragedia. Era la escena típica de una película en la que el director muestra el abandono de un lugar que en algún momento había sido habitado.

Allí estaba, una casa grande con un aspecto antiguo, pintada de varios colores que por el descascare de la pintura que era azul campesino dejaba a la vista las primeras manos de pintura que eran mamey, no sé cuántos colores llegó a tener esta "casucha". Pero humildemente ese era mi hogar.

Si no hubiese sabido de la muerte de mi hermano al llegar a la casa, habría pensado que mientras no estuve, habían hecho una gran fiesta. Estaba todo lleno de basura, vasos y platos desechables, madera seca acumulada, se veían todavía las pisadas y se notaba en la tierra las huellas de una gran multitud. Nuestro patio que antes lucía limpio por la dedicación y limpieza de mi madre, en ese momento parecía un vertedero.

Me imaginé cómo habrían sido esos momentos de tristeza y dolor despidiendo a mi hermano, viendo la multitud llegar en carros de todas partes, todo tipo de vendedores ambulantes: de helados, arepas, huevos hervidos, limpiadores de zapatos y cuántas cosas más. Porque cuando alguien fallecía en mi barrio, los vendedores aprovechaban para ganarse un dinerito extra mientras que las familias estaban destruidas de dolor por la pérdida de sus seres queridos.

Imaginé a mi madre llorando con sus manos en el pecho, mis hermanas abrazadas entre ellas llorando sin consuelo y mi padre, a pesar de ser tan fuerte, lo vi como un niño con las manos en la cabeza, la desesperación se sentía en todos los rincones de la casa. Visualicé a mis tías, las primas, los sobrinos, amigos de mi hermano y míos, eran muchos.

Estando ahí, me di cuenta de que el sufrimiento que se vivió en la casa había sido devastador y que el llanto y los gritos de mis padres fueron un reclamo directo a Dios y estoy seguro de que Dios los escuchó. Quedé tan impactado con mi llegada al hogar que no me di cuenta de que el sol me estaba quemando; decidí entrar a la casa, todo estaba desarreglado, los muebles en la orilla y el centro de la sala totalmente despejada, mis hermanas estaban ahí tiradas en los muebles, lucían cansadas y sin ganas de vivir.

Mis cuatro hermanas me miraron sin siquiera levantar su cabeza de los cojines en los que estaban apoyadas, no hubo una palabra entre nosotros, parecía que nos comunicábamos telepáticamente, en sus ojos leí lo que querían decirme, pero la tristeza y la desolación no las dejaba hablar, entendí que me preguntaron, "¿cómo estás hermanito? Te queremos mucho", yo sin decir una palabra también les contesté: "estoy bien, también las quiero mucho".

Entré a la habitación de las mujeres, como normalmente la llamábamos los hombres de la casa por la división de género que siempre tuvimos. Nos enseñaron a no estar juntos con las hermanas, así que tomé un colchón de una cama individual y me dirigí a una casa que estábamos construyendo y que estaba casi terminada. Era de dos niveles, estaba muy pegada de la vieja casa, solo le faltaban las puertas y el piso para poderla habitar; subí las escaleras, tiré el colchón al suelo en dirección del viento, se sentía agradable estar ahí por la brisa que entraba por estar en planta alta.

Me acomodé de la mejor forma para no lastimarme y con la cabeza recostada sobre mis brazos observaba cómo el viento movía los árboles. Los campanazos de la iglesia a la que asistían mis padres me despertaron, supe que eran las 8:00 de la noche porque era la hora en que el padre daba la misa. Me paré y estiré el cuerpo, los ojos los sentía hinchados, limpié con mis manos un poco de saliva que tenía en mi mejilla derecha. Me sentía más relajado y descansado.

Bajé y me senté en una pequeña mesa que había en una esquina de la casa. Mis hermanas aún estaban ahí, pero dormidas en los muebles. Sobre la mesa había una vela encendida que era la que iluminaba el lugar porque no teníamos la luz eléctrica, como siempre; nunca disfrutamos completamente de los servicios eléctricos por los frecuentes apagones que sufríamos todos los dominicanos.

Me quedé pensativo mirando la llama de la vela. Mi hermana Mariza se levantó y fue a la cocina, me trajo una sopa de hueso de vaca, la puso sobre la mesa en frente de mí y sin decir nada, volvió y se recostó en el mueble. Aunque la sopa estaba en extremo fría me la comí con muchas ganas, estaba deliciosa, ya extrañaba la buena sazón de mi madre. Cuando terminé de comer les hablé a las muchachas para que se levantaran y se fueran a descansar a sus camas porque era muy tarde, yo también me fui a dormir a mi cuartito que tanta falta me hacía para al fin acostarme en mi cama.

La mañana siguiente salí a caminar, me sentía con muy poca fuerza y notaba mi cuerpo muy delgado, llevaba puesto un pantalón corto por si de pronto sudaba no me picaran las quemaduras. Sabía que mis piernas no estaban para ser exhibidas porque ya no lucían como antes, sino que más bien parecían mis antebrazos de lo delgado que estaba, pero no me importaba, así me paseaba haciendo como que no me causaba vergüenza. Aunque obviamente, sí me daba un poco de pena.

Los vecinos acostumbrados a verme corpulento, disimulaban cuando me miraban, pero yo veía la admiración que sentían por mí al ver mi condición. No sé cómo mi familia logró que todo el vecindario se alineara con ellos para que no me contaran acerca del accidente y de la muerte de mi hermano, yo que salí con la intención de encontrarme con personas que me contaran lo sucedido, pero todos guardaban silencio y platicaban de todos los temas conmigo, pero el que yo esperaba que saliera a flote, que hablaran abiertamente, no lo tocaban.

Yo deseaba que alguien me contara todo y que con sus palabras tocara mi corazón y despertara ese sentimiento que se escondía en algún lugar, y así llorar la muerte de mi hermano hasta morir ahogado en mis propias lágrimas. Eso era lo mejor que podía pasarme.

En el camino, me topé con los pandilleros jóvenes que crecieron con nosotros, ellos eran lo que en ese momento tenían al barrio en zozobra con su tiroteo entre ellos, consumiendo drogas en la vía pública y quitándole de forma amenazadora el dinero que cualquier padre de familia llevaba paras sus hijos. «Dios, si hay tanta gente que solo hace daño, gente insignificante que deja sin pan a familias muy pobres, ¿por qué te llevaste a mi hermano que te servía, él que era fiel a tus palabras, ayudaba a los necesitados y era buen hermano...?», pensé.

Esta reflexión me hizo revisar lo que había muy dentro de mí y descubrir el verdadero sentido de la vida; determiné que la vida no era más que la luz que se apaga, la gota de agua derramada, la vela que se derrite, el relámpago que del oriente sale y se pierde en el occidente.

Recordaba cuántos buenos momentos tuve en la vida desde mi niñez, pescando en los ríos, bañándome con amigos, cazando pájaros en las montañas, montando caballos. Me acordé cuando visitaba a mi abuela que vivía en un pequeño pueblo llamado La Jina de Yamasá y en donde nos criamos nosotros que era un campo llamado El Portón de Yamasá. El tiempo que nos demorábamos en ir de un campillo al otro era como de unas cuatro horas. Mi madre y yo lo hacíamos cada mes, para mí era una aventura porque para llegar donde mi abuela, teníamos que recorrer todo el río Osama y éramos veintitrés personas haciendo esta travesía.

Yo no me cansaba porque me distraía mirando los peces y de vez en cuando me metía al agua cuando hacía calor, terminaba con la ropa toda mojada. Qué feliz me sentía al hacer eso y más sabiendo que al llegar me iba a ir de pesca con mi primo y mi hermano Leoncio, quien en esa época vivía con mi abuela. El río quedaba tan cerca de la casa que en la noche dormía a gusto escuchando el sonido del agua cuando se estrellaba en las rocas.

Entre tanto, tengo un recuerdo de mi niñez que nunca olvidé, fue cuando una mañana de lluvia quería ir con mi hermano de pesca, lo llamé muy temprano para que me acompañara, pero tenía mucho sueño y se negó a ir, me sugirió que invitara al primo Miguel. En ese entonces, mi primo y yo teníamos entre diez y doce años.

Él era de piel morena y de una estatura normal para su edad. Fui a su cuarto a llamarlo, él solía quedarse en casa de la abuela cuando yo estaba de visita, lo llamé y enseguida se levantó, y nos fuimos a sacar la carnada para la pesca que era una lombriz de tierra, fue fácil encontrarla porque la tierra estaba muy mojada y esos animalitos abundan en la humedad. Agarramos todos lo que necesitábamos y nos fuimos a una parte donde se juntaban dos grandes ríos, el Osama y el Río Verde.

Decidimos pasar al otro lado del río donde había más posibilidades de encontrar los peces grandes, pero nos daba temor que el río creciera por la lluvia y nos quedáramos atrapados en la otra orilla. Sin embargo, mi primo a su corta edad era muy hábil y bueno para nadar y terminó convenciéndome de que pasáramos porque, según él, la lluvia era muy poca como para hacer que el agua creciera.

Nos instalamos debajo de un árbol muy frondoso para protegernos de la llovizna. Vi que puso un palo clavado en la orilla del río, le pregunté para qué era eso, me dijo que de esa forma podíamos darnos cuenta si las aguas iban creciendo y así saldríamos a tiempo para cruzar el río.

Comenzamos a pescar, pero antes le hicimos un pequeño ritual al dios de la pesca porque según mi primo había que agradarle al gran pez Maracaibu Bigote de Gato para que nos bendijera dándonos sus peces, pues así lo hacían sus ancestros. El ritual consistía en que el primer pez tendría que ser sacrificado cortándole la cabeza con la boca y lanzándolo nuevamente al agua.

Lanzamos nuestro anzuelo, nos acomodamos en una pequeña roca mientras me platicaba de su hazaña cuando salía a pescar con Leoncio. Me contó que un día mi hermano lo retó a una competencia, la cual consistía en que quien atrapara los primeros diez peces podía hacerle la maldad que quisiera al otro, pero que él se negaba a la apuesta porque sabía lo habilidoso que era Leoncio para la pesca, sin embargo, fue tanta la insistencia que aceptó.

Luego, el primo se alejó un poco de Leoncio y fue a un pequeño charco donde el río dejaba su curso y se adentraba hacia la montaña, esa parte lucía como una laguna porque el agua estaba concentrada y parecía estancada. Ahí lanzó su anzuelo e hizo su ritual acostumbrado, pero el pantano del lugar lo asustaba un poco porque había visto una cantidad de animales de diferentes especies. Los peces saltaban hacia el aire, los sapos cantaban en las cuevas, los grillos se imponían con su "gri, gri" y los búhos en los árboles se hacían notar con sus cantos tenebrosos. Sentía el temor de que una gran anaconda pudiera salir de esas aguas y lo demoliera en la profundidad.

Mi primo no se sentía seguro en ese lugar, pero la riqueza de animales y la posibilidad de ganar esa gran apuesta lo obligaban a quedarse. Tirar un anzuelo en esa agua era igual a obtener un pez seguro, afirmó. Interrumpí su historia cuando le pregunté por qué no fuimos a pescar allí, a ese mismo sitio, pero con cara de asustado me dijo que jamás volvería a ese lugar y sin hacer pausa continuó diciéndome que al cabo de dos horas de estar ahí ya estaba listo para regresar.

Agarró una pequeña mochila que llevaba hecha de nailon y metió la mayor cantidad de peces que pudo y luego buscó una soga y puso tres peces más para regresar con Leoncio. La cara de burla y felicidad de Leoncio al ver que solo traía tres peces enganchados fue muy notable. Su risa había sido tan fuerte que hizo eco en la cuenca del río y cuestionándolo le dijo:

—¿Eso fue todo lo que pudiste traer? Ven para que veas lo que es saber pescar.

Le enseñó en un saco que tenía como ocho peces. Mi primo contó que mi hermano se levantó y bailaba, le hacía caras de burla, le frotaba la cabeza, lo sacudía, pero él siempre mantuvo una expresión neutra en su rostro, casi de tristeza para que la sorpresa fuera mayor cuando le mostrara lo que traía en su mochila.

Se sentó en una roca grande, abrió la mochila y tiró todos los peces en la arena.

—¡¿Qué me dices de esto papáááááá?! —le dijo emocionado.

Los peces aún estaban vivos y saltaban salpicándolos de arena. Procedieron a contar los peces y pasaban de los cincuenta. La cara de mi hermano se transformó, los ojos se le querían salir y con tono alocado y de asombro exclamó:

—¡Wow!

Luego Leoncio le preguntó cuál sería la penitencia por haber perdido y mi primo de manera calmada le contestó:

—No, tranquilo primo, tranquilo.

Porque él más tarde iba a saber cómo se la cobraba. Se olvidaron por un rato de la apuesta y se quitaron la ropa para darse un chapuzón como acostumbraban después de una buena pesca. Mientras Leoncio se zambulló en la profundidad, mi primo estaba maquinando; de pronto, se le ocurrió una gran idea, salió del agua silenciosamente, se puso su ropa, tomó sus cosas, echó la ropa de Leoncio en un saco y se fue corriendo a la casa.

Después de una hora de haber llegado a la casa escuchó unos pasos por la parte de atrás, salió a ver quién era y al ver que Leoncio salía del monte, cayó al suelo agarrándose el estómago, lloraba de tanta risa que le causó ver cómo mi hermano se tapaba con hojas sus genitales y su trasero. Yo no pude evitarlo y también me dio un ataque de risa al escuchar esa historia. Yo imaginaba a mi hermano en la calle totalmente desnudo tapándose con una pequeña hoja algo tan grande como su masculinidad.

Mi risa la interrumpió los pasos de un caballo que con prisa se acercaba por la otra orilla del río, al levantarme y mirar, vi que era Leoncio que iba en su caballo.

—¡Corran, corran, crucen el río que está creciendo, ¿no se dan cuenta?! —nos advirtió con voz desesperada.

A toda prisa recogimos lo que pudimos, miré hacia el palo que el primo había clavado de alerta para saber si el río crecía, pero el palo ya no estaba, el agua se lo había llevado. Me asusté aún más y nos lanzamos a cruzar el río, el agua nos daba por el pecho, cuando pasamos antes, no nos llegaba ni a las rodillas.

La corriente era muy fuerte, quise apoyarme en mi primo, pero era tarde, el agua lo arrastraba con rapidez río abajo. Me apoyé en una piedra muy grande, aguantándome con los pies, pero la corriente era más fuerte que yo y terminó arrastrándome también. Con mi poca experiencia de nadador, traté de mantenerme en la superficie y agarrarme de las ramas que había en la orilla hasta que lo logré, me agarré de una mata de Jina. Me mantuve como pude, aguantando la presión del agua, hasta que de pronto apareció el primo que venía corriendo por la orilla, no supe cómo logró salir del agua porque a él la corriente lo llevaba con rapidez.

Le di gracias a Dios cuando lo vi llegar porque si no hubiese sido por él esta historia no existiría. Corrimos hacia donde estaba Leoncio, él venía caminando por la orilla, buscándonos, levantamos los brazos para que nos viera y supiera que todo estaba bien, nos le acercamos y lo abrazamos fuerte, le dimos las gracias por habernos avisado a tiempo sobre la crecida del río.

Después de estar dos días hundido en mi propio mundo y reflexionando, le pedí a mi hermano Ramiro que me llevara a visitar a mi novia Carolainy, aun cuando cada noche, desde que había vuelto a mi casa, ella me visitaba y se quedaba un buen rato compartiendo conmigo y la familia. Extrañaba ir a su casa, ver a la suegra y a sus hermanos con quienes me la pasaba bien. Ellos tenían una forma particular de ver la vida, eran pura fiesta y era raro verlos callados o tristes, siempre tenían de qué hablar o una anécdota que contar sobre lo que habían hecho el fin de semana.

No paraba de reír cuando estaba con ellos, me hacía sentir bien al saber que la familia de la mujer que amaba me trataba como lo hacían. Llegamos a la casa de mi novia, vivía como a veinte minutos en auto desde mi casa y como lo esperaba, ahí estaban todos reunidos debajo de los árboles, era muy común en las horas de calor que se reunieran a bromear debajo de los palos como le decíamos. No le avisé a Carolainy que la iba a visitar, quería que fuera sorpresa, no me esperaba, pero mi hermano estacionó el auto frente a ellos como si los fuera a chocar.

Ahí estaba ella sentada, de repente se paró y miró a través del parabrisas del coche y me vio. Vi la sonrisa más tierna que jamás había visto en el rostro de una mujer y con un guiño de ojo acompañó esa sonrisa; vi las arrugas que se le formaron en su cara cuando rio y sentí algo inexplicable.

Se acercó a mi puerta y como si yo fuera la dama y ella el caballero, la abrió haciéndome una reverencia. Me besó con intensidad sin importar que todos miraran, fue raro que lo hiciera delante de todos porque si algo tenía Carolainy era timidez para esas cosas, era muy respetuosa. Mi hermano parecía como si me hubiera llevado en taxi porque junto con bajarme del coche se marchó. Después de saludarlos a todos, me senté con ellos a compartir. En el momento que llegué interrumpí a mi cuñado Diomedes que estaba contando la historia de lo que le había pasado la semana anterior.

Al escuchar esa historia, entendí por qué su pierna estaba vendada. Por lo que contaba, supe que la negligencia del portero de una discoteca llamada *Makum*, casi le hacía perder la vida. Al parecer, mi cuñado le cayó mal al portero porque sin razón alguna le negó la entrada a la disco, avergonzándolo delante de mujeres y amigos que lo acompañaban. Dice que lo amenazó, que si no lo dejaba entrar, iba a buscar una "chilena" que tenía oculta muy cerca y que le iba a dar un plomazo. Chilena le llamamos a un arma fabricada de manera casera que dispara balas de escopeta.

Mi cuñado se retiró de la disco a buscar el arma para asustar al portero, pero cuando regresó, sus amigos le dijeron que corriera porque el sujeto había llamado a la policía. Cuando quiso correr, la policía ya estaba a poca distancia, se abrió paso entre la multitud que estaba afuera del lugar, mientras que la policía gritaba: "alto o disparamos", pero él nunca se detuvo pues no se imaginó que le fueran a disparar en verdad, sin embargo, lo sorprendieron con una ráfaga de disparos que le zumbaron en los oídos, y con tan mala suerte, una de esas balas le atravesó la pierna derecha, sintió que el pie le falló y cayó al suelo de inmediato.

Lo atraparon como diez policías y lo tiraron en una camioneta como un animal. Le preguntaban por la "chilena" y él les dijo que no tenía nada de lo que preguntaban, que solo tenía un tubo corto en el costado derecho enganchado y que era para asustar al portero porque no lo quería dejar entrar. Carolainy comenzó a reprender a su hermano.

—¡Diomedes, ¿cómo se te ocurre hacer eso?! Si él no te deja entrar a la disco, pues tú te vas y listo.

Luego, una de las hermanas de Carolainy, llamada Aleidany, habló:

—Es que ese portero fue un payaso contigo porque tú vas muy seguido y entras sin problema a esa disco, y ese día no le dio la gana de que entraras, es que se pasan…

Mi suegra por el otro lado hizo un murmullo:

—Yo les he dicho que se dejen de joder en la calle, coñazo, que el que se mueve mucho se le bota el caldo.

Joel, otro hermano que estaba un poco retirado lavando sus tenis, respondió con risa:

—¡Ja, ja, ja! Eso fue que te vio bien vestido, bonito, con ropa cara, *binblines* y toda la vaina y pensó que te podía sacar un dinero para dejarte entrar.

Su primo tampoco tardó en decir algo.

—Yo no le doy ni uno a esos hijos de su maldita madre, porque ellos no son amigos de nadie, solo les importa el dinero, uno de estos días lo van a matar, ya tu verás.

El esposo de una hermana de ellos se rio y agregó:

—Es que te crees Rambo cuñado.

—Ay cuñado, como lo lamento —me limité a decir yo.

Luego me dirigí a Benjamín, él y yo éramos los únicos en esa reunión que no éramos familia de ellos, pero teníamos algo en común por ser los novios de las dos hermanas, con la diferencia de que él tenía dos hijos con la cuñada. Le pregunté por su coche porque se me hizo raro no verlo estacionado. Su carro era un *Toyota Corolla* igual al que se me quemó, pero un modelo más nuevo, el de Benjamín era del año noventa y dos y el mío del ochenta y nueve. No me quiso contestar delante de todos, me llamó aparte de todos y me contó la historia. Me dijo que el carro estaba financiado por veinticinco mil pesos y que el viernes se perdía.

Me sorprendí al escuchar que por veinticinco mil pesos fuera a perder un carro que costaba ciento diez mil.

—No me digas eso, hay que hacer algo para que no se pierda —le dije—. ¿Crees que lo pueda usar un tiempo hasta que consiga el dinero?

Mis palabras fueron de gran alivio para su situación, le brillaron los ojos.

—Como quieras que lo hagamos, lo hacemos —dijo emocionado.

—Tú sabes cómo terminó mi coche —le recordé—, se quemó en el accidente y mira mis condiciones de salud. Me gustaría prestarte ese dinero para que lo saques de la financiera, me lo das a mí, lo uso por dos meses mientras me recupero, luego me pagas la deuda y tienes tu carro de vuelta. Dos meses es suficiente para conseguir el dinero. Sin embargo, me gustaría hacer un trato: pasados los dos meses, me gustaría recibir una pequeña ganancia sobre los veinticinco mil pesos, quiero que me devuelvas treinta mil pesos, me parece lo justo y así no pierdes el carro y yo también me beneficio con el uso que le voy a dar.

También le aclaré que, si no me pagaba el dinero al cabo de los dos meses, yo le daba ocho días más, si no, el carro se quedaba conmigo.

—No hay problema —contestó con una sonrisa de felicidad—, por lo menos no voy a perder mi carro, de aquí a dos meses yo consigo esos treinta mil pesos.

Me reí de mí mismo cuando terminé de cerrar ese gran negocio que se me había presentado así de la nada, porque en ese momento lo único con lo que yo contaba era con el día de la semana que era jueves, la hora que eran las tres de la tarde, el viento porque me lo regalaba Dios y la vida que aún la tenía por compasión de lo divino. De inmediato fui donde Carolainy para que me permitiera usar su teléfono para hablarle a mi papá, contarle sobre el negocio y que me prestara el dinero, también para que me diera su opinión sobre el acuerdo que había hecho porque él sabía de eso de prestar dinero, pues era su trabajo, prestaba dinero y cobraba intereses. Hablé a mi casa y me contestó mi sobrino, le pedí que me comunicara con mi papá, parecía que estaba un poco retirado porque me retumbó en el oído cuando el sobrino lo llamó para que pasara al teléfono.

Esperé como tres minutos a que mi papá contestara, le conté todos los detalles del negocio y que necesitaba que me prestara ese dinero que luego se lo pagaría. Se quedó un rato en silencio y haciendo un sonido como "¡uuuumm!", imaginé lo peor. Me dijo que el negocio estaba muy bien, pero que él no tenía el dinero y como última opción le dije que le contara a mi mamá a ver si ella me lo prestaba, también fui rechazado, ella tampoco tenía cómo ayudarme.

Tenían razón, pensé en pedirles ayuda a ellos como primera opción, pero no tenían dinero porque nuestra economía no andaba bien. Decepcionado, colgué el teléfono, miré a mi novia, le hice una señal de que no me lo iban a prestar, sin embargo, ella me abrazó y me dijo que no me preocupara, que ella me lo iba a prestar. Yo sabía que ella tenía ese dinero, pero no se lo quise pedir porque no me parecía correcto pedirle dinero a ella. Subimos las escaleras de la casa para dirigirnos a su habitación, abrió una gaveta de una de las mesas y sacó de una media, en la que escondía el dinero, los veinticinco mil pesos que necesitaba.

No me sorprendió que ella tuviera ese dinero guardado porque aunque ella no trabajaba, le entraba dinero del extranjero que le enviaba su hermana desde Suiza y un señor mayor desde Estados Unidos, quien, según él, la estimaba mucho por haber sido buena trabajadora durante el tiempo que había sido su empleada y la quería como a una hija. Me volvió el alma al cuerpo cuando ella me dio ese dinero porque era la solución a mi problema.

Le dije al cuñado que teníamos que hacer un contrato con un abogado para que todo quedara claro porque los negocios hechos solo con la palabra no tenían validez y terminaban en contradicciones. Con el dinero en la mano y todo aclarado fuimos por el carro, pero en el camino me dijo la verdad, el carro no estaba en una financiera, sino que lo tenía Diego "Palo de Goma". Este era un prestamista muy temido en el sector por ser muy agresivo con sus deudores. El que le pedía dinero prestado y no le pagaba, se ganaba una "fiesta de palos" como él solía decir. Me llené de valor y le dije que no había de qué temer porque estábamos a tiempo y dentro de la fecha que se había acordado. Llegamos donde Diego, vi la moto en la que recorría las calles correteando a sus deudores, tocamos la puerta y salió un moreno de un tamaño amenazante y cuerpo musculoso, con una cara como de perro de pelea, no porque estuviera enojado, sino porque así era su fisonomía.

Nos saludó con voz gruesa y ronca, y se dirigió a mi cuñado; después de estrecharnos las manos, le comunicamos el motivo de nuestra visita, no fue de su agrado lo que escuchó y mientras iba a la cocina a servirse una taza de café, nos dijo:

—Ese carro está perdido y se lo regalé a mi mujer —El cuñado le arrebató la palabra y sacando un papel que traía en su cartera le dijo que según la fecha que habían escrito, el carro se perdía al otro día a las 12 del mediodía.

El prestamista le dio un sorbo a su café y mirando el papel asintió con la cabeza. Yo solo escuchaba mientras ellos hablaban, cuando vi que él miró el papel y movió la cabeza diciendo que sí, solté el aire que tenía comprimido en el pecho. El prestamista dijo que estaba bien y recibió el dinero.

Nos sentamos a esperar a que llegara su esposa, ya que estaba dándole la vuelta al barrio luciendo su carro nuevo. Ya había pasado una hora y la mujer no llegaba con el auto, nos salimos de la casa y nos sentamos en la acera, debajo de un árbol para protegernos del sol.

El sonido de un fuerte reggaetón nos hizo voltear, era precisamente el carro, vimos a cuatro chicas que se notaba que estaban tomadas y hablaban muy duro, también tenían cervezas en sus manos. Adiviné que la morena alta, que tenía el cuello y las manos llenas de alhajas, era la esposa del prestamista. Entraron a la casa y en cinco minutos escuchamos una discusión acalorada en el interior. Vimos que alguien abrió una pequeña ventana y se asomó mirando hacia nosotros, vimos que era la morena de las alhajas.

Después de la discusión, llegó la calma, abrieron la puerta y escuchamos un silbido de alerta, volteamos y era Diego, nos hizo una señal con la mano. Nos acercamos y nos entregó la llave del carro, el cuñado condujo el coche y entre risas, íbamos hablando de lo sucedido. Yo estaba contento porque iba a tener nuevamente un carro en que moverme, aunque fuera por poco tiempo, y él estaba feliz por haber tenido la oportunidad de no perder su coche, los dos teníamos un motivo para sonreír.

Al llegar nuevamente a la casa de la suegra salieron a nuestro encuentro sus dos chiquillos que se emocionaron al reconocer el carro, nos estacionamos y como un buen dueño de su auto que sabe todos los trucos del mismo, el cuñado se dispuso a enseñarme cada cosa. Me mostró dónde se le quitaba la energía para evitar que alguien se lo robara y muchas cosas más. Al terminar, nos estrechamos las manos, él se fue a su casa con sus hijos y yo miré a mi alrededor a ver quién estaba afuera, no había nadie, supuse que se habían entrado por las molestias de los mosquitos, ya estaba oscureciendo y era desesperante cómo atacaban al llegar la noche.

Miré hacia el segundo nivel de la casa donde vivía mi novia, las luces se reflejaban por las ventanas, subí y la sala estaba completamente distinta, todo lo había cambiado de lugar, los cuadros, las fotos de nosotros, los muebles, las cortinas, las velas aromáticas encendidas que le daban un toque de relajación y paz a la casa. Ella estaba sentada en uno de los muebles con una posición seductora, tenía puesta la ropa de dormir, era una batita corta que le dejaba al descubierto sus hermosas piernas. Yo estaba ahí parado en la puerta, con el corazón como si se quisiera salir del pecho, el cuerpo me temblaba, las manos sudaban, me miré a mí mismo y desde mis pies salía un caminito de flores rojas, blancas y amarillas que se dirigían hacia la habitación.

La distancia que me separaba de ella era muy pequeña, cuando la recorrí tuve una transición porque antes de llegar a donde ella estaba, me invadieron tres sentimientos: temor, emoción y valentía. Me paré frente a ella, le acaricié lentamente el rostro, me arrodillé para quedar a su misma altura, sentí que acarició mis manos y escuché un susurro en mis oídos muy suave que decía: "¿Estás nervioso, verdad?". Sin hablar, le dije que sí. Rocé mi nariz con la suya, sentí la suavidad de su cara con la mía, besé sus ojos y su frente, me dejé deslizar lentamente por su cuello, me levanté para tomar una mejor posición y cargarla, pero fallé en el primer intento por lo débil que estaba todavía. Intenté una vez más y lo logré, me moví por el camino que ya estaba marcado con las flores llevándola a ella entre mis brazos, la iba besando.

Cuando llegué a la habitación no podía ver bien, todo estaba muy oscuro, me acerqué al interruptor y con mi codo encendí la luz; de repente, unas voces en coro gritaron: "¡Ehh! Bienvenido a casa", me quedé con la boca abierta, en estado de *shock*, miré a Carolainy y sonriendo también me dijo:

—Bienvenido a casa mi amor.

Todos se vinieron hacia mí, me abrazaban, me besaban y yo continuaba sorprendido, emocionado.

Me giré y fui a la sala, me senté en los muebles. De mis ojos comenzaron a salir lágrimas sin control, todos se sentaron a mi alrededor, había al menos quince personas entre familia y vecinos. Comenzaron a abrazarme cada uno por separado, al mismo tiempo, me daban el pésame por la muerte de mi hermano, eso me hacía llorar sin parar; me decían cuánto me querían, que tenían el temor de que yo también muriera, pero que la suerte me había favorecido dejándome estar con ellos una vez más.

Les dije con voz de llanto que también los quería mucho a todos, pero que por favor pararan de decirme cosas porque el dolor que sentía con cada una de sus palabras, así fueran bien intencionadas, me provocaban una presión muy grande en el pecho que no podía soportar.

Después de llevarme aquella sorpresa con el recibimiento que me hicieron, les di las gracias por la solidaridad que tuvieron conmigo. Yo en ocasiones había visto que les hacían fiestas sorpresa a las personas que cumplían años, y siempre imaginé que los festejados sospechaban sobre esas sorpresas. En cambio yo, jamás imaginé que me harían algo así, pero bueno, en este mundo hay de todo. Confieso que sentí mucha vergüenza que me vieran con mi novia en los brazos de camino a la cama y que de pronto viera a sus papás, sus hermanos, vecinos; no, no tiene nombre lo que me hicieron.

Cuando se marcharon todos, le reclamé a Carolainy sobre por qué habían hecho las cosas de esa manera, me dijo que fue algo que se le ocurrió rápido porque tenían poco tiempo para organizar algo, ya que yo regresaría muy rápido y que además, Alicia, su hermana, la había aconsejado.

En el exhibidor de vino había una botella, *Blue Rhin*. Se trataba de un vino blanco alemán que llevaba tres años en ese lugar, nos lo había regalado mi suegro, el papá de Carolainy, en un aniversario de nuestro noviazgo. Tomé dos copas de las más elegantes que había, busqué un destapa corchos y lo abrí, al hacerlo hizo un ruido como "¡pap!". Levanté la botella y dije:

—Ahora sí, brindemos por nosotros y por la vida —Lo derramé en las copas, le entregué la suya y brindamos, nos dimos un beso y agregué—: ¡Hasta el fondo! —Ella hizo el siguiente brindis y otra vez hasta el fondo.

Conversamos, nos reímos, nos besamos, otro brindis; nos acariciamos, cantamos pequeñas estrofas de canciones, hasta me hizo un baile que aprendió en la celebración de sus quince años en un viaje que tuvo a Francia. Se me hacía divertido cómo combinaba el movimiento de sus caderas con el tradicional folclor de ese baile.

Me paré y la tomé por la cintura delicadamente. Ella, muy confiada y con la poca fuerza que tenía, se inclinó hacia atrás mientras mantenía el ritmo del baile, movía sus brazos como alas. Tomé la botella y la llevé directo a mi boca, le di un trago directo desde la botella, pero por la posición en la que la tenía agarrada, derramé el vino en su cara y el pecho. La bajé al piso y tirada boca arriba casi se ahogaba porque se le fue vino por la nariz; nos reímos a carcajadas por un buen rato. Me paré con la botella en la mano, le pedí que abriera la boca y desde arriba, confiando en mi pulso que no era el mejor porque todo lo veía doble y borroso por el efecto del alcohol, terminé derramándole el vino en su cara y cuerpo.

Le desabroché la blusa y se me ocurrió llenar su ombligo como si fuera una copa, acerqué mi boca y bebí el vino acumulado, volví y me serví otro trago de su ombligo Los vellos de su delicado abdomen detenían gota a gota el vino y continué sin despegar mis labios recorriendo cada una de ellas. Al llegar a sus enormes pechos los recorrí con delicadeza, en sus pezones había dos grandes gotas y con la punta de la lengua la tomé haciendo un círculo para que no se perdiera ni lo más mínimo del vino.

Rompió de un jalón todos los botones de mi camisa y como si fuera una lucha, tomó posición de triunfadora y luego tomó la botella para derramarla en mi boca y el cuerpo; como buena alumna, también recorrió todo el vino con su lengua, activando así los sensores de mi cerebro y convirtiendo en un torrente la sangre.

En la mañana me despertó la caricia de su gato pasaba su cola por mi cara. Ahí estaba ella también, muy dormida en el piso. Me levanté, la tomé otra vez en mis brazos y la llevé a la cama, le acomodé una almohada para que descansara y al otro lado me recosté porque sentía mi cuerpo muy adolorido y cansado. La voz fuerte de la suegra nos despertó para que bajáramos a comer, eran las dos de la tarde. Nos despertamos empapados de sudor por las altas temperaturas. Bajamos y nos comimos un rico moro con coco que era la especialidad de la suegra. Di las gracias por el almuerzo y me despedí de todos, prendí el coche y me marché a casa de mis padres, seguro estaban preocupados porque me quedé toda la noche fuera y ni siquiera llamé para avisar.

Al llegar a casa no vi señales de gente, estaba cerrada, imaginé que todos se habían ido para la iglesia. Me quedé pensativo y recostado en el carro con los brazos cruzados.

Capítulo 3
LA GUERRA POR SOBREVIVIR

Escuché que sonaba el teléfono en el interior de la casa, me dispuse a entrar, busqué la llave que siempre la escondíamos en el mismo lugar. Esto de esconder la llave se le ocurrió a mi papá para evitar tener que sacar diez copias porque esa era la cantidad de personas que vivíamos allí. La tomé y abrí con prisa antes de que se cayera la llamada, alcancé a tomar el teléfono.

—Hello —contesté.

—Hola, soy Josué —dijo alguien.

Él era el cuarto de los hermanos, medía como unos 5.5 pies y tenía un color de piel *indio canela*, sus ojos eran claros, de cabeza redonda y rasurada por la calvicie, labios gruesos y con una cicatriz en su ceja izquierda que le daba un aspecto de maldad.

Estaba llamando desde Indianápolis, Estados Unidos. Lo saludé con gusto pues desde unos quince días antes de mi accidente no había hablado con él. La última vez que lo hicimos, me contó que había tenido un problema con nuestra tía, que lo había corrido de su casa y de la peluquería porque, según ella, después de que mi hermano había llegado a la casa, su esposo se había convertido en un mujeriego y que lo culpaba a él, por el mal ejemplo de todas las mujeres que tenía. Me contó que mi tía al regresar de un viaje que había hecho a Panamá, lo acusó de ser el culpable de que su esposo metiera mujeres en su casa mientras ella estaba ausente, por eso lo había tirado a la calle.

Ese tema fue causa de muchos rumores, comentarios y opiniones en la familia. Ninguno de los dos paraba de quejarse. Ella por un lado decía que mi hermano era un malagradecido, que lo tenía que ver comiendo tierra, que antes de morir tenía que verlo sufrir para que le pagara todas las cosas que había hecho.

Mi hermano, por otro lado, decía que la tía era el diablo porque lo humillaba delante de los clientes; que le cobraba hasta las pisadas en la casa. Cuando contesté pensé que me iba a hablar otra vez de la tía, pero no, me dijo que estaba feliz porque había abierto su propia peluquería y que además habían nacido sus dos niñas. Lo felicité y le pregunté si no había sido peligroso el parto por ser mellizas, me contestó que no fueron mellizas, que eran hijas de madres diferentes.

Me quedé con la boca abierta porque yo no sabía que tenía otra mujer, y embarazada, aparte de su esposa. Me dijo que muy pronto regresaría porque su residencia estaba aprobada por estar casado con una americana, pero que se la entregarían en el consulado de Santo Domingo. Esto pasa cuando uno entra de forma ilegal a Estados Unidos, tienes que ir a tu país de origen a esperar tus papeles de residencia. No sé, me sonó mucho la idea de regresar, sentí que las autoridades de migración lo estaban engañando para que saliera voluntariamente y luego no dejarlo entrar. Se lo sugerí, pero me aseguró que no había problema con eso y dijo que en caso de que ocurriera no le importaba porque algún día como fuera tendría que regresar.

Me preguntó si Clarisbel seguía en el "coro" con sus hermanas, esta fue la mujer que él dejó cuando se fue, o mejor dicho, la niña, porque era menor de edad.

Al no estar cerca de ella de manera física, sino solo por llamadas, padecía de unos celos enfermizos y eso era lo que lo tenía desesperado por regresar. Las llamadas para ella eran constantes y pobre de la niña si no le contestaba porque él siempre pensaba mal, que seguro estaba con otro hombre. No se hacían esperar sus preguntas, reclamos y amenazas, lo hacía mejor que cualquier detective, y la verdad, no sé cómo adivinaba ciertas cosas, que yo no le contaba para no angustiarlo más, pero se terminaba dando cuenta de situaciones que eran ciertas como que a veces Clarisbel se quedaba hasta tarde en la noche tomando cerveza con los amigos y con su hermana.

La casa donde vivía Clarisbel la compró Josué con mucho esfuerzo y valentía. Era una pequeña casa que él consiguió cuando tenía diecisiete años y se la dejó a ella, quien fue su pareja.

En la época en la que mi hermano adquirió esa casa había que ser muy bravo para obtener un solar en el barrio, porque esas tierras no eran de nadie, los delincuentes estaban al acecho para quedarse con ellas y venderlas. Mi hermano con gran decisión compró ese pedazo de tierra a muy bajo costo. Recuerdo que estaba muy emocionado y me decía: "no seas tonto, compra un pedazo de tierra aquí". Yo sentía la tentación de hacerlo, pero pensaba en las consecuencias; eso era como comprar tu propio ataúd, o podías ganar la pelea, las que se hacían con machete, pero si no, en tu conciencia quedarían las lágrimas de los familiares.

Josué muy emocionado resistía todas las tempestades que le llegaban a diario. Recuerdo en una ocasión que uno de los delincuentes más temidos llegó una tarde y le dijo que tenía que abandonar el terreno porque le pertenecía. Inmediatamente y sin titubear Josué le contestó:

—¿Cuánto te costó para que digas que es tuyo?

El sujeto, con aspecto de asesino, se levantó la camisa y le enseñó las cicatrices de los machetazos que se había ganado en la pelea y le dijo:

—Esta cicatriz me la hicieron peleando por esta tierra, así que si no quieres problemas te sugiero que abandones el lugar ahora mismo.

—De los problemas vivimos todos en esta tierra —le contestó Josué con la misma furia—, y si quieres problemas, te los voy a dar.

Inmediatamente, sacaron sus machetes y como dos fieras salvajes, cada uno defendía su posición, eran expertos luchadores y sabían usar muy bien la herramienta. Se escuchaba el rechinar del filo cuando chocaban, y hasta salían chispas. El delincuente era muy rápido con su arma porque la movía de una forma impresionante y Josué, aunque no era tan experto resistía a la pelea con la ayuda de un palo que tenía en la otra mano. Lo movía hacia todos lados aguantando los machetazos que iban directo a su cuerpo.

El golpe de los machetes y las palabras que se decían con furia atrajeron la atención de otros vecinos que estaban poniendo las divisiones de sus solares y otros que construían sus pequeños ranchos. Corrieron a ver qué pasaba, uno de ellos era policía, sacó su pistola e hizo dos disparos al aire.

—¿Qué pasa aquí coñazo? —preguntó el policía.

Con los disparos se detuvo la pelea y en ese momento llegó quién le vendió el solar a mi hermano y le reclamó al delincuente.

—Tú estás loco, deja este hombre tranquilo, él me dio tres mil pesos por este solar, quieres apropiarte de todo aquí.

—No, yo no sabía nada de eso, pero si fue así, está bien, pero dile que le baje al mal humor con nosotros porque le va a ir mal un día de estos —respondió el delincuente.

Esas peleas eran constantes allí, no era nada nuevo que los problemas se resolvieran con balas y machetes, si nadie intervenía a tiempo, alguien terminaba muerto y simplemente recogían el cadáver, al otro día era el entierro y listo. Lo grave era que todo seguía de forma normal porque la policía no tenía control en esas tierras, que para mí estaban malditas.

Cuántas personas murieron luchando por tener un pedazo de ese terreno, pero por la ausencia de las autoridades, aquel lugar se había convertido en cuna de delincuentes que venían de diferentes zonas del país atraídos por los nativos del lugar. Había dos pandillas organizadas muy importantes que comandaban la ciudad; una se llamaba: "Los mariachis"; esta era una de las más temidas compuesta por tres hermanos que lideraban a más de cincuenta "tigres", como les llamábamos. La otra, muy temida también, se hacía llamar "Los muchachos del rubio"; esta era toda una familia de seis hermanos y sus secuaces.

A estos últimos le compramos la casucha donde nos criamos nosotros y eso fue una pesadilla total. Cuando nos mudamos, los vecinos se nos acercaron para decirnos que esa casa pertenecía a un cubano que estaba preso en los Estados Unidos y que pertenecía a la mafia; que estaba a punto de cumplir su condena y regresaría a reclamar su casa y su terreno; ellos también habían sido engañados por los pandilleros.

Los vecinos continuaron contándonos la historia. Ahí vivió un jornalero con su familia y su labor era cuidar el terreno y la casa porque todas esas tierras estaban sembradas de naranja; al llegar los pandilleros, se metieron a la casa y apuñalaron al señor y a toda su familia. Así fue como la pandilla de Los Rubio junto con la de Los Mariachis se adueñaron de esas tierras.

Gracias a los vecinos nos enteramos de que a más de cinco familias les había pasado lo mismo en esa casa. Era de terror los que vivíamos, siempre esperando el momento en que vendrían a sacarnos de lo que no estábamos seguros que era, nuestra casa o nuestra tumba. El miedo era mayor porque a cada momento pasaban grupos de camionetas llenas de personas armadas.

Una tarde pasaron Los Mariachis y se pararon frente a nuestra casa, se bajó uno de los tres hermanos, a este lo llamaban "El Guillao", tenía pelo largo y trenzado, era muy alto, de cara huesuda y con ojos hundidos como los de un cadáver; desde afuera llamó a mi papá, yo me asomé por la ventana con el corazón en la mano; escuché cuando le dijo:

—¿Usted sabe a quién le compró esta casa, verdad? —Escuché que le preguntó.

—Se la compré a Los Rubios —respondió mi papá.

—¿Usted sabe quiénes somos nosotros? —volvió a preguntar.

—Los Mariachis —contestó mi papá.

—Pues a nosotros no nos han dado la parte de la compra de esta casa, le aconsejo que hable con ellos o habrá problemas.

Terminó de hablar, se subió a la camioneta y se marchó, no sin antes hacer unos disparos al aire para marcar su territorio.

Mi papá tomó su celular y llamó a alguien, yo seguía en la ventana mirándolo, y escuché que habló con Cecilio. Él era medio hermano nuestro, no creció con nosotros, pero si nos visitaba con frecuencia. Era policía y también en su tiempo libre andaba con las pandillas de "El Rubio", lo cual lo convertía en un pandillero más, siendo juzgado por la sociedad como un policía corrupto. De cierta forma tener un hermano pandillero fue una deshonra para la familia, pero tener esa "palanca" en el bajo mundo nos ayudó a conseguir esa casa que era una bendición de Dios.

Mi medio hermano se había ganado el respeto de los demás pandilleros por los enfrentamientos que había tenido con ellos en varias ocasiones y también porque no le daba miedo disparar. Escuché cuando mi papá le contaba todo respecto a ese pandillero horroroso que nos había visitado. Más se demoró mi papá en colgar el teléfono que Cecilio en llegar en su moto *Ninja*, como le llamábamos a ese tipo de motos grandes.

Cruzaron unas palabras, pero esa vez no pude oírlos porque hablaron en voz baja, pero por la cara que llevaba mi hermano cuando se marchó supe que algo grande iba a pasar.

Después escuché por boca de la gente lo que había pasado. Estaban diciendo que mi medio hermano llegó a un bar donde estaban todos Los Mariachis reunidos, sacó su pistola, la rastrilló y se la puso en la frente a uno de ellos y le dijo:

—Fuiste donde mi papá y será la última vez porque hoy te mueres —Volteó hacia todos los que estaban en el lugar y añadió—: Cuidado se les ocurre sacar un arma porque también se mueren.

Le pidió a Guillao que se parara y los sacó del lugar con la pistola puesta en su frente, este le suplicaba que no lo matara y le juró que no iba a volver a molestar a su familia.

Decían que el dueño del bar salió y le pidió que no lo matara ahí en su bar, que por favor no le hiciera ese daño. En el bar solo quedaron los demás delincuentes que acompañaban a Guillao porque los clientes salieron corriendo. Unos pocos tuvieron el valor de quedarse para aparentar valentía ante los pandilleros.

Decían que Cecilio tenía la pistola preparada, con el martillo hacia atrás y el dedo tembloroso en el gatillo, esperando que la mente asesina que todos llevamos dentro diera la orden de matar. Después de varias súplicas de diferentes personas, éste bajó su pistola y le dijo: "La próxima no te la perdono". Se montó en su moto y se marchó.

No solo los pandilleros del bajo mundo eran culpables de la sangre derramada en mi ciudad, sino que también teníamos los delincuentes de "cuello blanco", como llamábamos a los que con una camisa y una corbata cubrían su deshonra porque eran tan pandilleros y peligrosos como los que conocíamos en el barrio.

Esa era la peor pesadilla que sufríamos porque mientras estábamos durmiendo, en plena madrugada, llegaban camiones llenos de policías lanzando bombas lacrimógenas y tumbando las casitas que con tanto esfuerzo habíamos construido. La gente indignada salía decidida a morir, luchaban con piedras, machetes y palos. Todos salían a enfrentar a la policía que, cuando se veía acorralada por la multitud, disparaban sus fusiles hiriendo y matando cantidades de personas. A pesar de eso, la gente no retrocedía, peleaban por sus ranchos y familias, porque de lo contrario, tendrían que volver a su cruel realidad: vivir debajo de los puentes o a orillas de los ríos, lo cual no era muy seguro porque en épocas de lluvia corrían el riesgo de que la corriente los arrastrara.

En medio de todo ese peligro y violencia fue que Josué logró tener su casa. Allí montó su pequeño negocio de peluquería donde por muchos años se ganó la vida antes de irse a Estados Unidos. Allí se quedó trabajando su novia, la menor de edad, ella trabajaba haciendo el "manicure" y la ayudaba un peluquero que más bien era una persona con discapacidad mental porque actuaba muy raro, parecía loco. Su déficit mental se notó aún más cuando yo quise trabajar en la peluquería, ya que, al no estar ciento por ciento recuperado de mis quemaduras, le pedí a Josué si podía trabajar en su local junto con el peluquero loco.

Al ser la peluquería de mi hermano, yo me instalé con toda confianza, organicé mis utensilios de trabajo, pero a ese tipo le dio un ataque de furia y empezó a lanzar cosas diciendo cuántas palabras se le venían a la cabeza. Afirmaba con rabia que por ser él a quien dejaron a cargo de la peluquería no aceptaba a nadie trabajando con él y que si yo entraba a trabajar, recogería todas sus cosas y se marcharía. Luego le habló a Clarisbel, le exigió que eligiera entre él y yo.

Yo solo lo miraba y me reía de su locura porque yo sabía que entre nosotros los peluqueros siempre existía el temor de que otro nos robara los clientes, pero jamás había visto algo de esa magnitud, era de locos. Esperaba que la respuesta de mi cuñada fuera a favor mío y que dijera que no tenía problemas en que yo trabajara con ellos porque su esposo estaba de acuerdo. Por eso yo, con toda confianza y a pesar de lo celos del loco, continué instalando mis cosas, pero me quedé pasmado cuando escuché lo que dijo mi cuñada:

—Yo no sé nada porque fue a Santi a quien Josué dejó en la peluquería.

Con sus palabras me di cuenta de que ella también tenía celos del lugar.

Con la misma tranquilidad con la que llegué, tomé mis cosas y me marché; cuando subí al carro escuché que ella dijo algo más con tono de grosería, pero yo a la distancia no la escuché, le contesté que repitiera lo que había dicho, pero se negó. Puse el coche en movimiento y analicé que la reacción de la cuñada no era por celos del lugar, ni por los clientes, sino porque al yo trabajar con ellos todos los días, sería como un espía y me daría cuenta de sus andanzas, y sabría si las sospechas de mi hermano eran ciertas, de que estaba con otro hombre.

Yo también tenía la misma sospecha de mi hermano. Clarisbel hablaba mucho con unos vecinos que tenía, que también eran amigos de Josué, eran tres hermanos, pero yo veía que era más amiga de uno de ellos que le llamaban Pedro, sin embargo, no parecía que tuvieran alguna relación sentimental, lo digo porque este carecía de elegancia en comparación con los otros dos que si eran jóvenes apuestos. Una tarde que yo venía de mi casa e iba a visitar a mi novia, Clarisbel me pidió que le diera una "bola" o en términos mexicanos un "aventón"; le pregunté a dónde iba y me dijo que a visitar a una amiga, conversamos de varias cosas sin importancia y de pronto me dijo:

—Para aquí, ya llegué.

Se bajó del carro y caminó hacia un callejón que se veía muy inseguro, me quedé mirando hasta que se perdió de vista. No sabía que ella tuviera una amiga por ahí, pero solo Dios sabría.

Esa misma tarde estuve con Carolainy, como siempre echando broma con la familia; después estuve un momento a solas con ella y le dije que teníamos que hacer algo para ganar dinero porque yo no podía estar sin trabajar; aunque los doctores al salir del hospital le dijeron a mis padres que tenía que estar en reposo por lo menos un año.

Eso acordé con mis padres donde ellos afirmaron mantenerme con lo necesario para que no tuviera que trabajar, pero al cabo de un mes de vivir de esa manera, me di cuenta de que no podía seguir así y que tenía que lanzarme a buscar qué hacer. Por esa razón fue que se me ocurrió trabajar en la peluquería de Josué. Era desesperante estar en casa sin hacer nada mientras que todos tenían sus quehaceres; hubo momentos de angustia porque tenía que comprar cosas como medicinas o algún refresco para quitarme la sed y no tenía con qué.

En uno de esos momentos de desesperación le pedí a mi hermana Yudely que me ayudara con algo de dinero, ella era una de las hermanas que mejor nivel económico tenía porque tuvo la posibilidad de estudiar en un buen colegio y se graduó de contadora, lo que le permitió empezar a trabajar desde muy joven en uno de los bancos más importantes del país.

Su éxito fue gracias al esfuerzo que hicieron mis padres de pagar sus estudios, sin embargo, mi papá también me atribuía a mí lo bien que le iba a mi hermana, él siempre decía: "si a alguien tiene que agradecerle Yudely por su éxito, definitivamente, es a Esteban".

Estas eran las palabras de mi papá, yo sabía que mi papá lo decía porque en el tiempo en que ella estaba estudiando yo tenía una *pasola*, como le llamamos en República Dominicana a la moto de transmisión automática, yo la llevaba cada mañana a las seis para el colegio; nos demorábamos media hora de camino, aguantando un tráfico muy denso, esto lo hicimos durante cuatro años que fue lo que duraron sus estudios de bachillerato.

Mi papá lo veía de esa manera, pero para mí fue un placer ayudar a mis padres con la crianza de nosotros porque éramos muchos para ellos solos y si yo podía encargarme de los más pequeños, era agradecerles de alguna forma a mis padres por todo lo que hacían por nosotros.

Parecía que mi papá de alguna forma se había enterado de que mi hermana no pudo o no tenía el dinero para ayudarme cuando yo más la necesité, entonces analicé que todos sus comentarios, de que ella tendría que agradecerme, fueron por ese motivo.

No supe si tenía o no dinero en ese momento, solo sé que tres días después ella fue a mi cama y me llevó el dinero, pero como ya había comprado lo que necesitaba le dije que en otra ocasión que estuviera más necesitado lo tomaría.

Un día, mientras conversaba con Carolainy, me pidió que al día siguiente, bien temprano, la llevara a comprar la ropa del fin de semana, era una costumbre que ella tenía porque le gustaba lucir linda y elegante cuando salía a bailar a la discoteca que frecuentaba cada ocho días. Yo acepté pues tiempo era lo que más me sobraba por no estar trabajando, así que al día siguiente nos fuimos a la avenida José Martí que es donde se encuentra la ropa a precios bajos y son buenas imitaciones de las mejores marcas.

Esta avenida es muy famosa entre los capitalinos en República Dominicana. Sin embargo, teníamos una vida llena de apariencias, no queríamos que nos vieran comprando en ese sitio porque allí nada era original, no había más que ropa de segunda. A pesar de nuestros esfuerzos por no ser descubiertos, siempre nos encontrábamos con algún conocido que también andaba en las mismas.

Para salir de compras con una mujer tienes que estar dispuesto y preparado a durar todo el día en la calle, porque para una mujer, comprar una blusa implica medirse diez y nunca quedan satisfechas ni convencidas de comprar. Yo me desesperaba, pero no podía hacer nada más que esperar a que ella se midiera media tienda para después elegir la primera que se había medido. Aunque entre mis planes no estaba comprar ropa, fui a dar una vuelta en una de las tiendas en la que entramos a ver qué había para hombre, solo por mirar.

Recuerdo que en ese tiempo estaban de moda unos pantalones de una marca llamada "puta madre", así le pusieron; era un nombre raro para una marca, pero era la que más se mencionaba en ese tiempo. Me gustaron los pantalones porque tenían un color bonito y se veían bien hechos. Tomé uno y me lo medí como si lo fuera a comprar, lo mejor era el precio, costaban ciento cincuenta pesos, si compraba tres me daban precio al por mayor. Le pedí a Carolainy que me prestara cuatrocientos cincuenta pesos. Me dijo que sí, que me los prestaba, pero que para qué iba a comprar tres pantalones iguales. Le dije que se me había ocurrido una buena idea de negocio. Terminamos de comprar todo lo que necesitábamos y nos marchamos.

De regreso le expliqué lo que había ideado con los tres pantalones y que de esa forma podíamos ganarnos un dinero fácil y rápido. Le dije que ese podría ser nuestro negocio. Me contestó que le parecía bien, pero que cómo lo haríamos. Le conté la forma en que venderíamos la ropa, consistía en sacar la mitad del precio neto de la mercancía y luego recogeríamos en pagos semanales la otra parte, que la idea era que nuestros clientes fueran peluqueros porque ellos producían dinero diario y de esa forma nos pagarían más fácil.

Hice unas visitas con amigos y colegas de las peluquerías, les mostré los pantalones diciendo que era mi nuevo negocio mientras me recuperaba por completo. Pues fue tan acertada la oferta que les hice que antes de llegar a la casa ya tenía el dinero de pagar la deuda de mi inversión. Me emocioné porque fue muy fácil venderlos, aunque faltaba que me pagaran mis ganancias.

Desde ese día comenzamos a comprar ropa para luego venderla, no obstante, no era una tarea fácil porque debíamos estar todo el día visitando clientes en todos los barrios. Eran tantas mis ganas de cubrir mis necesidades que me sentía como si ese fuera el mejor negocio del mundo. Hasta estaba haciendo planes para comprar mi nuevo carro porque pronto debía entregarle el carro en el que andaba a su dueño.

No sé cuál poder sobrenatural me acompañaba que me hacía pensar siempre de manera positiva. No sé cómo de la nada me salieron unos pensamientos que, literalmente, se los recité a Carolainy; aún hoy lo recuerdo tal como se lo dije ese día:

"Pienso que siempre hay una esperanza, una luz en los momentos difíciles, solo ten presente no rendirte, no abandonar tus proyectos. Sé firme en tus ideas, persigue algo en la vida, no vivas por vivir; siempre podremos ser lo que queramos ser. Si te caes, levántate, si es necesario dos o tres veces, pero aprende de esa caída, que te sirva de experiencia.

Quita de tu camino la piedra que te hizo caer para que no se repita y tengas que lamentarte. Nunca uses palabras negativas, no te menosprecies a ti mismo. Véndete al precio más alto porque aparecerá el comprador que lo valorará y pagará lo que vales realmente".

En poco tiempo creció el negocio, invertimos mucho tiempo y trabajo. Los viernes salíamos desde muy temprano para regresar muy tarde en la noche, puesto que esos eran los días que los peluqueros tenían más trabajo. En ocasiones llegábamos, les mostrábamos la ropa y terminábamos vendiéndoles a todos los clientes de la peluquería porque a pesar de que nuestra mercancía no era original, llamaba mucho la atención. Como en todos los negocios, habían clientes buenos y clientes malos que se demoraban para pagar.

En un barrio llamado Sabana Perdida teníamos una pequeña ruta que visitábamos cada jueves, a Carolainy se le ocurrió hacer un negocio con una mujer que era dueña de un salón de belleza, yo nunca quería hacer negocios con las mujeres, pido disculpas a las que son serias y responsables por el comentario, pero pasaba que cada semana le echaba un cuento distinto a Carolainy para no pagarle. Esto me estaba incomodando, siempre era lo mismo.

A la semana siguiente fui a cobrarle yo personalmente. Llegué, saludé desde la puerta con educación; había como unas cinco personas entre trabajadores, clientes y un niño que jugueteaba en el centro del salón. Estuve parado en la puerta por unos segundos y como nadie me invitó a pasar, me tomé la libertad de hacerlo por mí mismo. Caminé hacia el final del local, le hice unas muestras de cariño al niño y me acerqué a ella, ya la conocía porque la veía cuando platicaba con Carolainy, y con voz baja le hablé:

—Oye, disculpa, vengo para que nos saldes la pequeña deuda que tienes con nosotros.

Ella se molestó tanto con mi presencia que me pidió que abandonara su negocio; yo le respondí que me iría solo cuando ella me pagara la deuda. Noté su enojo y me habló fuerte, me amenazó con darme un balazo si no me iba, le dije que me lo diera, pero que no me iba sin el dinero.

—¿Ah sí? —dijo ella—, espérame, voy a buscar mi pistola.

No creí que tuviera una, pero tampoco me iba a quedar para averiguarlo, así que abandoné el lugar.

—Dejémosle ese dinero a esa mujer, está loca —le dije a Carolainy cuando regresé, aunque nunca le conté la historia tal como sucedió para no lucir cobarde ante ella.

En la noche, al llegar de la jornada de cobranza y distribución de la ropa, se reunieron todos los hermanos y primos de mi novia a ver las playeras y pantalones que vendíamos, nuestra mercancía estaba muy de moda, según ellos, y terminamos vendiéndoles a muy bajos precios. En una ocasión me sorprendí al ver que subió el suegro a mirar la ropa, me emocioné y tomé dos de las mejores playeras y se las regalé, pues era raro verlo interesado en "cosas de jóvenes" como él solía decir, él era un señor conservador cuando de vestir se trataba.

Desde ese día noté que cuando llegábamos a la casa, después de trabajar con la mercancía, el suegro nos preguntaba cómo nos había ido, hasta que un día nos hizo la sugerencia de poner un negocio, él tenía un local en un pequeño pueblo llamado El Mamey, nos preguntó si nos interesaba tener ese negocio; le contesté que me parecía bien, pero que era importante revisar qué sería bueno poner en esa zona. Compartimos varias ideas entre Carolainy, el suegro y yo.

La idea más ambiciosa que se nos ocurrió fue la de poner un "picapollo", aprovechando que el local estaba al lado de un bar que estaba de moda en ese momento. El bar tenía un nombre muy curioso, se llamaba "El cieguillo cinco estrellas" y lo más raro del lugar era que al fondo, donde la gente bailaba, tenía un altar como de santería donde las luces de las velas formaban parte de la decoración. No sé si era efecto de los santos que tenían en el altar, solo sé que siempre estaba a reventar de gente, y eso que no era nada elegante el lugar.

Lo extraño era que a pesar de que la gente normalmente tenía santería en sus casas, lo mantenían oculto porque no era bien visto por los cristianos y la iglesia católica. Pero al Cieguillo no le importaba que dijeran lo que dijeran, él hacía sus rituales a la vista pública y en lugar de recibir críticas, recibía apoyo de sus clientes que también lo acompañaban prendiendo velas y haciendo peticiones a los santos.

Mientras nosotros seguíamos con el negocio de la ropa, el suegro acondicionaba el lugar porque la idea del picapollo lo emocionó mucho y pronto iba a ser todo un hecho.

Las conversaciones y las bromas que se daban en la noche, en el patio de los suegros, cambiaron de tema; ahora solo hablaban del picapollo. En una de esas noches, Joel, uno de los hermanos menores de Carolainy dijo:

—La familia De La Cruz pronto va a ser empresaria porque el Polito va a poner su picapollo —Todos se rieron y continuó—:¿Cómo le vamos a llamar? —Él mismo respondió en forma de burla—: Restaurante gourmet alitas y patitas De La Cruz.

No parábamos de reír esa noche porque Polito, mi suegro, cuando algo le molestaba tartamudeaba y refiriéndose principalmente a Joel dijo:

—Tú, tú, tú, tú, tú, tú, tú verás, lo, lo, lo, lo, lo voy a poner y, y, y, y, y, y no te quiero ver ahí de, de "lambón" co, co, comiéndote las alitas como tú, tú le llamas, ya tú verás".

—A papá que le haces caso a Joel —respondió Carolany que estaba sentada con la silla recostada en un tronco.

Fermín, el primo, se unió a la conversación.

—Polito, cuando te hagas rico acuérdate de tu sobrino querido.

—Sobrino querido, si quieres dinero ponte a trabajar —dijo Alicia, que estaba recogiendo cerezas de una planta muy frondosa que nos daba sombra.

Fermín se echó a reír.

—Alicia, tú sabes que soy el sobrino favorito de Polito —dijo.

Diomedes que era como el macho alfa de todos y siempre procuraba ser el centro de atracción habló también:

—Polito cuenta con Polito, el Polito es una mandarria, vas a tener que darle duro en el codo para que suelte el dinero —Mandarria se le dice en mi país a alguien amarrado, tacaño.

Yo en ese tipo de bromas y conversaciones nunca intervenía porque de alguna forma yo era solo un invitado en esa familia y me limité a decir:

—Ustedes con sus cosas, yo mejor me marcho.

Al llegar a casa donde vivía con mis padres, me llevé tremendo susto cuando detrás de la puerta, alguien brincó de repente; me abrazó, me levantó, me dio unos golpes en la espalda en señal de cariño y en forma de regaño me dijo que era un ingrato con la familia. Era Miguel; lo saludé afectuosamente porque de verdad él tenía razón, hacía muchos años que no nos veíamos.

Miguel era el primo juguetón y necio, y los años no lo cambiaron, seguía siendo el mismo niño que dejó a mi hermano sin ropa en aquel río en el que por poco nos ahogamos; sin temor a equivocarme, sé que Miguel seguía siendo un gran pescador, ese que atrapaba los peces por la barriga con su anzuelo.

Le pregunté qué lo traía por allí y me dijo que llevaba cinco días de haber llegado y que no había visto señales mías, que ya se había acomodado en una de las habitaciones de la casa y que ahí viviría por un tiempo hasta que consiguiera algo mejor porque donde vivía con su madre era muy pequeño y su familia era muy numerosa.

Le di la bienvenida, le dije que esa era su casa, lo invité a que bajáramos a ver el carro que por el momento estaba usando, le conté los detalles de cómo lo obtuve y que lamentaba que ya se estaban cumpliendo los dos meses para que Benjamín me pagara la cantidad acordada y así devolverle su carro. Mientras hablábamos, nos dirigimos hacia la marquesina donde todavía estaba el carro de Leoncio, no lo habían movido desde el día del accidente. Miguel me dijo que precisamente a eso había ido, para hacerse cargo de ese carro. Me explicó que lo quería restaurar y que luego le pagaría el valor restante a mi papá. Me quedé en silencio por un rato para no decir lo que tenía en mente, tal vez no lo iba a ver bien.

Tenía ganas de decirle que yo me estaba poniendo de acuerdo con mis padres para arreglarlo porque lo necesitaba mucho, pero me acordé de que el día que se lo sugerí a mi papá, él se había quedado callado y solo había hecho ese sonido que hacía cuando algo no le parecía: "Uuuummm". Y con lo que el primo me acababa de decir de los planes que él y mi papá habían hecho respecto al carro, ¿para qué hablar? Ya la guerra estaba perdida. Como decía un gran maestro que tuve en mis primeros años de estudio: "La hipocresía es parte de la educación".Opté por hacerle caso a mi profesor.

—Me alegro por ti primo, me da mucho gusto que seas tú quien se quede con el carro de mi hermano porque sé que lo cuidarás como si fuera él —le dije.

Se acercó a mí de nuevo y me dio otro fuerte abrazo.

LAS HISTORIAS DE PAPÁ

Mi papá fue criado como nosotros, en una familia numerosa, con muchos hermanos que pasaron tiempos difíciles. Puedo decir esto con certeza porque era algo que siempre nos contaba mientras trabajábamos la tierra. Él y sus hermanos nacieron aquí, pero él pasó toda su niñez y parte de su juventud con mis abuelos. Según lo que nos contaba, la forma en que su papá los crió no fue muy normal. Nos decía que en ocasiones estaban todos reunidos comiendo y que de pronto, su papá decía: "Coman, coman y quítense el hambre que ustedes no saben cuánto dinero me costó traerles la comida a la mesa, cuando sean grandes van a saber lo que es trabajar duro pa´ que otros coman". Nos contaba que eso pasaba cada vez que se sentaban a comer en la mesa.

A sus diecisiete años, mi papá compró su primer caballo y sintió la necesidad de pedirle prestado una parte del dinero a su padre. En esos días mi abuelo había vendido dos puercos que se habían criado en el patio. Era normal criar animales en ese lugar porque vivían en una montaña en medio de la nada donde sus vecinos más cercanos quedaban a media hora de camino.

Según la historia de mi papá, había mucha abundancia, tenían mucho de todo. Muchas gallinas, cerdos, vacas, chivos. Era una tierra rica en recursos naturales y virgen porque había lugares en esa propiedad del abuelo que nunca habían sido habitados ni trabajados por el hombre.

Mi padre era feliz contándonos las historias de su niñez, pero yo siempre lo interrumpía para que nos contara lo que más llamaba mi atención, eso de que había comprado su primer caballo era algo que me emocionaba mucho. Por ello le pregunté:

—¿Y sí te prestó mi abuelo el dinero que te faltaba para lo del caballo?

Me dijo que sí, pero que lo había regañado diciéndole: "Toma, compra tu caballo, pero a mí no me gusta que me estén acechando cuando vendo algo para que luego se aprovechen para pedirme dinero prestado". Lo interrumpí de nuevo y le dije: "

—¿Y tomaste el dinero? —lo interrumpí de nuevo queriendo saber.

Me dijo que sí, que se tragó su vergüenza y lo tomó porque comprar ese caballo para él era muy importante.

Con cada historia me dejaba con la boca abierta, pero la más conmovedora y vergonzosa que pude escuchar fue aquella en la que en una ocasión mi papá, siendo un adulto, invitó a un amigo para que visitara a sus padres y llegaron exactamente cuando mi abuela estaba a punto de bajar la comida del fogón. Mi papá tenía tanta hambre que le dijo:

—Mamá deme una carne para ir comiendo que muero de hambre, mientras sirven la cena.

La abuela se la dio, pero mi papá no quería comer solo delante de su amigo, entonces le pidió otra porción. Mi abuelo que estaba sentado en la mesa escuchando todo dijo:

—No, no, no, es muy poca carne como para que se la coman antes de repartirla.

Cuenta mi papá que jamás había sentido una vergüenza y humillación tan grande.

Las historias de mi padre en el campo eran interminables y me gustaba escucharlas, por lo menos algo me gustaba porque para ser honesto, ser campesino y trabajar la tierra no era mi devoción. Le doy todos los créditos y respeto a las personas que han dedicado su vida a trabajar la tierra, y puedo afirmar que no hay un amor tan grande como la de un campesino por sus frutos y sus animales. Menos mal que mis padres no fueron apegados a dos plantas de cacao o de café como solían ser sus contemporáneos.

Mi papá fue de los que abandonaron el campo y salieron a buscar nueva vida en las grandes ciudades. Su lucha era por sacar a sus "viejitos", como solían decirles, porque estos no querían dejar sus tierras para irse a morir de hambre en la ciudad. Mi papá era gran productor de café, cacao y víveres, pero a pesar de que esa era la única forma de darnos el alimento, nunca fue mi pasión trabajar en el campo. Para mí fue la pesadilla de mi niñez estar en una montaña, en un bosque tupido y arisco, lleno de animales que daban miedo como las *cacatas,* así les llamábamos a las arañas oscuras y peludas; había avispas, abejas, jurones que en tiempos de sequía y calor te atacaban.

Nosotros siendo niños teníamos que tener el valor de los adultos porque para los campesinos esos animales nunca hacían daño, pero no fue una, ni dos veces, las que en la noche me moría de fiebre causada por la picadura de una avispa o del aguijón de una abeja.

Los campesinos viven de la ilusión de que cada seis meses o cada año pueden lograr su sueño o desilusionarse totalmente. Porque las cosechas dependen de la madre naturaleza. Si debe llover, pero luego hay sequía, los frutos son pérdida total. Las estaciones lunares también tienen que ver mucho con las cosechas, las buenas siembras se dan mejor si lo hacen en luna llena.

En una cosecha de café y cacao nos fue superbién porque en ese año subieron los precios de esos productos. A mi papá se le ocurrió invertir toda la ganancia en un sueño que tenía hacía muchos años atrás. Se le ocurrió comprar cepa de plátano porque de esa forma saldríamos de una vez por todas de la pobreza en la que vivíamos. Compraría siete mil plantas y las sembraría porque sentía que los cálculos de buen campesino le decían que todo estaba alineado para que saliera como lo estaba pensando; decía que la madre naturaleza estaba a nuestro favor y que los precios del plátano en los siguientes ocho meses iban a estar elevados por la escasez que, según él, habría.

Un lunes muy temprano, mi papá salió a un pueblo llamado Cotuí en busca de sus plantas soñadas y regresó el miércoles con cuatro camiones llenos de cepas de plátano. La tierra donde iban a sembrar estaba lista; para ese proyecto se contrataron cien hombres y al cabo de cinco días ya había una porción de tierra habitada. Recorrerla te tomaba cuarenta y cinco minutos más o menos. De inmediato comenzaron a salir caballos, burros, mulas, cargados de la sepa para ser llevada a la montaña donde serían sembradas.

Eran caravanas de animales y personas que se desplazaban en la calle, parecía una procesión para visitar a la virgen. Yo arriaba el burro que por muchos años perteneció a la familia, era el último de la fila, no podía ver los primeros que salieron por la gran cantidad de animales que había y por el polvo que se levantaba. Al cabo de dos semanas estaban todas las plantas bajo tierra, ahora solo esperaríamos a que crecieran con el vigor y la salud esperada, pero para lograr eso, había que trabajar duro y ponerle abono a cada mata sembrada, así como quitar la maleza que crecía al lado. Dedicábamos todo nuestro tiempo en cuidar minuciosamente cada mata.

Después de que pasaron los primeros tres meses de la siembra yo me paraba a observar desde lo alto de la montaña, la siembra era hermosa, como el oleaje del océano por el movimiento de las hojas del platanal al ritmo del viento. Era maravilloso ver como todas crecían de forma sincronizada y el verde de sus hojas me deslumbraba. Mis hermanos brincaban de alegría porque la idea de salir de la pobreza se veía muy cerca. Construimos una choza en medio del platanal donde nos resguardábamos cuando llovía o hacíamos la siesta después de comer el famoso arroz con víveres que hacían mis padres.

La comida nos sabía tan sabrosa que parecía hecha por un chef profesional, quizás era porque moríamos de hambre, pues llegábamos a las ocho de la mañana y comenzábamos el trabajo cortando la hierba mala que crecía sin control y con un sol que nos quemaba sin piedad la espalda. En ocasiones no hallábamos cómo estar más cómodos, si quitándonos la camisa o con ella puesta, la picazón que nos provocaba la hierba era insoportable.

El mejor momento del día era cuando daban las cinco de la tarde, mi papá nos llamaba para que comiéramos, pero antes, mi hermano y yo teníamos que salir a buscar el agua para tomar. Cogíamos dos galones cada uno y caminábamos por una colina que se descolgaba desde lo más alto de la montaña y llegaba a un manantial, y no había forma para llenar los envases.

Yo buscaba la hoja de un árbol que tenía buen tamaño y como el agua caía desde arriba deslizándose por las rocas, colocaba la hoja pegada a ella y de esa manera hacía caer un chorro de agua; cuando era momento de volver caminábamos colina arriba, era muy difícil por lo empinada que estaba la montaña, tardábamos como media hora en llegar con el agua.

Por fin pasaron los seis meses y ahora estábamos luchando con una peste que le había caído a la siembra, era un insecto que se metía por la tierra y terminaba marchitando la cepa de la mata de plátano. Era una batalla que no nos podíamos dar el lujo de perder porque cada mata estaba dando sus racimos y si no la combatíamos a tiempo, se perdería la cosecha. Sin embargo, era una plaga tan fuerte que cuando habíamos terminado una porción del terreno, teníamos que retroceder porque ya estaba cundido de nuevo, era como una maldición.

Nunca olvidaré el rostro decaído y derrotado de mi padre al ver que por mucho que batalláramos no podíamos calmar la plaga. En ocasiones teníamos que llevarnos a mi papá en contra de su voluntad para que descansara porque no quería despegarse ni un instante de su siembra tratando de ganarle a la peste. Terminamos mudándonos a la pequeña choza para poder reaccionar más rápido porque la casa familiar quedaba a tres horas de camino y quedarnos allá era perder tiempo en cada desplazamiento.

El verde de las hojas no eran las que yo maravillado observaba tres meses atrás, se veían débiles y decaídas. Llegó un momento en que solo nosotros, los hermanos, continuábamos tratando de salvar la siembra porque mi papá había caído en una depresión mayor, durante tres días no salió de la pequeña choza; al cuarto día salió y nos dijo que buscáramos los animales porque nos marcharíamos de aquel lugar.

Al día siguiente, mi papá llamó a mis dos hermanos mayores, les pidió que hicieran las maletas porque se marcharían a la ciudad. Me encargó que cuidara de mi mamá y mis hermanas porque ellos se iban a marchar a probar suerte a la ciudad. No tuve más opciones y me hice cargo, a mi corta edad, de la familia. Mi trabajo era subir a la loma donde estaba el platanal y cortar los pocos plátanos que dieron fruto para que luego mi mamá los vendiera a los vecinos.

Con esto nos mantuvimos por un año hasta que mi papá regresó por nosotros y no llevó a vivir con él a la ciudad. Mi papá jamás hizo un comentario ni volteó su mirada hacia atrás por todo lo que abandonaba. Pues en la vida a veces se gana y a veces se pierde. Los esfuerzos de mi papá fueron frustrados totalmente. Nosotros soñábamos con que un día dejáramos de ser agricultores y vivir en la gran ciudad porque escuchábamos los cuentos de los que iban y regresaban presumiendo la forma tan cómoda en que vivían sin tener que preocuparse de buscar agua en los manantiales, sino que todos en sus casas tenían agua en abundancia.

De esta forma fue que cambiamos las herramientas de trabajar la tierra por máquinas de cortar cabello. De los cuatro hermanos varones que éramos del matrimonio de mi papá con mi mamá, tres elegimos la profesión de peluqueros; el mayor se metió a las fuerzas militares de la Policía Nacional, sin embargo, el gusto de usar un arma y vestir con uniforme se le fue rápido porque al cabo de tres años desertó de las filas militares para dedicarse a ser taxista.

Alguien saludó en la puerta e interrumpió la historia que me estaba contando mi papá sobre un cliente que no quería pagar las cuotas de un préstamo que le había hecho.

Me paré para ver quién era y al acercarme saludé.

—¿Quién es? —pregunté, ya que no lograba ver porque estaba oscuro gracias a un apagón reciente. Dos siluetas se reflejaron en la puerta y una voz habló.

—Soy yo, Benjamín, vengo a saldar la cuenta para llevarme mi carro.

Lo saludé y le pedí que pasara para que platicara de eso con mi papá, ya que él tenía más conocimiento del tema de los préstamos porque era a lo que se dedicaba y conocía los detalles del negocio.

Entraron y nos sentamos los cuatro a escuchar a mi papá. Empezó a preguntarle a Benjamín cómo fue el acuerdo del negocio y en qué fecha tendría que pagar el dinero para que se le devolviera el carro. Tartamudeando, contestó que el acuerdo era dos meses y que él pagaría cinco mil pesos de intereses y siguió diciendo:

—Sé que me pasé unos días, pero yo se lo compenso con dinero, además Esteban dijo que me daba ocho días más después de los dos meses, así que solo me pase con cinco días.

En ese momento lo interrumpí.

—Fui muy claro contigo, cuñado Benjamín cuando te dije que si no lo sacabas en la fecha acordada, lo perderías y como tú mismo lo acabas de decir, te di ocho días más después de los dos meses para que me devolvieras el dinero.

El señor que lo acompañaba no había emitido ni una palabra hasta que yo dije lo que tenía que decir. Ese señor, que ni sabía cómo se llamaba y Benjamín no tuvo la educación de presentar, se paró con esa actitud que tienen los que se creen tener dinero y los que creen que el dinero lo resuelve todo, abrió un bolso de mano que traía, sacó un paquete de dinero y lo tiró encima de la mesita de centro.

—Agarren esos cincuenta mil pesos y que no se hable más del carro —dijo.

—No se trata de dinero —respondió mi padre—, se trata de entendernos de la mejor manera y respetando un papel que está firmado por Benjamín y mi hijo.

Le arrebaté la palabra a mi papá.

—Para que les quede claro a los dos —dije—, ya el carro está perdido y si quieren, para que no haya problemas, les devuelvo de mi dinero los cincuenta mil pesos.

Hubo unos minutos de silencio.

—Pues si es así, quiero los cincuenta mil pesos ahora mismo —dijo Benjamín.

Quise mantener la calma ante su presión porque no tenía de dónde sacar ese dinero y después de buscar una salida a esa situación le contesté:

—Es algo que propuse por ser amable y buena gente con usted, pero no es que me corresponda hacerlo. Si quiere espere a mañana o aquí cerramos el trato y me quedo con el carro.

Benjamín se levantó.

—Solo te digo que mañana a las ocho de la noche vengo por mi dinero y si no lo tienes me tendrás que devolver mi carro.

Muy temprano en la mañana fui a la cooperativa "El Progreso" que estaba ubicada exactamente en el pueblo donde nací, Yamasá. Ahora sí que necesitaba el don del convencimiento para enfrentarme al gerente de la cooperativa y que me prestara los cincuenta mil pesos el mismo día. Llegué y tuve suerte de que no había mucha gente esperando para pasar a su oficina. Solo esperé unos minutos para que me atendiera, saludé desde la puerta, ya no era un extraño para él porque nos conocíamos bien.

No era la primera vez que iba a pedir dinero prestado, nos estrechamos la mano afectuosamente, me pidió que tomara asiento mientras me preguntaba para qué era bueno. Le expliqué la razón de mi visita y que necesitaba llevarme los cincuenta mil pesos ese mismo día; algo que nunca es posible en los bancos, puesto que todo lleva un proceso, diligenciar papeles, tener garantías y cuanta cosa te pidan. Se negó con rotundidad en darme el mismo día el dinero, pero lo presioné con argumentos que sentía que podrían servir para convencerlo.

Le pedí que buscara en la computadora mi record de pagos en el banco y antes de que buscara le dije:

—Yo terminé de pagar cien mil pesos que pedí prestados antes del tiempo estimado, era a un año y lo pagué en seis meses, ¿usted cree que un cliente como yo no merece que lo traten con un poco de consideración? ¿Qué cliente paga de esa manera? Yo necesito ese dinero ahora, así que mire a ver qué va a hacer con su amigo aquí presente. Además, traje los papeles del carro que voy a comprar y se los puedo dejar. Usted sabe lo que me pasó con el carro que tenía, se me quemó y ahora se me da la oportunidad de tener uno nuevo, que no sea usted el culpable de no hacer yo este gran negocio.

Se levantó y llamó a su asistente, lo mandó a que revisara la condición del carro. Sacó un contrato para que lo firmara, eran como diez hojas. Una por una las leí, solo por la rutina, pero ya conocía ese tipo de contratos. Luego sacó un cheque y me preguntó:

—¿De cuánto quieres tu préstamo? Porque tu crédito está en ciento cincuenta mil pesos.

Le dije que con setenta mil estaba bien. Era lo que exactamente necesitaba porque con lo que me sobrara podría invertir en algún negocio o pagaría los primeros meses si era necesario.

Regresé a casa y le entregué el dinero a mi papá para que fuera él quien esperara a Benjamín y le diera la cantidad acordada. Me senté en el balcón de la casa a ver qué se me ocurría hacer porque me sobraba el resto de la tarde y yo no toleraba estar sin hacer nada. Bajé de nuevo, subí al coche y decidí visitar un viejo amigo con el que pasé momentos muy agradables antes de mi accidente.

Me gustaba mucho cantar y él era muy bueno tocando la guitarra; me quedé hasta muy tarde en la noche cantando, haciendo bromas con mi amigo y otros más que se acercaron. Sin pensarlo, armamos una fiesta, llegaron las vecinas bailando, hicieron una ronda donde una por una entraba y salían haciendo su demostración de buenas bailadoras. Eran mujeres con muy buen cuerpo y lo movían de forma impresionante. Entre todos hicimos un "serrucho", como le llamamos cuando se compra algo entre varias personas; compramos licor y cosas para comer. Las mujeres sacaron a los hombres que todavía estaban tímidos.

Al día siguiente, mientras lavaba mi carro con entusiasmo, los vecinos pasaban dándome los buenos días y muchos paraban a platicar y me preguntaban si no se había quemado el carro o que qué rápido lo había reparado. Se confundían porque el carro era del mismo color, solo que el que tenía en ese momento era dos años más moderno. Muchos decían que el seguro me lo había pagado, otros murmuraban que de dónde había sacado dinero tan rápido para comprar un nuevo carro.

Dios y todo el universo giraron a mi favor para que yo lo obtuviera, ahora solo me faltaba estabilizarme nuevamente en los negocios; ya estaban surgiendo buenas propuestas, el socio de mi papá me propuso pagarme quinientos pesos por trabajar un día a la semana con ellos en una nueva ruta que habían abierto en un barrio llamado Cristo Rey. Lo peligroso de ese trabajo era que debíamos cobrar dinero y eran grandes cantidades. Ese barrio era uno de los más peligrosos de Santo Domingo, atracaban a plena luz del día y siempre alguien perdía la vida.

Nosotros solo contábamos con una pistola que la tenía el jefe, en una ocasión sentí pánico cuando íbamos a hacer una entrega de trescientos mil pesos a una ruta de carros que contaba con cien choferes, todos querían dinero prestado, era una ruta organizada que contaba con un presidente que respondía por ellos.

El presidente se llamaba Lohan, que para mí, más que presidente era un delincuente, que de haber sido mío el dinero, jamás lo hubiera puesto en sus manos, pero mi rol en el trabajo no era más que hacer lo que se me ordenaba, o sea cobrar a cada chofer cuando llegara, pero ese día me tocó estar en la oficina del presidente de la ruta para ayudar a contar el dinero porque lo íbamos a separar en paquetes de veinte mil pesos.

Cuando nos acomodamos, recuerdo que Lohan tenía un arma, la sacó y la rastrilló, es decir, la dejó lista para disparar. Nos miramos con susto, sin respirar por unos segundos. Sentí que se trataba de un asalto, pero respiré de nuevo cuando Lohan dijo:

—Hay que estar listos contra estos malditos delincuentes que siempre están al acecho.

Mi jefe también hizo lo mismo con su arma y la pusieron los dos encima de la mesa mientras contábamos el dinero. Trabajar de cobrador consistía en corretear, hasta en el más escondido rincón, a los clientes. Salir bien librados de cada barrio que recorríamos era un logro.

Siempre dejábamos el mismo barrio para el último recorrido, ese era el más temido, el barrio Caliche de Cristo Rey. Ese día conducía yo la camioneta y por el retrovisor vi que un carro gris nos seguía hacía rato, no quise avisarle al jefe porque decía que yo era un cobarde, que siempre andaba con miedo, no quería alarmarlos y que después no pasara nada y culparan a mi paranoia.

Salimos del barrio y llegamos a la calle Ortega y Gasset, pensé que ya no nos seguían porque no los veía detrás, entonces me puse a bromear con el jefe y otros que nos acompañaban, quienes estaban burlándose de que a mí se me había salido la mierda cuando Lohan sacó la pistola y la rastrilló.

Volteé a mirarlos, ellos iban en el asiento trasero y me reí, cuando vi nuevamente al frente, casi choco con el carro gris que nos venía siguiendo, ahora estaba en el medio de la carretera con las cuatro puertas abiertas y cuatro sujetos con armas largas se acercaban hacia nosotros apuntando con sus cañones.

Mi jefe quiso sacar su pistola, pero ya no había tiempo para reaccionar. Abrimos las puertas y salimos con las manos hacia arriba.

—Es la policía, no se muevan —dijo uno de ellos.

No creí que fuera la policía porque era una técnica que usaban los delincuentes cuando hacían un atraco. Nos pidieron que nos pusiéramos de espalda, con las manos en la camioneta mientras nos revisaban. Le encontraron la pistola a mi jefe y se la quitaron, luego le pidieron la licencia legal para portar el arma, se la dio y la revisaron comunicándose, según ellos, al Palacio de la Policía. Se la devolvieron y nos pidieron disculpas por el mal momento que nos hicieron pasar.

Sí, eran policías, gracias a Dios. Una vez más, sentí que me le escapé a la muerte. Ahora me encontraba conduciendo por la avenida treinta y ocho que conecta a los barrios de Cristo Rey con el Mercado Nuevo y sus alrededores como los barrios de Villa Francisca, Capotillo, La cuarenta y dos y La Zurza, que eran barrios de respetar por ser una cuna total de delincuentes.

Ahí estaba Corolainy haciendo la compra de los menesteres para la inauguración del picapollo que sería al siguiente día que era sábado. Cuando llegué ya tenía todo comprado. Me ayudó a subir todo al coche un "burro" de los del mercado, así se les llama a las personas que se dedican a ayudarte con tus compras, te cobran veinte a diez pesos y con eso te evitan que tengas que cargar las bolsas que suelen ser muy pesadas.

Nos fuimos directamente a dejar los plátanos en el local. No esperaba ver ese lugar de la manera que estaba. Pensé que sería más sencillo, parecido a las frituras que acostumbraba a ver en la orilla de la calle donde te venden carne frita sin ningún cuidado, pero ese local estaba bien acondicionado, tenía vitrinas de cristal donde pondríamos la comida, su cocina estaba hecha en acero inoxidable, tenía cinco mesas bien acomodadas donde los clientes se sentarían a comer, había tres abanicos en el techo para disipar el calor. Era, en serio, un verdadero picapollo.

La inauguración fue totalmente como me la imaginaba. Polito en la cocina friendo el pollo, Carolainy afanada despachando la comida para los clientes, yo pasándole los *picapollos* a cada mesa, los hermanos de Carolainy tomando cerveza y bailando la música que se escuchaba en el bar del Cieguillo. Terminamos en la madrugada, muy cansados, pero vendimos toda la comida, fue un éxito total. Así era noche tras noche, música, tragos, comida y siempre vendíamos todo gracias a la cantidad de gente que llegaba a bailar al bar del famoso Cieguillo.

Una noche en la que estuvo muy escasa la venta debido a que el bar no había abierto, ya estábamos listos para cerrar, eran las diez menos quince de la noche, cuando llegó una camioneta con siete personas, que por lo que hablaban entendimos que venían del aeropuerto. Se veía que era una familia completa, niños, adultos, jóvenes y entre ellos, había un hombre que podía adivinar que era americano porque no hablaba español. El americano era quien tenía el mando de la familia a pesar de que no hablaba el idioma. Él era quien más conversaba. Yo que me consideraba alguien que hablaba un poquito de inglés trataba de traducirle a Carolainy lo que decía. Pidió tres picapollos de tamaño grande.

Se comieron todo de una vez allí mismo, cuando terminaron, el americano nos dijo que si nos podía pagar en dólares porque no traía dinero en moneda nacional, miré nuevamente la camioneta y vi por la cantidad de maletas que traían en la parte de arriba que acababan de llegar al país.

Le traduje a Carolainy lo poco que entendía, pero le dije a ella que no cobraríamos en dólares, me preguntó que cuál era el problema, que a ella siempre le mandaban dólares e iba y los cambiaba a la casa de cambio. Le contesté que era su decisión si lo hacía o no. Sacó un billete de cien dólares y se lo entregó a Carolainy. Vi que ella sacó de su cartera otro billete de cien también y lo miró comparándolos como para saber si estaba bueno.

—Dame tres *picapollos* más para llevar —dijo el americano—, quédate con los cien dólares y tomen lo que sobre de propina".

Su cuenta era como dos mil cuatrocientos pesos por las cervezas que pidieron mientras comían, o sea que nos estaba dando como seiscientos pesos de propina. Cuando se marchaban, se devolvió

—Oye, podrías cambiarme cien más para seguir la fiesta, ya que sin dinero dominicano no puedo comprar nada —dijo y explicó—: Mira, son tres mil pesos, dame dos mil quinientos y ya.

Pues así lo hizo, le cambió los cien dólares por los dos mil quinientos. Me fui a casa con la preocupación de ese negocio, como que no me daba confianza el americano, además, había un detalle en el hombre que me causaba curiosidad y era que le hacía falta su mano derecha.

A las 11:00 a.m. del día siguiente me habló Carolainy para decirme que los dólares eran falsos, que nos había engañado. Me sentí impotente y la regañé:

—Te lo dije, pero tú quisiste hacerlo, ese maldito americano no me daba nada de confianza; malditos rateros, tienen que morirse.

La estafa que nos hizo el americano era de ocho mil pesos dominicanos. Eso no le causó tanto dolor a Carolainy pues eso era poco para lo que se gastaba en compras y en cervezas, pero para mí era una fortuna, me costaba mucho conseguir una cantidad de dinero así. Ella gastaba dinero sin control y como dice un dicho muy famoso: "lo que nada nos cuesta hagámosle fiesta".

Meses atrás, cuando ella estaba derrochando el dinero yo me enojé fuertemente y le aconsejé que aprovechara la suerte que la acompañaba en ese momento y ahorrara el dinero que cada semana le mandaban en dólares y en euros. Ella me escuchó y me hizo caso, y en muy poco tiempo de estar juiciosa había completado dinero para comprar un terreno que le ofrecieron muy cerca de donde vivía con sus padres.

Ahora andábamos en busca de un carro para comprarlo porque lo necesitaba para ir a traer el surtido del *picapollo*. Después de buscar por toda la ciudad, por fin encontramos un *Honda Accord* y era exactamente igual al carro de mi hermano que se había quemado en el accidente, solo que era de color gris. Vi la cara de todos cuando llegamos en el carro con los vidrios bien oscuros, hicieron un gesto como de quiénes son estos. El carro lucía como nuevo, era muy elegante, yo parecía todo un señor adinerado conduciendo esa nave.

Al bajarnos, todos se acercaron mirando con detenimiento el carro y como siempre, no faltaron las bromas, los abrazos y las felicitaciones que afectuosamente le daban a Carolainy, pues todos le deseaban vida y salud para que disfrutara su coche nuevo. Esa noche Carolainy y yo brindamos con champaña, la compramos cuando íbamos hacia la casa; paramos en un supermercado y pensamos que esa noche había que celebrar. Fue su idea, estaba muy feliz.

Celebramos al ritmo de bachata; la fiesta la hicimos ella y yo como si tuviéramos público presente, bailamos bachata, merengue, boleros y cerramos como terminan dos amantes ardientes que solo esperan el mínimo momento a solas para devorarse vivos.

Un fuerte ruido descontrolado en mi ventana me despertó; pregunté quién era y del otro lado contestó el que nunca dejó de ser niño, el primo Miguel. Miré el reloj y eran las ocho de la mañana, hincado en la cama me acerqué a la ventana, la abrí y me tiré de nuevo a la cama, asomó la cabeza y dijo:

—Diablo primo, usted sí que duerme —Luego se rio a carcajadas como si yo le causara alguna gracia y como no paraba de reír le pregunté que de qué se reía, me dijo con su tono campesino que nunca dejó—: Ay primo, usted amanece durmiendo dos veces —Me quedé confundido, preguntándome qué decía ese loco, pero me señaló y agregó—: Mire, mire, usted amanece frío —Ahí entendí a lo que se refería y no hice más que reírme como loco con él.

Él hablaba de que yo en la mañana no levantaba la sábana con mi masculinidad, como era normal en los jóvenes de nuestra edad; me levanté, cubrí mi cuerpo con una toalla y me paré en la ventana a platicar. Le conté del carro que había comprado Carolainy y se emocionó cuando le dije que era igual que el que se había quemado de mi hermano. Me dijo que cuando arreglara el suyo íbamos a andar juntos con los carros iguales. Después de platicar como por una hora, me vestí y le pedí que me ayudara a quitarle un sonido que tenía el carro en una de las llantas delanteras. Buscamos las herramientas necesarias y logramos quitar el ruido, como él no tenía nada que hacer, lo invité a que visitáramos a Carolainy para que viera el carro.

Llegando a la casa, él vio desde lejos el carro y dijo impresionado:

—Diablos primo, ¡pues qué carro! Compró un *maquinón* —dijo impresionado.

Él era el primo de Carolainy, que en casa de mi novia le tenían un apodo, le decían "Pomito", él también le tenía un apodo a mi novia, le decía "Caro". Cuando nos estacionamos, desde el segundo nivel de la casa Carolainy dijo:

—¡El pomi!

Era la forma en que se saludaban amistosamente.

—Qué es lo que usted dice Caro —contestó él en lenguaje muy dominicano—, bajó con todos los cascabeles con esa máquina que compró.

Carolainy con una expresión de felicidad soltó una carcajada y nos pidió que subiéramos. Nos sentamos en los muebles y ella se puso a prepararnos el desayuno, eso era algo que nunca faltaba, un buen plato en la mesa; si algo tenía mi hermosa novia era su amor por la cocina.

Después de desayunar, bajamos y saludamos a toda la familia que estaba reunida en el balcón de la casa de Benjamín. Alex, uno de los dos hijos que tenía Benjamín, me dijo que los cordones de mis zapatos tenis estaban desamarrados, me agaché a amarrarlos y cuando subí la mirada sorprendí a Benjamín mirándome con cara de odio. Carolainy siempre me decía que tuviera cuidado con él porque no me miraba con buenas intenciones. Yo nunca le creí hasta ese día que lo descubrí mirándome. Yo no pensaba que fuera mi enemigo por aquel negocio del carro, porque yo sentía que le había hecho un favor para que no perdiera el dinero del auto. Le pedí la llave a Carolainy para darle una vuelta al primo en el carro y que viera cómo estaba de motor.

Entramos al carro y bajamos las ventanas, abrimos el *sun roof*, pusimos un CD de Bob Marley y le subimos el volumen para aprovechar los parlantes que tenía. Íbamos muy despacio por cada barrio, causando asombro en la gente que nos miraba; pasamos por el punto de taxis donde estaban todos mis compañeros taxistas, se acercaron a saludarme; ellos también me tenían un apodo, me decían *El Cartier*, nombre que yo mismo me puse cuando cantaba bachata, pues yo siempre les presumía mi buena voz en un CD de bachata que había grabado.

Continuamos en nuestro recorrido, pasamos por la escuela pública que estaba muy cerca del punto de taxis y estaban todos los estudiantes afuera. Pasamos abriéndonos paso entre la multitud de jóvenes. La música sonaba a todo volumen, yo llevaba lentes oscuros y conducía con estilo de negro gánster, mi primo iba muy relajado de copiloto. Vimos cómo todas las chicas nos señalaban y luego se reían entre ellas; nos sentíamos como los reyes del lugar, lástima que teníamos que regresar porque Carolainy me había llamado al celular varias veces para que regresáramos.

Cuando regresamos, el primo se puso a arreglar varios detalles que tenía el carro, como el de una bocina de la música que no se escuchaba bien y otras cosas. Ella se acercó a nosotros.

—¿Ustedes fueron a morirse por allá? —preguntó, era una forma de decirnos que nos habíamos demorado mucho.

Al llegar a mi casa muy de noche junto con mi primo, encontramos a mi mamá y a mi papá afuera de la casa mirando a lo lejos de la calle, pregunté qué pasaba, por qué estaban en la calle como esperándome. Me contestaron que la razón de estar ahí no era por mí, sino por Josué, mi hermano, porque había rumores de que había llegado de Estados Unidos, pero ellos todavía no lo habían visto y que al parecer andaba borracho buscando a Clarisbel.

Me quedé sorprendido.

—¿Ustedes no sabían que él venía? —pregunté.

Me contestaron que no, que había venido de sorpresa, pero que la sorpresa no era para ellos, sino para atrapar "*in fraganti*" a su novia o esposa, porque él dudaba de su fidelidad.

Para esos días Clarisbel había abandonado totalmente la peluquería y se había mudado de nuevo con sus padres, pues la sospecha de que estaba saliendo a escondidas con alguien era comentada por todo el vecindario, y de forma astuta ya se imaginaba que Josué estaba a punto de regresar y se mudó.

Mi papá me pidió que lo acompañara a casa de los padres de Clarisbel, donde sospechaba que podía estar Josué. Ellos vivían muy cerca de nosotros, así que fuimos caminando, mi mamá y mi primo nos acompañaron. Cuando estábamos muy cerca de la casa escuchamos gritos de una mujer que decía: "Josué, déjala, suéltala". Apresuramos el paso para llegar antes de que pasara algo grave, pues por los gritos sabíamos que ahí estaba Josué y que algo estaba ocurriendo. Cuando logramos llegar, tenía a Clarisbel cargada sobre sus hombros como si se tratara de un saco lleno de algún producto.

—*Mijo*, ¿qué está haciendo? —habló mi mamá.

A pesar de tener cuatro años sin vernos, no hubo emoción de parte de él cuando nos vio; estaba muy borracho y sus preocupaciones eran otras, no nosotros. No sé cómo se sostenía con ella en sus hombros con lo borracho que estaba. Nos acercamos y le dijimos que la soltara; él apenas podía sostenerse de pie y eso porque estaba recostado contra la pared.

—Es mi esposa y me la llevo —dijo él—, no se metan conmigo, ella tiene que darme una explicación en mi casa, donde yo la dejé, y luego si quiere, que se regrese con su familia, pero a mí me da una explicación. No me vas a ver la cara de pendejo.

Mi mamá no paraba de hablarle.

—*Mijo* no des *shows* en la calle, vámonos a la casa, mira que todos los vecinos se están enterando.

—Mami váyase para la casa —decía él con voz de enojado—, yo no les dije que vinieran, yo soy un hombre y puedo resolver mis problemas.

No logramos convencerlo de que se fuera a casa con nosotros. De pronto, un hermano de Clarisbel que pertenecía al ejército, que todos conocíamos y que además fue nuestro amigo de la infancia, oyó los ruidos que estábamos causando para lograr que soltara a su hermana. Él vivía muy cerca y escuchó el alboroto. Se acercó para ver qué pasaba, cuando lo vi llegar aún traía puesto su uniforme de guardia, lo que demostraba que acababa de terminar su jornada militar. Su presencia podía mejorar o empeorar la situación.

Dairy, como se llamaba el hermano de Clarisabel, se acercó a nosotros, se abrió paso y dijo con su voz fuerte y autoritaria:

—¿Qué está pasando aquí? ¡Suéltala! Las cosas no se resuelven a lo bruto, ni a la fuerza, mañana cuando estés sin alcohol en tu cabeza hablas con ella.

Me sorprendí cuando mi hermano le respondió:

—Dairy, si tú lo dices, a ti sí te escucho, porque eres mi hermano y mi buen amigo, pero ¿cómo es posible que yo deje a tu hermana en mi casa y que me sea infiel con uno de mis amigos? Ella cree que yo soy tonto, pero ya lo sé todo. Hasta en mi propia peluquería estuvo con él, ¿tú crees que eso es justo? Ella podrá confundir a mi familia, pero a mí no, ya sé con quién sale, es con el Morenito.

Me quede con la boca abierta cuando escuché lo que dijo mi hermano, pues tenía mis sospechas de que podía estar saliendo con alguien, pero nunca me imaginé que fuera con él. Ese joven también había sido criado con nosotros, pero a la final, se dedicó a ser un delincuente más en el barrio. No veía por qué una mujer como mi cuñada se metería con una persona de su categoría. Pensé que mi hermano iba a golpear a la cuñada cuando la agarró por la quijada con fuerza, pero solo escuché que le dijo: "me vas a pagar caro tu traición".

Luego salió caminando con el estilo que llevan los borrachos, dando tumbos y muy inestable. Vestía de una forma muy diferente a como lo hacía antes de irse a los Estados Unidos. Sus pantalones eran muy anchos, parecía que entraban dos personas en ellos. Su playera le llegaba casi hasta las rodillas y completaba su estilo con una gorra de pico cuadrado del equipo de béisbol "Los Yanquis de Nueva York".

Estando en la casa, me senté en una silla del comedor, mis padres se acomodaron en los muebles al igual que el primo Miguel; mi hermana Yudely estaba haciendo la cena y cuando nos vio se acomodó en el desayunador de la cocina. Todos estábamos en silencio considerando que mi hermano estaba muy borracho y no era el momento para saludarlo cordialmente. Él no dijo una palabra desde que nos sentamos todos a contemplarlo con mucha pena por lo que estaba pasando, pero de la nada levantó su cabeza, que llevaba mucho rato clavada en el piso, y me miró como analizándome.

—Pero tú si estás muy demacrado muchacho —me dijo.

—Así es la vida hermano —le contesté y él bajó de nuevo la cabeza.

Recuerdo que esa noche estábamos como a unos veinticinco grados de calor. Mi hermano comenzó a quitarse las prendas que tenía puestas.

Al quitarse la gorra, noté que estaba calvo por completo, su cráneo brillaba como si le hubiera echado aceite. No pude evitar mirar con asombro cuando se quitó la playera, traía en su cuello dos cadenas de oro de tamaño exagerado con dos medallas que parecían escudos de lo grande que eran. En su muñeca llevaba un brazalete de tejido doble con las iniciales de la marca *JS Arte y Style.*

De repente, Josué se quedó totalmente dormido en el sillón, no era para menos, estaba muy borracho y de seguro, muy cansado por el largo viaje. Ayudé a mi papá a llevarlo a la cama que estaba lista para él.

Al día siguiente, estaba preguntándome si todo había sido un sueño o si había sido verdad; estaba muy confundido, pero la bulla que estaban haciendo los vecinos dándole la bienvenida me sacaron de la duda. Me paré de la cama, abrí la ventana, el sol estaba muy fuerte y caliente, eran las diez de la mañana. Lo escuché hablar con mi vecino que estaba muy cerca de mi habitación, no había sido un sueño, era realidad, mi hermano estaba con nosotros.

Salí de mi cuarto y fui directamente a donde guardaba mi carro, puesto que era mi tarea diaria lavarlo antes de hacer cualquier otra cosa. Mi hermano salía de una casa y entraba en otra, su llegada fue todo un acontecimiento para los vecinos. Aunque, la verdad, la gente estaba más interesada en saber si les había traído algo que saber cómo estaba él. Era algo que se acostumbraba en ese tiempo, que cuando alguien viajaba, a su regreso siempre tenía que agradar a sus vecinos con algún presente.

Mientras yo lavaba el carro escuchaba bachata que era lo que más me gustaba, recuerden que yo cantaba en ese entonces. Observé que Josué se acercaba a donde estaba, me detuve y me puse de frente a esperar que llegara, pues si no lo hacía, podría pensar que era falta de atención hacia él. No pude disimular para mirarlo de arriba a abajo sin perderme ni un detalle. No era el jovencito que hacía cuatro años atrás se había ido. Lucía muy robusto y fuerte, su cuerpo estaba trabajado por el gimnasio. Su ropa, como les dije, era enorme y de buena marca; sus joyas de oro me deslumbraban con el reflejo del sol y su forma de caminar era como la de un artista famoso.

Me imaginé lo que él sentía en ese momento porque tenía un ego muy grande, se sentía un cantante famoso o un actor de *Hollywood*. Los vecinos se asomaban a las puertas para verlo pasar y hablaban entre ellos para bien o para mal.

—Pero muchacho, dime a ver —me dijo antes de llegar y abrazarme.

Le contesté con el mismo saludo callejero.

—Dime tú papá, qué es lo que es contigo.

En ese momento sí nos saludamos cordialmente. Hablamos mientras lavaba el carro, y uno de los temas que surgió mientras hablábamos fue de cómo conseguí un carro de nuevo. Le conté la historia completa.

Él era muy dado a hablar de temas confidenciales, casi no me dejó terminar lo que le estaba contando y cambió de tema, no sé si para alardear de quién era o en lo que se había convertido a raíz de sus andanzas por el mundo. Me contó cuanta cosa hizo y lo que le faltaba por hacer; según él, los delincuentes del barrio tenían que alinearse porque de dónde él venía había verdaderos gánsteres y eran dominados por su organización.

Me preguntó si no me había dado cuenta de un envío que había hecho a nombre de Ivet. Ella es la quinta hermana de ocho que éramos. De piel morena, pelo rizado, estatura de 5,4 pies, ojos grandes y labios abultados. En el tiempo que duró Josué en los Estados Unidos ella hizo un viaje de trabajo a un estado cerca de donde vivía él. Después de terminar su contrato con la compañía que la llevó, decidió visitarlo y, con el propósito de que si le gustaba, se quedaría a vivir con él. Ivet tenía una lucha consigo misma por un amor que había dejado en República Dominicana, ponía en una balanza su gran sueño americano y la relación que había dejado atrás, pero cuando se estaba adaptando y se sentía segura de que se quedaría en Estados Unidos, sucedió nuestro accidente y la muerte de mi hermano. Eso fue suficiente para que ella hiciera su maleta y se devolviera de inmediato.

Ya que me faltaba poco para terminar de lavar el carro, me invitó a que los acompañara para enseñarme de lo que me hablaba. Nos dirigimos a un pequeño cuarto que quedaba en la parte de atrás de la casa y muy cerca de donde yo dormía. Abrió una puerta vieja que estaba muy oxidada, de un rincón del cuarto sacó un cilindro que parecía un tanque de gas propano. Le pregunté que cuál era la importancia de eso y que por qué lo envió a nombre de Ivet y no a nombre de él. Se rio a carcajadas y me contestó que se le ocurrió hacerlo así.

Me presumió que para él nada era imposible, que de tantos amigos que tenía allá, los más fuertes para mandar cosas ilegales eran los hondureños.

—¿Qué crees que hay dentro de este tanque? —Me puso a adivinar.

Le contesté con mi lenguaje corporal usando mis hombros y una pequeña mueca en mi boca, como de que ni idea de lo que podía ser. Lo levantó, no estaba muy pesado, lo movió hacia ambos lados y no escuché que sonara algo dentro del tanque. Me lo pasó y le hice lo mismo, lo sacudí y no se escuchaba nada. Mientras lo tenía en la mano vi qué tipo de tanque era. Era exactamente igual al que usaban en los sitios donde te arreglan el neumático del carro cuando te chuzas o pinchas, era el tanque de aire que usaban para llenarlas después de que corregían el daño. Me imaginé tantas cosas. «¿Será capaz mi hermano de mandar droga desde Estados Unidos, y peor aún, a nombre de mi hermana?», pensé.

Lo pensaba, pero no le creía ni a mis propios pensamientos. Lo miré.

—Me doy por vencido, no sé qué es —le dije pasándole el tanque. Y con gran interés le pregunté—: ¿Qué traes ahí dentro, hermano?

Con una pequeña risa que apenas se le dibujaba en su rostro y usando el lenguaje callejero me respondió:

—Palomo, tú no sabes nada, ahí mandé una pistola papá y es una Prieto Beretta doble acción y automática.

Me dio detalles de la pistola, pero la verdad yo de armas de fuego no sabía nada. Le pregunté cómo podía haber una pistola ahí adentro si no se escuchaba nada al mover el tanque. Me dijo que ahí estaba la inteligencia de su buen amigo.

Me dijo que abrieron el tanque, desarmaron la pistola, pieza por pieza, después le soldaron unas pequeñas celdas y que en cada una había partes de la pistola; luego, sin dejar huella, lo envió. Con esas palabras terminó su amplia explicación. Me quedé asombrado por sus habilidades y lo ingenioso del tanque.

Me pidió que le prestara la llave del carro para dar una vuelta en el barrio. Le dije que el único problema era que el carro no tenía combustible, pero que le quedaba exacto para llegar a la estación, lo tomó y puso una bachata de Zacarías Ferreira que era uno de los artistas que yo más escuchaba. Subió el volumen del radio y se marchó. Subí las escaleras de la casa de mis padres muy despacio, era como si mis pensamientos me detuvieran porque en cada escalón frenaba y reflexionaba sobre mi hermano y todo lo que me había contado; me dolía pensar en lo mucho que se esforzaron nuestros padres para que fuéramos hijos ejemplares.

Pregunté en la puerta quién estaba ahí, me respondió Ivet desde el balcón. Fui hacia donde estaba y la saludé, se estaba tomando una taza de café, me ofreció una, pero antes se acordó de que yo no tomaba café, luego se regañó a ella misma.

—Ah, qué tonta soy, verdad que tú no tomas café.

Le contesté que no había problema. Acomodé una silla cerca de ella y traté de que la conversación incluyera a Josué como tema principal.

—¿Cómo ves a nuestro hermano Josué? —le pregunté.

—Sabrá Dios, que Cristo meta su mano por ese muchacho, yo siempre oro por él cuando estoy en comunicación con Dios —me contestó—, mira Esteban, cuando yo estuve viviendo con él, me di cuenta de que la gente cambia porque el estilo de vida que él vivía no fue lo que nos enseñaron nuestros padres, sus amigos eran personas muy raras, gente mala que a mí me daba miedo, y lo peor del caso era que no sé por qué a veces me invitaba a que los acompañara a las fiestas que solían tener. Y tú sabes que yo no soy mucho de fiesta, pero para no quedarme sola, los acompañaba.

»Mi peor recuerdo fue una noche que fuimos al cumpleaños de un dominicano amigo suyo que lo celebraron en una disco —me siguió contando—, y al lado de donde estábamos sentados había otros amigos de Josué, pero eran italianos. Al igual que nosotros parecía que estaban festejando algún cumpleaños por la cantidad de personas que había en la mesa, todos eran italianos, como nosotros que todos éramos dominicanos. No sé cómo pasó, pero un italiano se acercó a nuestra mesa y agarró por el cuello a un dominicano que ya estaba muy borracho y escuché que le reclamó: "Te quieres pasar de listo con mi novia" y ahí mismo lo empujó, ese al caer tumbó con su cuerpo dos mesas que estaban vacías al lado de nosotros. Luego se armó la guerra, las sillas volaban para todos lados, la gente corría hacia la puerta de salida y yo también hice lo mismo.

»Luego vi que el personal de seguridad de la disco los estaba sacando a todos, pero la pelea no terminó ahí porque todos corrían a sus carros, luego se escuchaban disparos por todas partes. Yo me metí debajo de un carro para cubrirme de las balas y mi mayor preocupación era mi hermano, que lo escuchaba tratando de calmar la situación entre los dos grupos armados; no sé si los dominicanos eran más que los italianos, pero los italianos tuvieron que abandonar el lugar. Dejaron una camioneta que los dominicanos querían quemar, pero Josué lo evitó y les dijo que si estaban locos, que esos italianos eran de un grupo muy fuerte en Indianápolis, que eran los que controlaban la mafia de la cocaína y que estaban alineados con los carteles mexicanos.

»Cuando todo se calmó se fueron del lugar, pero Josué no quería irse y cuando le pregunté por qué no nos íbamos me dijo que debía cuidar la camioneta de los italianos porque a ese vehículo no le podía pasar nada. Muy avanzada la noche, nos subimos al coche para ir por las llaves de la camioneta y regresarla a los italianos. Fuimos por ellas y yo, que no tenía mucha experiencia manejando, tuve que conducir el carro de Josué hasta la casa de los italianos. Cuando llegamos vi que todos lo abrazaban dándoles las gracias por lo que había hecho.

»Mientras viví con él, lo único que disfrutaba era cuando nos íbamos a pasear en la moto los domingos junto con sus amigos, que eran como cincuenta, todos juntos cubrían la calle; aunque también era peligroso por la velocidad a la que corrían, a pesar de eso, sentía mucha adrenalina en mi cuerpo.

Tomé la palabra.

—¿Lo que envió en el paquete que mandó a tu nombre? —le pregunté.

—No, yo no sabía lo que había dentro hasta que llegó, luego me llamó muy sarcásticamente y me lo dijo —respondió Ivet—; yo me molesté mucho con él, Esteban, lo regañé y le dije muchas cosas, pero el loco ese solo se reía, tú sabes cómo es él con sus bromas.

—Bueno hermanita, lo que yo presiento es que el maldito loco ese va a poner a la familia en zozobra, vas a verlo andando con esa pistola en la calle y bebiendo, haciendo cuantas cosas se le ocurra porque como viene con el orgullo y el ego de que él controlaba todo allá en su mundo en Estados Unidos, yo no me quiero imaginar, no sé cómo es allá, pero aquí los delincuentes siempre andan armados y son personas muy peligrosas y han hecho de todo.

»Otra cosa, él con todas esas joyas, Dios quiera que no lo atraquen, solo me da pena por mi mamá porque la preocupación la va a matar.

Mi hermana se mordió los labios, mostrándose preocupada, mientras que lentamente afirmaba mi comentario con la cabeza.

—Quizá le salgan sus papeles rápido y se vaya —comentó—, tu sabes que él tiene dos niñas que nacieron allá y además, está casado con una americana.

Le contesté que esperáramos que Dios metiera su mano y así pasara.

Quise aprovechar al máximo el tiempo para hablar con mi hermana puesto que desde que se fue a los Estados Unidos no habíamos conversado mucho. Entonces le pregunté por su novio, sobre los planes que tenía él; me dijo que estaban revisando fecha para la boda, pero que tenía el temor de su ex novio porque era capaz de hacer cualquier cosa para impedir que se casara, lo peor era que era policía, y de esos que le llamábamos corazón de piedra por la crueldad con que trataban a la gente. Le dije que no tenía por qué preocuparse, porque ya no eran nada, y que además la culpa de que terminaran la relación la tenía él por su falta de respeto, siempre salía con mujeres diferentes mientras mi hermana solo sufría.

Nos quedamos en silencio para escuchar el ruido de un carro que venía subiendo por una de las calles que daba hacia atrás de donde vivíamos, y que además era una pendiente muy inclinada para subir en un carro; cualquiera corría el riesgo de devolverse por el mal estado de la calle. Nos miramos sorprendidos cuando ambos reconocimos el ruido de mi coche.

—Pero ese es tu carro, ¿por qué viene por ahí? —murmuró mi hermana.

—Sí es —le contesté—, pero ¿por qué Josué viene por esa calle tan incómoda?

No terminamos de comentar cuando se estaba estacionando frente a la casa.

Se bajó con prisa y se dirigió hacia la parte de atrás donde hacía un rato él y yo estábamos platicando. Sacó el tanque donde supuestamente había una pistola, lo metió en el carro y nuevamente se marchó. Mi hermana y yo nos miramos con cara de preocupación, pues se sumaba mucho peligro para mi hermano al portar una pistola de forma ilegal. Sin contar con el dolor que sentía por su ex novia o esposa debido a la relación que tenía a escondidas con uno de sus amigos, y que ahora sería su enemigo a muerte.

Después de varias horas de plática con mi hermana, los quehaceres de la casa nos interrumpieron, ella tuvo que ir a hacer de comer porque la mañana avanzaba con rapidez. Yo, para pasar el tiempo mientras esperaba que mi hermano me trajera el carro, busqué mi guitarra y me puse a ensayar y a cantar bachata. Me hice a la idea de que ese sería mi día de descanso, no haría nada, la mañana se convirtió en tarde muy rápido. Después de aburrirme de tocar la guitarra, me levanté, comí algo de lo que mi hermana había preparado y me acosté a dormir la siesta de la tarde.

Siento que cuando dormimos el ser humano se desconecta por completo del mundo exterior, porque todo sigue su curso, nada se detiene, solamente tú te apartas del universo por un pequeño lapso. Es por eso que todos creemos saber la explicación de lo que es morir y lo comparamos con un sueño profundo, suponemos que descansamos, pero la realidad es que vivimos en este mundo, pero no sabemos el porqué de las cosas. Aunque los estudios han avanzado y nos han dado explicación a muchos misterios, sigo pensando que el ser humano nace preguntando y muere sin saber.

Cuando comparto esta idea con ustedes no me refiero a los avances tecnológicos que con el pasar de los años el hombre ha logrado, porque si de eso se tratara, pienso que se ha logrado más de lo que mi mente puede asimilar y hay personas que dejan de ser normales por los inventos logrados. Si el mundo esperaba por mí para que yo fuera parte de esos avances, ha perdido su tiempo. Es que, con honestidad, no me imagino creando cosas útiles, así que me considero simplemente uno más de los que habitan en este planeta que alguien nombró tierra.

Perdí la noción del tiempo, me levanté en la mañana, me lavé la cara y me cepillé los dientes como acostumbraba, sentía que ya era tarde de la mañana, pero cuando miré el reloj eran las seis de la tarde. Creo que me confundí porque los atardeceres a veces tienen un parecido a los amaneceres. Ahora que sabía que seguía siendo el mismo día en que le presté el carro a mi hermano, el mismo día en que hablé por horas con mi hermana en el balcón, el mismo en el que vi un tanque que supuestamente tenía una pistola adentro y sabiendo que el mundo siguió normal mientras yo dormía, tenía que corregir la historia y contar que el arma no estaba dentro del tanque. Mi hermana ya no se encontraba en la casa haciendo de comer.

Los vendedores que pasaron y nos ofrecieron sus productos a mi hermana y a mí cuando platicábamos, ahora iban de regreso con sus canastas vacías; los niños que por el calor estaban tranquilos debajo de los árboles, ahora jugueteaban en la calle, pensándolo bien, el único que no cambió su historia fui yo porque aún estaba esperando a que mi hermano regresara.

Salí a la calle para observar mejor todo y pude ver que mi carro estaba estacionado dos cuadras arriba, subí y ahí estaba mi hermano jugando dominó con nuestros amigos del barrio; me acerqué a su espalda, como mirando su juego y volteó.

—Qué pasa palomo, me quedé aquí jugando, ahí está tu carro —me dijo.

—Tranquilo, no vine a buscar el carro —le contesté.

Me quedé un rato mirando mientras jugaban, también observé que tenía la pistola enganchada en la cintura. Estaban apostando cervezas, el que perdiera pagaba la que en ese momento se tomaban. Mi hermano sirvió un vaso de cerveza y me lo pasó, yo no era tan bebedor, pero de vez en cuando me tomaba una para el calor. Me quedé un rato mirando el juego y me di cuenta de que era un juego de mucha concentración entre ambos equipos, que estaban conformados por dos personas, una en frente de la otra, jugaban sin hablar entre ellos, solo se hacían señales y gestos con los ojos y otras que de pronto se inventaban sin que los adversarios se enteraran. Algunas veces, los amigos que tuve de esa época solían preguntarme por qué no jugaba con ellos dominó. Era un juego que la gran mayoría de los dominicanos practicaban. Yo les mentía cuando les decía que simplemente no me gustaba jugarlo, sin embargo, la verdad era que estando muy pequeños Josué y yo, como de catorce y doce años más o menos, acostumbrábamos a distraernos en la noche con una familia que era vecina nuestra, de apellido Imbert, eran fanáticos al dominó, y cada noche antes de irnos a dormir solíamos jugar por horas.

Una noche nos distrajimos más de la cuenta y no prestamos atención a la llegada de mi papá para ayudarlo con la carga que siempre traía en los animales, nuestro trabajo era entrar los víveres y luego llevar a los animales al potrero donde comían y descansaban.

Yo escuché cuando mi papá llegó.

—Llegó papi, vámonos —le dije a mi hermano, pero Josué era rebelde y se aferró a terminar el juego.

Yo quería irme, pero Josué no me dejaba, lo esperé en contra de mi voluntad a que terminara de jugar. Cuando por fin terminamos y nos fuimos a la casa, mi papá había entrado él solo toda la carga. Cuando yo vi eso me asusté mucho porque sabía que algo andaba mal con lo agresivo que era mi papá. De inmediato nos pusimos a quitarles los aparejos a los animales.

Mi papá que estaba en su habitación nos escuchó trabajando con los animales, y con una voz que sonó como la de un león nos dijo:

—¡¿Dónde estaban ustedes cuando yo llegué?!

Yo que le tenía un miedo a muerte a mi papá por la forma en que nos reprendía, le dije llorando:

—Papi, papi, estábamos jugando dominó, pero yo le dije a Josué que usted había llegado y no quiso venir y tampoco quiso que yo viniera.

Capítulo 5

EL DESAFÍO DE LA NIÑEZ

Sabiendo lo que podía pasarnos comencé a pedirle perdón antes de que él dijera que nos iba a castigar.

—Ay papi perdónanos, papi no nos pegues por favor.

Pero cometía un gran error al gritar y que me escucharan los vecinos, porque eso lo molestaba más.

—Cállense, cállense, silencio, vengan para la habitación para que hablemos —nos dijo aún más furioso.

Yo llevaba el corazón en la mano mientras me dirigía hacia él.

—Sí ves, por ti nos van a matar a golpes —le reclamé a mi hermano.

Cuando llegamos mi papá nos esperaba con un lazo con los que se amarraban los animales, y luego él solía doblarlo en dos para causarnos más dolor. Cuando yo vi eso, caí de rodillas pidiéndole perdón, como lo hacíamos cuando le orábamos a Dios.

—Ay papi, por el amor de Dios, no nos golpees —le gritaba.

Pero mis súplicas no fueron escuchadas; en mi espalda comencé a sentir unos golpes fuertes que llegaban a todas mis extremidades, parecía que fuera su enemigo; lo mismo le pasó a mi hermano, pero con mayor intensidad porque a él no solo le daba con el lazo, sino que también lo pateaba y lo empujaba chocándolo de pared a pared. Cuando ya terminó de deshacerse de su furia, salimos corriendo del cuarto y tomamos los animales para llevarlos al potrero.

Desde esa vez jamás volví a jugar dominó y ningún otro juego, por el mal recuerdo de ese día.

El juego se prolongó hasta muy tarde, el ambiente nos ayudó y se fueron acercando más y más personas que llegaban de trabajar, ya era costumbre reunirse a escuchar buena música, tomarse unas cervezas y jugar una partida de dominó.

Las horas pasaron y era tanta la distracción y la buena música que nos olvidamos de que el lugar tenía que cerrar. Los jugadores le pidieron a la señora Rosa, que era la dueña del lugar, que les diera unos veinte minutos más para terminar la jugada. Era muy normal en ese tiempo que la fiesta se terminara y la gente se quedara con ganas de más. Por esa razón, sin importar las horas de la noche que fueran, nos quedábamos bromeando entre nosotros; siempre alguien del grupo salía con alguna ocurrencia para que la diversión siguiera. A veces prendíamos un pequeño radio o nos poníamos a contar viejas historias, así que esa noche nos quedamos un buen rato después de que el lugar había cerrado.

Desde muy lejos se escuchaba una música a todo volumen, mi hermano tomó la palabra.

Ese es mi compadre Javino que viene por ahí —nos dijo.

—¿Cómo lo sabes? —le pregunté.

—Porque reconozco la música que suena.

—Pero tú llegaste ayer y ya sabes todo de todo el mundo —le dije impresionado y dudando de su habilidad para adivinar.

Se rio a carcajadas.

—Tú lo que no sabes es que él fue a buscarme al aeropuerto y de camino veníamos tomando y escuchando música en su jeep —me explicó.

Para podernos escuchar entre los que estábamos allí teníamos que subir más la voz porque era tan fuerte el sonido de la música del carro que se acercaba que desde una cuadra atrás nos interrumpía. Mi hermano tenía razón, era el mismo Francisco Javino Durán, nuestro amigo de adolescencia. Llegó en una *CRV Honda* azul con tres amigos más. Al llegar, se bajaron y sonaba un reggaetón que en esa época estaba de moda, lo recuerdo muy bien, era del famoso Lápiz Consciente y decía: "que yo fumo hierba ven, que yo fumo hierba ven". Era ese que, en vez de educarte, te invitaba a fumar marihuana, pero era lo que todos los jóvenes escuchábamos en ese tiempo.

No faltaron los saludos de los viejos amigos, nos saludábamos chocando los cuerpos de frente, sin usar las manos; lo más decente era saludarse dándose las manos, pero nosotros lo hacíamos diferente. A Javino, que era el joven más fiestero que había conocido en toda mi vida, siempre se le ocurría algo para que la fiesta siguiera.

—Esta noche va a ser la fiesta de bienvenida de mi compadre —dijo—, vamos a hacer un asopao que ustedes no se imaginan.

Todos los que estábamos en el lugar respondimos en coro: "Sííííí".

Alexis, que nunca faltaba en los lugares donde estaba Javino, era uno de sus acompañantes y el único que yo reconocía de los tres que habían llegado en el carro; era nuestro amigo del barrio y el cocinero de todas las reuniones que hacíamos, preocupado por la hora dijo:

—A esta hora no hay lugares abiertos para comprar el arroz y la carne para hacer el asopao.

—Déjame eso a mí Alex —respondió Javino—; vamos con polito que él me abre la puerta a mí —La seguridad con la que habló Javino tenía su razón de ser, puesto que él tenía un hijo con una de las dos hijas de Polito, así que siguió diciendo—: Él nos vende lo que necesitemos.

Polito era el vecino de nosotros y tenía una tiendita al lado de la casa de mis padres.

Todos nos pusimos en marcha hacia donde Polito, yo prendí mi carro y lo conduje hasta mi casa donde siempre lo guardaba en la noche mientras que ellos se pararon frente a la tienda. Desde donde estacionaba mi carro podía sentir cómo retumbaba la puerta cuando Javino le tocaba a Polito, "tun, tun, tun, Polito, tun, tun, tun, Polito soy yo Javino". Miré mi reloj, eran la una y media de la madrugada e hice una mueca como dudando de que polito se levantara de su cama.

Esa noche fue todo un desastre, los golpes en la puerta, la música sonando durísimo la canción "que yo fumo hierba ven", la voz de Alexis que también la escuchaba clarita cuando decía:

—Josué, Josué pásame el trago, no ves que estoy seco, me vas a dejar morir.

Desde el frente de mi casa podía ver el grupo reunido con el semblante caído y como lo imaginé, Polito no le abrió la puerta y eso significaba que no tendríamos el arroz ni la carne para hacer el asopao que queríamos hacer. Caminé hasta donde estaban ellos, el barrio se sentía muy tranquilo, ya todos dormían, los únicos despiertos éramos nosotros que, en lugar de irnos a dormir, queríamos hacer fiesta con el pretexto de darle la bienvenida a mi hermano.

Uno de los muchachos que llegó con Javino quería tirarle piedras a la casa de Polito por no haber abierto la puerta, pero yo lo evité.

—Tranquilo, yo puedo conseguir el arroz y ya solo tendríamos que conseguir la carne —le dije.

—¿Pero en dónde lo vamos a conseguir Esteban? —me contestó Josué al otro lado de la calle—. A esta hora todo el mundo duerme.

Cuando iba a contestar, me robó la palabra un tipo llamado Candela, ese nombre le fue puesto por los *tigueres* del barrio, por ser feo y valiente para hacer cosas ilegales.

—Déjame eso a mí Josué, que si no aparece quien nos venda la carne, nos metemos a algún patio donde haya gallinas y nos robamos una —dijo él.

Yo contesté rápido, antes de que aprobaran la idea de Candela, pues no era mi costumbre robar y mucho menos una gallina de algún pobre infeliz que no se la había comido todavía para aprovechar sus huevos y darles de desayunar a sus hijos.

—No, tú estás loco Candela, no vamos a hacer eso —le dije—, mejor vamos a donde mi hermano Frendy. Él tiene gallinas y gallos, ustedes saben que él es gallero y yo sé que conseguiremos carne y ahí mismo podemos hacer la fiesta y la comida.

—Buena idea, vámonos donde mi hermanito Frendy —contestó Josué—, si ese no abre la puerta ya tu verás.

—Compadre, ¿Frendy es hermano de ustedes? —preguntó Javino—. Yo pensé que él solo era amigo de la familia.

Era normal que la gente nos preguntara si Frendy era nuestro hermano, pero la verdad es que no se parecía a nosotros. Él era solo nuestro primo hermano y mis padres lo criaron desde que él tenía dos meses de nacido, y por eso nosotros lo veíamos como un hermano.

Todos avanzamos hacia la casa de Frendy. Parecíamos un mitin político siguiendo la yipeta de Javino. Josué iba sentado de copiloto y como siempre lo acompañaba una menor. Era una niña de edad muy prematura, no llegaba ni a los diecisiete años, su cara de mocosa la delataba. Pero más que estar enamorado, creo que mi hermano la estaba usando para vengarse de su ex novia Clarisbel porque la chica era su amiga y vecina.

Llegamos y no tuvimos ni que tocar la puerta, pues aún estaban despiertos. Alguien abrió la puerta y era nuestro hermano, al vernos preguntó qué celebrábamos, él aún no sabía que Josué había regresado. Al verlo se llenó de alegría y como si nosotros no estuviéramos presentes, toda su atención fue para él. Lo invitó a que pasara dándole la bienvenida a su casa con su familia; se olvidó totalmente de nosotros y solo hasta que entró a la casa se acordó y nos invitó a que pasáramos también.

Entonces aproveché para decirle lo que de verdad queríamos; que nuestra intención era hacer un asopao para darle la bienvenida a nuestro hermano y que yo ya tenía el arroz, que lo cogí de la despensa de nuestros padres y solo nos faltaba la carne. Cuando él escuchó eso dijo en voz alta para que todos escucháramos:

—Si lo que faltaba era la carne para la fiesta, el problema está resuelto, porque precisamente traigo de la gallera este gallo, este hijo de su maldita puta gallina, me hizo perder un dinero grande, confié en él porque supuestamente era de un encaste de ejemplares europeos y supuestamente su papá tenía veinte peleas ganadas, al menos eso me dijo mi compadre Titico cuando me regaló el pollo; pero más bien creo que su encaste fue para ganar olimpiadas, porque en el primer palo que le dio el otro gallo, este corrió más que un atleta.

Todos nos reímos a carcajadas al escuchar cómo se expresaba Frendy respecto al gallo. Alexis, que iba a cocinar, empezó a acomodar tres piedras que serían el fogón donde pondría el caldero.

—No pues ese hay que echarlo, pero en el caldero —dijo Alexis refiriéndose al gallo de una forma chistosa como lo estaba haciendo mi hermano.

Frendy llamó a su esposa para que ayudara con lo de la comida, vi el rostro de mi cuñada queriendo verse amable ante nosotros, pero el sueño le quitaba la sonrisa que se quería marcar en su cara. Frendy me habló usando el nombre que me decía de niño:

—Maro agárreme el gallo por favor —Usó su acento capitalino mientras agarraba un cuchillo y sin piedad le cortaba el pescuezo al gallo.

La cuñada que estaba al lado de nosotros se tapó la cara y con un grito fuerte exclamó:

—¡Ay, Dios mío, ustedes son unos asesinos, como matan a ese pobre gallo tan brutalmente!

Al cabo de veinticinco minutos el gallo estaba en una cacerola con una sazón que daba ganas de comérselo crudo.

Frendy sacó de la habitación un galón de alcohol y lo levantó al aire para que todos lo viéramos.

—Hoy se bebe coño, a este le llaman lava gallo por malo pero esta noche para nosotros será como una botella de etiqueta negra —dijo él.

—Pásalo para acá y no le pares a na' —dijo Javino. Entonces tomó de los vasos que usaban en la casa para tomar agua y nos sirvió a todos y agregó—: Ahora sí, brindemos por mi hermano que ha vuelto a casa.

Hicimos el brindis, luego Javino cambió la música y puso una bachata de Joe Veras que hablaba de un viajero y narraba literalmente la historia de cómo mi hermano llegó a Estados Unidos. Era como si el artista se la hubiera escrito a él, era solo una coincidencia y a mi hermano le gustaba mucho.

Sin importar que los vecinos durmieran, pues era de madrugada, la música seguía con el mismo volumen a todo dar y nosotros hablando y hablando, se pueden imaginar cómo hablan los borrachos. Creo que con el silencio de la noche nos escuchábamos hasta en los barrios vecinos. La fiesta se acabó con el sonido de dos disparos que salieron simultáneamente de unas pistolas. Fueron los dos compadres Josué y Javino que se pusieron de acuerdo para terminar la fiesta de esa manera. Pues ahí se rompió la taza y cada quien para su casa como dice un viejo dicho.

La mañana siguiente fui a la base de taxis para intentar ganarme la vida una vez más, ya que después del accidente mi único trabajo fue vender ropa y productos para los peluqueros, pero la situación ese mes había estado mal, y las ventas habían bajado, por lo que decidí volver a lo del taxi. Aunque era muy pesado el trabajo para mis condiciones de salud.

Pasé por el sitio que alguna vez fue el lugar donde mi hermano trabajó como peluquero, de ese lugar solo quedaba un rancho a punto de caerse, pues el comején estaba acabando con toda su estructura. Ahí vi a mi hermano que estaba con un señor que por cierto, era muy amigo de mis padres porque asistían a la misma iglesia. Joaquino era su nombre, un excelente albañil y fue el constructor de la nueva casa que hicieron mis padres. Observé que estaban midiendo el terreno y supuse que construirían un nuevo local. Me acerqué donde ellos, saludé desde la calle y pregunté qué estaban haciendo. Alguien que estaba agarrando un hilo, que era con lo que estaban midiendo el terreno, volteó y me miró de una forma incómoda.

—Hey, dime a ver, que vamos a tumbar este rancho para hacer la mejor peluquería del barrio —me dijo.

—¡Oh! eso está bien —le contesté con asombro y aproveché el momento para decirle—: Pues ya tú sabes que yo le pego *bacano* al trabajo de la peluquería.

Mi hermano entendió mi indirecta y con una *risa*, que por ocasiones estallaba desenfrenadamente, me dijo:

—Tú sabes que sí mi hermanito, esto lo voy a hacer por ti, para que tú trabajes.

Me despedí de ellos y continué mi camino; mientras manejaba, iba pensando en todo eso de trabajar con mi hermano y que sería bueno, porque así estaría más tranquilo y sería lo mejor para mi recuperación. Por otro lado, pensaba que mi hermano y yo éramos personas muy diferentes, en la forma de pensar y actuar, sentía la preocupación de que, trabajando para él, nuestras diferencias se convirtieran en motivo de conflicto. Todo eso pasaba por mi mente, como cuando observas desde la orilla de una gran autopista cómo pasan los carros en ambas direcciones.

Mis pensamientos me llevaron muy rápido a vivir momentos quince años atrás junto con mi hermano. Él siempre fue como el niño admirado por todos los demás hermanos pues era el único diferente. No sé de quién de la familia heredó un color de piel *indio canela*, de cabello castaño y lacio, porque el resto de los hermanos éramos de piel oscura y con el pelo "malo", como le decimos al pelo difícil de peinar.

Esta gran diferencia entre mi hermano y yo lo hacía sentir superior, y los elogios de los vecinos lo hacían sentirse creerse aún más. Recuerdo que cuando mi madre nos compraba la ropa de fin de año era una batalla con él, porque él sabía, a pesar de su corta edad, lo que estaba de moda. Nosotros, aunque éramos muy pequeños, ayudábamos a mis padres en su trabajo en el campo, en la cosecha de cacao y café. En cada cosecha nuestro padre nos daba la oportunidad de recoger para nosotros el cacao que era comido por las ratas, le llamábamos cacao ratonero, con eso hacíamos dinero para comprarnos cosas que necesitábamos.

Por ejemplo, con ese dinero compramos nuestra primera bicicleta; recuerdo que mi bicicleta era una BMX azul y la de mi hermano era una de las mismas, pero niquelada. Esto marcó mi niñez de manera positiva. Llegar a la escuelita en mi bicicleta era como decirles a todos los niños: "oigan, oigan, mírenme, aquí voy".

No era necesario gritarles porque con el simple hecho de pasar, todos volteaban a verme y hacían comentarios entre ellos como: "cuál te gusta más, la azul o la niquelada". Los domingos en la tarde mi hermano y yo nos vestíamos con nuestra dominguera, como le llamábamos a la ropa que nos ponían solo los domingos, recuerdo mi camisa blanca, mi pantalón de casimir azul y mis zapatitos de charol y a mi hermano con su camisa de flores, su pantalón amarillo y sus zapatos con una punta larga que miraba al cielo.

A sus trece años, mi hermano andaba de noviecito, pues por sus características de "niño bonito", era una buena razón para que se le acercaran las niñas. Su primera novia se llamaba Evelina, una niña como de su edad, muy bonita; ella vivía como a diez minutos en bicicleta de donde vivíamos nosotros. Ese era el motivo por el que cada domingo nos vestíamos con nuestra mejor ropa. Yo siempre lo acompañaba, yo también andaba pretendiendo a la amiguita de su novia; se llamaba Viata y le decían "Bombón". No sé si porque los cuatro hacíamos parejita o porque realmente le gustaba, pero nos hicimos novios. Con ella experimenté mi primer beso.

Esa noche mi hermano y yo nos fuimos a acostar más temprano de lo acostumbrado, pues él tenía mucho que contarme de su novia, nosotros siempre antes de dormir, jugueteábamos, nos hacíamos adivinanzas y él me contaba sus experiencias con su novia. Esa noche le conté que me había hecho novio de "Bombón" y que la había besado. Se lanzó encima de mí haciéndome cosquillas debajo de las axilas, jalándome y dándome golpecitos por la cabeza, nos reímos y jugamos por horas hasta que mi madre se enojó, entró a nuestro cuarto y nos amenazó con darnos una pela si no nos callábamos.

Nos arropamos de pies a cabeza y continuamos nuestro jugueteo en voz baja. En la tarde del domingo me cansé de invitar a mi hermano a que, como cada semana hacíamos, visitáramos a las novias, pero él se sentía enfermo y no quiso acompañarme. Entonces me bañé, me puse mi camisa blanca, mis zapatos y pantalones. Como cada domingo, tomé mi bicicleta y al pasar por la casa de mi novia, vi que Evelina le estaba haciendo trenzas al cabello de Bombón. No quise detenerme con ellas y decidí pasar y solo decirle adiós con un movimiento de mano, ellas respondieron igual.

Más adelante analicé que era el momento para lucirme ante ellas haciendo una acrobacia con mi bicicleta. Siempre nos juntábamos los que teníamos bicicleta y hacíamos competencias de quién recorría más terreno andando sólo en una llanta; yo no era el mejor, pero sí andaba una buena distancia con la bicicleta elevada y apoyado en una sola rueda.

Así me dispuse a hacerlo, retrocedí con la intención de que cuando fuera pasando por el frente de ellas, levantara la bicicleta y luego, sin bajar la llanta al pavimento, decirles adiós. Todo iba como lo había planeado, pero al soltar una de las manos perdí el equilibrio y caí hacia atrás. Me paré con prisa, tomé mi bicicleta y sin voltear a verlas, pedaleé hacia mi casa. Al contarle lo sucedido a mi hermano, se le pasó lo enfermo que estaba, no paraba de reírse de mí al escuchar cómo, vergonzosamente, me marché sin siquiera despedirme de mi novia.

No todo fue felicidad en nuestra niñez, como mi hermano era dos años mayor que yo, sentía que yo tenía que obedecer en todo lo que él me pidiera, aunque yo con rebeldía me negaba. En una ocasión que estábamos en el río al que iba cada tarde para combatir el fuerte calor que hacía, cuando nos marchábamos dimos una vuelta para ver a los vecinos que vivían en la orilla del río; yo iba en mi bicicleta igual que mi hermano, de pronto, mi hermano vio una antena de televisión en el patio de una casa y me pidió que fuera, que la buscara y se la trajera a él para que nos la lleváramos para usarla en casa porque a nuestra televisión le hacía falta una. Yo me negué a robarla, él me insistía que debía hacer lo que me pedía. Pensé que mi única opción era escapar del lugar lo más rápido posible porque de no ser así mi hermano me obligaría a hacer algo que yo no quería.

Al marcharme con prisa, él me siguió en su bicicleta, yo trataba de pedalear rápido para que no me alcanzara porque venía muy molesto. No niego que mi hermano fue siempre mejor que yo en montar bicicleta y por eso sabía que mis esfuerzos por escapar de él iban a ser en vano, me terminaría alcanzando, y no solo eso, sino que también me pegaría con su "puño de acero", como se hacía llamar ante los demás niños.

Yo solo quería escapar del lugar pedaleando con todas mis fuerzas, sentía que no podía con el cansancio y la falta de aire en mis pulmones. Entonces decidí abandonar la bicicleta, esa sería la mejor opción para escapar; de repente, hice un giro a la izquierda, hacia un camino que se adentraba al río nuevamente, solo que se ponía cada vez más estrecho. Mi intención era acercarme hacia el monte para luego continuar corriendo, pero ya mi hermano estaba muy cerca de mí y sentí que no había forma de escapar.

Tiré a un lado la bicicleta, el tiempo no me dio para bajarme y correr, él estaba junto a mí y con su puño que se acercaba a mi rostro, al hacer contacto con mi ojo derecho sentí como si me hubiera golpeado una roca. Cuando regresé a casa, al acercarme por la parte frontal vi que mi padre estaba comiendo en la sala y pensé que si entraba y veía mi cara me preguntaría qué había pasado y al contarle, me golpearía otra vez a mí y también a mi hermano, porque esa era su manera de educarnos, nunca creía en nuestras versiones cuando le dábamos problemas.

Por eso opté por entrar por la parte trasera donde estaba la cocina. Como siempre ahí estaba mi madre y al verme se alarmó.

—Muchacho de Dios, ¿qué te pasó? —me preguntó.

Le hice señas con mi dedo en la boca de que callara para que mi papá no escuchara, pero ya era tarde.

—¿Qué pasó? —le escuché preguntar a mi papá.

—Este muchacho tiene un ojo hinchado como si lo hubieran golpeado —le respondió mi mamá.

Entonces le conté todo a mi mamá mientras mi papá escuchaba desde la sala; también mi hermano me escuchaba porque estaba escondiéndose en nuestro cuarto. Mi papá respondió nuevamente sin yo terminar la historia y dijo con su boca aún llena de comida:

—Dale una paliza a los dos, que Esteban tampoco es un santo.

Mi mamá me tomó de la mano y me metió al cuarto donde se escondía mi hermano, mientras me llevaba le suplicaba que a mí no tenía que pegarme porque yo no había hecho nada.

Sabía que mis súplicas no valían porque mi mamá no le desobedecía a mi papá. Mi mamá tomó la correa de cuero que era con la que ella nos pegaba, se la envolvió un poco en su mano derecha y luego comenzó a golpearme, pero me sorprendí cuando sentí su primer correazo porque no iba con la fuerza que yo esperaba, entonces entendía que mi mamá solo quería hacerle creer a mi papá que me golpeaba, y comencé a llorar como si me estuviera matando.

Después de unos cuantos golpecitos, pero que sonaba estruendosamente al hacer contacto con la cama más que conmigo, me soltó y entonces tomó a mi hermano y comenzó la verdadera acción. Lo golpeaba con tantas ganas que no le bastaba con darle con la correa, sino que lo jalaba, lo pateaba y hasta quiso morderlo. Yo observaba desde un rincón, y qué bueno que me alejé porque si no, me hubiera tocado un poquito de lo que le daba a él, la furia de mi mamá la tenía ciega y a veces no acertaba la correa en su cuerpo.

Capítulo 6
EL REGRESO

Antes de llegar a la base central de taxis, pasé por el punto uno y saludé a mis compañeros que aún continuaban allí, todos buscando el diario para sobrevivir pues ya sabían que no daba para más el humilde trabajo de ser taxista. Los saludé a todos con ese cariño y respeto que nos tenemos los colegas del trabajo. Después de detenerme por unos veinte minutos con ellos, continué mi camino hacia la base.

Me esperaban los encargados que ya sabían que iba a llegar porque uno de mis colegas anunció por el radioteléfono que la unidad ciento setenta estaba de regreso a la familia "Ruda taxi". Escuché cómo el administrador me daba la bienvenida con satisfacción, no me creí importante de que él me aceptara de nuevo con alegría, yo sabía que no era porque me apreciara como su amigo, sino porque era importante para la compañía tener siempre muchas unidades trabajando, y así el monto de cada semana sería mayor para la empresa.

Con la ayuda de un técnico instalé un radio que me dio la compañía. Salí con la misma agonía que siempre tuve. No podía cambiar y volverme tranquilo o pasivo porque de ser así, no llevaría la comida a la mesa, sino que los demás taxistas llevarían la de ellos y me quitarían la mía. Esa era la manera en que trabajábamos los taxis, si te descuidabas con algún servicio, pasaba otro y se lo llevaba, mientras que tú solo gastas el combustible desplazándote.

Qué mal me sentía cuando me pasaba eso. Mis cicatrices, el accidente y la muerte de mi hermano eran motivo de conversación. No pasaba un día sin que un compañero me preguntara sobre cómo pasaron las cosas; era explicación tras explicación, no me sentía cómodo hablando de ese tema, pero era inevitable porque de no hacerlo podía lucir como un grosero o mal educado y esa no era mi personalidad.

He tenido que vivir siempre dando explicaciones a los curiosos que a diario se me acercaban con preguntas como: "¿Qué te pasó en el brazo, con qué te quemaste?", y más cosas así. Pero con esto he aprendido a valorar los pétalos y rosas marchitas caídas del cielo, convirtiéndome en un buen jardinero. Como el dicho que dice: "si del cielo te caen limones, aprende a hacer limonada"

La misma historia otra vez en mi vida, levantarme temprano e irme a la calle, transportar diferentes tipos de personas, todas las que se imaginen, y regresar a casa muy tarde de la noche, dormir unas cuantas horas para al día siguiente, ¿adivinen qué?, hacer lo mismo.

Creo que el ser humano en algún momento de su vida arrastra su propio peso de manera miserable, sin poder ni siquiera dar un paso con la fuerza y energía que debería tener, porque es mayor el peso de las tristezas, dolores y angustias de su vida, que sus propias fuerzas.

Pero sabes qué, aunque te sientas así, no te dejes vencer que al final estará la miel que siempre quisiste saborear, hazlo en tu mente y un hecho será.

Después de meses de espera llegó el momento anhelado y toda la familia murmuraba. Era la inauguración de la súper peluquería que tanto trabajo y dinero le costó a mi hermano Josué. Era viernes, yo regresé temprano a la casa porque yo era una figura importante en esa gran fiesta. Yo era el artista de la noche. Era mi gran debut como bachatero, tenía ese sueño de convertirme en un cantante famoso.

Diez de la noche, la calle estaba repleta de gente al frente de la peluquería; todos esperaban un bachatero que vendría a cantar sus buenas canciones y a ponerlos a bailar. Los nervios me estaban matando, mientras me bañaba se me caía el jabón, me temblaban las manos. Le pedí a mi cuñado Kelbino que me llevara cerca de la tarima en una camioneta tipo Jeep que él tenía, también le pedí que lo hiciera como si yo fuera famoso y que me acompañara hasta subir al escenario como si fuera mi escolta. Recuerdo que esa noche me vestí de traje blanco, la ropa era más de artista que del que la llevaba, eso pensé cuando me la puse.

Los músicos ya estaban listos para empezar; mi cuñado le mandó a decir con un amigo al guitarrista principal que ya el cantante estaba listo para entrar, entonces escuché cuando comenzó a sonar el merengue que daba inicio a la fiesta, como habíamos acordado. Era un merengue de Anthony Santos. Me bajé de la camioneta con mi cuñado a un lado como escolta. No me lo podía creer, me dirigía a ese escenario con tanto público, y lo peor era que se trataba de mi propio barrio, donde todos me conocían y yo sabía que con un solo error, sería la burla de todos.

Subí, hice un saludo con el micrófono en la mano. Sorpresa para mí, todos aplaudieron como si en verdad se tratara de un famoso. Eso me llenó de valor y empecé a cantar. Terminé la canción, hubo aplausos; comencé la otra, y aplausos, y así pasó tema tras temas. La gente bailaba y cantaba conmigo. En ese momento me creí famoso.

La mañana del sábado, mi hermano y yo limpiamos todo con mucha prisa porque ya teníamos muchos clientes que habían llegado muy temprano para su corte de pelo. No nos sorprendió que acabando de abrir el negocio estuviéramos llenos de clientes, puesto que éramos conocidos en el barrio como buenos peluqueros, además el lugar estaba muy bien montado, era diferente a toda la competencia que había en la zona.

La parte frontal del local fue hecho en cristal, el piso era de mosaico color hueso, las paredes pintadas de azul claro, sillones nuevos, aire acondicionado y un congelador en el fondo del local que estaba lleno de cervezas para la venta; también teníamos televisor y radio para escuchar música. El sitio era muy confortable y cómodo, me sentía más que bien. Elegir entre estar en la agonía y el calor de la calle o allí, sin pensarlo, me quedaría en "el polo norte", como de broma le puse a la barbería por el frío que provocaba el aire acondicionado.

Mi hermano me nombró encargado del lugar, a decir verdad, si me nombraba encargado o no para mí era igual porque lo único que me interesaba era trabajar como cualquier peluquero, que de hecho así era; aparte de que tenía todas las responsabilidades sin ningún beneficio adicional, tenía que hacerlo porque era el negocio de mi hermano. Eso pensaría él, digo yo, porque sus reclamos eran constantes, me exigía que pusiera todo en orden, pero eran órdenes acompañadas de arrogancia, ignorancia y orgullo, mezclado con un poco de inseguridad en sí mismo.

La inseguridad se crea en el ser humano por sus complejos, es decir porque las personas se sienten feas, con características físicas que no consideran atractivas o que no están dentro de los estándares de belleza que impone la sociedad, cosas como: baja estatura, nariz muy grande, la calvicie, el color de los ojos, etc. Tantas cosas que uno mismo se inventa, que lo único que logras es hacerte daño a ti mismo y en lugar de mejorar para bien, empeoramos porque queremos inventar un personaje que no somos, para cubrir esos vacíos que tenemos y que consideramos grandes faltas en nosotros y nos queremos hacer pasar por valientes o muy inteligentes.

Cada palabra que digas queriéndote hacer pasar por un intelectual, si verdaderamente no lo eres, solo logrará hacerte ver ridículo ante las personas que sí saben de lo que hablan, porque ellos sí pensaron cada cosa que iban a decir; en cambio, el inseguro solo anda demostrando su ignorancia y queriendo hacer de una mentira una verdad. Acuérdate, es simple: "solo somos naturaleza".

Cada lunes se sacaban las cuentas en la barbería, era algo sencillo pues sólo teníamos que compartir las ganancias de los que yo trabajaba a la mitad. Desde la primera semana noté que las cuentas le causaban estrés a mi hermano, si veía algo que no le parecía, le cambiaban los ojos de color, se agitaba dando señales de que estaba enojado.

Casi al cumplir el mes en mi nuevo trabajo tuve que certificarme en la universidad de la paciencia para poder aguantar y no abandonarlo todo como un cobarde. Soy de los que piensan que, si andas en la vida cambiando a diario de trabajo, también tendrás que vivir dando explicaciones de por qué dejaste el trabajo, por lo cual tus amigos y familiares te verán como un fracasado e inestable, y eso solo provocará que se cierren puertas a diario en tu nariz; probablemente, hasta los amigos se alejarán porque a nadie le gusta escuchar los lamentos de nadie.

Ya había pasado un año de la llegada de mi hermano y aún no se había comprado un carro o una camioneta, que era lo normal de una persona viajera, solo tenía el motor que le vendió mi papá. Por esa razón él seguía usando mi carro y estaba bien porque yo no lo usaba, estaba todo el día estacionado al frente de la peluquería mientras trabajaba. Josué trabajaba conmigo también, pero lo tomaba con más tranquilidad, salía de forma constante a divertirse en las horas de trabajo.

Los muchachos del barrio se burlaban de Josué porque no tenía carro.

—Tú qué viajero, vienes de allá y ni siquiera tienes un carro, parezco más viajero que tú —le decía el cabo, un ex cuñado suyo, hermano de Clarisbel que era un presumido por tener buen sueldo en la institución militar que le había dado la oportunidad de tener un carrito muy barato, pero lo lucía ante nosotros como si fuera un Ferrari.

Una mañana fui a desayunar, como siempre, donde la señora de las empanadas que era una vecina de la peluquería que tenía un pequeño negocio, era una persona muy amable, madre de tres jóvenes de nuestra edad. Ella atendía su negocio y gracias a él, podía enviar a sus hijos a la universidad y así darles una mejor vida.

—¿Tú no te diste cuenta?" —me preguntó.

—¿De qué? —le pregunté yo.

—Anoche como a eso de las doce escuché varios disparos y un corre, corre; me asomé por la ventana y miré hacia fuera y vi como un hombre pasaba con una pistola en la mano por el patio de mi casa, y cuando llegó a las divisiones, se tropezó llevándose toda la empalizada con su cuerpo, luego oí a los vecinos que se reunieron a comentar lo ocurrido, me acerqué y entre ellos estaba tu hermano y él era el que comentaba lo sucedido porque el problema era con él, ¿no te dijo nada? —me preguntó al final.

Le contesté que no porque no vivíamos juntos, él vivía en la parte de abajo de la peluquería. No esperé el desayuno y me dirigí hacia la habitación donde él dormía, toqué su puerta tres veces y me abrió, vi su cara de dormido, me preguntó qué hora era, le dije que ya eran las nueve y media de la mañana. Me senté en la cama mientras él trataba de ordenar recogiendo unas ropas que estaban tiradas por todos lados.

Puse el tema por el cual lo fui a visitar esa mañana y le hablé como si no me hubieran contado nada.

—¿Escuchaste todos esos disparos anoche? —me respondió con rapidez y asombro.

—Ah, ¿tú los escuchaste? —me respondió con rapidez y asombro. Le contesté que sí, que fueron varios disparos; entonces comenzó a contarme—: Anoche estaba con unos amigos ahí en la esquina, donde se hace la señora de las empanadas, estábamos haciendo un asopao y tomándonos unos tragos, éramos como unas diez personas entre mujeres y hombres. Yo estaba un poco retirado de ellos, tú sabes, yo estaba con una menor; de pronto, escuché que manipulaban un arma de fuego y preguntaron con desesperación por "Gualey".

Gualey era el muchacho del barrio que se dedicaba a la venta de droga. Josué continuó diciéndola historia:

—Con su arma de fuego apuntaba a todo el mundo, estaba muy nervioso y tenía intenciones de disparar; preguntaba con desesperación una y otra vez por Gualey. En eso le dije en voz baja a la menor que me acompañaba que entrara a la Jee peta y que se acostara en el asiento. Entonces manipulé mi pistola lentamente para no llamar su atención y apunté hacia donde estaba él, pero no podía verlo con claridad porque tenía dos personas que lo tapaban y no me permitían hacer un buen disparo.

»Busqué como pude una mejor posición y entonces disparé. Escuché de inmediato otro disparo que me pasó cerca, me cubrí detrás de la puerta trasera, hice otro disparo, escuché otro que hizo impacto en un árbol que estaba a mi lado. Disparé tres veces de manera seguida, ahí fue cuando salió corriendo y se cubrió con un poste de luz; yo me moví hacia otro poste que quedaba alineado con él y entonces corrió hacia la calle que conduce a la casa de la señora que vende las empanadas. Lo seguí, le disparé, pero se me perdió entre la oscuridad de la noche; no sé si lo herí, lo que sé es que fue un momento de mucha tensión y cualquiera pudo haber salido con una bala en la cabeza.

El futuro tiene cambios que se dan con el pasar de las horas, los días y los años. El futuro puede ser una moneda lanzada al aire donde tú eliges cara o escudo, puedes ganar, pero también puedes perder. El futuro puede ser cierto o incierto, tenemos planeadas unas cosas, pero pueden pasar otras, así como el uso que le daría al traje que compré para el día que inauguramos la peluquería, lo compré con el propósito de que me sirviera también para la boda de mi hermana Ivet, sin embargo, quien se encontraba ante el sacerdote con un traje blanco y un velo que le colgaba en su espalda era mi otra hermana, dos años menor que Ivet, Yudely.

Ella es de color *indio claro*, ojos pequeños y oscuros, de labios gruesos con una estatura normal y complexión delgada. Era domingo en la mañana, había un sol radiante y la decoración del jardín de la parroquia era hermosa, era la iglesia donde asistían mis padres a misa. Todos los invitados estaban vestidos de blanco y los árboles del jardín también decorados de blanco, era como una boda de telenovela. Mi hermana estaba radiante y hermosa y su novio era un moreno bien parecido, alto y tenía un cuerpo muy atlético; hijo de una familia humilde y de buenos principios. No estaban cometiendo un error al casarse, al menos no mi hermana, eso pensé.

Transcurrió la ceremonia como se planeó, todo el mundo disfrutó de la buena comida que se dio en el lugar. En la noche sería la celebración en un club que rentaron, quedaba cerca de donde vivíamos llamado Ranch Mercedes. Allí solo podían ingresar invitados muy exclusivos, gente muy cercana de ambas familias. Un amigo llamado Fran, muy buen cantante, y yo, fuimos seleccionados para poner la chispa de la noche con nuestra música, yo con la bachata y él con baladas. Fue una noche para no olvidar.

Todo estuvo perfecto y tranquilo, rodeados de personas de muy alto nivel y de buenos modales, buena música, buenos brindis y un buffet preparado en el lugar por un chef, que había sido enviado por el hotel Meliá, puesto que el gerente era cliente del banco donde trabajaba mi hermana y fue una gran cortesía de su parte.

Hubo baile sincronizado del novio y la novia, con dos parejitas de niños que los rodeaban, era un baile tradicional de Inglaterra, eso explicó la coreógrafa al hacer la presentación, comentó que el baile era una tradición de la familia real de la reina Isabel de Inglaterra. El vestido de baile de la novia era blanco combinado con un color rosa de arandelas enormes, llevaba un guante blanco en su mano derecha y uno rosado en su izquierda, de la misma forma vestían las dos "pajecitas". El novio y los dos pajecitos estaban vestidos de negro con blanco y tenían bastón y sombreros.

Ese baile fue un momento de emoción muy alto en la noche, cuando terminaron no cesaban los aplausos, fue tanta la euforia que los padres de los novios quisieron bailar también, eso causó aún más aplausos y risas de los invitados. Al llegar al final de la fiesta, la novia pidió que se reunieran todas las jovencitas solteras para tirar el ramo, como era costumbre y tradición; entre esas chicas estaba mi hermana Ivet, ella como era pequeña de estatura luchaba por buscar una mejor posición y se ubicó detrás de una joven que estaba de primer lugar. El lanzamiento lo hicieron con conteo, al decir tres fue lanzado, todas brincaron tratando de quedarse con el ramo y terminaron todas en el suelo, una encima de la otra. Vi a mi hermana siendo aplastada por todas y al reacomodarse todas esas mujeres del grupo, resultó que quien tenía el ramo era ella, Ivet. La suerte estaba echada, esa sería la próxima boda.

En las celebraciones de las bodas siempre hay lágrimas, en ocasiones son los padres que se ponen sensibles porque se termina de cierta forma un lazo entre los hijos de protección y cuidado que se mantuvo por mucho tiempo. Los padres son sus protectores incansables y en ese momento, su lugar es reemplazado por otra persona.

Esa noche vi a mi madre llorando, estaba invadida por muchos sentimientos diferentes, lo digo porque en ocasiones estaba muy feliz y en otras muy triste. Me sorprendí cuando también vi a mi hermana mayor llorando, pero quizás su llanto no era por la ausencia que tendría de alguna forma de su hermana, más bien creo que pensaba en su propia realidad.

A la edad de dieciséis años, cuando nosotros estábamos muy pequeños, ella se fue a vivir con un campesino que se dedicaba a trabajar la tierra y a criar vacas. Ella justificó su partida con ese campesino diciendo que quería tener sus hijos antes de que el mundo se acabara. Parece extraño, pero la verdad es que todos crecimos creyendo que el mundo se iba a acabar, y la culpa de esas creencias las adquirimos de una familia cristiana que eran vecinos nuestros cuando éramos campesinos. Eran cristianos fanáticos, siempre predicaban que Cristo vendría y que no tardaría su llegada y hasta le ponían fecha a tal acontecimiento. Vivíamos con ese temor, pero mi hermana lo tomó muy a pecho y su mayor miedo era morir sin ver nacer un hijo suyo.

Después de su partida, nació, muy pronto, mi primer sobrino, lo llamaron Fraile, era una ternura ese niño, tenía ojos negros azabache, con pelo lacio y suave como algodón, su apariencia física no tenía nada que ver con los rasgos de nuestra familia, se parecía más a la familia de su papá.

Tres años después nació su segundo hijo, le llamó Fraule, con ese sí estábamos a la par porque sí se parecía a nuestra familia, tenía la nariz grande, cabello duro o malo, como le decimos, y labios más gruesos. Por esos días nosotros estábamos partiendo hacia la ciudad y dejábamos el campo atrás y también a mi hermana.

Llevando unos pocos meses de vivir en la gran ciudad, a mi papá se le ocurrió que mi hermana se mudara con nosotros a la ciudad para que estuviéramos cerca, pero su esposo estaba muy a gusto con su siembra y su ganado, por lo que rechazó la invitación de mi padre. Sin embargo, mi hermana lo vio de otra manera, pues ella tenía la ilusión, como cualquier joven campesina, de conocer las grandes ciudades. Tres meses después, mi hermana abandonó a su esposo y con ella se trajo mis dos sobrinos, llegó a vivir con nosotros.

Todas las mañanas, después de asear la peluquería, me sentaba en un pequeño colmado que quedaba al frente, nos poníamos a hacer "coro", como decíamos cuando estábamos sin hacer nada. Sin embargo, los que se sentaban conmigo eran vagos permanentes porque nunca trabajaban y si les preguntaba en qué laboraban decían que en la fábrica de medias, o sea, media hora aquí y media hora allá; era su mejor chiste.

Ya eran más de las once de la mañana cuando pasaron al frente de nosotros un grupo de niños que tenían entre once y doce años, entre ellos iba mi sobrino Fraile que estaba tomando forma de hombrecito aunque solo tenía once año. Se apartó del grupito y se acercó a nosotros, al llegar me pidió la bendición besándome la mano.

—Bendición tío —me dijo.

—Dios te bendiga —le respondí.

Su ropa estaba negrita de aceite de auto, a su edad mi hermana lo había puesto a que aprendiera de mecánica, era una forma de que no se creciera como un vago, pero ese día conversando con él, le pregunté si le gustaría mejor ser peluquero como su tío, como todo niño me contestó con un gesto de no sé moviendo sus hombros.

En ese momento vi que venía mi hermano de la parte de abajo, se acababa de levantar, venía como siempre, con su pinta de viajero: gorra de pico corto como la que usan los soneros, playera manga larga con estampado al frente, pantalones muy amplios y tenis marca *Nike* que combinaban con su playera. Nos saludó a todos dándonos la mano. El sobrino también le besó la mano.

—La bendición tío.

—Dios te bendiga —le respondió él con su voz mañanera aún ronca. Luego miró hacia la peluquería y me preguntó—: ¿Nada de clientes hoy?

Le contesté que todavía no había llegado nadie, aproveché y le comenté que le iba a enseñar al sobrino a cortar el cabello.

—Eso está bien —me respondió, luego miró a Fraile—: ¿Tú qué dices Fraile? —le preguntó con voz fuerte.

Otra vez el niño movió los hombros, pero tímidamente dijo:

—Sí, yo vengo y aprendo.

—Okey —le respondió Josué—, pero no quiero relajo, si vas a aprender es a aprender, no a estar jugando todo el día.

Le comenté a mi hermana de lo que había acordado con su hijo, ella lo vio como una muy buena idea.

Al siguiente día, desde las nueve de la mañana, hora en la que abríamos la peluquería, estábamos mi sobrino y yo limpiando el sitio, mientras tanto le iba dando consejos sobre cómo ser un buen peluquero.

—En primer lugar, te tiene que gustar el arte de cortar el pelo, tener las ganas de hacer las cosas bien hechas; ser social es muy importante en este arte —le expliqué—. Además, la limpieza ante todo; nunca te debes ver o mostrar cansado ante los clientes, debes tener las mismas ganas al final del día como las que tenías al principio. Siempre procura tener lo que necesitas para hacer tu trabajo.

Terminé diciéndole que en la vida nada es fácil porque si así fuera, todo el mundo haría lo que uno hace.

Capítulo 7
MI VIDA EN EL BARRIO

Estar en el barrio significaba estar en medio de todo tipo de personas y cuando digo todo tipo me refiero a que son más los delincuentes que la gente honesta. Por lo mismo pasábamos el día entre trabajo y divirtiéndonos con las ocurrencias de nuestros visitantes, que en ocasiones solo iban para matar el tiempo, ya que eso era lo que más le sobraba a los que no trabajaban.

Aquí tuve la oportunidad de conocer por primera vez la marihuana. Uno de tantos clientes que nos visitaba me llamaba más la atención por ser hijo de una familia que yo conocía muy bien porque eran vecinos. Era una familia muy honrada, pero su hijo llamado Lois, hizo de la calle su hogar a muy temprana edad, cometiendo delitos que podrían ser penalizados por la ley.

Ese día él tenía la marihuana en su bolsillo y la sacó para mostrarla a mi sobrino y a mí. La tomé en mi mano, la llevé a mi nariz y el olor me mareó, olía horrible. Nos explicó cómo se consumía y nos dijo hasta el precio en que la vendía, entonces entendí que era su negocio.

Una tarde, mientras cortaba el pelo a uno de ellos, los escuchaba comentando cómo metían billetes de dos mil pesos falsos a los comerciantes, yo a veces opinaba cualquier tontería para mostrarme valiente de alguna manera, así podía vivir más tranquilo entre ellos.

Un cliente de mi hermano nos comentaba que tenía un sobrino que era un buen peluquero, pero que vivía un poco retirado del barrio, que si estuviera cerca sería parte del equipo de trabajo de la peluquería. Mi hermano sin dudar le comentó:

—No pues dígale que se venga a vivir al barrio que aquí le puede ir muy bien.

Ambos quedaron con el compromiso de que el tío lo traería y mi hermano le daría trabajo. Así que la mañana siguiente ya no éramos solo mi sobrino y yo, sino que estaba con nosotros un peluquero más, era un joven de 22 años de piel morena clara, cara muy delgada, nariz grande, ojos pequeños y orejas grandes, era muy delgado y usaba pantalones muy anchos para su medida; todo un personaje.

Desde la distancia pude ver a mi primo Miguel que venía junto con mi hermano Josué caminando a un paso como si alguien lo esperara, no era raro verlos juntos pues había un negocio entre ellos. El primo con el afán de arreglar el coche de mi hermano difunto le pidió a Josué que lo ayudara con el dinero porque para restablecerlo se gastaba unos cien mil pesos, dinero que el primo no tenía. La pieza principal tendría que ser traída desde Japón y esa pieza era la parte frontal del carro completa incluyendo el motor. En ese momento estábamos sentados como siempre en el andén frente de la peluquería, solo que ahora había caras nuevas en el coro. Estaba el nuevo peluquero y sus dos primos.

El Gordi, como le decían, y su hermano Mayki, eran dos hermanos conocidos en el barrio como "los jevitos" por ser de buen físico y por tener sus ojos azules como el agua del mar. El Gordi era uno de esos jovencitos "tripiones", como le decimos a alguien cuando tiene una actitud de burlarse amigable con los demás. Su buena energía salió a flote cuando a unos diez pasos de distancia saludó a mi hermano.

—Y con ustedes señores, sí señores, el hermano del barrio —dijo refiriéndose a Josué, y logró bien su papel de payaso porque a todos nos sacó risas con su comentario, pero mi hermano se puso serio.

—No te pases gordi, oíste —le dijo mi hermano.

—A pues está bien, solo era un tripeo Josué no te pongas así —contestó el gordi sonrojado.

Yo saludé al primo como de costumbre y luego le presenté el nuevo peluquero a mi hermano diciéndole que él era del que le había hablado su cliente y aproveché para confirmarle que sí era buen peluquero.

—¿A dónde van con tanta prisa? —les pregunté.

Me dijeron que iban a ver lo del carro porque ya era tiempo de que por fin llegara esa pieza, que estaban cansados de hacer tantos viajes y nada. Mi hermano me preguntó que si no iba a usar el carro para que se lo prestara e ir donde el mecánico, le contesté que ocupaba un compresor para arreglar el aire acondicionado del carro. El primo se metió a la conversación para decirme que su mecánico lo podía conseguir, que él tenía de todo tipo de repuestos. Así lo hicimos, dejamos al nuevo peluquero y a mi sobrino a cargo de la peluquería y nos fuimos a hacer esa diligencia.

Nos demoramos como una media hora de camino por el alto tráfico, pusimos la música, el primo emocionado compró dos cervezas y entre risas, anécdotas y canto se nos hizo más corto el camino. Al llegar donde el mecánico, éste se llevó al primo para hablar a solas. No le tenía buenas noticias, el carro aún no estaba listo, eso molestó a Josué y le metió presión al primo diciendo que él no iba a estar como títere de ese mecánico.

El primo no quería que el mecánico escuchara que estaban hablando mal de él e intentó alejar a Josué del taller para que hablaran con calma. Mi hermano se resistió a salir, pero accedió después de varios intentos del primo; estando afuera hablaron con detalle de todo, pero Josué seguía molesto y queriendo entrar al taller nuevamente para reprocharle al mecánico.

Ahí intervine yo para tratar de apaciguar el asunto.

—Tranquilo Josué que la desesperación es parte del fracaso —le dije.

—Tú no hables —contestó aún más irritado—, quién te dijo que te metieras en la conversación.

—Pues no hablo y ya, quién eres tú —le contesté con el mismo tono y fuerza de su voz.

Él dio unos pasos hacia mí.

—Vuelve a decir lo que dijiste —me dijo y me lo repitió una y otra vez y luego siguió diciendo con voz atragantada—: Yo, yo, yo te agarro y te mato y luego te quemo.

Mi vista se nubló por completo perdiendo la visibilidad, vi a mi hermano tan pequeño ante mis ojos que podía agarrarlo como a un muñeco de trapo, mis puños se cerraron solos, como si sus palabras hubieran tocado la parte de mi cerebro que envía la señal a mis brazos, mis pies dieron los tres pasos que hacían falta para que las noticias del periódico matutino tuvieran un buen titular. Mi cabeza recorrió los centímetros que hacían falta para que mi nariz se acercara a la de él, mi lengua hizo los movimientos necesarios para hacer posible los tonos de mis cuerdas vocales que entonaron estas palabras:

—¿Eres dichoso por ser el hijo de mi madre?

Los enfrentamientos verbales entre mi hermano y yo se hicieron muy normales, eran parte de nuestra convivencia. Las cinco o seis horas que pasábamos juntos en la peluquería eran más que suficientes para que tuviéramos al menos una discusión por día. Quizás los motivos de las discusiones no tenían mucha importancia, pero él, por la mínima tontería armaba la pelea y yo que no sabía cómo quedarme callado decía lo que tenía que decir sin temor y sin dudar de mis palabras.

Era muy directo con mis palabras y no me importaba que los clientes estuvieran presentes, porque mi filosofía era que quien me la hacía, ahí mismo me la pagaba, pero de una forma decente y educada, casi nunca hacía tonterías por enojo, siempre cuidé mis acciones.

La discusión de cada domingo a la hora del cierre era segura porque era el día en que sacábamos las cuentas de lo que se había trabajado durante toda la semana y mi responsabilidad era administrar la venta de las cervezas y los cortes que hacía el nuevo peluquero y los míos.

Todo era apuntado en un cuaderno. Si por alguna razón había algún borrón en el cuaderno preguntaba con un rostro de duda por qué estaba así, pero la forma en que lo decía era como si yo hubiera robado algo y eso no lo soportaba. En una ocasión le dije que había comprado una calculadora para que las cuentas fueran más fáciles de hacer y que había tomado cincuenta pesos para comprarla, del dinero que le tocaba a él. Me contestó que él no había comprado calculadora, que su dinero se lo pusiera completico en la mesa, ni más, ni menos.

Le contesté que la compré para su negocio no para mí y siguió molesto y comenzó a mencionar otras cosas que no venían al caso. Me habló de mi papá, que él había dicho que si yo no hacía las cosas como Josué decía, que me echara a la calle nuevamente. Le contesté como si lo dicho hubiera salido de él y no de mi papá y le dije:

—¿Tú crees que si dejo esta vaina me voy a morir de hambre?

—No me importa si te vas a morir de hambre o no —me contestó—, yo lo que sé es que lo mío me lo gané muy sudado en los Estados Unidos y aquí hay que hacer lo que yo diga.

Me sentí tan humillado que lo único que se me ocurrió fue darle las llaves de su negocio y marcharme con mi frente en alto, pero al pasarle las llaves me acordé de lo difícil que era trabajar en el taxi y además, aún no me había recuperado bien de mis quemaduras y el cuerpo aún me picaba cuando el calor atacaba. Entonces retrocedí de inmediato.

—¡Ah! Mejor olvida todo y dame las llaves —le dije tragándome mi orgullo.

Me las pasó con la sonrisa que lo caracterizaba cuando se sentía con el poder en sus manos.

Un día, mientras caía la noche, me encontraba solo en la peluquería porque mi sobrino se había ido su casa y el otro peluquero se encontraba enfermo con dolor de cabeza. Yo estaba viendo en la televisión el programa de Don Francisco que lo transmitían desde Miami, de pronto, a lo lejos escuché a la señora que vendía las empanadas.

—Josué, Josué, piénsalo bien, no vayas a fracasar por tus tonterías, guarda esa pistola.

Entonces salí corriendo a ver qué pasaba con mi hermano; cuando llegué, vi a mi hermano con la pistola en la mano con cara de borracho y diciendo:

—No me aconsejen que como sea lo voy a matar.

Mi hermano de crianza Frendy que también vivía cerca, corrió al escuchar el murmullo y al llegar igual que yo, sin preguntar nada sobre el problema, le empezó a hablar con suavidad para que bajara la pistola, yo le decía a Josué que no fuera loco, que no echara su futuro a la basura por tonterías que no valían la pena, que había otros medios para resolver los problemas.

—Josué, por favor baja esa pistola —le gritaba la señora desde lejos—, piensa en tu mamá, no te busques problemas.

La respiración de Josué se hacía sentir tan fuerte como la de un caballo. Mientras tanto, en frente suyo, había un hombre con mirada de temor que estaba a punto de perder la vida porque la situación estaba tensa y aunque también tenía una pistola, parecía que no le había dado tiempo a sacarla y se quedó con la mano puesta en la cacha de su arma.

Llevábamos como diez minutos tratando de hacer que mi hermano desistiera del error que iba a cometer.

—Aunque usted sea el hermano de la mujer que más amé, hoy se muere por abusador —le dijo mi hermano al hombre que le apuntaba. Ese hombre con temor frente a mi hermano no era más que "el cabo", así era su apodo, hermano de Clarisbel, la ex mujer de mi hermano. Josué continuó hablando—: Usted pensó que al caerme de la moto me iba a matar, pero aquí me tiene y quien se va a morir es usted —Con esas palabras entendí de dónde venía el problema.

Era muy normal en el barrio, cuando hacía calor, que todos nos fuéramos al río en moto y de regreso hiciéramos carreras con apuestas. En esas carreras perdimos muchos amigos de nuestra infancia a causa de accidentes fatales. Las palabras de mi hermano Frendy, la señora que a la distancia temblaba de miedo y se cogía la cabeza en señal de "ay, Dios Mío, que no lo mate" y yo que también sentía miedo, logramos convencerlo de que no disparara.

De repente, tiró la pistola al piso como reflejando su ira, en ese momento me precipité a recoger la pistola porque el que podía morir era mi hermano, "el cabo" estaba armado y además era guardia del ejército. Ellos son personas peligrosas y saben usar muy bien las armas de fuego. Me quedé mirando fijamente a "el cabo" con la pistola en mis manos para ver cuáles eran sus intenciones; él se quedó un rato mirando a mi hermano que le estaba dando la espalda, luego dio unos pasos hasta donde estaba su moto, la prendió y se marchó.

Frendy abrazó a Josué y se lo llevó a su casa, yo caminé a la peluquería y guardé la pistola en el baño, pero unos diez minutos después vi que "el cabo" pasó nuevamente en su moto en dirección hacia la casa de Frendy, donde también estaba Josué. Corrí hacia el baño, tomé la pistola y salí rápidamente a la calle como si persiguiera a alguien. Vi que los vecinos se asombraron al verme de nuevo con la pistola y corriendo. Recorrí una cuadra hasta que vi para dónde iba "el cabo", entonces pensé que era paranoia mía, que todo estaba bien.

El tiempo pasó rápido y como si fuera ayer, había pasado un año de la llegada de mi hermano y aún él seguía esperando sus papeles. Las esperanzas de pisar otra vez territorio americano las tenía muy vivas y con toda la fe de que las cosas saldrían como las había planeado.

Supe que el tiempo había pasado rápido porque él me lo dijo a modo de lamento, que la próxima semana cumpliría el año de haber llegado, pero que las cosas estaban cambiando porque le habían avisado que se hiciera los análisis médicos que era lo que faltaba para completar todos sus papeles.

Dos semanas después de haber tenido esa conversación con mi hermano, me pidió que lo acompañara al aeropuerto porque su esposa vendría y traería también a su hija. Estaba muy contento porque el arribo de su esposa a República Dominicana no era una simple visita, si no que era parte del proceso de sus papeles, porque él debía presentarse ante el consulado americano en Santo Domingo junto con ellas dos. Entonces pensé que su alegría era mayor porque le iban a salir sus papeles. En el camino al aeropuerto me comentaba que no sabía qué hacer porque no quería que su esposa llegara a hospedarse donde él vivía. Me extrañó ese comentario porque no entendía las razones para decir esto.

Entonces le pregunté qué pensaba hacer y a dónde la llevaría y qué le diría por llevarla a otro lugar. Me respondió que le había mentido respecto a dónde vivían nuestros padres, que le había dicho que ellos vivían como a ocho horas de la ciudad de Santo Domingo y que por la distancia no irían donde ellos, sino que nuestros padres y nosotros los hermanos iríamos a visitarlos a ellos. Pensé, ¡qué forma de mentir y sin pensarlo!, porque nuestra isla es tan pequeña que las ocho horas que dice mi hermano daban para recorrerla de extremo a extremo.

Pero a quien le estaba mintiendo quizás no tenía el mínimo conocimiento de nuestro país. Llegamos al aeropuerto, eran las cinco de la tarde y el vuelo donde ella venía llegaba a la cinco y media. Estuvimos parados mirando cómo llegaban cantidades de personas a quienes recibían sus familiares con mucha felicidad y otros que se despedían con tristeza y lágrimas.

Hubo un par de mujeres, madre e hija, las dos tenían los ojos hinchados de tanto llorar y en el abrazo tuvieron que separarlas porque no querían soltarse, sentí ganas de acompañarlas en su llanto. Sé que quien se va, quiere regresar, suspira y extraña igual que el que se queda porque fue más fuerte el nudo que se desamarró para dar libertad, que el que por alguna razón los detiene.

Sentí que mi hermano me tocó el hombro para decirme que ya venían saliendo su esposa y su hija, pregunté quiénes eran.

—Esa morena que viene ahí —me dijo.

—¿Cuál porque yo las veo a todas morenas? —le pregunté.

Entonces hizo una breve descripción que me bastó para identificarla.

—La gorda —dijo.

—¿Pero esa gordota? —le contesté con asombro.

—Síííííí esa —respondió.

Solo contesté con un "¡wow!". Ahí caí en cuenta de por qué no quería llevarla con la familia y era porque sentía vergüenza de ella por ser tan gorda y además fea, al menos para mi gusto.

Avanzamos pasando la línea que se suponía que no se debía pasar en los aeropuertos, pero fue necesario para ayudarla con sus maletas y la niña, después del abrazo y los besos que se dieron los dos tortolitos enamorados, la saludé y le di la bienvenida, también la abracé y cargué a mi hermosa sobrina que aún era muy pequeña, pero tan parecida a mi hermano.

Luego, salí corriendo para buscar el carro y esperarlos en la puerta; llegué y montamos todas las maletas y ya acomodados todos, puse el carro en marcha; le pregunté a mi hermano que a dónde íbamos porque todavía no me había dicho nada, solo comentamos que para algún hotel, pero no sabía a qué hotel las iba a llevar, había demasiados.

—Dale pa´ Bocachica —me dijo entonces.

Bocachica era la playa más cercana a la ciudad de Santo Domingo y quedaba a diez minutos del aeropuerto.

—Okey, se van a asolear un rato —le contesté haciéndole una broma a mi hermano porque eran como las siete de la noche. Continué con la broma antes de que él me contestara y volví y dije—: O van a ver los lindos atardeceres —Y me reí a carcajadas.

Mi hermano se rio con media sonrisa ya que no era muy dado a las bromas. Yo me sentía libre de bromear y hablar lo que fuera delante de ella porque no hablaba español.

Llegamos a la zona hotelera de la playa y comenzamos a preguntarle a la gente que caminaba en la calle por algún hotel que nos recomendaran que no fuera tan caro, visitamos tres y los precios estaban muy elevados, tres mil pesos por una noche se me hacía en extremo caro. Luego encontramos uno que nos gustó, aunque era al mismo precio, pero incluía el desayuno y tenía una hermosa vista hacia la playa. Acomodamos todas las maletas, luego nos fuimos y nos sentamos en el balcón a disfrutar de la vista y del viento que soplaba con olor a "relax" y descanso, era la sensación de estar en la playa. Después de relajarme un rato, me despedí de mi hermano y quedamos de vernos al otro día en la tarde para ver definitivamente dónde alojaría a su esposa, porque eso del hotel era solo por una noche.

Las frustraciones y las caídas que te causa el amor dependen de ti, pero a veces son tantas y tan seguidas, y con la misma piedra, que no logramos entender. Lo digo porque cuando estamos enamorados, no tenemos la habilidad de elegir a la persona correcta, sino que nos fijamos en caritas bonitas, buenos cuerpos, la presencia, el buen vestir, si sabe bailar, que tenga una buena economía y un buen carro. Para mí, nada de lo que vemos impulsado por la calentura o el gusto por alguien es lo realmente importante porque no hacemos buenas elecciones. Sin embargo, aclaro que inclino mi cabeza en señal de respeto cuando hablo del género femenino porque creo que fue la compañía perfecta que Dios le hizo al hombre, aunque en ocasiones nos hagan perder la razón y el sentido de las cosas cuando estamos en la etapa que decimos: "ella es la luz de mis ojos, la amo más que a mi vida". En esta etapa ya estamos como la anécdota del ratón.

Había una vez un ratoncito que quiso pasar la línea del tren antes de que éste llegara porque al ser tan largos los vagones, si no pasaba con anticipación, tendría que esperar media hora para hacerlo. Así que el ratón salió a la carrera y cuando por fin pasó, no calculó que su rabo era muy largo y que le faltaba un pedazo, entonces decidió retroceder a buscarlo y cuando fue a pasar, el tren le cortó la cabeza. Moraleja: "Nunca pierdas la cabeza por un culo".

La historia que les voy a contar está inspirada en mi hermana Estela, la mayor de las cuatro hermanas, era la más alta de todas con un color de piel *morena clara* y complexión delgada. Me dio tanta tristeza saber que se había ido a vivir con el cuñado de Josué, es decir, el hermano de Clarisbel, el mismo guardia que llegó aquel día que mi hermano quería llevarse cargada a Clarisbel cuando llegó de Indianápolis, Estados Unidos. Tenían unos meses de novios, pero a mi papá no le gustaba esa relación, sin embargo, a mi hermana no le importó, pero después de un tiempo, terminó haciendo lo que mi papá tantas veces le aconsejó, que no se metiera con él, porque consideraba que no provenía de buena familia, ya que el papá de él tenía dos mujeres viviendo a tan solo una cuadra de distancia cada una.

Lo más grave del caso era que las dos eran conscientes de que estaban con el mismo hombre, pero mi hermana, en una ocasión que mi papá la estaba aconsejando, le dijo, faltándole el respeto, que la dejara en paz porque ella ya tenía una cédula de identidad, es decir que ya era grande y podía hacer lo que ella quisiera. Mi papá al escuchar eso se dio la vuelta y jamás volvió a opinar, se calló para siempre.

El gusto a mi hermana se le acabó rápido porque no soportaba la mala conducta de su nuevo marido, ese se la pasaba en la calle, emborrachándose y con otras mujeres. Sucedió que mi hermana se fue sola a vivir con él y regresó con un bebé en los brazos. Era mi tercer sobrino de parte de mi hermana, lo llamó Daurey. Después de faltarle el respeto a mi papá, regresó como perro arrepentido, con el rabo entre sus piernas, pero al menos estaba haciendo crecer la familia.

Josué me habló en la mañana y me pidió que le llevara a los sobrinos y a su hijo Roberto para que compartieran con su niña y su esposa en la playa. Roberto era el primer hijo de Josué producto de una calentura con una joven que políticamente era nuestra prima y fue criada en el seno de la familia del tío. Digo calentura porque amor no era, primero porque era como de nuestra familia y segundo porque carecía de curvas y de rasgos lindos en su cara, o sea no era el tipo de mujer que le gustaba a mi hermano. Cuando él se iba de parranda en la noche y no lograba conquistar a alguna chica en la calle, se dirigía a su casa, la cual quedaba pegada de la casa del tío, le tocaba la puerta e inmediatamente ella le abría.

Ese día solo trabajé un rato en la peluquería al igual que mi sobrino Fraile porque le puse la tarea de que reuniera a su hermano y a Roberto. Cogimos carretera rumbo al mar, en media hora estábamos en el sitio compartiendo con ellos, tomando agua de coco, comiendo pescado frito y otras chucherías que mi hermano compraba para complacer a sus dos hijos que por primera vez estaban juntos.

Cayó el sol y se perdió en el horizonte, era un paisaje impresionante en el que se veían los reflejos del sol sobre el agua. Salimos hacia la ciudad de Santo Domingo con toda la actitud y con buena música en el carro, los muchachos venían cantando como locos un reggaetón que estaba de moda en esos días, pero Josué pidió que bajara la música porque iba a llamar a nuestra hermana Yudely y por lo que escuché, iríamos hacia su departamento.

Yudely al casarse rentó un buen departamento en la zona de Vista Bella en Villa Mella, a diez minutos en coche de la casa familiar. El departamento contaba con dos habitaciones amplias y estaba en un tercer piso. Cuando llegamos estaba esperándonos el cuñado en la parte de abajo, nos ayudó a subir las cosas y las acomodamos en la habitación que estaba desocupada. Luego Josué me pidió que fuera a buscar a nuestros padres para que conocieran a la nieta, lo fuerte fue que me explicó delante de su esposa, que mis padres estarían esperándome en la estación de autobús. El cuñado y mi hermana se miraron asombrados por la gran mentira que se había inventado Josué y lo hacía como burla porque la pobre cuñada no entendía nada de español, yo entendí todo porque ya sabía la trama de mi hermano.

Así que hice lo que se me ordenó y veinte minutos después estaba junto a ellos nuevamente. El cuñado, mi papá, Josué y yo nos tomamos unos tragos de una botella que Yudely conservaba del matrimonio mientras que mis padres y mi hermana Ivet le hacían cariñitos a la sobrinita y conversaban con la esposa de mi hermano. Yo solo rogaba que a Ivet no se le soltara la lengua y le contara que vivíamos muy cerca de donde estábamos y también pedí a Dios para que no sucediera porque de ser así, mi hermano quedaría ante ella como un mentiroso.

Regresamos a la casa muy tarde en la noche pues se nos fueron las horas entre cuentos, tragos y risas. Surgió el tema de parte de mi papá acerca de la esposa de Josué, hizo varios comentarios fuera de lugar sobre la carencia de belleza que tenía ella. Todos nos reímos a carcajadas por el comentario, hasta mi mamá que era tan seria, se rió.

—Bueno, es muy fuerte mi hijo que se casó con esa —dijo mi mamá, y siguió comentando—, pero Clarisbel es una estrella de la televisión comparado con ella.

Todos acertamos el comentario con un sí contundente.

Aproveché el momento para decirles a mis padres sobre el peligro que corría Josué por culpa de Clarisbel, ella había sido descubierta en la relación con su mejor amigo y debido a que Josué continuaba enamorado de ella, corría el riesgo de un encuentro a muerte entre los dos porque ambos estaban armados. En una ocasión que Josué compartía con unos amigos en un bar, él entró, compró una cerveza y al salir sacó su pistola e hizo dos disparos al aire, eso era declararle la guerra definitivamente. Clarisbel al no contar con un trabajo como el que tenía en la peluquería se puso en un localcito sobre la misma calle del negocio de Josué. Allí ella acomodó su negocio de uñas acrílicas.

Una tarde fría de esas en las que hay poco trabajo, estábamos todos afuera mirando la gente pasar. Josué decidió ir a visitar a Clarisbel a su local y como el amante también vivía en la misma calle, vio cuando Josué se detuvo en el local y de inmediato subió a ver lo que pasaba. Nosotros nos quedamos con la incertidumbre de lo que pasaría, pero solo vimos que él entró al local y Josué que estaba parado en la puerta se retiró del lugar.

Cuando regresó nuevamente con nosotros nos contó que el amante había entrado al local y fue hasta donde estaba Clarisbel, cruzó sus brazos y se acomodó recostándose en la pared y que él se marchó para no matarlo dentro del local. Mi papá al escuchar el comentario respondió:

—Pero bueno, será que Josué no tiene vergüenza, porque con lo que esa mujer le hizo no es para que la siga buscando.

Yo le contesté que así había pasado todo.

—¡Ay! Esta familia, Dios mío —dijo Ivet como un lamento, y prosiguió diciendo—: Mira a Ramiro, tanto que trabaja en ese bendito taxi y no se le ve algún cambio, por el contrario, cada día más deteriorado, está acabándose la vida ese muchacho.

Yo tomé la palabra y le hablé a mi papá para preguntarle por qué él le había aconsejado a Ramiro que vendiera el coche. Me contestó que fue para que con ese dinero que recibiera por la venta, que eran casi noventa mil pesos, bien invertidos en unos dos o tres años, los multiplicara en medio millón o más. Mi mamá contestó al comentario de mi papá muy molesta:

—Ay chico, por Dios, cuándo vas a entender y dejar de botar dinero porque eso es lo único que has hecho, regalar dinero a la gente, yo no sé esos negocios y préstamos que nunca le pagan ni na'.

Mi papá le contestó solo con un murmullo "Uuuuuuumm".

Papi siempre fue nuestro consejero, nos mantuvo por el buen camino, pero a veces se le iba la mano con los consejos soñadores y llenos de ilusiones.

Poco después, Ramiro estaba sin carro y sin dinero, pues como lo dijo mi mamá, sus buenos clientes se quedaron con el capital y las ganancias. En un acto de desesperación Ramiro llegó a la peluquería diciendo que se iba a volver un buen peluquero y que como nosotros, viviría de esa profesión. No lo contradije, pero lo observé con lástima porque yo sabía que no lo haría. Cuando adolescente nunca le interesó cortar el pelo, ahora de adulto por necesidad no lo iba a hacer. Dudé de que lo lograra, pero de todas formas ese día me la pasé enseñándole y terminamos en la noche, él estaba muy animado y soñando, muy parecido a mi papá, diciendo que ese negocio lo iba a hacer crecer y que después pondríamos más y más sucursales de la peluquería.

Cada palabra que decía me hacía sentir aún más triste porque solo era de la boca para fuera, ni su mente, ni su corazón estaban sincronizados con lo que decía. Eran palabras de temor al sentirse en bancarrota, una situación que se aproximaba con la furia de un huracán.

Al día siguiente se presentó temprano en la peluquería, al verlo pensé que su interés en aprender era cierto, pero qué va. Como siempre, el muchacho era bueno para cambiar de idea, se acostaba con una en la mente y se levantaba con otra.

Después de saludarme me dijo:

—Maro, tú qué piensas si mejor yo salgo a trabajar como taxi en tu carro y te pago quinientos pesos diarios, tú no usas ese carro y para que esté parado ahí todo el día mejor hacemos dinero.

Me quedé observando por un buen rato y sin contestar a su pregunta, lo miré tan fijamente a sus ojos que pude ver su dolor y el llanto en su alma, era como si me lo estuviera pidiendo a gritos, arrodillado ante mí. Me rompió el corazón al verlo de esa manera y le dije:

—Llévatelo y trabaja, no tienes que darme nada, solo cuídalo por favor.

Después de que mi sobrino inició como mi estudiante en el arte de la barbería, junto con él se sumaron otros como mi primo hermano Joel Cristino, hijo de un hermano de mi papá, y también El Gordo como le decían. El Gordo me agradaba por su forma de ser, era muy dedicado en lo que hacía. Por ejemplo, desde que él llegó a la peluquería, mi carro siempre estaba limpio porque él estaba dispuesto a lavarlo y por ese buen gesto le enseñé a conducir.

Lo bueno de tenerlo como estudiante era que me ayudaba a limpiar la peluquería, y me parecía justo porque yo no le cobraba un centavo por enseñarle una profesión que podía ser mucho mejor que una carrera universitaria. El gordo, a pesar de ser tan obeso, era muy bueno para el baile de música callejera, "dembow" como le llamaban a ese tipo de música de poca calidad.

En la tarde se reunían muchos niños vecinos para demostrar con sus movimientos cuál era el mejor bailarín del barrio, era como una competencia callejera. En ocasiones terminaban de pelea porque se disputaban la posición haciendo hazañas que incluían pequeños golpecitos en el rostro de su adversario, y esto terminaba en pelea porque a veces se les iba la mano.

Estuve observando el carro restaurado de mi fallecido hermano Leoncio, me llené de nostalgia y sentimientos devastadores. El primo Miguel lo estacionó frente a la peluquería para presumir cómo lo habían restaurado los mecánicos. Me quedé con la boca abierta al verlo arreglado, después de que no servía ni como chatarra, estaba nuevo otra vez. Valió la pena la espera con los mecánicos y el préstamo que le hizo Josué al primo. El acuerdo era que el carro era de los dos hasta que le pagara todo el dinero que le debía.

Como los días, las horas y los años no se detienen, con ellos llega el futuro a convertirse en presente. Llegó el día esperado por Josué, solo faltaba una noche, el consulado le solicitó que se presentara a las nueve de la mañana del día siguiente. Por eso le pedí a Ramiro que me dejara el carro para acompañarlo junto con su esposa y su hija.

Nos levantamos muy temprano ese día para ganarle tiempo al tráfico que era muy pesado en horas de la mañana. A las ocho y media estábamos estacionados al frente del consulado, inmediatamente llegamos, se bajaron y se formaron en la enorme fila que hacían los que buscaban visa para un sueño. Yo aguardé en una estación de gasolina que quedaba al lado del consulado, subí los cristales del vehículo hasta la mitad y acomodé mi asiento hacia atrás para intentar dormir un rato mientras ellos resolvían sus cosas.

Un caballo blanco con un cuerno muy largo en la frente se apareció en mi sueño, relinchaba y raspaba la tierra con sus patas como si me llamara, me le acerqué y acaricié su cuello y su larga cabellera que le arropaba hasta las patas, acaricié su lomo, era suave y amplia como la espalda de un oso. Lo monté y el caballo cabalgó sin que yo lo arriara ni lo dominara, pasamos por valles de hermosas flores negras y de pétalos blancos, montañas con hermosas cascadas y un arcoíris que atravesaba el agua.

Tres caballos muy pequeños se me acercaron, me sorprendí porque podían ir a la par con el caballo que me llevaba, miré mi reloj y marcaba la velocidad a la que íbamos, doscientos cuarenta y la aguja seguía bajando. A la derecha venía Josué en los mini caballos y su esposa y la niña a mi izquierda. Al llegar a una enorme ciudad con edificios gigantescos y con carros muy modernos, estacioné mi caballo que a la vez era como un BMW y me di cuenta de que solo estábamos Josué, la niña y yo. Nos sentamos a esperar a que la cuñada llegara, pero no pude verla porque Josué llegó y tocó la puerta del carro y desperté asustado y nervioso.

Camino a la casa no esperé que se acomodaran para preguntarle cómo les había ido. La respuesta de Josué fue:

—Que se queden los malditos americanos con su país, además yo estoy bien aquí, para qué quiero ir para allá.

—¿Pero qué pasó, no te dieron la residencia? —le pregunté.

Me contestó que no y que lo habían multado con diez años para intentar pedirla de nuevo, que era un delito grave entrar a Los Estados Unidos sin papeles como lo había hecho él.

Entonces apretó sus labios como cuando alguien va a dar un beso y dijo:

—Yo aquí la hago papá, ya tengo mi negocio y todo, tú verás que ahora voy a comprar mi yipeta, que por eso no la había comprado esperando esos malditos papeles.

Yo me cohibí para hablar porque lo sentía muy estresado.

—Ah, bueno —me limité a responder mientras le abría la puerta a la cuñada para que se bajara y dejarla en su destino final, que era el apartamento de mi hermana.

Un carro se me acercó haciéndome cambio de luces, imaginé que se trataba de algún amigo. Tenía la música a todo volumen, me hice a un lado para ver de quién se trataba, el carro avanzó y se puso por el lado derecho. Era Estefano, el novio de mi hermana Mariza, al detenerse, el primer saludo me lo hizo mi hermana que iba en el carro, luego Estefano acomodándose su gorra me saludó de la forma callejera.

—Que lo que cuñado.

—Tranquilo, ¿y ustedes? —le contesté.

—Nada, tranquilidad total, usted sabe.

Luego Mariza, que estaba casi acostada para poder estar integrada al encuentro, me dijo:

—¿De dónde vienes manito?

—De llevar a Josué y a su esposa e hija al consulado.

—¿Y qué pasó, le dieron la residencia? —Me arrebató la palabra emocionada.

—No, se la negaron y encima de eso lo multaron con diez años por haber entrado ilegal.

—Ay, mi madre —me contestó lamentándose.

Terminó la conversación que se dio pasajeramente y continuamos avanzando.

Mientras veía el carro que se desplazaba delante de mí pensaba lo tontas que son mis hermanas, hasta carro le compró a ese loco del novio, pues como Yudely, Mariza también consiguió trabajo en el banco y ganaba muy bien, pero como era muy joven se gastaba todo su dinero en comprar ropa, como es normal en los jóvenes dominicanos.

Mariza conoció a Estefano mientras trabajaba con Carolainy en un sitio donde yo les había conseguido trabajo a las dos, fue con un amigo que tenía un local de llamadas y de venta y reparación de celulares. Carolainy siempre me contaba que Estefano visitaba con frecuencia el lugar donde trabajaban y que veía que hablaba mucho con Mariza como si estuviera enamorado. Su comentario no me preocupaba porque yo conocía bien a mi hermana y sabía que ese no era su tipo de hombre por varias razones.

Su manera de vestir no era del gusto de mi hermana, lo digo porque escuchaba cómo criticaba mi hermana a los muchachos del barrio por vestir con ropa ancha y de gorra de pico cuadrado, "gorra nueva" era como le llamábamos y exactamente de esa manera vestía él. Además, carecía de elegancia, su cuerpo era deforme, se veía que no tenía disciplina con el ejercicio, al contrario, tenía una barriga grande, estaba cachetón y tenía los dientes torcidos, lo que hacía que mantuviera su boca más abierta de lo normal.

Días antes de mi accidente, después de haber dejado a Carolainy en su casa, iba conversando con Mariza de temas normales y corrientes. De repente me dijo:

—Te tengo que decir algo manito —me dijo de repente.

—¿Qué? —le pregunté.

—Me ennovié con Estefano.

Me quedé impactado, frené el carro con el riesgo de que el que viniera detrás de mí nos chocara porque lo hice violentamente, me hice a un lado de la carretera, apagué el carro y le dije regañándola:

—Estás loca Mariza, tú conoces a Estefano, es un mujeriego de lo peor, siempre se la pasa hablando de todo lo que hace con las mujeres, eso mismo va a hacer contigo, mírate, tú eres una niña muy bonita y de mucho valor, ¿cómo te vas a meter con una persona como él? Pregúntale a Carolainy y a sus hermanos cómo es él, yo lo escucho cuando estoy en casa de Carolainy hablando con ellos, para mí es un poco hombre, sin valor.

—Yo sé, pero me gusta, ¿qué puedo hacer? —Fue lo que me contestó.

—Mira Mariza, te lo aconsejo por tu bien, no te metas con Estefano, él solo se va a provechar de tu inocencia y vas a ser su trofeo, si no me escuchas, no esperes otro consejo de mí.

Evidentemente, no me escuchó porque desde ese día que hablé con ella ya habían pasado dos años y todo había cambiado en ella. Era una mujer completa en todos los sentidos, con su buen trabajo en el banco, no tenía ese cuerpo de niña y aún continuaba viviendo con nosotros.

De mis cuatro hermanas, la que más me enorgullecía era Yudely, por ser la primera en casarse formalmente y de esa manera dar el ejemplo a las demás. Ejemplo que llegó tarde para algunas porque la más grande estaba acechada por varios gallos de diferentes gallineros y la más pequeña la tenía un gallo de raza fina, lo de raza fina no era por ser un buen candidato, sino por lo de Don Juan, así le tendrían que llamar. Sin embargo, la esperanza de que hubiera otra boda en la familia estaba a tan solo dos días de hacerse realidad.

Capítulo 8

LA BODA DE IVET

Llevaba un mes con los preparativos de lo que sería un gran festín por la celebración matrimonial de mi queridísima hermana Ivet Gerbacio de los Santos, quien se conservó como una doncella hasta sus veinticuatro años, atributo que no es común en República Dominicana por ser un país con tanta libertad juvenil, donde a los doce años las niñas ya tienen marido.

Mi hermana no quiso ser una más del grupo y se conservó para ser la esposa y señora del señor Loriano. Un joven proveniente de buena familia y con buenas costumbres religiosas a pesar de haber sido criado en el barrio donde normalmente todos los amigos de su misma edad fueron formados para ser "buenos delincuentes", y eso mismo hacía más sabio a mi cuñado porque había vivido dentro de lo malo y lo bueno, y eligió vivir de forma decente, por eso fue bien recibido en nuestra familia.

Al regresar al barrio me integré nuevamente al trabajo en la peluquería, mi hermano estaba esperándome para tomar el carro e irse a buscarse la vida en lo que más sabía hacer "taxiar". Al entregarle la llave me preguntó cómo le había ido a Josué con su cita consular, le contesté que no estaba muy informado con los resultados pero que hasta donde sabía, no eran buenas noticias.

La verdad es que yo podría decirle todo lo que sabía acerca del tema, pero no lo hice para evitar un conflicto con Josué porque lo conocía bien y sabía que no le gustaba dar muchas explicaciones de sus cosas y más cuando se trataba de una derrota, por eso actué con cautela.

Entré a la peluquería y saludé como siempre a los muchachos que estaban sentados como si fueran clientes, les pregunté cómo iba el trabajo, mi sobrino Fraile me contestó con rapidez como si se tratara de arrebatarle las palabras a los demás, me dijo que iba muy mal, que hubo pocos clientes en la mañana y que, además, los de la corporación de electricidad nos habían cortado la luz, pero que le habían pagado a "El Loco" para que la reconectara.

"El Loco" era un joven que se dedicaba a conectar de forma ilegal la luz cuando por falta de pago la desconectaban, pero no era algo que nos sorprendiera porque en República Dominicana era muy normal que no se pagaran los servicios de energía eléctrica.

Después de escuchar la información que me tenía mi sobrino, tomé una silla plástica y fui al árbol de mango frondoso que quedaba frente a la peluquería, acomodé mi silla y me senté para disipar el fuerte calor, todos dejaron la comodidad en la que estaban y al igual que yo, cada uno tomó una silla y se sentaron a mi alrededor a conversar y contar pequeñas historias que les habían pasado, eran momentos que disfrutábamos cuando no teníamos trabajo.

Entre la plática surgió una pregunta que estaba en boca de todos en el barrio porque las noticias en un pueblo pequeño corren rápido sin necesidad de que se publique en el periódico. El gordo hizo la pregunta dirigiéndose a mí:

—Esteban, ¿es verdad que tu hermana se casa el viernes? —le contesté que sí y prosiguió diciendo—: Diablos Esteban, excúsame, pero tu hermana cómo se va a aguantar un hombre tan grande, mide como siete pies.

Todos se rieron a carcajadas. Yo me limité a sonreír y me quedé serio, pero El Gordo tenía toda la razón porque el cuñado era muy grande para mi hermana, eran una pareja muy dispareja.

Entre tantas diferencias que hay en el mundo lo más importante es el amor, es la fuerza que nos mueve, que nos une, que nos mantiene vivos, que nos da el punto medio para equilibrarnos y evitar las caídas, es el viento, es el sol, es la flor, es la lluvia, es el cielo con millones de estrellas, la paloma blanca; es simplemente el universo.

Ese mismo viento con ráfaga de amor era el que me acariciaba la cara y que me hacía pensar en ella, mientras me salpicaban las gotas de agua salada que venían de las olas de ese mar azul, tan azul como las praderas en el invierno.

Ese viento que tenía efectos en mi mente y me hacía sonreír como si la estuviera acariciando en ese preciso momento, como si estuviera viendo esa piel morena, su sonrisa tan particular, ese que con el viento parecía que volara; esa morena que nunca me abandonó, ni siquiera cuando moría en la sala del hospital, ni cuando sus amigas se burlaban y le preguntaban cómo podía seguir conmigo, en mi condición, con mi piel que más que eso, parecía cuero de cerdo asado, como el que se sirve en la cena de diciembre.

Mis pensamientos los interrumpió mi sobrinita, la hija de Josué, habían decidido regresar a Los Estados Unidos e íbamos en la avenida Las Américas hacia el aeropuerto, esa avenida se ve adornada en la orilla por el mar caribe y sus grandes palmeras, las cuales te hacen sentir como si fueras un turista en tu propio país.

Esa vez reinaba el silencio total en el carro, no hablaba Josué ni su esposa, solo la niña que de vez en cuando hacía berrinche por cualquier tontería; ese silencio reflejaba la frustración que llevaban los dos al no lograr su objetivo por el cual vinieron a este país, no era más que perder la entrada de Josué a Los Estados Unidos.

Josué parecía muy tranquilo al hablar del tema, pero su semblante no lo dejaba mentir, era evidente que su deseo de entrar a EE. UU. era su mayor anhelo, hasta llegué a pensar que el amor a su hija no era relevante y el de la esposa ni se diga.

Llegamos al aeropuerto y se despidió fríamente de sus dos "princesas", como diría un padre responsable que no era el caso de Josué. Me despedí dándoles un beso y un abrazo a mi sobrina y a su mamá.

De regreso veníamos conversando, él me platicaba de sus planes ahora que se quedaría en República Dominicana, que haría crecer su dinero, que en su país también se podía avanzar, que la vida en Estados Unidos no era como la pintaban, que muchos dominicanos batallan fuerte para conseguir el pasaje y regresar a su país. Yo no lo contradije, pero sus comentarios sonaban como el de un hombre enamorado que no era correspondido.

Era viernes del año 2009, siete de la noche, yo me estaba bañando cuando escuché a mi mamá.

—Esteban no te tardes que la ceremonia comienza a las nueve —me dijo.

Le contesté que lo sabía y que llegaría a tiempo. Era normal que mi mamá siempre se preocupara por nosotros para que fuéramos puntuales en los compromisos, eso estaba bien, pero yo estaba muy pendiente del matrimonio de mi hermana porque era un día muy especial para nuestra familia, pues una vez más nos honraba unas de nuestras varonas, como es llamada la mujer bíblicamente.

Mi hermana y su novio asistían a la iglesia Juan Bautista, bajo esa doctrina se iban a casar y la bendición la tenía a cargo su pastor.

Cuando llegué a la puerta de la iglesia faltaban diez minutos para el inicio de la ceremonia, miré buscando donde hubiera un espacio para sentarme, ahí estaban todos, muy bien vestidos, el lugar estaba decorado con cintas moradas, todo se veía mágico, vi que mi mamá salió de un cuarto apartado que tenía la iglesia; fui donde ella.

—¿cómo va todo? —le pregunté.

—Bien, solo que el novio aún no llega y ya son la nueve —me contestó con cara de angustia.

Le tomé su mano y la apreté fuerte.

—No te preocupes mami, todo saldrá bien.

Solo porque se trataba de mi cuñado y sabía lo serio que era, no pensaba que fuera a dejar a mi hermana plantada en el altar, además, sus principios religiosos no le permitían hacer al algo así.

Entonces, entré hasta donde mi hermana, ahí estaba vestida de blanco, sentada en una silla pequeña, el vestido cubría el espacio a su alrededor; ahí estaban Yudely, Mariza, Estela y unas amigas de Ivet. Mis cuatro hermanas estaban juntas y muy hermosas. Para romper el hielo hice una pequeña broma y tomé a Mariza, la menor de ellas, y dije:

—Con esta me caso y sin duda su belleza me hará feliz —Mis tonterías por lo menos las hizo reír a todas y relajarse un poco porque más que una boda parecía un velorio.

Al mirar el reloj de nuevo eran la nueve y cuarenta, en ese momento mi corazón también sintió tristeza y pensé que algo andaba mal, entonces busqué a Josué que estaba sentado en la primera fila con su amigo Javino Durán, le secreteé a Josué que algo andaba mal con el novio, de inmediato todos los que estaban a su lado se enteraron; de forma discreta fuimos saliendo uno a uno para conversar más tranquilos, unos decían que la había dejado plantada, otros decían que seguro le había pasado algo. Todos pensábamos cosas distintas.

De repente, a lo lejos, vimos la luz de un vehículo que se acercaba.

—Ahí viene Manolo —dijimos todos. Así se llamaba el novio, era alto, con ojos claro, muy delgado, pero atlético.

—Ahí viene —dijo mi hermano Ramiro, la impaciencia nos invadió y se nos hizo eterno el momento en que se acercaba el motor.

No dudábamos de que fuera él porque ese era su medio de transporte, y como era de familia humilde, por no decir pobre, no pagaría una limusina para que lo llevara hasta la iglesia, sino que usaría su propio medio de transporte, de eso estábamos seguros todos.

Mientras más se acercaba, el ruido era más fuerte, sonaba como una planta eléctrica, al llegar por fin a nosotros se detuvo en la oscuridad. Caminamos los tres pasos que nos separaba, no veíamos la cara del conductor porque se disponía a apagar la máquina, lo cual se hacía desconectando la bujía, de esa manera se apagaba toda la corriente del motor. Cuando levantó la cabeza se dirigió a nosotros como si ya supiera la respuesta y dijo:

—¿Ustedes están esperando a Manolo?

Todos contestamos que sí.

—¿No lo ha visto? —le pregunté.

—No lo esperen que él está preso —dijo con una voz cansada como si hubiera llegado corriendo donde nosotros.

—¿Cómo que está preso? —reclamó Ramiro.

—¿Qué pasó? —preguntó Javino mientras ponía sus manos en el timón del motor.

—A Manolo lo detuvo chapita junto a otro policía y lo metieron el calabozo de punta, yo vine solo a decirles porque sabía que hoy él se casaba —Declaró el motorista.

Surgió la desesperación entre todos, Javino corrió a su jeep peta, Josué corrió con él subiéndose de copiloto, yo me dirigí a Ramiro y mi otro medio hermano Cecilio, le pedí que me esperaran, entré a la iglesia de forma disimulada como si todo estuviera normal. Entonces me le acerqué a mi madre que estaba acomodando algunas flores y globos que se empezaron a caer, despacio le dije al oído:

—No se alarme, mantenga la calma con lo que le voy a decir porque no quiero que se enteren los demás y menos Ivet —Sentí cómo la respiración de mi madre comenzó a subir de tono y al contestar con una expresión de "ajá" fue como si esperara la peor noticia—. Tranquila, no es nada grave, solo que a Manolo lo tomaron preso, seguro es una confusión, en un rato lo traeremos, mantenga a Ivet distraída —le expresé.

Salí nuevamente, me esperaban mis hermanos al lado de mi carro, subimos de inmediato; conduje a toda prisa casi pidiéndole al carro más de lo que podía andar. Llegamos y Josué y Javino estaban en la estación de policía, pero se me hizo extraño que los dos tenían los brazos cruzados y en una posición desalentadora, como cuando se pierden las esperanzas.

Me les acerqué y les pregunté qué había pasado.

—El Mayor no está y el soldado dice que no da detalles cuando no está su superior —dijo Javino.

—¿Pero preguntaron si Manolo está preso allí? —cuestioné.

—Que sí, ¿no oyes que no quiere dar detalle de nada? —respondió Josué.

Al cabo de veinte minutos de estar ahí llegó una camioneta militar siguiéndole un camión lleno de prisioneros que cada noche recogían en la calle así no más, solo para tener la cárcel llena de gente y de esa manera demostrar que estaban trabajando.

De la camioneta se bajó un señor alto, vestido con su uniforme gris y en el hombro derecho tenía tres pinos, esa era la insignia que indicaba que él era el comandante; junto a él se bajó Chapita. Fui directamente con él.

—Chapita, ¿qué pasó? —le pregunté.

—Nada, tranquilo, ¿qué los trae por aquí? —me contestó con voz firme, como si él no supiera por qué estábamos en la estación. Josué intervino y dijo con cara seria:

—No te hagas el inocente Chapita —intervino Josué con cara seria—, tú sabes que vinimos por Manolo.

—Yo no sé de eso, pregúntenle al jefe —contestó Chapita mientras nos daba la espalda.

—Quédense aquí —dijo Javino—, voy a hablar con el jefe.

Asentimos con la cabeza y nos recostamos en una pared mientras esperábamos.

Javino decidió ir a hablar porque tenía cierta confianza con los militares, ya que su hermano era un alto militar reconocido, se le hacía fácil gestionar en la estación de policía. Era solo decir que su hermano era Durán, como le llamaban militarmente.

Estábamos los cuatro hermanos juntos. Ramiro que pensó en voz alta dijo:

—Si nosotros aún estuviéramos activos, esto no hubiera sido un problema.

—Así es —contestó Cecilio.

Los dos se lamentaban porque en años pasados ellos habían sido policías, solo que el gobierno ya les había dado de baja. A Cecilio por delitos delincuenciales y Ramiro desertó por sí mismo porque el ingreso económico que le proporcionaba el gobierno era poco.

—Vámonos de aquí que esta gente está rara, esto me huele a complot —exclamó Javino en voz alta mientras salía de la estación.

Con lo que nos dijo y el tono de voz, nos quedó claro que el jefe no aceptó las súplicas de Javino.

Nos llenamos de angustia y desesperación, en ese momento estábamos buscando a alguien que tuviera buenas relaciones con el gobierno y que nos ayudara porque estábamos en una emergencia, no podíamos esperar. Entonces de tanto pensar, a mí me llegó a la mente Santiago que era un alto militar y a la vez compadre del presidente de la república en esa época.

La razón por la que conocía a Santiago, teniendo yo una posición económica tan baja y siendo él de tanto nivel, se debe a que los ricos hacen su fortuna de la gente pobre, porque se aprovechan de nuestra desesperación por salir adelante.

Nuestra amistad, si es que así se le puede llamar, nació cuando él, aprovechándose de su posición como Procurador de las Fuerzas Armadas y compadre del presidente, quiso hacer crecer su fortuna cobrando altas sumas de dinero a cambio de conseguirle visa a las personas que quisieran viajar a Europa, y dentro de sus clientes estaba yo.

Seis meses antes de mi accidente, mi sueño era interrumpido durante varias horas porque yo solo esperaba que llegara ese día prometido por el señor Santiago; día en el que me montaría en ese avión directo a Italia, aunque mis planes eran llegar a España, pero mi decepción fue muy grande cuando me enteré de que todo se trataba de un engaño o por lo menos las relaciones del Señor Santiago con los consulados habían terminado.

Yo le había dado todos mis ahorros a cambio de esa visa prometida. En mi desesperación, intenté varias ocasiones llegar a Europa y no lo logré porque los papeles que me conseguían eran tan falsos que en la foto de los papeles yo guiñaba un ojo, así de falsos eran.

Luego me consiguió otros papeles procedentes de Venezuela haciéndome pasar como venezolano, con eso por lo menos pude montarme en el avión, pero no rumbo a Europa, esa vez por falta de dinero para el pasaje compré un vuelo para San Martín, al pasar por migración un agente que me conocía por haberme devuelto en varias ocasiones, me dijo:

—Sé que tus papeles son falsos, pero si me das 100 dólares te dejo subir al avión.

Accedí, pero mi segundo problema era que para entrar a San Martín como turista debía tener 800 dólares, y yo solo tenía 700, menos los 100 que el agente me había quitado, solo serían 600, pero aun así me arriesgué.

En pleno vuelo conocí un grupo de trabajadores venezolanos que iban a San Martín para comprar oro a cambio de ollas de cocina y pequeños peluches, era un negocio engañoso.

Le pregunté a uno de ellos que estaba sentado al lado mío sobre quién era su jefe, me señaló apuntado a un señor de cabello muy largo y de bigote grueso que cubría toda su boca, me levanté de inmediato, fui hasta donde él y me presenté diciendo:

—Hola, soy Esteban, y estoy aquí para proponerle un negocio, sé a lo que se dedican ustedes, tengo un problema y es que no traigo el suficiente dinero para demostrar que soy turista, ¿qué le parece si yo le doy 200 dólares para que usted diga que soy parte del grupo que trae?

El señor, me contestó muy firme:

—Mire, yo a usted no lo conozco, así que aléjese de mí.

Me regresé a mi asiento muy triste porque presentía mi final al llegar con el agente de migración.

Eran las nueve de la noche, los nervios me estaban matando, así que me puse unos lentes oscuros. Como era de esperarse, lo primero que me dijo el agente al pararme en frente de él fue:

—Quítese esos lentes que no hace sol.

Me los quité y preguntó cuál era el motivo de mi visita, le dije que venía como turista, me preguntó si tenía el dinero para cubrir mi estadía, le contesté que sí; el agente me pidió que sacara el dinero y lo contara para demostrarle que si traía los 800 dólares.

Empecé a contar delante de él y cuando iba por los 500 dólares me pidió que parara y que por favor lo siguiera; me llevó a un pequeño cuarto donde me interrogó y al final determinaron que iba ser devuelto en el mismo vuelo hacia Curazao y cuatro días más tarde volaría a República Dominicana.

Mis reclamos con Santiago ahora no eran únicamente por no haber podido llegar Europa sino porque me devolviera los cien mil pesos que le había dado a cambio de nada o más bien a cambio de quitarme la tranquilidad.

Fueron muchas las veces que yo me le aparecía de sorpresa en su oficina para que me devolviera el dinero, cosa que él no iba a hacer. Fue tanta mi insistencia que él había dejado instrucciones en la recepción de que si alguien llamado Esteban lo buscaba dijeran que no estaba, pero un día después de haber estado una semana tratando de encontrarlo hubo cambio de personal; recuerdo que ese día había en la recepción un joven, que por su cabeza rapada se notaba que era un soldado que estaba en el proceso para luego ser guardia.

—¿Santiago se encuentra? —le pregunté.

—¿Quién lo busca? —contestó él mientras alzaba sus cejas en signo de pregunta.

—Luis Cáceres de Industria y Comercio —le dije con seguridad.

Me hizo esperar un momento. Entonces tomó el teléfono y llamó directamente a Santiago, escuché cuando le dijo que lo buscaba Luis Cáceres de Industria y Comercio, no terminó de decirle cuando le estaba dando la orden para que pasara.

Desde la recepción hasta el lugar donde estaba Santiago había una gran distancia. Tomé dirección hacía él puesto que sabía exactamente dónde estaba su despacho por otras visitas que le había hecho. Mientras caminaba me distraje con la marcha de los guardias que los tenían en pleno sol dando unos pasos sincronizados que me dejaron atónito por la precisión en que los hacían.

Al llegar al edificio, entré, no antes de saludar a un guardia que se encontraba dando servicio a los diferentes altos militares que tenían sus puestos en ese lugar. Antes de llegar hasta su puerta había que pasar otras cuatro y yo saludaba a las recepcionistas de cada oficina levantando una mano.

Toqué con delicadeza su puerta.

—Pase señor —me dijo una voz que no era la de Santiago, abrí suavemente la puerta mientras que salía un ruido armonioso o más que un ruido era un sistema de alarma.

Entré y saludé a un guardia que estaba en la antesala y con una señal me indicó que pasara.

—Buenas, señor Santiago —lo saludé al verlo.

Sus ojos se movieron para todos lados como si estuviera perdido y lleno de confusión porque no esperaba verme entrar, él esperaba al del Industria y Comercio.

—Soy yo Señor, mentí con mi nombre porque solo así me dejaban pasar y hoy vine a poner todo claro, quiero mi dinero de una vez. Le digo que tengo todo preparado con la prensa, le harán una entrevista para hacerle algunas preguntas, de esa forma usted será más famoso porque saldrá en la primera plana de los periódicos nacionales.

Su frente se llenó de sudor y caían como gotas de agua al piso, se pasaba frecuentemente la mano para limpiarse. En ese momento entró el guardia y le dijo algo que no le gustó y su enojo lo reflejó mandándolo a hacer treinta *push ups*. El lugar se sentía tenso, era como si no circulara el aire.

De repente, Santiago habló.

—A ver Esteban, ¿cuánto es lo que te debo? —preguntó.

—Usted sabe que son cien mil pesos.

—Ok. Te los voy a pagar en varias cuotas, el miércoles paso por tu peluquería y te llevo el primer pago —me respondió.

Así acordamos y el miércoles se me apareció, ese día me dejó treinta mil pesos, en otra ocasión me llevó treinta mil más, desde ese día jamás lo volví a ver, pero de vez en cuando le hablaba por teléfono y como siempre, me hacía promesas que no cumplía.

Sin embargo, a cambio del dinero que nunca terminó de pagar, me prometió protegerme en lo que se me ofreciera, que en cualquier problema solo le hablara. Entonces pensé que era el momento de pedirle un favor ya que desde ese entonces no se me había presentado ningún percance para utilizarlo. Tomé mi celular y busqué en mi directorio a Santiago.

—¡Aquí está! —exclamé hacia los muchachos que esperaban impacientes porque me había demorado buscando entre tantos números que tenía grabados.

Le marqué y el teléfono timbraba, ellos me miraban con angustia como si quisieran escuchar hasta el tono del celular, una voz del otro lado contestó.

—Aló, aló.

—Soy yo, Santiago.

—¿Pero quién es yo? —preguntó.

—Yo, Esteban.

—¿Esteban? —dudó.

—Si yo, el del viaje, ¿no se acuerda?

—Ah ok, ahora sé quién habla y qué se te ofrece mi hermanito —me dijo.

—Pues mire, tengo un gran problema —le empecé a explicar—, hoy mi hermana se casa y lamentablemente detuvieron al novio que es mi cuñado.

Le conté toda la historia de lo que había pasado y que había sido un complot contra él, algo fuera de la ley con el objetivo de que no se casara con mi hermana, ya que el policía que lo detuvo era el ex novio de mi hermana.

Cuando le conté todo eso se asombró de lo que había escuchado y me pidió que le diera el nombre de la estación de policía donde estaba detenido. De inmediato se lo di y con lujo de detalles. Me pidió que no me moviera de ahí y que en cuestión de segundos iba a estar fuera el cuñado, le contesté dándole muchas gracias y que esperaría su respuesta.

Colgué el teléfono y me puse a platicarles a los muchachos todo lo que me había dicho Santiago. Al cabo de diez minutos sonó un teléfono que me imaginé que era el de la estación y que ese sería el señor que llamaba y sí, confirmado, era él, porque en la forma en que el policía hablaba no era para dudarlo, los nervios lo estaban traicionando y solo decía:

—Sí señor, no señor, por supuesto señor.

Entonces escuché cuando dijo:

—Jefe venga que lo llama el procurador de las fuerzas armadas.

Ese también se llenó de miedo porque al igual que el policía no dejaba de mentar a todos los señores:

—Sí señor, no señor, como usted diga señor.

Cuando terminaron de hablar, el jefe se asomó a la puerta.

—¿Quién es Esteban? —preguntó.

—Soy yo, señor —le contesté.

—Venga, pase amigo mío que aquí hubo un malentendido; su cuñado está aquí, ahora mismo va a ser liberado y disculpe señor.

Entonces entré y me senté en una silla a esperar. Sentí que todos los policías presentes tenían menos poder que yo porque me miraban con la intriga de quién era yo.

Entonces vi salir a mi cuñado acompañado del jefe del calabozo y un policía que fue quien abrió la puerta cumpliendo la orden de su jefe. La elegancia de mi cuñado resaltaba, vestía un elegante traje con un estilo moderno y antiguo a la vez, era lo que estaba de moda en ese tiempo, un perfecto estilo francés. Ahora nuestro siguiente reto era llegar lo más pronto posible a la iglesia antes de que la espera del novio hiciera cancelar algo tan importante para nuestras familias.

Entonces le pedí a Manolo, el cuñado, que dejara su motor en la estación de policía y que se fuera en el carro con nosotros para ganar tiempo y para evitar más demora. Tomamos atajos para hacer más corto el camino, cuando llegamos la gente estaba impaciente, todo estaba alborotado, unos hablaban en una esquina, los niños jugaban, otros leían la biblia, etc. Pero al percibir la presencia del novio en la puerta junto con nosotros que lo acompañábamos, hizo que todos corrieran a su lugar.

Mi hermana solo conservaba su vestido, pero el moño que traía en la cabeza ya no lo tenía, parecía una más de sus invitadas que ahora la consolaban por el desastre de su boda y por la falla de su prometido. Pero como si todo fuera parte de un plan, las personas al ver al novio se ubicaron en su lugar; las amigas y mis hermanas rodearon a Ivet cubriéndola para que el novio no la viera en esas condiciones mientras que una de ellas se disponía a arreglarla nuevamente.

El pastor estaba en su púlpito, nosotros continuamos junto al novio en la puerta, éramos como dos grupos: hermanas y amigas con la novia, hermanos y amigos con el novio.

—Vamos a darle comienzo a este acto solemne —dijo el pastor—, dado que el novio nos tranquiliza con su llegada así sea retrasada, pero que tendrá que darle explicación amplia y detallada a la bellísima novia que lo esperó con una infinita paciencia.

El comentario del pastor quitó la tensión que aún reinaba en el salón porque lo dijo de una forma chistosa que provocó las risas de los invitados.

La novia comenzó a caminar hacia el altar, la acompañaban las mismas que la estaban arreglando, fue extraño porque se suponía que la llevaría mi papá, entonces escuché a mi cuñado que dijo:

—Vamos, avancemos muchachos.

Todos asombrados nos miramos y comenzamos a caminar; nos colocamos a la izquierda del pastor junto al novio, ya la novia estaba a la derecha con todas sus acompañantes que no se retiraron, nosotros hicimos lo mismo, nos quedamos acompañando al novio.

Se llevaron a cabo todos los rituales o palabras que se dicen en una boda y al final, el pastor dijo:

—Hasta que la muerte los separe, el novio puede besar a la novia.

La novia agarró un enorme paquete de rosas que por tradición se disponía a lanzar para ver quién sería la próxima en casarse. Eso provocó la acumulación masiva de todas las doncellas que se encontraban en la boda, al lanzarlo se amontonaron cayendo al suelo junto al paquete de rosas y luchaban como niños por dulces de una piñata. Una amiga de mi hermana terminó con el paquete de flores, muy emocionada porque sería la próxima en casarse, según las creencias.

Capítulo 9
LA IRRESPONSABILIDAD

Lo acordado por el primo y mi hermano Josué no había sido cumplido según el trato, pues como parte de su vida diaria el primo era charlatán e irresponsable y más cuando se trataba de dinero. El primo debía pagar tres mil pesos mensuales para saldar la deuda que tenía con Josué por haberle arreglado el carro y no había hecho ni un solo pago a la fecha desde hacía tres meses que le habían entregado el carro como nuevo.

Cuando me disponía a subir a la casa escuché una fuerte discusión:

—No quiero que me digas nada, tomé la decisión, cuando tú me pagues todo el dinero junto, yo te entrego el carro —dijo Josué.

—¿Pero cómo quieres que te pague si no salgo a trabajar? —le respondió el primo con una voz como si estuviera llorando.

—Pero Miguel, por Dios, tu llevas tres meses trabajando en el carro, ¿por qué todavía no has pagado nada? —le preguntó mi mamá.

—Sí tía, pero es que yo estaba arreglándole algunos detalles al carro —respondió el primo.

—Miguel, en serio no falles, si tú quedaste de pagar ese dinero, antes de hacer cualquier otra cosa tienes que pagar como acordaron —le dijo mi papá.

—Mire tío, por favor dígale que me dé las llaves, que no voy a fallar con los pagos cada mes, así llueva, truene o ventee, yo voy a tener ese dinero se lo juro tío.

Mi papá aceptó con un tono de duda.

—Mira, tú puedes decir lo que quieras —le dijo Josué—, pedirle ayuda a quien tú quieras, pero yo solo te doy la llave cuando pongas cien mil pesos en mi mano, uno encima de otro.

La discusión siguió por mucho rato más y todos opinaban sobre el tema, hasta que mi mamá muy sabiamente dijo:

—Mira Miguel, a ti lo que te conviene es pedir un préstamo en la Cooperativa de Yamasá y pagar ese dinero.

—Eso es buena idea —dijo mi papá.

Luego reinó un silencio como si todos hubieran perdido la voz al mismo tiempo. El primo preguntó cómo hacía para tomar ese préstamo y mi papá le sugirió que lo podía llevar con el gerente en la mañana para que gestionara todo el proceso; el primo accedió y le dijo a mi papá que lo acompañara.

Miguel insistió en que le dieran la llave del carro para ir al otro día a hacer las vueltas del banco.

—No —se negó Josué—, yo a ti no te doy la llave, como papá va contigo yo se la entrego a él hasta que tú me traigas el dinero, mientras tanto hago responsable a mi papá del carro.

Con esa última palabra quedó concluida la conversación. Yo que aún estaba en la mitad de las escaleras escuchando, continué subiendo cuando me encontré con Josué que se disponía a salir, me lo topé de frente en la puerta. Lo saludé normal como si yo acabara de llegar; cuando entré a la casa aún estaban mi mamá y mi papá con el primo sentados en la misma posición que tenían cuando discutían.

—¿Qué hay, primo? —lo saludé.

—Nada, aquí tranquilo —me contestó sin prestarme atención.

—Euuu —le dije a mi mamá en forma de saludo.

—Qué dice papi —me contestó ella.

Sin pausa me referí a mi papá también saludándolo.

—Todo bien Maro —me contestó.

Después fui hacia el balcón para acomodarme y relajarme un rato porque estaba muy cansado por la cantidad de clientes que tuvimos ese día.

Me acomodé, tiré mi cabeza hacia atrás y cerré los ojos para concentrarme y así relajarme más, pero la voz del primo se acercó e interrumpió mi concentración. Una voz con un timbre de queja fue lo que escuché.

—Primo, ese Josué es el diablo —dijo y dejó caer su cuerpo sobre el mismo sillón en el que yo me encontraba, como si no tuviera control de sí mismo.

Me quedé en la misma posición que me encontraba y solo abrí los ojos, giré hacia la derecha donde él estaba y le contesté de una forma desinteresada con un "uuuuuu" como si no supiera de qué estaba hablando, le pregunté qué había pasado y como si yo fuera cualquier particular a quien se le cuenta una historia, me dijo ofendiendo agresivamente a mi hermano:

—Ese desgraciado quiere que yo le pague todo ese dinero junto ahora, pero mañana...

Y empezó a sonar el teléfono que se encontraba en la mesa de centro donde estábamos, interrumpiendo así la conversación que estaba agarrando fuerza; le hice señas levantando una mano para que parara mientras yo contestaba.

Una voz de mujer me habló en la línea:

—¿Cómo estás sobrino? —dijo con un acento de dominicano ausente.

—¡Oh! Tía, la bendición —le dije.

—Dios te bendiga mi sobrino —me contestó ella.

—Y qué me cuentas tía, ¿cómo están todos por allá?

—Pues ahí, más o menos —me contestó con voz de tristeza me.

—¿Y qué pasa que la oigo como un poco triste?

—Pues sobrino, usted sabe que después de que Josué llegó a mi casa todo cambió en mi vida, por él perdí mi familia, por él mi negocio no es el mismo.

—¿Cómo así tía? —la interrumpí.

—Sí sobrino, lo que me hizo ese diablo, sí, así es que hay que llamarle a ese demonio que no hizo más que arruinar mi vida, mire en un viaje que hice a Panamá lo deje a él y a mi esposo en la casa, ¿sabe lo que hizo?, todo el tiempo que yo no estuve fue fiesta y fiesta en mi casa con mujeres, siendo cómplice de mi esposo para burlarse de mí los dos.

—Pero cómo va a ser tía, no me diga cosas así —le dije con asombro.

—Así mismo como se lo estoy diciendo sobrino, pero mire a ese yo lo tengo que ver morir de la peor manera.

—Uuuuummm —susurré pensativo.

—Después de que me enteré de todo eso —continuó diciendo—, que fue gracias a una amiga vecina que me contó, lo eché a la calle, le dije que se fuera de mi casa, que ya no lo consideraba como familia y también lo saqué de la peluquería, pero él se llevó un cliente a su casa y luego puso una peluquería cerca de mi salón, ¿usted cree que eso es justo?, y no sólo eso, después se llevó todos mis trabajadores dejándome en la ruina total, pero mire que hay un Dios en el cielo y yo espero ver su muerte.

—Tía, tía —le dije para frenar un poco porque sonaba sofocada, cuando paró de hablar le dije—: Sí tía, pero, aunque esté muy dolida con él, no puede desearle la muerte y más comunicárnoslo a nosotros, usted sabe que nos vamos a sentir mal porque familia es familia. Tía no le conviene decir eso y menos a mis padres, no está bien que diga eso.

—Sobrino, usted no sabe cómo me siento —me contestó un poco más calmada—, también compréndame a mí.

—Sí tía es mejor que ponga sus problemas en manos de Dios, pero no diga todo lo que piensa que puede hacerle daño.

La conversación con la tía se prolongó, yo trataba de convencerla de que estaba en un error por la manera en que se expresaba respecto a Josué y ella terca y aferrada a sus ideas macabras.

Cansado y con los oídos calientes de tanto mantener el teléfono, me levanté y me fui al cuartucho donde dormía el primo para continuar la conversación que quedó pendiente, pero al entrar lo encontré profundamente dormido.

Una hora más tarde me encontraba tirado en mi cama pensando en todo eso que me había contado mi tía y en el inmenso odio que tenía en su corazón, odio que no haría más que quitarle la tranquilidad que ella podía tener.

Cuando el odio ataque en tu corazón peléate con él porque será más fácil vencer tu propio odio que vencer a tu adversario, ya que sintiendo lo que sientes tendrás dos enemigos letales para tu tranquilidad mental, tu propio ego u orgullo y tu enemigo que gozará al saber que por él eres desgraciado.

La misma reunión se estaba llevando a cabo al día siguiente, pero esa vez las diferencias entre Josué y el primo estaban llegando a su etapa final, el primo en la mesa contaba sigilosamente un paquete de dinero que no cabía en sus manos, eran billetes de dos mil pesos, su conteo iba por los ochenta mil donde al final terminaría en los cien mil y con esa cantidad quedaría saldada la deuda de Miguel con mi hermano Josué, pero con un gran compromiso con el banco que le facilitó el préstamo.

Josué estaba resignado a quedarse en República Dominicana puesto que todas las posibilidades de cruzar otra vez el océano eran imposibles, aunque él me había contado que no le importaba si se iba o se quedaba porque iba a hacer buenos negocios en su país que tanto extrañaba.

Palabras que sentía que las usaba para ocultar el miedo horroroso que sentía al saber que se quedaría en la República después de vivir como rico, si así se puede decir, en Estados Unidos. Mi hermano no aceptaba su propia realidad y optó por crear un personaje de resignación, personaje que lo pondría a vivir preso en su propia mentira.

Dos de la tarde del mismo día en que Josué recibió el dinero del primo Miguel, me pidió que lo llevara a donde su compadre Javino porque quería asesorarse con él para comprar una yipeta, teniendo en cuenta que su compadre tenía la misma que él quería.

Ese día el sol estaba candente como siempre, los estudiantes iban a la escuela, todos iban con rapidez porque iban tarde, entre el grupo de estudiantes distinguí a una joven que me gustaba, aunque ya tenía mi media naranja conquistada, quería comprobar si era capaz de conquistar a esta, era algo muy normal entre los jóvenes de nuestra edad en ese tiempo, creernos "DON JUAN". Le señalé desde el carro a Josué y le dije:

—Josué, mira a esa muchacha que está allá, se llama Ingrid y me gusta, he hablado con ella y va para la escuela, le voy a dar un aventón.

—Tú verás —me dijo—. Cuál, ¿cuál de todas?

—Esa, la del pelo largo y negro.

—Ah, se ve bien —me dijo.

Toqué la bocina del carro, ella volteó con la paciencia que la caracterizaba, tenía algo especial y era que siempre parecía triste aunque su belleza resaltaba por encima de cualquier defecto, lo que le ayudaba para que no se le notaran sus ojos apagados como si siempre estuviera con sueño; su piel estaba radiante con ese brillo natural de una joven de diecisiete años, su estatura como de 5,6 pies, su cuerpo era esbelto que le hacía lucir cualquier cosa que se pusiera y de labios gruesos, como casi todas las dominicanas.

—¿Quieres que te lleve? —le pregunté.

—¿Y tú vas por los lados de la escuela? —me contestó con voz pausada, que era la forma en que hablaba.

—Claro mami y si no fuera cambiaría de ruta solo para llevarte a ti —le respondí con tono de conquistador.

—Ja, ja, ja, ja chistoso, está bien —aceptó.

Estuvimos como diez minutos en silencio hasta que rompí el hielo después de pensar qué le decía. Saben que es normal cuando te gusta alguien pensar mucho antes de hablar, pues uno quiere usar las palabras correctas para no lucir nervioso o inexperto en la conquista.

—¿Cómo vas en la escuela mami? —le pregunté al fin.

—Ay muchacho, en exámenes finales y me toca el de matemáticas.

Sentí que era el momento para lucirme.

—De matemáticas habla conmigo en lo que necesites —le dije—, fui el mejor de mi clase y es la materia que más me gusta y me apasiona, como a ti —me reí.

—Chistoso —dijo repitiendo la misma palabra.

En todo ese tiempo que estuvimos conversando no escuché la voz de Josué, pero fue como si con mi pensamiento le activara las cuerdas vocales, y siguiendo el mismo tema que llevamos, dijo:

—Las matemáticas, esas materias son duras, pero si uno le dedica tiempo, las aprende, porque yo me acuerdo de que antes de irme para Estados Unidos yo estudiaba ingeniería Industrial en la universidad y ponían unos problemas matemáticos difíciles, pero me acuerdo que yo era buenísimo y fui uno de los mejores en la clase, pero había problemas que hasta el profesor se quedaba pensando cómo resolverlos.

Después de ese momento no paró de hablar de diversos temas, prosiguió contando sobre sus vivencias en Estados Unidos y sus aventuras allá, volteaba mucho hacia atrás porque él iba en el asiento del copiloto y atrás venía la hermosa chica que me tenía manejando nervioso, noté que ella venía muy enganchada en la conversación de mi hermano.

En medio de su conversación noté que trataba de cazar el mismo pájaro que yo venía siguiendo desde hacía unos meses, o sea que Josué quería conquistarla también. La miré por el espejo retrovisor y la vi nerviosa.

Después de dejar a mi hermano con su compadre Javino no se le vio por unos días, ni siquiera por la peluquería. En la mañana no se le vio subir y sentarse como siempre en el colmadito del frente, nos preguntamos entre nosotros qué sería de él que no aparecía, pero no teníamos idea. Mi respuesta para los que preguntaban era que lo había dejado con su compadre porque compraría una yipeta.

Una tarde vi llegar a mi hermano Ramiro que venía de trabajar en el taxi, le pedí que si me facilitaba el carro por unos diez minutos para visitar a mi amigo guitarrista, sin vacilación mi hermano me cedió el carro, me dirigí por la calle principal del barrio para luego tomar la otra calle secundaria que era donde vivía mi amigo, al doblar me topé de frente con una yipeta color verde, asumí que el conductor me conocía porque no quiso apartarse de mi derecha donde yo conducía, no sentí temor como era normal por los atracos que siempre se daban en el barrio; traté de ver quién conducía, pero no fue posible, sólo pude ver una letra en el parabrisas de la yipeta que decía: "Dime y hora" y de seguido otra letra en abreviación que no entendí; toqué la bocina del carro para que se apartara del camino, pero no se movía, no había ninguna reacción, entonces pensé que lo mejor era retroceder para evitar una confrontación.

No quise dar por hecho que era alguien conocido porque sabiendo cómo era el barrio en el que vivía y de ser la persona equivocada, podía terminar en la tragedia del día. De repente, vi que abrió la puerta del conductor y la calva de esta persona brillaba como si se hubiera aplicado vaselina, la reconocí de inmediato, era mi hermano Josué.

Salió sonriente.

—¿Te asustaste, Palomo? —me dijo.

Me sonreí con él y lo abracé, ya me imaginaba que era su yipeta, así que lo felicité mientras me disponía a mirarla bien, él me daba detalles de su nuevo juguete, pero mi sorpresa fue mayor cuando abrió la puerta del conductor y me dijo:

—Y ella es mi novia, Ingrid.

—Oh, Ingrid, ¿cómo estás? —la saludé muy sorprendido y a la vez me sentía incómodo porque Ingrid no era más que la misma joven que cuatro días atrás iba con nosotros en mi carro, la que me gustaba y que le había presentado a mi hermano; nuevamente opté por la educación, le deseé muchas felicidades a los dos y me marché.

Cruzar el océano es un sueño que tenemos los dominicanos como la única forma de salir de la pobreza y a este sueño le llamamos el sueño americano, aunque no siempre se logra, pero esa esperanza de un día atravesar ese gran mar le da un sentido único a nuestra vida.

Yo soy un ejemplo claro de cuántos engaños y desengaños he tenido por tratar de cruzar esas aguas, aunque para otros las pérdidas han sido mayores como perder la vida de la familia; personas que han cruzado y no han podido regresar por temas de sus documentos o en muchos casos por la falta de dinero, porque no siempre se logra lo esperado, pero nosotros seguimos en pie de lucha y nos hacemos los sordos a las malas experiencias.

En mi deportación de San Martín a Curazao, el avión salió a la diez de la noche, yo estuve en esa isla solo dos horas porque en el mismo avión que aterricé, en ese mismo despegué. La tristeza y la desesperanza que sentía no la puedo explicar, sin embargo, a otros pasajeros del avión, la vida les sonreía diferente porque traían una fiesta increíble, aunque hablaban en idiomas diferentes, yo podía entenderlo porque el idioma de la felicidad es universal y no se necesita hablarlo para sentirlo

A las doce de la noche me encontraba en el aeropuerto de Curazao y me encontré con varios que estaban en la misma situación mía, entre ellos intercambié experiencias con un paisano que era de San Francisco de Macorís, me contó que lo habían devuelto porque no pudo comprobar la reserva de su hotel, le dije que si no le gustaría quedarse en Curazao porque de ser así buscaríamos la forma de quedarnos, no me contestó y se quedó pensativo.

El plan de la policía que nos traía era dejarnos en el aeropuerto, para al otro día llevarnos a una cárcel al sur de la isla hasta que saliera el siguiente avión hacia República Dominicana. La idea de regresar me aterrorizaba, así que a las dos y media de la mañana que salió el último trabajador dejando la puerta de salida abierta, le dije al paisano que si estaba listo para que nos fugáramos, no lo vi con gran interés y aunque le expliqué todo el plan, no quiso.

Yo solo necesitaba la motivación de alguien más porque, la verdad, era un riesgo enorme ese que estaba a punto de tomar, así que decidí quedarme a esperar a que nos llevaran a la cárcel.

Los cuatro días que estuvimos detenidos no pude ni siquiera dormir porque había personas mal intencionadas y yo tenía 600 dólares conmigo, los debía esconder para no ser asaltado por los demás presos; mantuve el dinero en mis partes íntimas y para tenerlo a salvo no me bañé durante el tiempo que estuve allí.

Capítulo 10 SEGUNDA PARTE

En cada calle del barrio se podía ver la yipeta de mi hermano, se paseaba con música a todo volumen. Sucedió tarde, pero sucedió. Fue en ese momento cuando él comenzó a vivir la vida de un viajero que regresaba al país.¿Cómo actúa un viajero cuando regresa a su país de origen? En primer lugar, el alcohol para las fiestas tiene que ser el más caro aunque nunca lo hubiera probado antes de viajar; se sienta en el área VIP de la discoteca aunque estar sentado ahí le cueste miles de pesos; usan joyas muy costosas en el cuello; se ponen la última moda en ropa y usan aparatos electrónicos de última tecnología; realizan visitas sorpresa a amigos que nunca visitaron antes de viajar solo para mostrarles lo que han traído; algunos usan una pistola solamente para intimidar a los demás, porque presumen con ser matones, porque según ellos, del "bajo mundo" fue que hicieron su dinero, pero la realidad es que al otro lado del océano se dedicaban a la construcción y otros trabajos que los lugareños no querrían hacer.

La humildad te hará sentir como lo que eres, un verdadero triunfador, no te la creas, sigue trabajando, enfócate en tu sueño, no presumas de lo que tienes que a nadie le interesa ver tus logros cuando los usas para sentirte más importante y humillar a los demás. Recuerda de dónde vienes. Sé amable con el que te necesite; respeta a la personas mayores; los niños son el futuro y continuarán lo que tú con esfuerzo has logrado, así que regálales tu tiempo, enséñales buenos valores; recuerda que aunque tengas lo que tengas, sigues siendo un humano que necesita el aire para respirar, el gusto para saborear lo que comes, el sueño para dormir, el calor para calentar tu cuerpo, el sol para apartar la oscuridad de tu camino, el agua para calmar tu sed, el amor para amar y ser amado y al final, la caja donde yacerá tu cuerpo para convertirte en tierra, porque por más que tengas, no dejarás de ser un humano.

Yo sé que puedes encontrar el punto medio de la estabilidad, paz dentro de la tormenta, todo dependerá de ti mismo y el deseo que tengas de superarte; ese deseo será la fuerza que te guiará y encontrarás el camino que te llevará al éxito. Quien te escribe estas letras está en la misma posición que tú, buscando el camino y su camino tiene más espinas que flores. Yo como tú sé que no es fácil, pero recuerda si fuera fácil todo el mundo lo haría.

Tú eres diferente, por eso lo estás intentando, el que no lo va a lograr, ni siquiera tiene en mente intentarlo.

Yo seguía con ganas de tener algo de dinero, no acostumbro a callar cuando algo me parece injusto, una que otra vez lo hice. Recuerdo que una mañana después de haber terminado de limpiar el piso de la peluquería, mi sobrino y yo nos sentamos, como siempre, en la tienda del barrio que quedaba en frente para relajarnos. Era muy normal que algunas personas que nos conocían pararan a saludar. Ese día se quedó con nosotros una hermosa mujer, era muy abierta y conversadora, en eso llegó mi hermano Josué que se acababa de levantar, ya saben que vivía en el sótano de la peluquería, llega, saluda y nosotros respondimos.

Josué me preguntó que si había limpiado la peluquería, le dije que sí, entonces preguntó de nuevo y le respondí:

—Sí, seguro que sí.

—De todos modos ve a ver si hay algo más que hacer —dijo mi hermano, miré a mi sobrino, moví la cabeza a ambos lados y me marché.

No pude terminar la conversación que tenía con la hermosa mujer. «Buena forma de sacarme del juego», pensé mientras entraba a la peluquería.

Mi papá visitaba la peluquería cada lunes para retocarse el corte, era el día que no había clientes en espera, siempre conversábamos de varios temas. Un día que le estaba cortando el pelo me comentó que sería bueno que le entregara el carro a mi hermano Ramiro para siempre y que él me lo pagaría porque, según mi papá, yo no lo necesitaba porque yo trabajaba todo el día en la peluquería. Esa propuesta de mi papá me impresionó de forma negativa y le contesté que yo por ayudar a mi hermano le facilité el carro, pero que no tenía ninguna intención de vender el carro y contestó:

—Ah bueno, pues está bien entonces.

Cuando te vuelves adulto te toca tomar la guía de tu vida, sé astuto, no siempre lo que te aconsejan funciona, cada persona tiene un punto de vista y solo tú sabes cuál es el tuyo, no te confundas, para tener razón no es necesario que tengas mucha edad y no siempre tus padres tienen el camino correcto para ti.

A pesar de la vida de lujos que llevaba mi hermano Josué, la idea de volver a cruzar el océano no se le salía de la mente, ya había pasado un año desde que los americanos le habían negado la entrada a Norte América y no solo eso, sino que la ley lo castigó con diez años sin derecho a solicitud.

Una tarde me platicó que estaba pensando seriamente en llegar a México con la idea de pasar de nuevo la frontera y que, si se le hacía difícil, se quedaría en esa tierra y pondría negocio ahí; y que llegar a México no era un problema para él, ya que tenía una novia en Indianápolis que era mexicana y que estaban haciendo los papeles para una visa.

Yo le escuchaba sin ningún comentario porque México para mí no era un país de sueños, al contrario, era un país de alto peligro para vivir por los grupos delincuenciales, pero mi silencio paró cuando en sus planes me incluyó a mí, que yo viajara con él era su opción del plan B en caso de que fracasara en el A. Así que yo como parte del plan B, consistía en que si él no podía pasar la frontera, entonces él abriría una peluquería y trabajaríamos juntos o yo trabajaría para él como lo hacía en ese momento.

Los dominicanos tenemos un dicho y es que cuando tratamos y tratamos de salir del país sin ningún éxito, decimos: "yo hasta para Haití me voy", con esto queremos decir que cualquier lugar donde lleguemos puede ser mejor que nuestro país y comparamos Haití porque es uno de los países más pobres del mundo, es un país fallido totalmente.

Después de esa conversación con mi hermano volvieron los sueños, volvió la esperanza, la ilusión, los planes. No había desistido de la idea que tenía de volver a cruzar el "charco", como decimos refiriéndonos a cruzar el mar, pero hasta el más enérgico atleta se toma su descanso cuando la meta está llena de obstáculos y dificultades. Hay que detenerse mientras se analiza cómo hacer para que las metas sean alcanzadas, de esa manera me vi en mi mente.

Me preguntaba a mí mismo: «¿Será que algún día tendré una visa en mi pasaporte?», esa duda la tenía porque mi primer pasaporte se venció sin que yo lograra conseguir mi anhelada visa. Cuando estuve más cerca de conseguirla fue en una ocasión que me decidí a solicitarla en la embajada de Venezuela, pero estando en la fila llegó un hombre muy bien vestido de piel morena y muy alto que me dijo que yo no tenía que hacer la fila, que él me ayudaría para que mi visa fuera un proceso más rápido y cómodo para mí. Sus palabras me convencieron.

—Espérame, vengo ahora —dijo y se entró a la embajada.

El encargado de la seguridad no lo detuvo al entrar, por lo tanto, me dio a entender que él trabajaba adentro, después de un rato salió y me dijo:

—Ya hablé con el cónsul, me dijo que por diez mil pesos te dan lo que quieres —le dije excitado que sí, pero que no traía ese dinero conmigo; entonces agregó—: Eso no es problema, vete a casa y regresa mañana con la mitad del dinero y tu pasaporte, y cuando te entregue la visa, me das el restante.

De inmediato dejé la larga fila que estaba haciendo y me fui a casa, todo parecía tener sentido y el dinero no era un problema porque como estaba en eso de viajar cuidaba mucho el poco dinero que conseguía. O sea, guardaba por lo menos el diez por ciento de cualquier ganancia que consiguiera, el restante lo usaba para vivir.

La hora que acordé para verme con el señor era a las dos de la tarde en el Parque Mirador Sur que en ese entonces quedaba justo detrás de la embajada de Venezuela; con la emoción que tenía llegué media hora antes, así que lo esperé con todo y la preocupación de tener ese dinero conmigo y que pudiera ser atracado por algún delincuente.

Exactamente a las dos vi que se acercaba el mismo señor que conocí el día anterior. «Parece ser que todo es cierto», pensé. Al llegar me estrechó la mano mientras se presentaba con formalidad.

—Mi nombre es Mohamed.

—El mío es Esteban —le contesté con nervios, se sentó en el mismo banco donde yo estaba sentado, me preguntó por el dinero y el pasaporte, le dije que lo traía conmigo, mientras se lo mostraba, lo tomó de inmediato sin que yo extendiera la mano para entregárselo.

—Ven el miércoles de la otra semana a buscar tu visa —me dijo.

El día de la reunión fue martes, le dije que estaba bien, que así sería.

Mientras me alejaba de él, algo en mi ser me decía "devuélvete y quítale el pasaporte y el dinero que te está engañando", me paré queriéndole hacer caso a mi conciencia, pero las ganas de viajar me tenían ciego, así que terminé negándome y peleándome conmigo mismo por ser tan desconfiado. El miércoles a la una de la tarde me encontraba frente a la embajada porque acordamos vernos a la una y treinta. El encuentro no se daba y ya habían pasado veinte minutos de la hora acordada. La embajada estaba totalmente cerrada y no parecía que fueran a abrir porque todo estaba muy silencioso. Solo había movimiento en una tienda de víveres que quedaba al frente. Eran las dos de la tarde, mi corazón comenzó a palpitar con más rapidez, mi respiración se escuchaba como cuando estaba cansado de correr o hacer algún ejercicio; dos y media, volvió y me habló la conciencia y me dijo: "Te lo dije y no me escuchaste, ese señor te estaba estafando".

Me decidí a entrar a la tienda de víveres y preguntar si habían visto a un señor y di la descripción, me dijeron que no, pero cuando les dije el nombre, se miraron entre ellos como queriendo decir "otro que cayó en la trampa"; pedí lápiz y papel, escribí mi número telefónico y se los dejé a ellos con la esperanza de que si lo veían llegar me marcaran. Me marché cabizbajo y con mis piernas temblorosas, mi estómago con malestar y con deseos de vomitar.

Regresé al día siguiente y pregunté en la tienda y no tenían noticias; al segundo día lo mismo, igual al tercer día, hasta que uno de ellos se sensibilizó conmigo y me dijo:

—Mira, estás perdiendo tu tiempo, ese hombre te engañó, es algo que hace con frecuencia.

Era algo que ya sabía, pero me negaba a aceptarlo, así que les pedí que si un día lo veían por la zona, que le dijeran que se olvidara del dinero y que por lo menos me dejara el pasaporte con ellos.

Un mes después de todo eso, regresé solo por curiosidad a ver qué sabían de él y me sorprendí cuando el mismo muchacho que me contó todo, me entregó el pasaporte.

—Mira, aquí te dejó el hombre el pasaporte —me dijo y yo le di las gracias y me marché, pensé que al menos tenía el pasaporte para seguir intentándolo.

Era mayo, un día muy temprano me encontraba con mi hermano haciendo la fila, pero ahora en el consulado de México ubicado en la zona colonial de Santo Domingo; esa vez estaba muy relajado, no me sentía nervioso como en otras ocasiones. La fila contaba con pocas personas, solo tres estaban delante de nosotros. Yo llevaba un folder donde tenía todos los documentos que me había enviado desde México la familia de la novia de mi hermano, de igual manera Josué traía los mismos documentos. No tuvimos que esperar mucho para pasar, mi hermano fue el primero en hacerlo. Desde donde yo estaba esperando mi turno escuchaba la entrevista, eran amables y flexibles, entonces pensé que esa vez lograría tener una visa en mi pasaporte.

Al pasar, la primera pregunta que me hicieron fue cuál era el motivo de mi visita, les dije que iba de paseo, luego me pidió que le mostrara los papeles que traía en mi carpeta, le mostré una carta de invitación, un estado de cualquier cuenta de la familia González quienes eran los que nos invitaban. Al final me pidieron mi pasaporte y que pasara la siguiente semana a recogerlo.

De regreso a casa le iba contando a mi hermano sobre todas las veces que diferentes consulados me habían rechazado; entre las historias que le conté, la que más le impresionó fue la del señor Mohamed porque según él me había engañado tontamente, pero lo bueno es que de cada fracaso aprendí.

Un dicho muy popular entre los dominicanos dice: "Dos montañas no se juntan, pero dos piedras sí".

Después de cinco años de que el señor Mohamed se quedara con los cinco mil pesos, me encontraba con mi hermano Leoncio buscando un motor para mi carro porque me daba muchos problemas mecánicos; en ese tiempo, aunque mi vida era igual de dura, por lo menos mi hermano Leoncio estaba vivo y con nosotros. Leoncio me acompañó para conseguir un motor para mi carro que estuviera en buenas condiciones y además que el precio no fuera tan alto, él tenía conocimientos de mecánica y además conocía la zona donde los vendían.

Cansados de caminar y de entrar a diferentes locales, entramos en uno que me dejó frío y pasmado a la vez; mi mente tuvo que retroceder para poder aclarar el recuerdo que me llegó y me di cuenta de que la persona que le estaba dando detalles a mi hermano yo lo conocía y entonces me llegó el recuerdo de su nombre.

—Señor Mohamed —le dije. Inmediatamente volteó hacia mí; me reconoció al instante, pero bajó la cabeza disimulando que no se llamaba así y entonces repetí más fuerte—. Mohamed.

—Sí Esteban, ahora te atiendo —me contestó.

Me quedé anonadado cuando también se acordó de mi nombre, fue increíble el encuentro. Él sintió la furia que traía, entonces le pidió permiso a mi hermano y pidió que saliéramos del local, mi hermano nos siguió también, y estando allí me pidió que por favor no le hiciera daño, que él era el gerente de ese negocio y que le iba muy bien, con sus explicaciones me dejó claro que no quería que los dueños supieran de su pasado como estafador. Me dijo que me devolvería los cinco mil pesos, así que se metió la mano en el bolsillo, sacó tres papeletas de a mil y me los entregó, me dijo que a la siguiente semana me daría el restante, también me dijo que cualquier pieza que necesitara para el carro la podía tomar sin problema.

Al entrar nuevamente al local me presentó como su primo con todos, no me negué a nada porque si de esa manera devolvería mi dinero pues sería su primo. Leoncio que escuchó toda la conversación aprovechó el momento para llevarse algunas piezas que necesitábamos. Así que nos marchamos y la semana siguiente regresé por el resto del dinero

El de seguridad de la embajada de México estaba muy cómodo platicando con nosotros mientras esperábamos que el reloj marcara la 1:00 p.m., que era la hora en que los cónsules regresaban los pasaportes. Me encontraba inquieto, quería ver si la visa estaba puesta en mi pasaporte, le pregunté al de seguridad si mucha gente era rechazada y me dijo que normalmente la gente siempre obtenía la visa, pero que había casos en que la negaban; al mismo tiempo nos cuestionó preguntándonos:

—¿Ustedes para qué quieren ir a México? Ese país es peligroso. ¿Ustedes no ven las noticias de cómo esa gente mata cantidades de personas?

—Yo voy a la buena de Dios —le contesté, mi hermano sonrió mientras en sus ojos se reflejó un sentimiento de satisfacción, creo que ese comentario le dio más esperanzas que temor.

En la ventanilla dos vi que una joven se acercó y por un pequeño micrófono que venía incluido en la ventanilla dijo: "Josué Santos y Esteban Santos pasen por aquí por favor", mi corazón se paró junto con mi respiración, mientras soltaba el aire que se comprimió en mi pecho, caminé hacía donde ella; al llegar, la joven miró la computadora, imprimió una hoja y nos las pasó para firmar, al entregársela nos pasó nuestros pasaportes y nos dijo:

—Felicidades su visa ha sido aprobada.

Sin importar que ella me estuviera mirando, puse mis dos manos como cuando un pastor está en comunión con Dios y cerré mis ojos, di gracias por unos segundos, tomé mi pasaporte y alcancé a mi hermano que ya estaba saliendo a la calle.

Ahora tendría que abandonar el país antes de que pasaran tres meses, eso nos informó la joven en la embajada, así que conversando con mi hermano le conté mi preocupación, la cual era conseguir el pasaje porque en ese momento no tenía el dinero para comprarlo, le dije que, de tenerlo, lo compraría para irme de una vez; él se sorprendió y me dijo que cuál era la desesperación, que necesitaba que yo le trabajara estos tres meses más. Le respondí que tan pronto consiguiera el dinero para el pasaje me iría porque pasar una hora más en República Dominicana era perder el tiempo porque mi futuro o mejor dicho, el comienzo de mi futuro sería en México. Respondió diciendo que yo estaba loco. El tiempo del traslado de la embajada hasta la peluquería era aproximadamente de una hora, pero mi hermano redujo el tiempo en 40 minutos porque según él tendría que ver a su novia Ingrid.

Desde afuera de la peluquería vi que tenía una gran fila de clientes que me esperaban, entre ellos distinguí un buen amigo que conocí por recomendación de mi hermano Leoncio, a él le apodaban "Chuy", era un joven de muy buena calidad humana y proveniente de buena familia y de creencias cristianas. Sin perder tiempo pasé el primer cliente, mientras cortaba el pelo cantaba la canción que estaba sonando en la radio, estaba muy contento, pues a decir verdad tenía razones de más para estarlo; quería compartir con todos mi felicidad.

Mi amigo Chuy era el cuarto de la fila; cuando pasó para su corte le conté de mi bendición, al escucharme se paró de la silla y me abrazó felicitándome mientras me preguntaba cuándo me iría, le dije lo mismo que le dije a mi hermano, tan pronto consiguiera el dinero para el pasaje, me preguntó por el carro, qué iba hacer con él; mi plan con el carro no estaba claro, aún no sabía si venderlo o dejárselo a mi hermano Ramiro.

En la conversación con mi amigo Chuy me dijo que si decidía vender el carro, un amigo de él lo compraría porque tenía mucho tiempo buscando un carro como el mío.

—No hay tiempo para pensar, lo que necesito es dinero —le dije, así que se puso en contacto con su amigo y acordaron que lo visitáramos esa misma noche para que viera las condiciones del carro.

A las 9 p.m. le estábamos tocando la puerta de su casa, el carro fue exactamente lo que él buscaba, así que había un vendedor feliz y un comprador satisfecho. Cerramos negocio de inmediato por noventa y cinco mil pesos, le pedí que me diera un adelanto de veinte mil pesos para no seguir promocionando la venta del carro, sin vacilar me dio la cantidad exigida, así que al día siguiente me encontraba en la carretera que me llevaría a la provincia de Yamasá para terminar de pagar la deuda del carro, que era de veinte mil pesos exactamente, así me devolverían los papeles de la matrícula del carro que todavía estaban en la cooperativa.

Ya de regreso a mi barrio, Villa Mella, pensé que era buena idea antes de llegar a la peluquería darle una visita a Carolainy que se encontraba en el *picapollo*, así aprovechaba y le daba la noticia de que me habían dado la visa para viajar a México; darle la noticia a mi novia no me preocupaba porque era algo que ella sabía que pasaría algún día. Ella más que nadie conocía el deseo incansable que tenía de cambiar mi situación económica y que la esperanza era trabajar en otro país, en otra cultura, ya que mi propio país no me daba la oportunidad de por lo menos vivir dignamente.

Estacioné el carro al frente del *picapollo*, eran como las tres de la tarde, el sol estaba pegando directamente en el local y se veía que las calzadas y sus paredes estaban muy calientes, eso hacía parecer que el negocio estaba solo porque con una temperatura tan caliente, ¿quién querría estar dentro ahogado de calor?

En la puerta saludé con voz fingida para confundirla como si fuera un cliente, adentro alguien dijo buenas tardes también, aquí la sorpresa me la llevé yo cuando no reconocí la voz que contestó. Era la prima de Carolainy, le pregunté de manera cursi por ella, como dicen los adolescentes cuando demuestran su amor de forma exagerada.

—¿Dónde está el amor de mi vida?

Me contestó que estaba en casa de su amiga Jenny porque se sentía un poco mareada producto del calor y el cansancio de trabajar tantas horas.

Jenny era su mejor amiga y vivía a dos minutos caminando del *picapollo*, así que caminé a buscarla; desde antes de llegar vi a la madre de Jenny que estaba asomada en una ventana que tenía abierta para tomar un poco de aire y de esa manera aliviar el calor. No era difícil adivinar la escena sin que te la contaran porque era algo que todos hacíamos en momentos de calor; abrir puertas y ventanas. Al verme, antes de darle un saludo, habló.

—Ahí viene tu Romeo a buscarte —le dijo la señora a Carolainy.

Ella sabía quién era yo, pues nuestro noviazgo era conocido por todos en la comunidad.

Saludé formalmente a la señora mientras esperaba a que Carolainy saliera, se despidió de ella, me dio su mano al salir y caminamos hacia el local de nuevo.

Minutos más tarde nos encontrábamos sentados en una de las mesas del *picapollo* como si fuéramos clientes, la tomé de las manos.

—Mi amor tengo una sorpresa que contarte.

—¿Qué te traes tú Esteban? —me preguntó con tono y mirada de preocupación.

—Tranquila mi amor, no es nada malo.

Era normal que ella se preocupara porque, aunque yo la amaba con todo mi ser, ella sabía que una tercera persona podía llegar a interponerse en la relación, ese siempre fue su dolor de cabeza. Son muchos los casos que se pueden tomar como ejemplo porque a diario eso pasa en las relaciones y en República Dominicana, un país donde la gente siempre busca una oportunidad para cambiar su situación económica, a veces en la desesperación la gente opta por conseguir esas oportunidades por medio de una relación amorosa, sin importar si esa persona tiene una relación. En el caso de las mujeres, eligen el hombre hasta por tener un motor o motocicleta y si tienen un carro, te califican de rico o exitoso, así que la preocupación de mi novia tenía un buen motivo.

—Mi amor, me dieron la visa para México —le dije.

Ella se pasó las manos por la cara, respiró profundo y me contestó:

—Sííííí, eso está bien, waooo, el tipo ahora va a ser un viajero, ese era tu sueño y lo conseguiste. Yo sé que a ti te importa poco nuestra relación, lo que siento por ti, los años que he pasado contigo, no te importa, ¿verdad? Ahora vienes aquí y me das esta noticia, ¿esperas que te de un aplauso?

Yo la escuchaba mientras iba viendo poco a poco cómo sus palabras comenzaban a llenarse de enojo y malos sentimientos; mantuve la calma y entendí que yo estaba equivocado cuando pensé que ella tomaría de buena manera la noticia. Entendí mi error y en ese momento me olvidé del amor y pensé más en mi futuro económico.

El deseo de viajar para mejorar mi situación económica no me dejaba ver el amor que esa gran mujer sentía por mí, ella tuvo muchas oportunidades de vivir cómoda en Suiza, España o Francia, prefería vivir como vivía solo por estar a mi lado. En varias ocasiones que viajó a esos países yo le aconsejaba que se quedara y que no se preocupara por mí, que yo estaría bien y su respuesta era: "Tú estás loco Esteban, cómo te cabe en la cabeza que yo me quedaría por aquí sin ti, olvida tus ideas locas".

Me quedé sin palabras porque yo estaba preparado para verla reír y esperaba un abrazo de felicitaciones, se me olvidó que cuando se ama de verdad lo menos que tú esperas es que esa persona elija caminar sin ti. No entendí que una pequeña casa de cartón es el mejor hogar y la más elegante mansión cuando los sentimientos son verdaderos. Esos y otros comentarios salieron de ella, pero yo estaba muy claro que dos personas atrapadas en un hueco tienen que salir, primero sale uno y de esa manera ayuda al otro. Ese fue mi argumento para explicarle que, si uno de los dos no salía a otro país, no saldríamos de la miseria que vivíamos en ese tiempo.

Cuando ella estuvo más calmada y tomando las cosas de una manera más racional, le conté que el carro lo tenía vendido y que con el dinero compraría mi tiquete aéreo, al escuchar todo, se convenció de que era una realidad, que tenía todo listo. Así que me dijo que con ese panorama tan claro, ella no tenía motivos para quedarse en República Dominicana, que el *picapollo* lo cerraría definitivamente y que se marcharía a vivir a Suiza junto a su hermana y sobrinos.

Esa misma noche regresé a casa en compañía del nuevo dueño de mi carro que se ofreció a llevarme porque al cerrar la venta del carro yo no tenía manera de transporte y también era peligroso usar transporte público por la cantidad de dinero que tenía. En casa estaba mi padre, mi madre y mi hermana Mariza, era tanta la emoción que ni los saludé al verlos, solo dije al entrar:

—Ya vendí el carro, familia, será cuestión de días para irme a México.

Mi hermana corrió hacia mí y me abrazó mientras me decía:

—Manito, mucha felicidades, por fin se te va a cumplir tu sueño, tú que has luchado tanto, hoy me lleno de mucha alegría y emoción al escuchar esta gran noticia, espero que Dios te acompañe en tu camino, que la Virgen de la Altagracia interceda por ti, manito mío.

Mientras ella me decía eso pensaba que mi hermana estaba muy religiosa últimamente, aunque no era raro entre nosotros ese comportamiento ya que fuimos criados con esa costumbre religiosa.

Mi madre me abrazó también y con un tono triste me dijo:

—Ay, mi hijo, no te detendré en tu viaje, pero ese momento será muy triste para mí, perdí a mi hijo Leoncio, ahora tú también te vas de mi lado, pero todo se lo dejo a Dios, él es el único que sabe lo que hace.

—Mami, no te pongas triste —le contesté—, ya sabes que todo lo hago por ustedes, quiero que salgamos de la miseria en la que vivimos. Te amo tanto, madre mía y por lo mismo te prometo que saliendo del país no te hará falta tu comida, tampoco dinero en tu cartera para que compres lo que necesites, te lo prometo madre mía.

Terminé llorando.

Yo estaba listo para dar ese gran paso en mi vida y tenía algo a mi favor porque con el simple hecho de que no dejaba deudas, me daba cierta libertad de acomodarme en ese país sin la preocupación de tener que mandar cada mes un pago. Eso era muy normal entre las personas que viajaban, pedir dinero prestado para pagar su viaje y vivir los primeros meses de eso, hasta conseguir un trabajo que les permitiera costear sus gastos.

Ese "no" que le dije a mi papá aquel día que me pidió que le regalara el carro a mi hermano Ramiro, y que de alguna forma él lo vio como desobediencia, tuvo sentido justo en este momento.

Ahí me di cuenta de lo importante que es tener las ideas claras y estar enfocado en tus metas. Saber usar la palabra "no" en el momento preciso. Sé que es algo que a muchos les cuesta trabajo, pero créeme que si quieres tener éxito, debes hacerla parte de tu vocabulario porque necesitarás usarla con frecuencia.

Era la mañana del 10 de julio del 2010, el día lucía espléndido, hacía una brisa fresca por la lluvia que había caído la noche anterior, las calles se veían limpias producto de la corriente que provocó el agua, el sol brillaba, pero no hacía el calor desesperante de siempre; las gallinas que mi papá tenía en la casa cacareaban, el gallo cantaba, el perro ladraba y mi mamá se movía de un lado a otro de la casa haciendo el desayuno.

UN ADIÓS TRISTE

Yo me encontraba en las escaleras con una maleta de color negro que mi mamá había conseguido con algún vecino, el estado de la maleta no era el mejor, pero por lo menos mis cosas estaban acomodadas. Mi hermano Ramiro estaba haciendo espacio para entrar mi maleta en el carro que había conseguido en eso días para seguir en su mundo del taxi; mi papá hablaba con él, todo estaba listo para salir; teníamos un poco de prisa, así que me comí el desayuno que preparó mi madre en las escaleras mientras ella se cambiaba la ropa que tenía por otra más limpia y decente para la ocasión. Sentí que había tensión en el ambiente y también tristeza, pues se trataba de mi partida hacia México.

El vuelo salía a las diez y media, mi madre ya lista se presentó en la puerta y yo que seguía en las escaleras, le tomé las dos manos, la miré fijamente a la cara y le recordé algo que le había prometido antes.

—Mami, ¿te acuerdas de aquel día que te dije que al salir del país no te haría falta nada para vivir dignamente? Hoy mirando a tus ojos, que los veo más triste que nunca, hoy que tus lágrimas caen, que tu mente se encuentra perturbada, que tu amor de madre te hace sentir miedo y temor de que a tu hijo le pase algo por esas tierra lejanas, hoy yo te lo repito madre amada, madre de mi corazón, en tu nevera no faltarán alimentos, ni en tu cartera faltará un peso, yo te lo prometo y trabajaré incansablemente para cumplir mi promesa y así será amor mío.

A las nueve y media de esa mañana me encontraba en la fila para la revisión del pasaporte y la visa con el tiquete aéreo, pero esa vez, iba con la seguridad de que todo saldría bien, no como las otras veces que lo había intentado y no fueron posibles por mis ingresos y porque los papeles eran falsos. En cada intento siempre era una pena decirle adiós a mi familia porque yo "me iba", pero veinte minutos más tarde regresaba con ellos que siempre esperaban lo peor porque sabían que podía ser devuelto por la invalidez de mis documentos.

Pero esa vez el adiós era real, mis lágrimas salieron, mi madre ya tenía los ojos hinchados, todo el camino mantuvo su cabeza agachada para disimular que venía llorando, la abracé fuerte, le dije que tenía que ayudarme dándome valor, que dejarla me entristecía, que ella sabía que yo nunca me olvidaría de ella y que regresaría, que eso lo tuviera por seguro.

Abracé a mi padre, le pedí que cuidara a mi madre y que pronto regresaría. Le dije eso para darle esperanza, pero la verdad que ni yo sabía qué iba a pasar conmigo; es una aventura de la vida que nadie puede saber el resultado antes de que llegue el momento. Mi hermano Ramiro, al ver a mi madre tan triste, también derramó algunas lágrimas; le di la mano y le dije que no perdiera su juventud en el mundo del taxi, que por mi experiencia no lleva a ningún camino ese trabajo, que mi viaje lo hacía para cambiar mi vida porque ya no soportaba la que teníamos, terminé agradeciéndole por traerme y que nos veríamos pronto.

La emoción, excitación y esperanza que llevaba me hizo olvidar el miedo que tenía de volar, el vuelo fue muy sereno y tranquilo, aunque durante el viaje evité mirar por la ventana ya queme provocaba tanto miedo que me hacía sudar las manos.

Yo estoy seguro de que nunca estaré tranquilo en el interior de un avión; para mí no es nada seguro, sé que si hay una falla durante el vuelo, no hay tiempo para arreglar el daño antes de la caída. Si pensamos de una manera racional, cuando un vehículo falla el chofer se orilla, se detiene y revisa el problema, pero díganme ustedes, ¿qué pasa con el avión cuando se le apaga uno de sus motores?

La necesidad y la vida, si es que se le podría llamar vida, era la que me hacía ir en ese avión.

Eran la cinco de la tarde cuando el piloto anunció el descenso de la aeronave, pidió que ajustáramos el cinturón de la silla porque el descenso sería un poco complicado por unas corrientes de vientos que en ese momento estaban pasando. Ese aviso me puso muy nervioso porque el avión comenzó a moverse hacia todos lados, fue aterrorizante ese momento, muchos de los pasajeros también se notaban asustados. La turbulencia duró como unos veinte minutos, pero parecieron horas.

Al llegar a la ciudad de Guadalajara, México, hice la fila para el chequeo de migración. El agente me puso a tocar un botón de una máquina que tenía como dinámica dos luces: una roja, que significaba peligro y una verde que te daba paso sin tener que revisar tus maletas, así que mi salida del lugar fue muy rápida porque la máquina me dio luz verde.

Al salir, vi a dos mujeres que traían cartulinas que decían: "Bienvenido Esteban, El Bachatero", con eso me quedó claro que ellas eran las personas que me esperaban y que eran las hermanas de la novia que mi hermano había dejado en Estados Unidos, y la misma que hizo posible que yo estuviera pisando suelo mexicano. Al llegar donde ellas, me recibieron como si ya me conocieran, sus sonrisas me dieron una verdadera bienvenida, me sentí en confianza. Después de saludarlas, ellas se presentaron.

—Hola, Esteban, mi nombre es Miguelina, hermana de Marta, la novia de Josué —dijo una de ellas y luego se presentó su compañera.

—Yo soy Adelaida, también cuñada de Josué.

Pensé que no tenía que presentarme porque ya sabían mi nombre y quién era.

—Muchas gracias por recibirme, son ustedes muy amables.

Miguelina era una mujer de mucha presencia a pesar de sus años, conservaba una elegancia especial, parecía más joven de lo que era, su estatura era promedio para una mujer, tenía una cabellera color miel que combinaba con sus ojos, cara perfilada, pestañas largas y cejas muy pobladas; cuando sonreía sus dientes deslumbraban de los blancos que eran, además era de complexión delgada y con buena figura. Adelaida era mayor, pelo negro, ojos claros, piel blanca, delgada y de baja estatura.

Caminamos al estacionamiento, me preguntaron que si tenía hambre, les dije que no mucha.

—Eso significa que te puedes comer una vaca —dijo Adelaida—, así que vamos a comer.

Solo sonreí afirmando que no estaba mal la idea. No sé si por el cambio de horario entre República Dominicana y México pude ver que aún el sol estaba muy fuerte, era como si fueran las dos de la tarde.

Los alrededores del aeropuerto estaban decorados con unos tipos de árboles que te daban la sensación de que estuvieras en una zona desértica. Yo no me creía que estaba en las calles de otro país libremente, los carros que transitaban eran carros más modernos que los de mi país, las carreteras más limpias, la vegetación era diferente. Mientras Adelaida conducía, yo iba observando cada detalle a mi alrededor, vi la ciudad desde la distancia, parecían barrios como los que teníamos en la República, como las zonas donde vivíamos los pobres.

Muy pronto nos estacionamos en un local muy grande, leí que decía: "Búfalo bufé", entonces entendí que en ese lugar comeríamos. Entramos, el sistema era que pagabas una cantidad de dinero para cada persona y podías comer lo que quisieras por una hora, no supe el valor que había que pagar porque Adelaida pagó por Miguelina y por mí; eso de no pagar no era mi costumbre, pero entendí que todo era parte de mi bienvenida, así que no quise interrumpir el plan que ellas tenían. Una joven que trabajaba en el lugar nos dirigió a una mesa, cuando llegamos había dos personas que nos esperaban en el lugar, eran los hijos de Miguelina.

Un joven alto salió a nuestro encuentro, fue directo a mí y me saludó con mucha emoción, hablaba con el acento mexicano que yo había escuchado en las novelas que pasaban en mi país, ese modo de hablar era algo así como que alargaban el final de las palabras.

—Holaaa, mi nombre es Yordany y me da mucho gusto que haya llegado bien.

El otro joven estaba formado esperando que Yordany se presentara para hacer lo mismo.

—Yo soy Eduardo, bienvenido —dijo con su acento mexicano. Le di mi nombre también.

Nos sentamos y luego Yordany sacó una carta y me dijo que me iba a hacer unos trucos de magia, entendí por la forma que lo dijo que a él le gustaba eso de hacer las veces de mago.

Yordany era un joven de buena presencia, alto, cabello negro, cara un poco cuadrada, ojos negros, estaba un poco subido de peso. Eduardo y él se parecían un poco, solo que a Eduardo se le notaban las entradas en su frente como cuando se ve que con el tiempo quedará calvo.

Pasamos un momento agradable y de asombro con la magia que hacía; entre tantas que hizo, la que no olvido fue cuando agarró una cuchara de metal y sin hacer ninguna fuerza la dobló, la sostuvo con la mano izquierda y con la derecha la frotaba en la parte de abajo haciendo que el metal se doblara en su totalidad, así continuó haciendo truco tras truco hasta que llegó el momento de marcharnos. En el parqueadero no tenía ni la más mínima idea de cuál sería el siguiente paso, a dónde iríamos, si a un hotel o la casa de ellos, vi que Adelaida fue al carro, abrió la parte donde venía mi maleta, luego Yordany la tomó y la montó en una minivan después de despedirse de ellos.

—Ven carnalito, te irás con nosotros a casa —me dijo Yordany.

Adelaida se despidió de mí diciéndome que en otra ocasión nos veríamos.

Las risas por lo chistoso que era Yordany no pararon, llegamos a un apartamento, subimos las escaleras hasta el tercer piso y Yordany entró mi maleta en una habitación. El apartamento contaba con dos habitaciones, no había muchos muebles, era un espacio que se veía que había sido habitado recientemente por ellos; me senté en un banco para la computadora, los dos hermanos se sentaron en el piso alfombrado. Miguelina se sentó en una pequeña silla que trajo de la cocina, ella al sentarse me contó que el apartamento estaba vacío porque solo tenía un mes de haber regresado de Estados Unidos y que lo había comprado recientemente.

—Ok, está muy bien —respondí a toda esa explicación mientras miraba cada espacio del lugar, nos quedamos como una hora platicando de todo.

Ellos querían que le contara de República Dominicana y de mí, querían conocer a quien metían a su casa o en su familia, les di detalles de mi vida reduciendo mis historias en pocas palabras y de forma directa para que tuvieran una idea de quién era yo. Cuando llegó la hora de dormir Miguelina nos dio las buenas noches y entró en una de las habitaciones.

Los dos hermanos se quedaron platicando conmigo hasta que Yordany me invitó a que pasara a la habitación para que acomodara mis cosas y viera el lugar donde dormiría, entrando vi que había una manta sobre la alfombra y con eso entendí que ese era el lugar donde dormiríamos.

Vi mi maleta en una esquina, así que la tomé y saqué de ella una sábana que mi madre había puesto, pensé en mi madre con una sonrisa en el rostro en ese momento. El amor de mi madre era infinito, ella sabía que eso podía pasar, así que en mi pensamiento le di un beso cariñoso y cálido por el buen gesto.

Yo estaba muy cansado producto del estrés y todo lo del viaje, así que me acomodé en la manta, más en la alfombra que en la misma manta, no quería invadir el espacio de los dos hermanos, tomé de mi maleta dos pantalones de *jean* y los doblé lo mejor que pude para que sirvieran de almohada, no estaba mal para descansar. El problema que tenía era que la sábana que había llevado era para un clima más cálido como el que tenemos en República Dominicana, pero el frío que hacía esa noche hizo que fuera imposible dormir por lo delgada que era la sábana. Ellos estaban bien abrigados con otra manta de tela de algodón.

El día siguiente al despertar, Miguelina estaba haciendo tareas en la casa, la saludé con unos buenos días, me acerqué a una ventana para mirar el ambiente, tenía curiosidad de ver cómo era México. La mañana tenía un semblante frío, la vegetación lucía mojada producto de una neblina que estaba en todo el ambiente y que hacía que no se pudieran ver las cosas claras.

Por la ventana vi una tienda de color amarillo y rojo "OXO" y al lado vi un "montallantas" de carros, que desde donde yo miraba, escuchaba el ruido del compresor.

Las personas caminaban con afán, un camión que vendía el combustible a las casas tenía una canción grabada para su venta que decía: "zetas, zetas, zetas, gas". Desde la ventana vi una montaña que rodeaba la ciudad; las calles eran de doble vía, aunque donde me encontraba era zona de barrio. Las casas lucían un poco viejas y con diferentes colores.

—Esteban, Marta me habló hoy muy temprano y me dijo que te llevara a un salón de estética donde ella trabajaba antes de irse a los Estados Unidos, que allá te están esperando para darte trabajo.

—¡Wow! —contesté—. Eso está bien, ¿a qué hora nos vamos? —pregunté.

—Mira, Yordany te va a llevar a las once, él te va a presentar un señor que se llama Marino.

—Pero si ese es mi nombre de infancia —le dije, ella sonrió a carcajadas.

—Mira qué coincidencia —dijo.

—Así es —le respondí yo.

Yordany se levantó listo con ropa para salir, sabía que iría conmigo a ver eso del trabajo, así que me apresuré, saqué de mi maleta una camisa negra con estampados de piedras brillantes y un pantalón *Jean*, unos tenis *Nike* blancos con mamey, no sabía si para el estilo mexicano ese vestuario era raro, pero yo solo era un extranjero, por ende, tenía que ser diferente, así que no me preocupé. Salí y anuncié que estaba listo.

Yordany me dijo que caminaríamos porque no estaba lejos la Plaza a dónde íbamos, al salir a la calle vi la vida en vivo y en directo, en ese momento yo era parte de lo que estaba pasando en la ciudad, o sea yo era parte de la acción, de las vivencias de ese día, vi la gente vendiendo tacos en cada esquina. La calle donde caminábamos se llamaba Montezuma, esa calle tenía edificios y apartamentos en un lado y al otro lado eran casas; vi una barbería que decía "El Italiano *Barber Shop*", miré hacia dentro, vi un peluquero trabajando.

—El dueño de esa barbería es un italiano y tiene muchos clientes, es muy chingón ese cabrón —me dijo Yordany y aunque eran palabras que yo no había escuchado, entendí por el contexto lo que quería decir.

Al cabo de 15 minutos de estar caminando, llegamos a estacionamientos muy coloridos, la división para cada carro estaba muy bien pintada con rayas amarillas como las que uno ve en las autopistas, bien marcadas y tenían árboles pequeños que le daban un toque fresco al lugar. Por el letrero que vi antes de entrar sabía que había llegado a la plaza Tepeyac, Yordany apuntó con sus dedos enseñándome el salón por fuera, no lucía elegante, llegamos y saludamos a la puerta.

—Buenos días.

—Buenos días —nos respondió un hombre con una sonrisa en su rostro.

—Señor Marino —le habló Yordany—, él es Esteban, el muchacho del que le habló mi tía Marta.

—Ah, muy bien —dijo con voz suave y pensativo mientras con su mirada me barría desde los pies hasta terminar en mi cara.

Sus ojos eran grandes, brotados, de color *indio claro*, cabeza pequeña, pelo corto, con las entradas muy pronunciadas, su suavidad al hablar delataba que era un hombre amanerado, nos invitó a sentarnos, y luego comenzó a hacerme una serie de preguntas, quería saber mi experiencia en el arte; en ese momento mi experiencia era más que suficiente.

Mi inicio en el mundo de la barbería se remontaba diez años atrás. Es la profesión que me gusta y que le pongo el alma en cada corte que hago, fue un entusiasmo inducido por Leoncio. Cuando nosotros vivíamos en el campo trabajando la tierra de sol a sol, mi papá no quería que Leoncio terminara de crecer en el campo, así que lo mandó muy pequeño a un pueblo llamado "Maimón", de Bonao, para que estudiara Mecánica Automotriz, sin embargo Leoncio estando en ese pueblo, aunque le gustaba la mecánica, la mugre y la grasa que recibía trabajando lo desencantaba. Así que un día mientras caminaba vio una peluquería donde el peluquero se notaba muy a gusto haciendo su labor, con aire acondicionado y además todo muy limpio.

Leoncio vio su ropa negra por el aceite quemado mientras que el peluquero lucía impecable.

Así que se fue a casa muy pensativo, cuenta que al otro día se puso la mejor ropa que tenía y fue con el peluquero y le contó que lo había visto el día anterior y que le admiró el buen trabajo que hacía, y que a él le gustaría aprender ese oficio; el peluquero vio el entusiasmo y la necesidad de mi hermano y lo contrató para barrer y le dijo que de esa manera empezaría a aprender. Cuando ya habían pasado cinco meses desde el día en que comenzó a barrer, ya tenía las bases necesarias y empezó a atender a algunos clientes

Cuando Leoncio regresó al campo, después de un año de haberse ido, nos trajo a Josué y a mí unas tijeras y un peine con doble hoja que a la vez tenía una navaja en el medio.

—Tengan hermanos —nos dijo—, aprendan a cortar el Cabello que es una profesión muy limpia y además da dinero diario.

Yo que en ese tiempo tenía ganas de aprender lo que fuera necesario para evitar trabajar en la tierra, tomé lo que Leoncio nos dijo muy en serio, aunque no sabía ni cómo agarrar las tijeras.

Recuerdo que llamé a los niños vecinos para cortarles el pelo, ellos eran tres hermanos. Le corté al primero y lo dejé muy trasquilado, sin embargo el niño se fue para su casa y yo me acerqué a la pared donde vivían para escuchar lo que le iba a decir su abuela cuando lo viera, fue tal mi sorpresa cuando escuché que ella dijo:

—Oh, te quedó muy bien.

Entonces llamó al otro hermano y lo mandó también para que le cortara el pelo, yo me sentía muy contento y más seguro, así que cada semana le daba un corte de pelo a los hermanos, no me importaba si todavía no tenían suficiente cabello, igual se los cortaba.

De esa manera al cabo de seis meses fueron llegando más y más vecinos y hasta los papás de ellos comenzaron a venir por mi servicio gratis, pero al ver que eran tantos clientes pensé que era el momento de cobrar algo de dinero, así que mi primer corte costó 16 pesos dominicanos que haciendo el cambio a moneda mexicana eran equivalente a cinco pesos.

Capítulo 12
MI PRIMER SUELDO

El señor Marino terminó su entrevista diciéndome:

—Está contratado, ganarás 700 pesos a la semana, te veo aquí mañana a la 10 a.m —Así fue como mi llegada a México comenzó de buena manera porque apenas llevaba un día de haber aterrizado y ya tenía trabajo.

Lo primero que hace un inmigrante con el dinero que gana es convertirlo en la moneda de su país, esa es una de las razones que lo mueve a dejar su hogar, su tierra. Pues antes de salir ya ha escuchado historias de otros viajeros sobre el valor del dinero en algunos países, lo importante es llegar al país correcto.

En mi caso no sabía ni investigué acerca de la moneda mexicana, mi sorpresa fue que efectivamente, el valor del peso mexicano estaba tres veces por encima del peso dominicano, así que mi salario al convertirlo eran dos mil trescientos pesos dominicanos, ¡nada mal para empezar!

Al llegar la noche estaba hablando con la señora Miguelina de cómo me había ido en la entrevista, le conté con emoción que me habían contratado; mientras tanto los dos hermanos se estaban cambiando de ropa pues tenían una cena, a la cual también yo estaba invitado. Aunque le estaba explicando a Miguelina con un poco de prisa todo eso del trabajo, dentro de la conversación le pregunté cómo sería nuestro acuerdo para organizar mi estadía en su casa, me preguntó que si era posible que le pagara trescientos peso semanales para los gastos de la casa, le contesté que estaba muy bien, que ese acuerdo me daba tranquilidad ya que eso fue uno de los valores que mi mamá siempre nos enseñó, que cuando viviéramos en una casa ajena nunca nos aprovecháramos:

«En una casa donde te abren sus puertas para vivir, siempre paguen el costo del espacio que usan y ayuden con los quehaceres, sean limpios y no tendrán problemas con los dueños de la casa.»

Ya que todo iba viento en popa, me alisté para salir con los dos hermanos. Otra vez estaba en la calle, pero en esa oportunidad era de noche e iba mirando por la ventana de la minivan, tenía mucha curiosidad de ver todo en la ciudad, no quería perderme ni el más mínimo detalle de lo que pasaba. Recorrimos un trayecto como de veinte minutos cuando vi que Eduardo se estaba estacionando. Bajamos del vehículo, Yordany se adelantó a tocar el timbre de la casa donde vivía su primo, la casa tenía un portón muy elegante, desde afuera se veían dos carros estacionados, alguien abrió la puerta principal y caminó por medio de los dos carros hacia nosotros, era la señora Adelaida; cuando abrió el portón me saludó con mucho amor, como ese día en el aeropuerto, la misma sonrisa amable.

—Esteban, pasen, pasen, vengan que Anel aún se está preparando arriba.

Entramos, nos sentamos en una sala de muebles muy cómodos mientras Adelaida nos ofrecía un vaso de agua de limón; mientras ella se movía de la sala a la cocina, observé que la casa era pequeña con buenos muebles en medio del comedor y había un televisor muy grande que salía de la pared y giraba a ambo lados, y una escalera salía del centro de la casa hacia el segundo nivel. Yordany en vista de que su primo se estaba tardando, fue a subir por las escaleras y se encontraron porque ya él venía bajando:

—Qué tal primo, ya te iba a buscar —dijo Yordany.

—Todo bien, ya estamos listos para salir —dijo el primo.

Todavía nosotros no los habíamos visto porque esa conversación se dio en la escalera, bajaron y Yordany me presentó con él.

—Esteban, mira, éste es el primo Anel, pero todos le decimos "El Torero", no porque lo sea, sino porque donde pone el ojo, pone la bala.

Entonces me presenté formalmente.

Tenía ante mí un joven con una personalidad imponente, con mucha seguridad, estaba vestido de negro, muy elegante y por lo que vi, muy caro, era como de mi estatura, 5.8 pies, piel blanca, ojos claros, cabello negro, sus rasgos eran como una mezcla entre español y asiático; tenía una canguera marca *Gucci* que sostenía en su mano como si fuera un libro.

Luego de que nos presentamos y después de hacer varias bromas entre todos, él tomó una llave que colgaba en un porta llaves y nos despedimos de Adelaida que se mantuvo en el desayunador de la cocina todo ese tiempo. Él sacó un carro *Ford Fusion* blanco y le pidió a Eduardo que dejara su vehículo y nos fuéramos con él, me pidió que me montara de copiloto, yo me rehusé por respeto a los dos hermanos, pero los dos me obligaron a que me montara adelante de copiloto, subí y entendí que querían ser amables conmigo y a la vez era una forma de integrarme a su círculo de amistad.

Recuerdo que fuimos a un restaurante de comida japonesa que se encontraba en la avenida Guadalupe, "El Torero", como le decían, fue quien pidió lo que íbamos a comer porque era una invitación de él para sus primos, para que probaran el mejor arroz frito de la ciudad, eso escuché que les comentaba mientras conducía de camino al restaurante. Ese joven traía mucha adrenalina y estilo al conducir, se notaba que era un joven de muchas amistades y que le gustaba la fiesta, era muy platicador y se la pasaba buscándole el buen sentido del humor a todo.

Una mesera muy bonita fue la que nos atendió, entonces le pidió tres servicios de arroz y le dijo que para mí sería "carne de cola de león", según su broma yo venía de África y que solo eso comíamos allá, la joven se quedó entre seria y en momento risueña porque no sabía si creerle o no, entonces se puso más seria la situación, yo siguiendo el hilo de la broma le hablé en un idioma que me inventé en ese momento. "El Torero" siguió el juego y tradujo lo que yo inventé.

—Ahora dice que si no hay de león, que le traigas colita de conejitas —le dijo mientras le miraba las nalgas a la mesera, ella estalló en risas que hasta las mesas vecinas voltearon a ver cuál era el chiste, ahí ella cayó en cuenta de que todo era una broma.

Esa misma noche terminamos en un bar que le llamaban "la Diablita", era un lugar de música caribeña, los músicos eran cubanos, así que tocaban salsa, bachata y merengue, me sentía como en mi República, muy buen ambiente, gente diferente, todo era una aventura para mí; después de tomarnos varios tragos, me acerqué al cantante.

—¿Me permite cantar una canción? —le pregunté.

—Claro, ¿qué estilo de música? —me preguntó él.

—Bachata —le respondí al instante, pude ver su emoción, le parecía bien que cantara una bachata en ese momento.

Me tomó la mano para ayudarme a subir a la tarima y estando arriba puso su mano en mi hombro.

—Señores, esta noche les traigo un bachatero desde el corazón de República Dominicana —dijo al público.

Estaba anunciando mi participación, pero aún no sabía mi nombre, paró de hablar y en secreto preguntó:

—¿Hermano y cómo te llamas?

—Me dicen el Catriel de la bachata.

—¡Con ustedes, el Catriel de la bachata!

Recuerdo que el bar estaba lleno de gente, desde arriba podía ver todo el bar, en el fondo estaban mis compañeros y noté cómo se miraron unos a otros porque fue una sorpresa, algo no planeado, entonces tomé el micrófono, saludé al público, me presenté como un bachatero dominicano, y dije:

—Quiero que levanten la mano las mamis chulas que están solteras.

Parecía como si todas esa noche lo fueran. «Cuántas mujeres hermosas juntas», pensé.

—Ahora quiero que los hombres me demuestren que son buenos cazadores y consigan su mejor presa —agregué.

Eso lo hacía como una forma de calmar los nervios que eran muchos antes de cantar frente a un público desconocido como ese. Sentí los acordes de la canción del grupo Aventura, que en ese tiempo estaban en el tope de sus carreras y el público conocía muy bien la canción; por la algarabía que se formó supe que el público estaba conectado conmigo.

—¡Otra, otra, otra¡ —gritaban todos a coro cuando terminé la canción.

—Gracias, gracias, será en otra ocasión —dije, pero el público seguía gritando, así que entoné el comienzo de otra canción a capela para dar por terminado mi espectáculo.

No quería robarle su momento al que cantaba en ese lugar, así que di las gracias, abracé al colega y me bajé.

Al día siguiente me encontraba en espera para empezar en mi nuevo trabajo.

—Buenos días —saludó el señor.

—Buenos días, señor Marino —le contesté.

—¿Hace rato llegaste? —preguntó.

—No, como diez minutos nada más.

Entramos al local, me asignó mi estación de trabajo, acomodé mis equipos mientras él me iba dando algunos detalles de cómo se trabajaba y el tipo de clientes que tenía; luego me pidió que lo siguiera al segundo nivel donde estaba otra parte de la peluquería.

Con todo lo que me había explicado estaba listo para esperar que llegara el primer cliente, me senté en mi silla de trabajo mientras él acomodaba unos productos que tenía para la venta, a veces decía alguna palabra y a veces se quedaba en silencio; yo me miraba al espejo que tenía en frente, noté que la peluquería se parecía a los salones de belleza que conocí en zonas de alto nivel en República Dominicana. Son lugares muy tranquilos que normalmente están sin clientes. Las horas avanzaron y en todo el día solo atendí a dos personas, pero no tenía de qué preocuparme porque mi salario era fijo, o sea que no era por comisión, mi semana me salía por 700 pesos; con esa cantidad me alcanzaba para pagar el cuarto donde dormía que costaba 300 pesos, separaba 200 pesos para mi mamá y los otros 200 para los alimentos diarios.

Así, poco a poco pasaba el tiempo y yo me adaptaba a mi nueva vida, ya conocía todas las plazas donde trabajaba. Me di cuenta de que era aceptado por los mexicanos y más aún con las mujeres. En el caso de las mujeres, les llamaba la atención no por lo elegante, sino porque les parecía diferente. Los rasgos del hombre mexicano normalmente son más suaves, físico delgado con poco músculo, pelo muy lacio y sus caras tienden a ser muy finas, y yo era todo lo contrario, pura genética africana. Labios gruesos, nariz grande, pelo muy tupido y de rizos muy apretados, musculoso y atlético.

En poco tiempo de estar trabajando me enteré de que el señor Marino era gay y era visitado por sus amigos que también lo eran. Siempre querían incluirme en sus conversaciones, pero yo solo me enfocaba en mi trabajo; hablaban de lugares que ellos visitaban como Mazamitla que era un lugar montañoso donde los mexicanos iban a acampar los fines de semana; ellos presumían de tener cabañas de veraneo en ese lugar y en muchas ocasiones me las ofrecían, yo les agradecía por el gesto, pero era algo que no me interesaba.

Durante mi hora de almuerzo decidí visitar la peluquería que había visto mientras caminaba con Yordany.

—Buenas tardes —dije en la puerta.

—Buenas —contestó el peluquero que estaba muy afanado porque tenía muchos clientes haciendo fila.

Le pregunté que si estaba muy ocupado, me contestó que sí, un poco, sin prestarme mucha atención.

Su peluquería era un lugar muy pequeño, había tres sillas de barbero y él usaba una, al fondo tenía la bandera de Italia y en la pared a su espalda tenía varias fotos de famosos.

Reconocí la del actor Al Pacino que también era de ascendencia italiana, también tenía una que otra foto de modelos mostrando todos sus atributos; había un mueble largo en muy malas condiciones donde esperaban los clientes; tenía un tipo de puerta como en forma de libro que se movía, la usaba para separar un pequeño espacio donde tenía una cocina donde preparaba sus alimentos.

—¿Qué tal el trabajo? —le pregunté.

—No está mal, deja para comer —me dijo con un tono que me dejaba claro que hablaba con la persona indicada.

—Eso veo, está muy ocupado.

—Sí, mucho —contestó

—¡Yo también soy peluquero! —exclamé. En ese momento él me miró más fijo y con curiosidad.

—¿Ah sí? ¿Y dónde trabajas?

—Trabajo en una peluquería en la plaza Tepeyac, el sitio más que peluquería es como una estética porque es para mujeres y hombres.

—¿Y cómo te va ahí? —quiso saber.

—No está mal, pero podría ser mejor.

—¿Tiene mucho tiempo trabajando ahí?

—Llevo un mes —le contesté.

—¡Ah! Eres nuevo y, ¿de qué país vienes? —preguntó.

—De República Dominicana.

—Muy bonito eso por allá, yo quiero conocer Punta Cana.

—Oh sí, muy bonito —contesté.

Yo no tenía detalles de ningún lugar turístico de mi país porque nunca los visité, pues no tenía dinero para comer dignamente mucho menos para pasearme, no era el único en mi país que no visitaba esos lugares. Puedo asegurar que más de la mitad de la población dominicana nunca ha visitado las playas turísticas porque el afán por sobrevivir nos mantenía ocupados y no teníamos interés en recreación porque hacerlo era muy costoso, así que eso no forma parte de nuestros planes de vida.

En ese momento mi vida estaba dando un giro gigantesco, estaba con la emoción de producir dinero, de conocer gente, de explorar nuevas cosas, alinearme con los nuevos amigos que estaban llegando a mi vida y aprendiendo nuevas culturas. Era un riesgo que me daba emoción, por fin había logrado lo que por muchos años soñé: vivir en otra tierra.

Mi amistad con Anel, "El Torero", cada día se hacía más fuerte y eso de cierta manera me daba un empuje para mi adaptación, se nos hizo costumbre de cada noche dar una vuelta a la ciudad. Él tenía una personalidad muy activa, la fiesta para él era como una religión y yo con gusto lo seguía, aunque los dos teníamos diferentes objetivos, él era cazador de mujeres y yo cazador de nuevas oportunidades para mejorar mi economía.

Yo tenía claro que no podía perder ni un segundo de mi tiempo, sabía que mientras más socializaba, la oportunidad de mejorar mi vida era mayor, así que trabajaba duro en el día y en la noche salía para conocer amigos, amigos que algunos dirían que no solo servían para nada, sino que arruinarían mi vida. Yo puedo decir que no es así porque solo tenemos que aprender a apartar el oro de la tierra, cada persona tiene algo para darte que puede ser de mucho valor si eres capaz de entenderlo.

De una reunión de amigos con tragos salen negocios, trabajos, conocimiento de formas de vida, así que cada momento dedicado a alguien, por insignificante que parezca, no es tiempo perdido.

Ser positivo tiene que ser tu mejor arma cuando estás persiguiendo tus sueños, de lo peor puede salir lo mejor, quizás te quejas y te juzgas a ti mismo porque la noche anterior te desvelaste en la fiesta o quizás un amigo solo quería hablar de sus problemas y tú lo escuchaste, todo fue ganancia, no perdiste nada, tómalo como aprendizaje, todo te servirá.

La vida es un rompecabezas tan difícil y a la vez tan fácil de armar, las piezas están tan cerca de ti como la paja que molesta en tus ojos, solo hace falta paciencia y serenidad para verlas; si no eres paciente, esas piezas se te harán tan pequeñas que será imposible verlas. Mira lo bueno de la paja que te molesta en tu ojo.

Ya habían pasado tres meses de mi llegada a Guadalajara, México, era lunes, 10:00 a. m., me decidí a salir una hora antes hacia mi trabajo para pasar a saludar a mi colega y amigo el italiano; cuando llegué, él estaba abriendo su negocio con prisa porque tenía clientes esperándolo, lo saludé mientras lo ayudaba a quitar uno de los tres candados que tenía la puerta. Al entrar se dispuso a limpiar cabellos del día anterior; yo entré hasta la parte de atrás de la peluquería y tomé una escoba para ayudarlo con la limpieza. Cuando terminé de limpiar, tomé una capa y dije:

—El que sigue —De inmediato, uno de los tantos clientes que estaba esperando pasó y se sentó en el sillón que yo tenía listo—. ¿Cómo está? ¿Qué corte va a querer para hoy? —le pregunté con formalidad.

—No mucho, quiero un corte regular.

El italiano era muy rápido para cortar cabello, hablaba poco cuando trabajaba, yo necesitaba trabajar rápido como él porque el tiempo que tenía para entrar a mi verdadero trabajo se acercaba. Terminé el primer cliente y volví y dije:

—Siguiente.

De esa manera atendí tres clientes, al terminar con el último fui donde el italiano.

—Hermano, me gustaría ayudarte más, pero ya se me cumplió el tiempo —le dije.

—No te preocupes, sé que tienes que irte —me respondió.

—En la hora de mi almuerzo vengo otra vez para ayudarte —agregué.

Yo llevaba más de un mes que trabajaba en mi hora de comer con el italiano porque de esa manera ganaba un dinero extra que me servía mucho; uno de esos días el italiano me preguntó:

—¿No te parece mejor trabajar conmigo únicamente y así no tienes que andar de prisa?

—Mira, eso me parece muy bien y si me necesitas, yo contento en ayudarte —le contesté.

Mientras caminaba para el trabajo iba pensando cómo le diría a señor Marino que ya no trabajaría más en su peluquería, la verdad era que mi crecimiento con él era muy lento pues su negocio estaba en caída. Él trabajó toda su juventud y en su época fue un lugar de mucha clientela, pero por lo visto, después de 20 años, ya nada era igual y mi salario eran 700 pesos semanales; además, algunas veces no producía ni siquiera mi pago.

Cuando llegué ya eran las 11:00 a.m., él estaba como cada mañana acomodando productos con toda la paciencia del mundo, me dispuse a acomodar mi máquina de trabajo, entonces él me llamó y me dijo:

—Yo sé que fuiste recomendado por mi colega y ex trabajadora Marta y también sé que la vida aquí para ti no es nada fácil y que necesitas trabajar para vivir y ayudar a tu familia en República Dominicana; me gustaría que trabajaras conmigo siempre, pero lamento decirte que mi negocio no está produciendo lo esperado, así que desde este momento quedas libre para buscar trabajo en otra parte.

—Oh sí, no hay problema señor, yo entiendo la situación y le agradezco por su generosidad —le respondí.

Ahora estaba despedido, pero en el momento perfecto porque ya tenía un nuevo trabajo con el italiano y sabía que me adaptaría muy bien con él, porque me gustaba su manera de vivir, era un hombre simple con una intención de ayudar a quien necesitara de él. Ese día me acomodé en la estación que él me había indicado y trabajamos sin parar. La cantidad de clientes que él tenía era exagerada, los precios de sus servicios estaban por debajo de la competencia, así que la gente aprovechaba sus ofertas.

Las situaciones buenas y las malas en nuestra vida siempre estarán presentes, nos es algo nuevo, desde el día en que nacemos comenzamos la lucha por vivir, un día es grandioso y otro es normal, así que desde nuestro comienzo en este mundo tenemos la piedra para tropezar y la fuerza para levantarnos.

Capítulo 13

UN AMOR NO CORRESPONDIDO

Yordany estaba muy entusiasmado con una chica que conoció un mes antes de mi llegada, me insistía cada noche en que lo acompañara a un pueblito que se llamaba San Miguel del Alto y estaba a dos horas en carretera, en ese lugar vivía la joven que también tenía una hermana y que según Yordany era muy bonita, aunque me aclaraba que estaba un poco subida de peso. Él en su desesperación de convencerme me daba explicaciones que yo no le pedía.

Me contó que el día en que la conoció él estaba en la playa de vacaciones con su familia y que ella también estaba en familia, que después de conocerla se pasaron las vacaciones juntos, lo que provocó que él quedara locamente enamorado.

—Carnalito, ven para que veas la foto de la hermana de mi novia —me dijo entusiasmado, en ese momento él se encontraba tirado en la alfombra que a la vez era nuestra cama, recosté mi cuerpo a su lado.

—Wey, wey, espérate que no se ve mal, pero ¿no tienes una que se pueda ver de cuerpo entero? —le pregunté.

—Mira, mejor te doy su Facebook y así ustedes se conocen.

—Ok, dámelo.

—Ella aparece como Noelia Basque —me explicó.

—Ok, déjame ver, ¿es esa verdad?

—Sí carnalito, "uyuyui" —dijo mientras una carcajada salía de su boca.

Sin perder el tiempo, le mandé una invitación de amistad y fue como si ella estuviera esperándola porque la aceptó al instante.

Comenzamos a chatear de manera muy amena y se notaba con bastante interés en conocerme; la conversación, para resumirles, se basó en nuestros lugares de origen, me preguntó sobre República Dominicana, yo le pregunté sobre el sitio donde ella vivía y quedamos de irlas a visitar con Yordany y hasta nos ofreció quedarnos en su casa.

De esa manera Yordany logró convencerme, así que una semana después de esa conversación nos encontramos en un autobús con rumbo al pueblo donde vivían las dos hermanas, Isabel que era la novia de Yordany y Noelia, que posiblemente podría ser mi novia. Después de dos horas y media de camino sentí que el autobús iba muy despacio y bajando una colina muy empinada y llena de curvas, por lo que abrí las cortinas de mi ventana para mirar qué pasaba afuera. Vi que la montaña era alta y peligrosa y al fondo vi un pueblo que me dejó impresionado por lo colorido y por su arquitectura, sus calles; aunque yo estaba lejos se veían limpias y cuidadas. Había una cruz que estaba en la parte más alta de un castillo y me daba a entender que era la iglesia del pueblo, los árboles se veían frondosos con sus hojas muy verdes.

Yordany que venía durmiendo desde que nos subimos al camión, despertó de repente cuando le dije:

—Yordany, Yordany, mira qué belleza se puede ver desde aquí.

Él se acercó.

—¡Wow!, sí, qué bonito —dijo—, ese tiene que ser San Miguel del alto, donde vamos carnalito.

Un señor de la tercera edad que iba en el asiento delante de nosotros intervino en la conversación.

—Sí, ese es el pueblo mágico de San Miguel del alto, cuatrocientos años de historia; esa iglesia fue hecha por un español que vivió en ese pueblo. La cúpula por dentro está hecha en oro y han pasado más de cuatrocientos años y nadie ha podido tocar el oro, ni el arquitecto que la construyó pudo nunca tocar la cúpula por dentro.

Quedé asombrado por la historia que nos contó el señor y por esos detalles.

Siempre me gustó hablar con las personas mayores, lo considero de mucho aprendizaje para mi vida, ellos están ricos en experiencias vividas y suelen ser muy honestos dada la educación que tuvieron porque sus tiempos fueron muy diferentes a los nuestros. Ellos tienen respeto por la vida, por la naturaleza y han vivido de una manera simple, sin que les falte nada, con ellos aprendí que no necesitamos mucho para vivir; el consumismo de nuestra generación nos empuja a tener una vida apresurada, lo que nos hace ignorantes porque el tiempo lo hemos convertido en dinero, literalmente, por esa razón perdemos el valor de las cosas sencillas, el valor de la naturaleza y las grandes historias de nuestros antepasados, de estos personajes es de quien debemos aprender.

Con el anciano al lado de nosotros aprendí mucho de ese pueblo sin haber llegado, nos dijo que las casas tenían una estructura muy fuerte, que estaban hechas de barro, que los habitantes mantenían su cultura de seguir consumiendo solo productos cultivados por ellos mismos, que la leche la obtenían de su ganado al igual la carne, y los granos eran de sus tierras; además, nos dijo que en su pueblo se encontraban las mujeres más hermosas de todo México.

Ese detalle de sus mujeres fue bueno escucharlo porque yo traía la incertidumbre de que la mujer que iba a conocer no me gustara y Yordany, aunque la conocía muy bien no quería darme detalles de ella, solo me dijo que estaba un poco gordita y que él la ayudaría con un producto que vendía para rebajar. Esa información no era suficiente para adivinar los atributos de ella porque para mí una mujer con unas libras de más no estaba mal, al contrario, se me hacía muy interesante, pero si el problema entra a la obesidad, tampoco la rechazaría inhumanamente, pero en ese caso yo no podía ayudarla a mejorar, ese sería un problema médico.

De pronto, sentí que el autobús se estabilizó, no estábamos en la montaña de bajada sino que estábamos en terrenos llanos.

—Hemos llegado —dije.

Yordany seguía muy tranquilo, pues todavía estaba somnoliento; el autobús se detuvo, abrí la ventana otra vez para ver hacia afuera, pero sólo vi otros autobuses. Sí, definitivamente habíamos llegado. Me paré después de Yordany, él estaba tomando del maletero un pequeño bulto que traía, miré hacia la parte de atrás y vi que venían muchos pasajeros con nosotros, vi que el autobús estaba muy bien cuidado, luego me acerqué al señor que se estaba tratando de parar de forma pausada, sus manos le temblaban, lo que le dificultaba sostenerse del asiento.

—Venga mi Don y lo ayudo —le dije mientras le daba mi mano para que se apoyara.

Él me miró a la cara, vi la experiencia en sus arrugas, en su cabello blanco, en los lunares de sus manos y la cara, en su ropa un poco grande para su cuerpo, en sus movimientos lentos y al final vi libertad, vi felicidad, ganas de vivir, vi bailes, vi amor, tragos, esperanza, decepciones, derrota, guerras ganadas.

Vi tantas cosas en el cuerpo del envejecido hombre porque las cosas siempre serán como nosotros la queramos ver, para ver lo que vi solo hay que ser positivo y ver las cosas de manera constructiva.

Yordany caminaba muy lento porque estaba escribiéndose mensajes con su chica mientras caminábamos, le iba contando que ya nos habíamos bajado del autobús, también era la primera vez para él visitando ese pueblo, sabía bien hacia dónde caminar porque el teléfono lo guiaba con "GPS", la tecnología para ese tiempo ya estaba dando buenos resultados. Yo tenía muy cerca de mis ojos lo que vi a la distancia, el pueblo de verdad era muy bonito, sus historias se podían ver en las pequeñas casas, en las calles empedradas, en los monumentos de sus líderes. Los niños jugaban en la calle y los adultos disfrutaban de la compañía entre ellos.

—Mira, mira el negrito —dijo uno de los niños que jugaba.

—Ese es el novio de Noelia —dijo su compañero.

—¿Escuchaste eso Yordany? —le pregunté.

—Sí carnalito, ya te conocen, eres famoso cabrón.

—Pero ¿cómo? Si es la primera vez que vengo a este lugar.

—Esto es un pueblito pequeño y con pocos habitantes, casi todos son familiares o se conocen, así que seguro tu novia les habrá enseñado tu foto a todos, ya no eres un extraño —terminó diciendo mientras una leve sonrisa se le dibujaba en el rostro.

—Negrito, mi negrito —exclamó una joven desde un parque mientras corría hacía nosotros.

«¿Quién será esta mujer que corre despavorida?», pensé. Su cuerpo se movía descontrolado, su estómago y el pecho le colgaban y se movían hacia los lados.

—Esa es Noelia —le escuché decir a Yordany.

Yo no tenía tiempo para cambiar de decisión, así que puse los pies firmemente en el piso, uno adelante y el otro atrás y esperé para aguantar el abrazo que ella me tenía preparado, venía con mucha fuerza y muy rápido, abrí mis brazos, pero vi que mi cuerpo era más pequeño de lo que pensaba.

Ya muy cerca ella abrió los brazos y al llegar, mi cara se perdió en medio de sus pechos, me sentí tan pequeño como una hormiga, todo mi cuerpo desapareció, fue como si su cuerpo me hubiera tragado.

—¿Cómo estás negrito? Té extrañaba mi amor —me dijo.

—Uummm —respondí mientras miraba a Yordany, pero él me esquivó la mirada y volteó hacia el otro lado como si buscara a alguien.

—Yordany, mi hermana está en el parque esperándote —dijo Noelia con voz excitada.

Mientras caminábamos hacia el parque, le buscaba la cara a Yordany para hacerle un reclamo por no decirme los detalles sobre Noelia antes de llegar, así por lo menos hubiera estado preparado, y sabiendo más de ella para decidir si le daba mi amistad o ver la posibilidad de una relación, pero en ese momento ya no tenía más opción que seguir el juego que él quería; caminé unos pasos detrás de ella para por lo menos conocerla físicamente. Vestía una blusa de color amarillo, muy larga, que le llegaba abajo de sus glúteos, un pantalón negro con un tamaño para gigantes, su pelo era largo, negro con luces rojizas, su espalda voluptuosa al igual que su cadera.

—Hola, mucho gusto, soy Esteban y usted debe ser la encantadora Isabel que trae a mi buen amigo de jardinero cultivando flores —le dije mientras me presentaba.

—Así es Esteban, es usted muy caballeroso —dijo Isabel.

—Bueno, ahora sí, vamos para que conozcan a mis padres que están ansiosos por verlos —soltó Noelia.

La distancia entre el parque y la casa donde vivían ellas era poca, al parecer esa familia era muy conocida en el pueblo, sus vecinos no pararon de saludar y preguntar de forma directa si yo era el novio de Noelia, ella estaba muy orgullosa de que todo eso pasara. Yordany e Isabel pasaban más desapercibidos, ellos parecían ser nuestros acompañantes cuando el que acompañaba a Yordany era yo.

—¡Buenas noches! —saludamos en la puerta de una casa con forma de castillo, paredes empedradas y con el mismo color natural.

—Buenas noches, pasen —contestaron los padres de las dos jóvenes.

—Los estábamos esperando, hemos preparado un caldo de cabra, deben de tener mucha hambre —dijo la señora.

—Un poco, señora —contestó Yordany mientras se acomodaba en una de las sillas del comedor que estaba hecho en madera natural, era como si el tronco de un árbol muy grande hubiera sido cortado y acomodado en el centro de la casa.

Al ver la decoración de esa casa los recuerdos no se hicieron esperar, todo era modesto y natural, el campo estaba presente en cada elemento, la cabeza de una cabra colgada en la pared parecía que nos miraba. Cuando menciono recuerdos me refiero a que en mi vida como campesino nunca gocé de buen techo, vivíamos en una casa muy pequeña y la familia era numerosa, a mi papá el tiempo no le daba para mejorar nuestra vivienda.

Mi vida fue tan dura y complicada que terminé odiando el campo, siento que se trabajó mucho y las ganancias fueron muy pocas; aunque la comida era producto de la tierra que se trabajaba, el hambre seguía presente porque la pobreza no solo está en los bolsillos vacíos, sino que la llevábamos en la mente.

Mi papá cuidaba tanto el consumo de los alimentos que exageraba, quizás por el estrés que le causaba tener la responsabilidad de sostener a diez hijos. Una vez, en una de esas visitas que mi mamá hacía cada seis meses a la casa de su madre, nos quedamos solo Josué, mi papá y yo. Mi papá ese día nos cocinó una sopa que sería nuestra comida del día. Yo en ese entonces tenía diez años, Josué y yo esperábamos en la mesa para comer; la sopa tenía más verduras que carne. Cuando la sopa estaba lista para comer, Josué y yo comíamos como locos muertos de hambre porque eran las 3 de la tarde y normalmente comíamos a las 12 del mediodía.

Era tanta el hambre que tenía que acabé primero que mi hermano, entonces le dije a mi papá:

—Papi, ¿podrías darme un poco más de sopa? —Él me miró con cara de enojo.

—¿Tú quieres más? Espérate te doy más —dijo mi papá.

Entonces mi papá tomó mi plato, que era hondo, Josué me miró, él todavía no se acababa la sopa y movió la boca hacía un lado como diciendo que yo estaba en problemas mientras se escuchaba a mi papá vaciando sopa en mi plato; cuando lo trajo a la mesa de regreso, la cantidad de sopa era como para tres personas, estaba lleno de verduras y entonces me dijo:

—¿Pediste más? Aquí está, si te la comes toda te doy una pela y si no te la comes también.

Una pela era la forma de decir que te castigarían físicamente, mi hermano estaba con cara de espanto al ver la cantidad de sopa en mi plato. Yo comencé a comer con la preocupación de que jamás me comería esa cantidad y que sería golpeado al final de todos modos, y yo que le tenía tanto miedo a los golpes de mi papá. Cuando sentí que no cabía más comida en mi estómago quería llorar, pero mi llanto no me salía normal porque abría la boca para seguir comiendo y a la vez para llorar, "auuu, auuu", y devolvía la comida al plato. Mi hermano trataba de aguantar la risa que le causaban mis quejidos, que sonaban más como un perro que como un niño.

Mi papá se paró frente a mí, tomó mi plato con enojo, lo puso a un lado de la mesa, me tomó por un brazo y me haló como si me lo fuera a despegar; caminó conmigo con paso rápido a la habitación donde él y mi madre dormían. «Nadie me salvará de estos golpes», pensé mientras caminaba.

En la habitación mi papá dijo:

—Póngase de rodillas ahí.

—Papi por fa no me golpees, no me golpees —le supliqué mientras veía que buscaba por todos lados un objeto con qué golpearme—. Papi, por favor —volví a suplicar.

—Está bien, ahí te quedarás castigado por media hora —me dijo.

«Gracias Dios», me dije a mí mismo. Ese día fue un milagro que no me hubiera golpeado.

—Muchas gracias —dijo Yordany—, ese caldo estaba delicioso.

—Por nada, espero que le aproveche —dijo el papá de Noelia.

El silencio que yo guardaba después de llegar a la casa de los padres de Noelia e Isabel era tanto que me limité a hablar. Me sentía jugando un juego muy complicado y sabía que darle continuidad no estaba bien, así que pensé que con mi silencio estaba cerrando puertas que de verdad no me tocaban cerrar porque yo no fui quien las abrió.

El reloj de la Iglesia sonó, Noelia suspiró como cuando se espera algo o se está cansado.

—Son las diez de la noche, hora de dormir —dijo.

—Isabel y Noelia, vayan, muéstrenles a los jóvenes donde dormirán —les pidió la madre que como yo también estuvo muy silenciosa.

Cuando escuché la declaración de la señora fue que entendí que dormiríamos en casa de ellos porque Yordany no me dio detalles de cómo sería nuestra estadía en la aventura que estábamos viviendo.

Entonces las dos jóvenes salieron a la calle.

—Vengan Yordany y Esteban, sígannos —dijeron.

—¡Buena noche! —me despedí en señal de respeto a los papás; Yordany estrechó la mano del señor y abrazó a la señora.

La noche estaba alumbrada con una gran luna llena que nos daba de frente y daba una sensación de paz y armonía, el olor de las margaritas nos invitaba a respirar más profundo, había un ambiente muy tranquilo pues ya la gente dormía, los ladridos de los perros hacían parte de la armonía del momento.

—¿Qué tienes mi negrito? ¡Estás muy callado! —exclamó Noelia mientras apoyaba su brazo en mi hombro.

—Nada, solo observando tu pueblo que está muy bonito —le respondí.

—Sí, está muy chingón su pueblo, me gustaría vivir aquí —dijo Yordany mientras amarraba los cordones de sus zapatos.

—¿Sí te atreves Yordany? —le pregunté.

—Sí. Para estar cerca de esta ternura de mujer me mudo sin pensarlo —contestó al tiempo que la besaba.

—Llegamos —dijo Noelia y abrió la puerta de una casa muy vieja.

Parecía ser la primera construida en el pueblo, sus muebles eran de varias épocas atrás, sus paredes estaban agrietadas, sentí alergia en la nariz por el olor tan fuerte a polvo y por la humedad.

Noelia entró rápidamente a una de las habitaciones, trajo una toalla y se dispuso a desempolvar la silla donde nos sentaríamos.

Yordany no paraba de besar a Isabel, ella respondía a sus besos y caricias sin importar nuestra presencia, me senté en la silla limpia, Noelia acercó otra silla y se sentó.

—Pero tomen asiento —les dijo Noelia.

—No gracias —respondió Isabel mientras tomaba la mano de Yordany y caminaba con él hacia una de las habitaciones.

Noelia me miró, sonrió y movió sus cejas.

—Ven negrito conmigo.

—¿A dónde? —pregunté.

—Sígueme que yo no muerdo.

Me levanté de la silla y caminé con ella, entramos a una habitación donde había una cama como para una sola persona.

—Ven, acuéstate negrito.

—Pero en dónde me acuesto si no hay espacio para mí —le respondí.

Ella hizo varios intentos por mover su cuerpo para hacerme un espacio, pero el peso de su cuerpo era más que el de sus fuerzas, así que luego quiso ponerse de pie y después de intentarlo varias veces, extendió su mano hacia mí dejándome saber que necesitaba ayuda para levantarse, tomé su mano y la halé fuerte y no pude levantarla, tomé una mejor posición y halé más fuerte. Ya parada volvió a acostarse, pero esa vez entró a la cama por la orilla dejando un espacio para mí, me acosté dándole la espalda.

—¿Estás cansado, verdad? —me preguntó.

—Sí, muy cansado.

—¿Qué tal se te hizo el camino cuando venían? No estamos tan lejos de Guadalajara, ¿verdad? —preguntó.

—No se me hizo lejos.

—¿Yordany te dijo que nos conocimos en la playa? —Ella siguió la conversación.

—Sí, él me contó.

—¿Y te dijo que casi me ahogo porque las olas estaban muy fuertes?

—No —le respondí un poco ido.

—¿Te estás durmiendo, verdad? —me preguntó—. Negrito, negrito.

—Carnalito, carnalito, despierta cabrón son la ocho de la mañana —dijo Yordany mientras movía mi cuerpo para ambos lados. Me levanté asustado.

—¿Qué pasó, qué pasó? ¿Dónde están las mujeres?

—Carnalito estás perdido, ellas se fueron anoche mientras tú estabas profundamente dormido y roncando como puerco.

—Ni cuenta me di, te vi muy enamorado anoche cabrón y te veo con cara de felicidad, ¿será que la vida te sonrió bonito anoche?

Él se limitó a contestar a mi pregunta con una sonrisa y cambió de tema.

—Ellas vienen por nosotros ya, así que báñate ahora, mi novia me dijo que nos van a mostrar los campos en los alrededores —me dijo.

—Ok. ¿Y a qué hora nos vamos a Guadalajara?

—A la tres sale el autobús.

—Ok. Muy bien —contesté.

5:30 p.m., el autobús estaba llegando a la estación ubicada frente a la Plaza del Sol, Guadalajara.

—Por fin llegamos —le dije a Yordany.

—¿Qué tal si tomamos un taxi carnalito? No son tan caros.

—Sí, no hay problema —le contesté, no terminé de confirmar su propuesta y él ya estaba negociando con el taxista.

—No sé Yordany, pero yo todavía me pierdo en esta ciudad, ¿qué calle es está, a dónde vamos?

—Montezuma —contestó el taxista arrebatándole la palabra a Yordany.

—Sí carnalito, esta es la calle donde vimos la peluquería del italiano.

—Es que me confunden tantas calles —le dije.

Yordany tenía un aspecto fresco, la felicidad se le notaba, la sonrisa estaba en su cara dibujada de forma permanente, sus conversaciones no eran las mismas desde antes de Isabel, ella aparecía en todas sus conversaciones, era como si la conociera de años. El taxista en cinco minutos ya estaba enterado de los más mínimos detalles de nuestra aventura en el pueblo, también el taxista sabía que las mujeres de ese pueblo eran muy lindas, todo el mundo sabía que, en San Miguel del alto, las mujeres eran muy bonitas y además, buenas amas de casa, según el taxista.

—Mira Yordany, ahí está el italiano, pero tiene muchos clientes todavía.

—Sí, él trabaja como loco, es muy responsable con su negocio —dijo Yordany.

—No voy ni a descansar, me voy a regresar a ayudarlo, se ve que está atareado con tanta gente.

—¿Cómo crees cabrón, no estás cansado?

—Sí, pero trabajo es trabajo —le contesté.

Cuando llegamos al departamento me cambié de camisa por una más *sport*, me despedí de Miguelina que estaba preparando algo de comer, ella quedó sorprendida igual que Yordany porque no me tomé un descanso después de estar por fuera dos días.

—Esteban eres grande bello —dijo el italiano al verme llegar, él al igual que yo lucía muy agotado.

—Acabo de llegar y pasé en el taxi, vi que estabas muy ocupado y vine a ayudarte.

—Gracias bello —respondió mientras quitaba un asiento para niños que estaba en mi estación de trabajo.

Ese día terminamos muy tarde en la noche.

—Bello, vamos por una buena pizza y también te voy a mostrar las verdaderas mujeres de Guadalajara para que no vayas tan lejos a buscarlas —me dijo el italiano riendo.

Eso lo dijo porque mientras trabajábamos le conté todo lo que me pasó en el pueblo. El carro que conducía el italiano era un *Chrysler* rojo deportivo, el clima de esa noche era perfecto para disfrutar el aire, esa fue mi primera vez viajando en un carro descapotado. Al local donde fuimos nos daban la opción de sentarnos dentro o fuera, así que elegimos afuera. Las mesas tenían incluida unas sombrillas que cubrían el espacio de la pizzería, afuera era más grande que adentro, me imaginé que eran muy buenas las pizzas por la cantidad de personas que esperaban para comerlas.

A pocos minutos de sentarnos apareció un señor con acento italiano, se saludaron con mucho cariño mientras hablaban en su idioma.

—Él es Esteban de República Dominicana, es quien me ayuda en la peluquería.

—Mucho gusto de verlo —me dijo el señor mientras me daba su mano.

—El gusto es mío —le respondí mirando fijamente sus ojos. El señor andaba muy afanado por la cantidad de clientes que tenía en ese momento.

—Italy, pero este lugar es un negocio de mucho éxito —le dije a mi amigo italiano mientras recorría todo el lugar con mi mirada.

—Así es, y quién diría que él fue mi empleado en el restaurante que yo tenía —me contó dando el mismo recorrido que yo.

Al escuchar la respuesta del italiano pensé para mí. Sí se puede, nada es estático, todo se mueve y ese movimiento trae cambios que dependen de la fuerza con que tú ejerzas esos movimientos, de esa manera serán los resultados que obtendrás, solo hay que ser responsable, respetar y seguir tu sueño. No por ser tu propio jefe o dueño tienes el derecho de hacer de tu tiempo lo que quieras, respétalo como cuando tenías tu jefe detrás de ti ordenando tus tareas y de esta manera lograrás tus metas y sueños.

Este pensamiento era una forma de fortalecerme a mí mismo porque mis metas y sueños eran grandes, sabía que tenía que tomar como ejemplo a aquellas personas que lucharon incansablemente para que sus logros fueran dignos de admirar. Un joven que presume el éxito proveniente de los esfuerzos de sus padres carece de argumentos en toda su historia.

Por el contrario, la historia del que ha sudado su frente no necesita ser narrada pues todo él es el ejemplo vivido de días sin descanso, de hambre, de lucha, noches sin dormir, callar cuando tenía que callar y hablar cuando era necesario hacerlo, aceptar las humillaciones aunque los puños tuvieran las ganas de quebrar hasta la pared; recuerda que no hay logros sin fracasos ni dolor.

—Italy, pero yo estuve en este lugar, esa es la estación de autobús donde llegué cuando venía del pueblo que te conté.

—Sí, aquí es la Plaza del Sol, aquí es donde vas a conocer las verdaderas mujeres —me dijo riendo.

—Ok —le contesté con un tono frío.

Mi intención no era andar conociendo mujeres, yo solo quería trabajar y ganar dinero porque tenía una promesa que debía cumplir, la que hice a mi madre ante de salir de mi país. Tenía claro que en el mundo en el que vivo hay ciertas cosas que, aunque no quieras, las tienes que hacer para encajar en la sociedad, aunque sea erróneo.

Las personas suelen abrir más puertas para ti si se sienten cómodos al compartir contigo, no debemos perder nuestra identidad, pero tampoco debemos ser tan cerrados en nuestras ideas y formas de pensar.

—Mira a esas que están ahí delante, ¿qué te parecen? —dijo el italiano.

—No están mal, son muy altas.

—¿Elegante, verdad?

En ese momento el carro estaba estacionado a pocos metros de donde estaban ellas, eran como cinco mujeres.

—Mira lo que vamos a hacer, pregúntales dónde está la Plaza del Ángel, solo para ponerles conversación.

—Ok —contesté.

Él comenzó a conducir el carro lentamente.

—¿Crees que será buena idea?

—Sí, sí, pregúntales —volvió y me insistió.

—Ok, acércate.

Noté que ellas estaban atentas al carro que se acercaba, pensé que seguro nos veíamos bien en el carro deportivo, sin la capota, y que por eso nos miraban.

—Hola joven, mira podrías decirme dónde está la Plaza del Ángel.

—Sí, mira, está por allá —me respondió con una voz más ronca y fuerte que la mía.

Su voz me sorprendió tanto que terminé casi encima del italiano que estaba muerto de la risa, en ese momento vi la cara alargada de la "mujer", su cabello era una peluca rubia, sus huesos eran más pronunciados que lo míos, sus brazos musculosos, sus pestañas eran exageradamente largas y vestía un pantalón muy corto con una blusa azul pegada a su cuerpo. Volteé a mirar al italiano que aún estaba riendo.

—Loco, pero es un hombre, qué pasó ahí —le dije.

Cuando se recuperó de la risa fue que me pudo responder.

—Sí, todo fue una broma, son travestis que se prostituyen.

—Oh, qué susto —dije y me reí.

—Vamos a la farmacia a comprar un medicamento que necesito —dijo el italiano que aún seguía riendo de la broma que me había hecho.

Desde lejos vi la farmacia con un letrero bien iluminado que decía: "Farmacia 24 horas", él estacionó en frente.

—Te espero aquí entonces —dije mientras miraba a los alrededores. En ese momento vi un bar que decía "Bar Karaoke Las Vegas", entonces me apresuré y dije—: No, mejor voy a entrar a ese bar del frente a preguntar si tienen trabajo para mí.

—Ok, hermano —dijo el italiano.

Aunque yo trabajaba con el italiano, estaba buscando un segundo trabajo para el horario de la noche, con eso buscaba un poco más de dinero para mi sustento y compromisos.

El bar estaba justo al frente de la farmacia, los separaba una calle de tránsito lento, ahí estaba esperando que pasara un carro que venía, desde lejos observé el bar. En la puerta tenía unas escaleras con barras de hierro a ambos lados, tenía luces que parecían navideñas y parpadeaban constantemente; había dos árboles pequeños a cada lado de la puerta; un hombre vestido de camisa blanca y pantalón negro estaba allí, me acerqué a la puerta, tomé aire y busqué el valor que todo hombre lleva dentro cuando tiene metas trazadas.

—Buenas noches, señor.

—Buenas noches —respondió él y me observó con ojos analíticos

—Ando buscando trabajo, ¿necesitan empleados aquí? —le pregunté.

—Mira, yo soy nuevo, apenas tengo dos días trabajando aquí, pero quien me contrató fue la gerente, es una señora alta blanca, de pelo negro y muy largo; si quieres, pasas y preguntas, quizás tenga alguna vacante para ti.

—Oh, muchas gracias, eres muy amable —respondí.

Un juego de luces de varios colores me cegaba, las luces venían desde el fondo, las personas disfrutaban de una joven que mirando una pantalla cantaba, había una cabina muy pequeña donde un hombre controlaba la música y las imágenes, era el Dj. La barra donde la gente compraba las bebidas comenzaba desde la puerta y terminaba en el fondo; las paredes estaban cubiertas de espejos, los meseros del lugar parecían clientes de la cantidad que había; una señora que se movía en la barra de un lado a otro tenía la misma descripción que me había dado el señor de la puerta, yo estaba ahí paralizado, no sabía a quién dirigirme, todos estaban en acción, caminé hacía la pequeña cabina.

—Hola —saludé al Dj con voz alta para que me escuchara.

—Qué tal —me respondió él con el mismo tono.

—Oye, ¿quién es la gerente?

—¿Qué, qué? —replicó.

—¿Que quién es la encargada? —recalqué.

—La gerente es la señora de pelo negro que está allá —dijo.

—Gracias —contesté.

Caminé entre la multitud para llegar hacia ella.

—Hola, señora, mi nombre es Esteban y estoy buscando trabajo, ¿tiene algo para mí? Le pregunté a pesar del ruido.

—No te escucho nada, ven, sígueme —me contestó.

La seguí por un pasillo que nos condujo a la parte de atrás del bar.

—Ok, ahora sí, cuéntame —me dijo mientras se colocaba en una silla muy cómoda.

Nos encontrábamos en un espacio pequeño donde había una computadora y una pizarra pequeña con muchos papeles de diferentes colores pegados.

—Yo soy de República Dominicana, soy nuevo en la ciudad, ¿tiene usted trabajo para mí?

—¿Qué sabe hacer? Porque la verdad es que estoy sobrepasada de personal.

—Yo hago lo que sea señora, mire, yo canto bachata, lo que sea, yo lo que quiero es trabajar.

—Espera, ¿dices que cantas?

—Sí señora.

—¿Traes algún CD para que me lo demuestres?

—No, un CD no, tengo mi pista de ensayos en una memoria.

—Oh, muy bien, ve con el DJ, dile que ponga la memoria en la computadora y que reproduzca una de las pistas, que te de un micrófono, quiero verte cantar a ver qué tal lo haces.

Mientras caminaba hacías el DJ me sentía tan nervioso que mis piernas temblaban con cada paso que daba.

—Hola de nuevo, me mandó la señora, dice que reproduzcas una de las pistas que traigo en esta memoria.

—Ah, muy bien —aceptó el DJ mientras se disponía a buscar en qué lado de la computadora la conectaría.

El *DJ* era un hombre muy bajo, de pelo negro, rasgos orientales, traía un peinado muy peculiar.

—Toma ese micrófono, mira, ahí se prende y se apaga, cuando termine el que está cantando voy a poner la pista —me explicó y me preguntó cuál sería la pista que pondría. Me acerqué más hacia la computadora para seleccionarla.

—Mira, ponme esa del grupo Aventura —La canción se titulaba *Por un beso.*

—Ok, acércate más a la tarima para que subas.

—Ok —dije con mi voz temblorosa.

El bar estaba lleno, la gente se divertía, cantaban mientras miraban la letra de las canciones en la pantalla de televisión.

Yo estaba parado esperando ese momento, mi boca estaba reseca producto de la ansiedad y nervios, pero con todo el coraje; pensaba nada tiene que salir mal, he ensayado esta canción por años y la he cantado ante el público en varias ocasiones, así que «relájate, Esteban», me dije a mí mismo.

El DJ pidió un aplauso al público para darle la salida al que cantaba en ese momento. De inmediato subí, me paré en el medio de la tarima, miré hacia el DJ mientras le hacía señas de que soltara la canción. Él se veía como perdido. «Oh, Dios, no encuentra la canción, ¿qué hago ahora? Debería hablar, saludar, vamos Esteban, haz algo, la gente espera», me dije a mí mismo en la mente. «Tengo que ir a mostrarle la canción de nuevo».

Caminé para bajar de la pequeña tarima e indicarle otra vez cuál era la canción, y en ese preciso momento sonaron los acordes de la pista. Comenzaba instrumentalmente con el repique repetido de la guitarra. Volví al centro donde estaba antes, ahora mi desafío era entrar en el tercer repique de la guitarra, de no hacerlo a tiempo perdía la entrada y si eso pasaba se me podía volver difícil combinar el sonido de la música con el tiempo de mi voz.

Esperé paciente mi momento para entrar y canté: "Hay una mujer... que ilumina mi sentido con solo tocar mi piel y como a mí también, a otro hombre esto le puede pasar...". Siempre cambiaba el final de la frase para darle mi estilo a la canción. Entonces escuché el alboroto de la gente aplaudiendo, chiflando. Aquí sabía que el público estaba conmigo, empecé a caminar de un lado a otro mientras seguía cantando. Un grupo de chicas que estaban muy alborotadas en una de las mesas de atrás se acercaron todas a la tarima y comenzaron a bailar al ritmo de la bachata.

Una de ellas se acercó más a mí y me dio un beso, ellas trataban de hacer una coreografía, así que me puse en el medio y marqué los pasos de la bachata, ellas me siguieron, yo cantaba y bailaba a la vez, terminé mi último paso con el final de la canción apoyando mi rodilla derecha hacía el piso e inclinando mi cabeza.

El público no dejaba de aplaudir. Di las gracias y caminé hacia donde el DJ, la señora estaba esperándome junto a él.

—Muy bien, lo haces muy bien —dijo la señora con cara de asombro y emoción.

—¡Gracias! —exclamé con la voz agitada.

—Estás contratado —dijo de repente—, debes estar disponible los viernes y sábados después de la diez de la noche.

—Claro que sí señora —le contesté mientras guardaba la memoria *USB*.

—Gracias señora por darme la oportunidad —le solté conmovido y le di un adiós con la mano al *DJ*.

—Gracias hermano, nos vemos el viernes —le dije con emoción al de seguridad que estaba en la puerta.

Bajé corriendo los pequeños escalones, crucé la calle esa vez con menos cuidado, el italiano estaba fumando con su cuerpo apoyado en la parte trasera del carro.

—Oh, disculpa por el tiempo, Italy.

—No, no te preocupes, ¿qué pasó?

—Ya tengo trabajo, me contrató la gerente del bar como cantante.

—Bien hecho hermano, eres grande.

—¿A qué hora trabajarás? —me preguntó con un poco de preocupación el italiano.

Entendí el motivo de su preocupación pues sabía que él me necesitaba en la peluquería.

—No te preocupes Italy, cumpliré con tu horario, en el bar comenzaré a trabajar a partir de las diez.

—Eres grande bello —me contestó y fue rodeando el carro para subir a conducir.

—Te admiro Esteban —me dijo con honestidad—, tú me traes recuerdos, mira, aunque yo vengo de un país desarrollado como Italia, también he vivido y sigo viviendo una vida de lucha, retos y desafíos. Yo dejé la casa de mis padres a una edad muy joven, aprendí a valorar las pequeñas cosas, lo simple. He conocido muchos países, he estado en el bajo mundo, allí aprendí que para dormir no hace falta una cama, sino sueño y que lo que te llena el estómago no es el buen sabor, sino la comida. Mira, sé que estás pasando por momentos un poco apretados, pero vas bien. Sigue luchando con esas fuerzas y ganas, veo en ti un hombre exitoso, sí, quizás tú piensas en que lo serás en el futuro, pero yo pienso que ya lo eres, estás logrando paso a paso tus metas. Si te sirve de ejemplo lo que te voy a contar, quiero que lo tomes.

»En una ocasión —Empezó a contar— me encontraba viviendo en Los Ángeles, California, allí trabajaba lavando platos en la cocina de un restaurante italiano, luego el trabajo disminuyó por lo cual mi jefe me despidió, aunque le rogué diciéndole que necesitaba mucho del trabajo para vivir todo fue en vano, así que tomé mis cosas y me marché. Mientras caminaba a casa pensé en poner una peluquería, aunque en ese tiempo no sabía nada de ese oficio me propuse hacerlo.

Así que busqué un pequeño local, le puse "Barbería el Italiano", compré una gelatina para cabellos de las más grandes y cuando terminaba de cortar el cabello le ponía mucho gel, de esa manera ellos no se daban cuenta de lo mal que se lo había dejado. Con el tiempo fui aprendiendo, fue exactamente como dice el dicho: "De los errores se aprende". Terminé aprendiendo en cada corte que hacía mal, pero siempre trataba de mejorarlo para el próximo. De esa manera nace mi idea de poner precios bajos para tener mayor cantidad de clientes.

—¿De esa manera aprendiste el arte de cortar cabello entonces? —le pregunté con asombro.

El italiano terminó la historia en el estacionamiento del apartamento donde yo vivía. Quería despedirme de él pronto pues tenía que usar el baño, pero él estaba muy involucrado en su historia, así que tuve que aguantar mi necesidad hasta el final de la historia.

A pesar de que me estaba empezando a acomodar en la ciudad, había algo que tenía que resolver para estar tranquilo; el hecho de saber que en unos meses se vencería mi visa de visitante me atemorizaba. Le conté al italiano sobre ese problema y él se ofreció con gusto a ayudarme porque conocía todos los procesos. Un día de esos que la peluquería estaba muy tranquila, él me pidió que estuviera a cargo del negocio porque él saldría a hacer algo.

Trabajar con el italiano no era solo cortar cabello, sino que también era aprender la manera de sobrevivir como inmigrante y lejos de la familia. En mi país nunca tuve la necesidad de aprender trabajos domésticos porque no lo necesitaba, fui criado entre muchas mujeres, cuatro hermanas y mi mamá; por cultura los hombres en República Dominicana hacen los trabajos pesados como trabajar la tierra, buscar el agua para uso diario en la casa o buscar leña para preparar los alimentos, y las mujeres cocinaban, lavaban, planchaban la ropa, etc.

Sin embargo, el italiano me enseñó a cocinar pasta, así que en su ausencia me puse a preparar una pasta con pechuga de pollo, él tenía una olla que se conectaba a la energía, era la que usábamos para cocinar, con esa olla era suficiente para todo lo de la cocina.

Cuando el italiano regresó, se paró en la puerta y dijo con sus manos ocultas detrás:

—Tengo una sorpresa para ti.

—¿Qué será? —pregunté.

—Adivina qué es —me dijo.

—A ver, a ver, una nueva máquina para cortar pelo.

—No.

—Bueno, me rindo.

—Aquí traigo tu contrato de trabajo, es lo que necesitas para obtener tu residencia mexicana.

Me quedé con la boca abierta sin saber qué contestar, no sabía si abrazarlo o simplemente darle las gracias, pero de mi boca, sólo salió:

—Eres definitivamente mi salvador, has tenido un gesto conmigo que nunca olvidaré.

Luego, mientras caminaba hacia la parte de atrás de la peluquería, le dije:

—Yo también tengo una sorpresa para ti —Al regresar, traía conmigo un plato de pasta que le había guardado—. Esta es tu sorpresa, sé que mueres de hambre.

—Eres grande bello, gracias y sí, tengo mucha hambre —me dijo.

Capítulo 14 LA MUERTE ACECHA

El día siguiente me encontraba en el Palacio Federal haciendo todo eso del trámite para tener mi residencia y de esa manera quedarme definitivamente en Guadalajara, México. Me acompañaba la señora Adelaida que siempre estuvo pendiente de todo cuanto pasaba conmigo. El Palacio Federal era un edificio con estructura un poco antigua, pero increíblemente alto, la oficina de migración estaba en el quinto piso, así que Adelaida y yo tomamos el ascensor.

Llevaba conmigo un folder donde tenía la carta de trabajo que me había dado el italiano, la fotocopia de mi pasaporte y una carta que había hecho afirmando que aceptaba el trabajo voluntariamente y que mi contrato era por un año y que mi sueldo era de cuatro mil pesos mensuales. Esos papeles fueron más que suficientes para que la delegada de migración aprobara el derecho de aplicar para obtener la residencia.

—Esto fue más fácil y rápido de lo que yo esperaba —le dije a Adelaida mientras íbamos de bajada en el ascensor

—Te dije, ponte listo, ponte listo.

Adelaida era una persona tan servicial que descuidaba sus quehaceres para ayudar a los demás, ella decía que era un águila libre y que siempre estaba en la cima de las montañas mirando quién era su siguiente víctima, que ella vivía para ayudar y que eso la hacía muy feliz.

Adelaida fue la primera persona mexicana que conocí y me sorprendió su calidad humana, si no hubiese conocido a más personas y me hubiera tocado describir a los mexicanos, yo diría que son personas alegres, serviciales, amables, respetuosas, trabajadores incansables, abren sus puertas al forastero y lo acogen. Pero si miramos desde otro punto de vista, todos se pueden convertir en algo diferente. Hay una espina en el zapato que daña todas esas cualidades que menciono.

El vecindario donde vivía se llamaba El Coly, las cosas ahí se resolvían de una sola manera, "muerte". La muerte llegó al vecindario e hizo de ese pequeño sector su casa, su hogar, cada mañana aparecía un nuevo cuerpo sin vida, los lugareños pretendían hacer creer que todo marchaba bien y en paz, pero todos sabíamos que no era así, había un enemigo silencioso que se paseaba dejando llanto, dolor, desesperación y desesperanza.

Con ese fenómeno en el vecindario nació un periódico local que se llamaba "El Coly te informa". Era vendido por alguien de la vecindad, lo promocionaba diciendo: "Si lo compras, te informas quien fue baleado anoche".

Era medio día cuando Adelaida estaba estacionando su carro en frente de la peluquería.

—Muchas gracias por el favor de llevarme al Palacio Federal, pero más que gracias quiero que me permitas echarle gasolina al carro —le dije apenado.

—No, Esteban, cómo crees, yo siempre ando con el tanque lleno, ponte listo te dije —Sin rehusarme solo reí y me marché.

—Buenas tardes, Italy —lo saludé y me senté en el sillón de espera.

—Bello, qué bueno que llegaste, ¿cómo te fue? —preguntó, yo movía la silla donde estaba sentado.

—Me fue muy bien, me aceptaron los papeles, en un mes tengo que regresar por la residencia, según me dijo la delegada.

—Bien, vas a ser mexicano entonces.

—Vamos a esperar —le contesté.

Yo tenía afán por llegar a la peluquería para contarle al italiano de una llamada que recibí mientras Adelaida me traía de regreso y no quise comentarle a ella para no causarle temor, pero la verdad era que yo tenía preocupación por lo raro de la llamada y aprovechando que la peluquería estaba sin clientes le dije:

—Italy, me llamó mi cliente Dany, me pidió que le fuera a cortar el pelo a domicilio y me mandó la dirección donde él se encuentra.

—Oh, Dany, seguro que le pasó algún accidente y no puede venir —dijo el italiano.

—¿No se te hace raro eso, Italy?

—No, no pasa nada, Dany es un buen muchacho, él no anda en nada malo hasta donde lo conozco —contestó.

—Bueno, pero de todos modos yo no tengo carro para llegar allí —le dije con angustia.

—Usa mi carro y ve con él, es muy buen cliente ese muchacho.

—Bueno, si tú lo dices Italy, yo voy —le contesté con voz desanimada.

Hacía mucho tiempo que no manejaba y hacerlo en las calles de otro país me ponía nervioso; el carro, aunque lucía muy bien, estaba muy desajustado, algunas piezas le sonaban. El camino me lo indicaba el GPS. En una ciudad tan grande, estar sin tecnología era como estar ciego. Y estar solo y conduciendo me hacía sentir libre de tomar riesgos buenos o malos.

Las personas cercanas siempre estuvieron dispuestas a ayudarme, ellos sabían que por ser nuevo en el país realmente necesitaba que alguien me enseñara el camino, y se me ofrecían con amabilidad. Yo tomaba sus ayudas como si ellos fueran los maestros, pero yo tenía muy claro que era mejor aprender a pescar a que me regalaran el pescado.

Algunas de las avenidas por donde me desplazaba se me hacían familiares, ya sabía que iba rumbo al aeropuerto y también sabía que estaba a unos cinco minutos para llegar a la dirección que el *GPS* me indicaba. Los pensamientos se cruzaban en mi cabeza, tenía incertidumbre sobre la visita que le haría a Dany, pensaba que podía tratarse de una trampa de alguien con intención de hacerme daño.

Cuando dejé la carretera me dirigí por un trecho donde se podía ver una vivienda desolada, era la única casa en toda el área. Las casas estaban divididas por secciones, la cocina era un ranchito apartado de la casa, muy pequeña con un fogón, el baño estaba al lado de la cocina; una anciana que estaba cocinando hacía parte de lo mágico del lugar. Estacioné el carro a pocos metros de donde ella estaba.

—Buenas tardes, señora, ¿por casualidad vive aquí un joven llamado Dany? —me dirigí a ella.

—¿Quién lo busca? —preguntó la señora, movía su boca como si masticara algo.

Sus ojos estaban arropados por los párpados, por lo que no sabía si estaban abiertos o cerrados; su cabello estaba blanco como la nieve, tenía un vestido negro que le llegaba hasta el suelo.

—Soy su peluquero, señora, y vengo porque me llamó para que le cortara el pelo.

—Venga, pase señor —me dijo la anciana mientras caminaba desde la cocina a la casa.

Tomé con rapidez la bolsa donde tenía todo lo que necesitaba para hacer mi trabajo. Ella me guió por un pasillo a la derecha de la puerta, era como un túnel, dos paredes me quitaban la visibilidad. Al fondo del pasillo había una puerta de un tamaño irregular, ella tocó y dijo:

—Dany aquí hay un joven que dice ser tu peluquero.

—Sí abuelita, lo estoy esperando —respondió alguien desde el otro lado de la puerta.

—Pase, pase mijo —dijo la anciana.

Empujé la puerta muy suave mientras iba mirando con cautela para encontrar a quien me esperaba. Vi un hombre con una gorra blanca, el cabello largo que le llegaba a los hombros; la barba larga le cubría la boca por completo y le colgaba hasta el pecho. Vestía con una ropa como si fuera militar, al lado de él había una mesa pequeña donde tenía una pistola a la cual le brillaba su cacha como si fuera de oro. Había una cama en muy mal estado, parecía más vieja que la señora que me condujo hasta allí; había una ventana que estaba a su espalda y en frente de mí y daba vista hacia afuera, el pequeño cuarto lucía muy abandonado.

—Pásale Esteban, gracias por venir.

—Por nada Dany, ¿cómo has estado? Mucho tiempo sin verte —le dije tratando de disimular el miedo que me causaba verlo en esa condición; la pistola que tenía en la mesa me preocupaba también.

—Sí, las cosas se han complicado en la colonia, por eso mi ausencia —me dijo al tiempo que jugueteaba con la pistola moviéndola en círculo como si fuera un juguete.

A ese comentario me limité a contestar puesto que yo no quería tocar ese tipo de temas con él.

—Bueno, vamos a lo que vinimos —prosiguió él—, quiero que me quites todo este cabello, ¿será posible aquí donde estoy sentado?

—Sí, no hay problema, yo te lo corto ahí dónde estás —le dije analizando el pequeño espacio, que la verdad no era suficiente.

Me acomodé detrás de él, saqué de la bolsa la capa y se la puse, busqué el tomacorriente que me quedaba más cerca y conecté mi máquina para cortar.

—Bueno, ahora sí, ¿cómo quieres tu corte? —le pregunté.

—Quiero que me lo cortes a rapa barba y el cabello a cero —me explicó.

—¿Eso quieres seguro?

—Sí, así.

—Ok, me parece bien —le dije.

Mi máquina estaba haciendo mucho ruido, parecía que la energía estaba descontrolada, así que le pregunté:

—¿Tienes por casualidad un destornillador plano?

—Creo que sí, déjame reviso —dijo y haló de la mesita una gaveta.

—¿Te sirve este? Está muy oxidado, pero creo que puede ser útil.

—Ese está bien.

—El italiano, cómo va ese wey —preguntó.

—Él está bien, como siempre muy ocupado —le contesté.

—Para ese cabrón mis respetos —me contestó con voz relajada.

En ese pequeño cuarto el aire no circulaba, el ambiente estaba tan tenso que llegué a pensar que solo él respiraba, que ningún ser viviente existía, la energía allí acumulada podía ser usada para construir un arma de destrucción masiva.

—El motivo por el cual te llamé, aparte de necesitar un corte de pelo, es porque necesito confesarte un secreto, con nadie he conversado lo que te voy a contar.

—No, Dany, por favor, no quiero ser yo la persona con la que compartas tu secreto, solo quiero hacer mi trabajo y marcharme en paz —le dije casi como una súplica.

—No hay opción, te he elegido a ti porque he notado lealtad a tu palabra, tu personalidad siempre me inspiró confianza, no tendrás problemas si sabes guardar mi secreto el tiempo que sea necesario.

Mis manos temblaban, mi corazón latía tan fuerte que podía escuchar el "tuqui, tuqui", no sentía la humedad que normalmente tenemos en la boca. «¿Y si dejo todo y corro?», pensé, pero miré la pistola con la que él me alcanzaría sin siquiera moverse de la silla; acabar con su vida no era una opción porque lo de asesino no se me daba. Tenía dos opciones; tomar mis cosas y marcharme con la esperanza de que no me disparara por la espalda o simplemente escuchar lo que me confesaría sabiendo que eso también podría ser la muerte, pero más demorada.

—En nuestra conversación de antes, ¿te diste cuenta del tipo de persona que era verdad? —preguntó volteando su mirada hacia mí como buscando aprobación.

—Claro que sí, Dany usted es un hombre trabajador, recuerdo que me contó que tenía una cremería.

—Mire, yo soy hijo único, mi papá trabajó incansablemente para darme todo, ese negocio me lo puso él, ese fue el negocio con el cual me crió, y a la fecha él conservaba su primera cremería. Una tarde había clientes comprando productos para su hogar, todo parecía ser un día más, luego regresaría a casa a jugar un rato con mi hijo y me tomaría una copa de vino con mi esposa.

»Pero no, ese día me despertaría de mi sueño y esa alarma fue la llamada de mi mamá que la escuché llorando desesperada y me dijo: «Hijo, un grupo armado se llevó a tu papá».

—Oh, Dany, siento escuchar eso —le dije de manera cortante para evitar que siguiera contándome, pero siguió la historia.

—Entonces, como uno de mis clientes andaba en ese mundo, acudí a él de inmediato para ver si me echaba la mano de salvar a mi papá, tomé mi teléfono todo nervioso y lo llamé, cuando me contestó escuchaba en el fondo los radios de comunicación que era lo que usaban ese tipo de grupos para comunicarse entre ellos y le dije: «hermano acaban de llevarse a mi papá, te digo por si acaso tú sabes de alguien que me ayude a rescatarlo antes de que sea tarde».

»Me respondió que estaría pendiente, que no había escuchado nada del tema por ahora. Desde ese día comenzó todo este rollo, me fui a poner todo en conocimiento de la policía, ellos me abrieron el caso, caso que al parecer solo podía resolverlo yo porque no se molestaron ni siquiera en estudiar la situación; solo me dijeron que ellos me informarían si aparecía el reporte de alguna aparición de cuerpo. Eso fue lo único con lo que ellos me ayudaron, así que tomé el caso por mi cuenta, buscando incansablemente a mi papá.

»Mi amigo tres días después me regresó la llamada y me preguntó cómo iba todo eso de mi papá, le dije que aún no sabía mucho, pero que estaba trabajando en eso, entonces fue cuando me aconsejó que buscara en las cámaras de seguridad cerca del negocio de mi papá donde él fue secuestrado, así lo hice. Había varias cámaras, pero los dueños no querían darme el vídeo, solo uno de ellos que era muy amigo de mi papá me permitió revisar su grabación y reconocí a uno de ellos, tomé el vídeo y lo llevé a la policía para que lo buscaran y a través de él encontrar pistas de mi papá.

»La policía al ver el vídeo me dijo: «¿Sabes? Si tú quieres seguir vivo, deja ese caso quieto». Pues entendí la mierda que es la ley de este país, aquí el problema es que los grupos armados son los que controlan el sistema. El hombre honrado y trabajador no tiene protección alguna, si no tienes los huevos para morir en combate, tendrás que esperar que la muerte te sorprenda de brazos cruzados.

»Aquí hay dos grupos que son lo que se disputan la plaza, están los Nueva Sangre y los Señores de Negro, yo estaba muy ajeno a eso hasta que mi papá desapareció. Con la impotencia que sentía por la negligencia de las autoridades se me ocurrió tomar una foto del sujeto que podía identificar y se la mandé a mi amigo con la esperanza de que él lo conociera, pero me dijo que no.

»Mi amigo me preguntó que si no había más cámaras donde se pudiera ver otro ángulo para tratar de localizar al sospechoso, así que con la ayuda de otro conocido tuve la oportunidad de conocer a una de las cabezas de estos grupos. Para llegar donde ellos, me taparon los ojos con un pañuelo y cuando estaba frente a él me permitieron verlo, la idea era que no me aprendiera el camino hasta donde ellos estaban.

»Le mostré la foto para ver si él identificaba al hombre, pero me dijo que ese no era uno de los suyos, que ese pertenecía al otro grupo enemigo y que él como yo anda buscando terminar con ellos.

»Entonces miré a ese hombre a la cara escondiendo el miedo que me causaba y le dije: «Mire, yo ando buscando a mi papá y usted tiene sed de venganza, que tal si le traigo información de ese grupo y se la facilito, y usted calma su sed y yo mi ansiedad». «Trato hecho —me contestó—, deje conmigo la foto para darle comienzo a nuestro trato».

»Pocos días después de esa conversación la policía me habló para que identificara un cuerpo que habían encontrado, no me asustó la llamada porque yo tenía fe de que mi papá estaba vivo. Sin embargo, al llegar donde estaba el cuerpo, la ropa ensangrentada me hizo caer de rodillas, era la misma ropa que llevaba mi papá ese día que se lo llevaron. Mi papá era un hombre totalmente inocente, fue secuestrado solo porque se parecía a otro señor que ellos fueron a buscar y como mi papá tenía el negocio al lado del señor que buscaban, se los llevaron a los dos, te lo digo porque las malas lenguas decían que el otro señor tenía un hijo metido en uno de esos grupos armados, así que mi papá fue víctima de la guerra que tenían ellos.

»Por eso es por lo que porto esta pistola, la compré el mismo día que supe que mi papá fue privado del derecho a la vida de una forma cobarde. Me propuse a mí mismo encontrar ese hombre del video donde se veía que se llevaban a mi papá.

»Entonces tomé un vuelo a baja California para verme con un viejo amigo que fue compañero de escuela y que en ese momento se dedicaba al tema de las computadoras, tanto que se convirtió en uno de los mejores hackers de todo México, con él estuve cinco días. En tres días ya teníamos los teléfonos de todo Guadalajara intervenidos, luego sacamos los teléfonos de las persona que era normales y solo nos enfocamos en los que a través de sus conversaciones nos daban señal de que eran grupos organizados con malas intenciones.

»En mi teléfono tengo un mapa de geolocalización que me marca con puntos rojos la ubicación de cada uno de ellos, así que me dediqué día y noche a observar dónde vivían y dónde se divertían. Al primero que ubiqué directamente fue al mencionado "borra" que fue el que identifiqué como uno de lo que raptó a mi papá.

»Entonces le tomé fotos a él y a su casa, sabía todos sus movimientos diarios, así que le mandé todos esos detalles al señor jefe del grupo contrario, también se la mandé a mi amigo que estaba dispuesto a ayudarme, pero ya no era para interrogarlo sino para que pagara con su vida lo que había hecho. El Esfuerzo que estaba estado haciendo para que la sangre de mi padre fuera vengada me hacía conocer diferentes tipos de personas que también estaban en la misma situación que yo con la policía.

»Conseguí un contacto que me informaba de todos los casos que ocurrían en la ciudad porque según él todos los que participaron en lo de mi padre iban a caer sin que yo hiciera nada, entre ellos mismos se iban a ir matando. Me puse feliz de que él pensara eso, así yo quedaba libre de todos. Tres días después de mandar la foto del "Borra" al jefe del grupo armado, el policía me mandó una foto con un mensaje que decía: «Mira, el primero cayó», se trataba del Borra.

»Yo Fui criado bajo buenas costumbres, mi papá nunca me enseñó la maldad, ahora ni yo mismo me conozco, la manera que disfruté ver cómo había sido abatido mi primer enemigo, me desconocí, su cuerpo estaba mutilado, una cinta de plástico estuvo envuelta en sus ojos de una forma tan apretada que la cabeza se le dividió en dos partes sin que le causara heridas, sino que la piel se le estiró a ambos lados.

»En ese momento me preguntaba cuál de los dos, a quienes les había enviado la foto del Borra, fue quien terminó con él. Para darme cuenta se me ocurrió llamar a mi amigo y le dije: «Hey, wey, ya se chingaron al Borra, ¿fuiste tú?», me contestó que no, pero su frialdad me dejaba dudas.

»Aquí analicé que todo fue el resultado del trato que había hecho con el jefe y de ser así entonces, confirmé que él era del grupo contrario. También analicé que si la ciudad nada más tenía dos grupos armados y mi amigo no era parte del grupo del jefe con que hice el trato. Entonces él pertenecía al otro bando y por consiguiente él era parte del grupo que raptó a mi papá, entonces por eso no permitió que revisara las cámaras de seguridad de los locales vecinos. Desde ese día él se convirtió en mi enemigo.

»Por esa razón ando por aquí escondido, porque ahora ellos me buscan. Mi mujer y mi hijo andan por otro rumbo al igual que mi madre, mi familia se convirtió en nada después de la muerte de mi papá.

Ya yo había terminado de cortarle el pelo a Dany, pero con su historia sin final no me dejaba ir, ni yo quería irme porque él me tenía como amenazado, así me sentí, yo no hacía más que mover mi cabeza en todo lo que él decía, mi voz no la quería usar ni siquiera para decir un no o un sí, el miedo era mi compañero.

—Todos los que mueren cada día, ahí donde ustedes tienen la peluquería, toditos están vendidos por mí, yo se los estoy poniendo al jefe y él contento mata a esas ratas —dijo mientras levantaba la pistola y volvía y la ponía en la mesa.

»Quiero que pongas mucha atención, tú guardarás esta historia porque sé que yo pronto moriré de la mano de mis enemigos, cuando pasen los años y nadie se acuerde de esto que estamos viviendo, sacarás lo que has escuchado, dirás que Dany Gutiérrez vengó la muerte de su papá y que murió muy feliz sabiendo que ellos sufrieron lo mismo que sufrió mi papá.

Firmando la historia con su nombre, ese hombre terminó de narrar los hechos; aunque yo estaba asustado, me llené de coraje contra sus enemigos por lo crueles que fueron.

Ante toda esta situación yo tenía que seguir trabajando, no permitirle al miedo que me invadiera, pues trabajaba en el mismo barrio y como peluquero era quien le cortaba el pelo a esos que decidían quién vivía o quién moría, tuve que aprender a oír sin escuchar, hablar sin emitir sonido, ver con los ojos cerrados. Cumplir esas tres reglas me daba derecho a vivir.

Las visitas del "Torero" eran constantes, unas veces para cortarse el pelo, otras solo para visitar. Él solía llegar en una moto deportiva *Honda CBR* 600. Siempre al final del día nos desplazamos a diferentes lugares, él como conductor y yo como acompañante en el asiento trasero. Cuando llegábamos con los amigos donde ellos celebraban, nos echaban chistes sobre que llegábamos muy abrazados y nos preguntaban que si éramos pareja, todos se reían con esas bromas, nosotros también los acompañamos a seguirles el cuento.

Estábamos rodeados de amigos de buenos niveles económicos, entre todo el grupo de amigos, el único que no contaba con buena cartera era yo, entre los amigos que puedo mencionar estaba el "Poca Libra", como le decían, ese era el sobrino de Pavel Quinterillos que era uno de los hombre más ricos de Guadalajara, solo que se encontraba en prisión cumpliendo condena por ser el líder de una organización criminal en los años 90; fue tanto el dinero que hizo ese señor que ya tenía 20 años de estar preso y su familia vivía sin preocupación, gastar dinero era parte de su diversión diaria. La fiesta con "Poca Libra" eran tres veces a la semana, éramos como diez los amigos que lo acompañábamos y él pagaba las cuentas, no teníamos limitaciones para gastar.

Al abrir la puerta del departamento de la señora Miguelina me da la sorpresa mi hermano Josué, había llegado esa noche de República Dominicana. Con él estaban Miguelina, Yordany y Eduardo, todos parecían muy felices, estaban sentados en la alfombra del departamento.

Capítulo 15
HERMANO O ENEMIGO

Mi hermano estaba sentado exactamente de frente, se dirigió hacia mí diciendo:

—Oh, Esteban, muchacho dónde estabas, yo tengo más de tres horas desde que llegué y tú nada que aparecías.

—Oh, Josué por fin te decidiste a venir —le dije y me acerqué a él, luego le di la mano y lo ayudé a pararse para saludarlo más formal.

Hablaron sobre lo que pasaba en República Dominicana, Josué hablaba y hablaba, tenía mucho que contar y él feliz de hacerlo pues estaba a gusto con ser el punto de atención.

Había pasado un buen rato que no platicaba con mi hermano, así que le di detalles de cómo iba mi vida desde que llegué a México; de mi trabajo en el bar, le hablé del italiano, de lo bueno que había sido para mí conocerlo, que gracias a él tenía mi residencia mexicana.

Como mi hermano hizo su llegada el miércoles, y como todos los jueves "El Torero" y yo nos íbamos de fiesta, decidimos llevarlo con nosotros para darle la bienvenida.

En la puerta del bar los de seguridad nos dieron la bienvenida, ya éramos figuras conocidas por ser clientes frecuentes, los músicos estaban tocando una bachata de Juan Luis Guerra.

—Oh, por aquí tocan bachata y todo —dijo mi hermano sorprendido.

—Te dije hermano que te iba a gustar el ambiente.

—Ya maldito loco —me contestó con su tono muy dominicano.

La pista de baile estaba en el centro, las mesas estaban a ambos lados, a la izquierda de la puerta de la entrada había como si fuera un segundo nivel donde había mesas más especiales y finas. El "torero" tomó una mesa de las que estaban ahí pues según él tendríamos mejor vista para ver las nenas.

De todas las bailadoras que había, a la que "El Torero" le puso el ojo fue a una morena clara de pelo negro y muy largo, con un cuerpo muy atlético, vestía unos pantalones ajustados, al igual que su blusa. Era buena para bailar la salsa.

—Negrito, ya casi es hora de irnos —me dijo "El Torero" usando el nombre de confianza que ya él me había puesto—, pero yo no quiero salir de aquí antes de darle mi número telefónico a esa hermosa mujer. —Estaba emocionado—. Vengo ahora negrito —dijo "El Torero" mientras se decidía a bajar hacia la pista de baile.

«¿Será que le va a hablar a esa muchacha?», pensé. Ella aún estaba bailando con alguien más y como lo conocía, sabía que era capaz, de verdad él no tenía miedo de nada, cuando le ponía el ojo a una mujer iba por ella.

Lo seguí con la mirada entre la multitud, era tanta la gente que se le hacía difícil moverse, lo vi afanoso tratando de hacer espacio para poder caminar.

Entonces vi que se detuvo en la barra y hablaba con el cantinero, vi que este le pasó una servilleta y lápiz, entonces supuse que escribiría su número telefónico y se lo daría, pero se devolvió hacia nosotros.

—Negrito, ve con ella y dale mi número —me dijo y me entregó la servilleta envuelta.

La tomé y de inmediato me decidí a hacer lo que se me ordenó, para mí era un placer hacer cualquier mandado al "El Torero", yo que estaba muy agradecido de tener su amistad. Me acerqué como pude a la joven, ahí estaba yo parado mientras que la canción parecía no tener fin, pues ella disfrutaba el baile y no quería interrumpir ese momento. Los músicos estaban tocando una "timba", canción tradicional de cuba que tú sabes cuándo comienza, pero no cuándo termina ya que el cantante se enfoca en un párrafo de la canción y lo repite una y otra y otra vez.

Me estaba desesperando porque eso fue justo cuando estábamos listos para irnos del bar, mi hermano se me acercó y me dijo:

—Dame eso, ven que yo se lo doy, tú eres muy lento.

—Espérate mi hermano, estás desesperado —le dije

—Sí, sí, ya quiero irme —dijo con un mal tono de voz.

—Pues si te quieres ir, vete Josué —le respondí con el mismo tono acalorado.

—Hey, disculpe, señorita, el joven de la camisa blanca que está arriba le manda esto —le expliqué y le entregué la servilleta.

—Gracias —me dijo con una sonrisa y volteó con curiosidad a ver de quién se trataba.

"El Torero" al ver que ella volteó hacia él, levantó la mano para que ella lo identificara.

—Hermosa mujer, negrito —dijo "El Torero" cuando venía para encontrarme en la puerta de salida del bar.

—Sí, muy guapa y te sonrió bonito cuando volteó hacia ti, pero vámonos, corre que mi hermano salió molesto —le dije caminando con rapidez.

—¿Y qué pasó? Vi que se acercó a ti.

—Sí torero, se molestó porque él quería entregarle la servilleta con tu número a la chica porque según él yo era muy lento, y le dije que era mi labor hacerlo y entonces salió molesto.

—Ay no negrito, qué mamón es tu hermano —dijo "El Torero" como un lamento.

Corrimos hacia el carro para alcanzar a mi hermano que ya había caminado unas cuadras.

—Mira, ahí está —dije apuntando hacia donde él estaba. Páramos muy cerca de él.

—Vamos, sube Josué.

Él abrió la puerta trasera, se subió y la cerró con enojo.

—Ya me iba, estaba esperando un taxi, por eso es que no me gusta andar con nadie —dijo con tono subido y molesto.

—Pues tú lo que tiene que hacer es andar solo y ya Josué —le dije con seriedad.

—Tú lo que tiene que hacer es callarte Esteban para que no te vaya mal —me dijo mientras se movía hacia el medio del asiento para estar más cerca de mí.

—¿Qué vas a hacer, me vas a golpear? —le pregunté.

—Tú sabes que si tengo que hacerlo, lo hago, tú me conoces —me dijo con un tono aún más fuerte.

Decidí quedarme en silencio y no seguir con la disputa porque de verdad yo más que nadie lo conocía y sabía que era capaz de protagonizar una pelea física delante de mi amigo "El Torero", que por cierto se mantuvo siempre en silencio ante todo lo que estaba pasando.

Después de quedarnos en silencio por un buen rato, para romper ese mal ambiente que había dije:

—Hey, Torero mañana el italiano se va de vacaciones y me quedaré trabajando solo. Es mucha la clientela, pero tendré que atenderla yo solo, no tengo opción.

—¿Ah sí, negrito, y a dónde se va él? —me preguntó.

—A una playa que se llama Puerto Vallarta.

—Chingón, es muy bonito allá —contestó.

Ante esa conversación mi hermano guardaba silencio, pues con el enojo que tenía no hizo ningún comentario al respecto.

El día siguiente me levanté temprano, saludé a la señora Miguelina que como cada mañana estaba haciendo sus quehaceres, platiqué con ella por un rato para matar tiempo, mientras se acercaba la hora de abrir la peluquería; le conté que me sentía más cómodo trabajando con el italiano y que tenía un desafío grande porque debía trabajar solo la semana que él tomaría sus vacaciones.

Faltando cinco minutos para las diez de la mañana, estaba haciendo mi llegada a la peluquería, se me hizo raro ver a un señor muy amigo del italiano, lo saludé con formalidad mientras abría los candados del local. Desde que comencé a trabajar con el italiano, él siempre lo visitaba. Era un señor muy alto, como de unos sesenta y cinco años, su cara estaba muy arrugada para su edad, tenía el cabello totalmente blanco y tenía muchos dientes, lo cual deformaba su boca.

—Hola, qué tal —saludé al señor y le di la mano.

—Muy bien y tú, qué cuentas Esteban —me contestó como siempre con exageración.

—Yo bien, gracias, y como siempre, trabajando —contesté al tiempo que limpiaba los espejos.

El día comenzó y empezaron a llegar los clientes, todos preguntaban por el italiano y el señor, que estaba sentado como si fuera un cliente, era quien les informaba a los que preguntaban el motivo de la ausencia del italiano, dando como razones que se encontraba disfrutando de unas buenas y merecidas vacaciones.

Durante el día los clientes no pararon de llegar y el señor se mantuvo la mayor parte del día sentado en la sala de espera de los clientes.

El día siguiente llegué a la misma hora, pero esa vez sí me sorprendí al ver que el señor se encontraba en el mismo lugar esperándome, fue como si el día se hubiera repetido, la única diferencia era la ropa que tenía puesta. Esa vez tenía una camisa roja con rayas negras y el día anterior tenía una camisa blanca.

Lo saludé, luego me dispuse a abrir los candados de la puerta mientras él me hablaba sobre una motocicleta que iba a venderle al italiano. Al entrar, el señor se sentó en el mismo asiento del día anterior, la mañana fue como siempre, muy ocupada.

El italiano ya iba por su tercer día de vacaciones, al parecer el dinero que llevó no le fue suficiente, lo digo por una llamada que recibí dándome la orden de que le hiciera un envío de dinero. Así que aproveché que el señor estaba y lo dejé en la peluquería mientras yo le ponía el dinero que se me había ordenado.

Al regresar, la fila de personas que me esperaban para su corte de pelo era alarmante, la verdad que era mucho trabajo para un solo peluquero, yo no tenía más opción que tratar de atenderlos a todos.

En la mañana del lunes, al llegar a la peluquería muy temprano, quien me saludó esa vez fue el italiano que ya había regresado de sus vacaciones y con él, estaba el señor, su amigo. Entonces, después de saludarlos con formalidad a ambos, le dije:

—Italiano, escucha muy bien lo que te voy a decir, y usted también señor, mientras tú estuviste de vacaciones, tuve la compañía de tu amigo aquí presente, muy bien que me acompañara, pero quiero aclararte algo y es que ni tú, ni el señor son más serios que yo, no necesito que me estén vigilando, el dinero que no es mío no lo tomo, así que con respeto te digo si no confías en mí, no es sano para ti tenerme trabajando en tu negocio.

—Tranquilo Esteban, no pasa nada —me contestó cambiado de color su cara, se le puso tan roja como un tomate.

Mi hermano Josué tenía algunas semanas de haber llegado, aún no tenía trabajo, estar en la casa todo el tiempo era aburrido para él, por esa razón pasaba la mayor parte del día en la peluquería con el italiano y conmigo. Cuando estábamos muy ocupados el italiano lo ponía a pasar uno que otro cliente. Un día en medio de la conversación le pedí al italiano que si podía darle la carta de trabajo para que mi hermano también obtuviera la residencia, como había hecho conmigo.

Josué tenía afán de conseguir ese documento porque él tenía planes de llegar a México y seguro de pasar la frontera; obteniendo la residencia tenía la oportunidad de regresar nuevamente a México si no lograba pasar a EE. UU. Yo me oponía a esa idea loca que él traía porque el peligro de cruzar la frontera era grande, había un grupo armado llamado los "X", ellos eran los que tenían el control en la frontera y ellos eran los del negocio de pasar a las personas, sus historias no eran buenas.

Ese grupo armado se formó en el noroeste del país, en una ciudad llamada Tamaulipas que forma parte de la frontera con Estados Unidos de Norteamérica, lo que permitió al grupo un crecimiento por encima de los demás grupos de todo México, pues al estar en esa posición dominaban los dos lados de la frontera, siendo el tráfico de personas y la pasada de droga su negocio oficial.

Ese grupo fue considerado el más sanguinario y temible, no tenían límites a la hora de violar la ley puesto que el dinero que manejaban les daba el poder de estar por encima de la misma ley. Las desapariciones de personas, secuestros y mutilaciones eran grabadas para mostrar con sus vídeos los letales que eran, también usaban el método de ahorcar a sus víctimas dejándolas colgadas en los puentes de la ciudad.

A ese tipo de peligros se exponían los inmigrantes que intentaban pasar la frontera, ante eso yo tenía muy claro que mi vida era más valiosa que todo el éxito que pudiera alcanzar.

Desde que estaba en República Dominicana me dije a mi mismo: «Nunca te subirás a una embarcación construida de forma irregular ni cruzarás fronteras con alto riesgo», yo lo tenía muy claro.

En República Dominicana muchas familias en los últimos años han sufrido el dolor de perder alguno de sus miembros por la desesperación de querer mejorar su situación; toman el riesgo de abordar una "yola" —embarcación casera— que sale de forma ilegal hacia Puerto Rico donde sus sueños se convierten en pesadillas, pesadilla de la cual muchos no despiertan.

Pero puedo afirmar con mi experiencia en México que este gran país no es solo violencia, también tiene sus culturas y buenos valores. Recuerdo mi visita al pueblo San Miguel de Allende, este pueblo al igual que el vecino pueblo, San Miguel del Alto, son muy pintorescos, su tradición te puede contagiar al instante.

En el mes de octubre declaran nueve días de fiesta, sus calles son decoradas de diversos colores, el ambiente carnavalesco también se hace sentir con los disfraces que son diseñados adecuadamente por las señoras, quienes juegan un papel importante desde su niñez para que la fiesta continúe por los siglos. Ellas en su época, cuando eran jóvenes, fueron participantes del reinado que se lleva a cabo en estos pueblos.

Cada noche, las jovencitas y jóvenes del pueblo se daban cita en el parque donde los hombres caminaban en sentido contrario de las mujeres, ellos regularmente llevaban flores; si una de las chicas le parecía atractiva le daban la flor, si ella la tomaba significaba que había atracción entre ambos jóvenes, de esa manera salían del parque y se sentaban en uno de los bares que estaban en todo el parque.

—Mira, ellos son de República Dominicana y su plan es irse a Estados Unidos, habla con tu patrón para que les consiga la visa —dijo el italiano a un joven que esperaba para su corte de pelo y que por su acento me di cuenta de que provenía del norte del país, Sinaloa.

—Simón, simón —dijo muy seguro de sí mismo y con un aspecto amigable.

Ese joven era del mismo tamaño de mi hermano, vestía con estilo del "bajo mundo" y de pelo corto, se veía que se rasuraba la cabeza. Mientras él estaba hablando con su jefe por teléfono, el italiano con emoción nos comunicaba lo rápido que ellos podían conseguir la visa. Según el italiano, les tenía confianza porque él estaba en la etapa final de resolver un problema que tenía con migración de los Estados Unidos, pues en una ocasión que intentó pasar hacia el otro lado de la frontera, migración le puso un sello en su pasaporte y le negó la entrada porque se había quedado más tiempo de lo permitido para su pasaporte italiano, a pesar de que ellos no necesitan visa para entrar al territorio americano.

Fue convocada una reunión para el día siguiente para conocer al patrón del joven y así nosotros obtener más detalles de todo ese proceso que nos tenía con intriga.

Esa fue la conversación de todo el día donde el italiano, en varias ocasiones, puntualizó lo dichosos que estábamos por conocer a esa persona, y que había algo que era de suma importancia y es que ya éramos residentes mexicanos. Era muy importante estar legal para poder hacer ese proceso con la embajada americana. A ese comentario yo reaccioné dando las gracias por habernos dado los contratos de trabajo.

El reloj marcó las 11 a.m., nos encontramos reunidos con el italiano, Josué y El Torero, esperando al joven que habíamos conocido el día anterior y que vendría con su patrón. Yo invité a El Torero para que estuviera presente en esa reunión porque él era muy listo y nos podría ayudar a determinar si todo eso se trataba de una farsa.

Una camioneta negra muy elegante estaba parqueada al frente de la peluquería, sus cristales estaban oscuros, por lo cual no se veía quién conducía; el copiloto abrió su puerta y pude ver que se trataba del mismo joven que había conocido, mi corazón saltó de alegría pues con su llegada todo parecía ser real, luego un señor vestido muy elegante, con un traje como los que usan normalmente los abogados y con lentes oscuros, se bajó de la camioneta.

—Qué hubole jóvenes —dijo en forma de saludo en la puerta.

—Aquí esperándolo jefe, pásele, pásele —dijo el italiano con la confianza de que ya se conocían.

—A ver, me dicen que ustedes al igual que el italiano quieren arreglar su visa de Estados Unidos.

—Sí, son ellos dos —dijo el italiano refiriéndose a nosotros.

—Hola, qué tal —saludamos mi hermano y le dimos la mano.

El Torero se encontraba en ese momento grabando de forma discreta la placa de la camioneta, él estaba disimulando, pero yo sabía lo listo que era y pude ver lo que estaba haciendo, eso me daba seguridad. Todo pasó muy rápido, el señor muy seguro de lo que decía nos daba a entender que era muy fácil para él ese proceso, pues era un alto funcionario del gobierno mexicano y trabajaba directamente con los cónsules americanos y que se hacían favores unos a otros.

Al final de la reunión Josué se disponía a ir al departamento donde vivíamos con la señora Miguelina a buscar mil dólares y yo al banco a retirar la misma cantidad, pues el acuerdo concluyó en que el señor a cambio de dos mil dólares nos entregaría los documentos en menos de 20 días.

Cuando se marcharon hubo un momento de silencio, después comenzaron las pláticas de emoción, pero también de dudas que era el caso de El Torero, quien no estaba de acuerdo en que nosotros le diéramos dinero al señor. El italiano aseguraba que el señor era un hombre muy serio y de respeto, Josué por otro lado con tono muy dominicano decía «Uuum, el que se queda con mi dinero se muere», yo solo estaba ahí sin decir una palabra porque no quería ni siquiera pensarlo.

Después de tantas malas experiencias que viví en República Dominicana, no podía estar de nuevo en la misma situación: dejar que alguien me prometiera un sueño y entregarle mi dinero en sus manos.

Yo no solo tenía mis propias experiencias en ese tipo de situaciones, sino que también conocía las de otras personas. Un día recibí una llamada cuando trabajaba como taxista en la República, me dieron la dirección de Vista Bella, número 2, casa 23, frente a la estación de gas; cuando hice contacto con el cliente, resultó que eran tres personas los pasajeros: una dama y dos hombres, por la conversación me di cuenta de que uno era el hermano de la mujer y el otro era un conocido de ellos y el motivo de estar juntos era porque este le daría una visa a la joven para que ella viajara a España.

Los dos hermanos venían en el asiento trasero y el señor iba de copiloto, él volteaba constantemente entre la conversación con los dos hermanos, en ocasiones también me hablaba de forma muy amigable, él notó mi incomodidad, pues al escuchar sus conversaciones, aunque no era de mi incumbencia, sus promesas a los dos hermanos me recordaban el momento en que alguien con la misma labia me había engañado sobre la visa. En una de las conversaciones me dijo que yo ganaría mucho dinero ese día porque visitaríamos varios lugares y que él pagaría muy bien. Solo le contesté un "ok" sin expresar ninguna emoción.

Al primer lugar que me pidió que los llevara fue a la avenida Duarte, esquina París, porque según él allí había una agencia de viajes donde iban a comprar el boleto aéreo para la joven; cuando estacioné el carro en el lugar que me pidió el señor, volteó con los hermanos y les pidió que le entregaran 60 mil pesos para hacer la compra del boleto, en ese momento tuve que poner la mano en mi boca porque quería decirle a la joven que no entregara su dinero tan fácil; no sé, pero tenía el presentimiento de que algo andaba mal.

La joven le entregó el dinero, entraron todos a la agencia, me quedé en espera de ellos, cuando regresaron, vi a los hermanos muy contentos, entonces parecía que todo iba bien.

El segundo destino que me ordenó el señor fue al Hospital Darío Contreras, donde escuché que allí él pagaría a un amigo médico que trabajaba ahí, este le daría los análisis médicos de la joven sin que ella se hiciera ni una sola prueba de sangre. Ese papel era muy importante para el requerimiento de la visa, escuché que eso le costaría 40 mil pesos. Ella emocionada sacó de su cartera la cantidad exigida y se la entregó; al llegar al hospital el señor les pidió a los hermanos que esperaran en el carro porque su amigo el médico hacía eso de forma discreta sin que el director del Hospital se enterara.

—Disculpen jóvenes, ¿ustedes conocen bien a ese señor? —les pregunté a los hermanos aprovechando que estaba a solas con ellos.

—Sí, es mi amigo —dijo el hermano con mucha seguridad en su palabra.

—Ah, ok, muy bien —solo eso contesté.

Ahí estaba yo en silencio después de mi corto comentario, al pasar un tiempo como de 20 minutos, el hermano pidió que esperáramos, que él iba a ver cómo iba el señor con eso del papel médico, miré a la joven por el retrovisor y vi que se estaba comiendo las uñas como si algo le preocupara; después de un largo rato, el hermano regresó y le dijo a la hermana desde afuera del carro:

—No encontré a ese hombre.

Miré su cara y vi como sus ojos se movían como si estuviera viendo a un loco, entonces la hermana se bajó del carro y lo cuestionó con palabras fuertes. Me pidieron que esperara, que regresaban pronto.

Choqué mi frente con el volante del carro varias veces porque mi presentimiento era cierto, ahí había un engaño, ya no me quedaban dudas. Traté de relajarme y seguí esperando porque ellos aún no me habían pagado por el servicio del taxi; luego escuché que alguien lloraba desesperadamente, al voltear vi a la hermana del joven con las manos en la cabeza. El hermano la sujetaba de un brazo para evitar el desplome de su cuerpo.

—¿Qué pasó? —pregunté, se acercaron al carro.

—Ese hombre me engañó, ese hombre me robó los únicos 100 mil pesos que me había mandado mi hermana de España para mi viaje —dijo la joven.

No supe si me contestaba a mí o solo era parte de su llanto porque no me miró mientras lo decía. Luego subieron al carro, me pidieron que los regresara al mismo lugar donde los recogí. La joven no paró de llorar en todo el camino de regreso, para ellos poder pagarme, tuvieron que pedir prestado dinero a una señora que estaba en la casa.

Al cabo de diez días mi hermano comenzó a presionar al italiano porque a esa fecha no habíamos tenido noticias del señor, yo sabía que todavía faltaban otros diez días, así que estaba tranquilo esperando a ver qué pasaba. El italiano seguía muy seguro de que el señor no nos fallaría, eso me gustaba escucharlo.

Para cambiar el tema con mi hermano y el italiano me puse a leer el periódico local; las noticias eran aterradoras, una familia entera fue privada de la vida en el interior de su vivienda, una niña de tres años fue la única sobreviviente y al llegar la policía la encontró sobre la madre que yacía en la cama con su ropa ensangrentada. Al comentar la noticia con mi hermano y el italiano noté que la sensibilidad por el dolor del otro no existía en el vecindario, esas cosas pasaban y la gente seguía normal sus vidas.

Yo sabía que todas las muertes eran por la venganza de nuestro antiguo cliente Dany, pero ese era el secreto que me mantenía con vida, así que no se me pasaba por la mente contarles lo que sabía al italiano y mi hermano. El italiano me cuestionó varias veces preguntándome qué había pasado ese día que fui a cortarle el pelo a Dany, yo le inventé una historia para desviarlo de la verdad.

Un sueño más que fue interrumpido sin que el final tuviera lugar, la misma roca ha hecho caer mi cuerpo al suelo, pero con la misma fuerza que me he levantado en otras ocasiones me levantaré en esta, no permitiré que la fe y la confianza que tengo en mí mismo sea quebrantada, "sí" he perdido mil dólares, pérdida que me hará más fuerte, pero ese señor que se aprovecha del deseo de los soñadores, tendrá que vivir el peso de una conciencia que lo juzgará y será miserable porque no se puede vivir tranquilo con los bolsillos llenos y el alma vacía.

Esa situación puso a mi hermano de muy mal humor, desahogó su sentir con el italiano reclamando que él conocía a ese señor y que aun así nos lo presentó para que nos estafara, por otro lado el italiano con preocupación, pues no sabía cómo afrontar ese problema, estaba avergonzado, se le notaba en su cara rojiza y en sus ojos dislocados, yo aunque también sentía rabia de perder mi dinero, no quería que mi hermano ofendiera al italiano pues él nos había ayudado a conseguir la residencia mexicana, así que calmé la situación.

Desde ese día mi hermano no tuvo paz, así que hizo los contactos para pasar la frontera de manera ilegal como ya lo había hecho en otro momento. Para ese proceso, su cuñada Adelaida le hizo los contactos con una prima que tenía y que vivía en la ciudad de Tamaulipas, en la conversación entre mi hermano y Adelaida solo escuché que ella le daba las direcciones a mi hermano de cómo debía llegar hasta esa ciudad y llegando allá, "La Mayimba", refiriéndose a su prima, lo recibiría y luego ella lo pondría en manos de un "Coyote", ese es el apodo que llevan las personas que pasan los inmigrantes por la frontera a cambio de dinero.

Diez de noviembre del 2010, eran las doce del mediodía, nos encontrábamos el italiano, mi hermano y yo. Mi hermano tenía una mochila en su espalda, nos explicaba que él tenía la suerte de que todo lo que se proponía en la vida lo lograba y que lo difícil para él era no cumplirse a sí mismo sus objetivos. El italiano le daba ánimo, asegurando que él lo lograría, que no era difícil.

Yo tenía en mi mente lo que ningún guerrero quería escuchar a la hora de salir a sus batallas, pero sabía que, si no decía lo que tenía que decir, la culpa de lo que pudiera pasar caería sobre mí, entonces tomé la palabra y dije:

—Mira hermano, estás tomando una decisión que te puede costar la vida. En esa frontera hay dos enemigos al acecho, uno está de este lado de la frontera y es el grupo llamado los X y hacía el otro lado, en territorio americano, están los locales americanos que odian a los inmigrantes y se dedican a cazar personas con escopetas y otras armas largas. Así que escúchame, aunque sea una vez, no te vayas, aquí nosotros podemos hacer una vida.

El tiempo no le fue suficiente a mi hermano para asimilar lo que yo le estaba diciendo, pues el autobús que estaba esperando se estacionó en ese momento, así que, con prisa, mi hermano chocó los puños con nosotros dándonos con ese gesto el adiós, lo vi correr y subir en aquel autobús que lo transportaría durante ocho horas hasta llegar a la frontera.

Mientras el autobús estuvo estacionado, mi hermano nos decía adiós por la ventana, un adiós que podría ser por poco tiempo o quizás años, también estaba la posibilidad de que ese fuese el último recuerdo que me quedara de él, pues a lo que se estaba arriesgando no era para pensar de otra manera.

—¿Qué pasa con ustedes, Esteban, las ganas que tienen de superación traspasa los límites? —preguntó el italiano con preocupación.

—Escucha muy bien la historia que te voy a contar y así sabrás por qué arriesgamos hasta la vida por superarnos, como es el caso de mi hermano.

»Nosotros venimos del seno de una familia muy pero muy pobre, mis padres eran campesinos, un día cansados de trabajar la tierra, mi papá decidió mudarse a la ciudad para buscar mejor vida, con él se llevó a Josué y a otro de mis hermanos, quedando yo a mi corta edad a cargo de mi madre y mis hermanas; fueron los peores momentos de mi vida, tuve que seguir trabajando el campo para poder llevar de comer a la mesa. Luego de un tiempo mi papá regresó por nosotros, para así estar juntos como una familia, nos mudamos al norte de la capital en el sector llamado Villa Mella.

»Por cosas que pasan en la vida mi papá perdió el negocio que tenía, las deudas lo arroparon, quedando todos sin comida y sin esperanza porque en la ciudad no era como en el campo que tus alimentos los obtienes de la tierra. En ese momento yo estaba en séptimo grado en la escuela, ya era un jovencito; un primo tenía una panadería y decidí un día probar si yo podía vender pan a las familias, llevándolo casa por casa, tomé un saco, lo llené de pan y salí promocionando el pan, "panadero, panadero llegó el pan", ese anuncio lo acompañaba con silbidos "fuiii, pan, fuiii"; el primer día los vendí todos y llegué a casa con una ganancia de cien pesos; el siguiente día regresé con doble ganancias, con ese dinero nos alcanzaba para el alimento del día.

»En República Dominicana hacer un trabajo como el que yo hacía no era bien visto por la "ignorancia y la doble moral", la gente se burla de ti, aunque ellos como tú son igual de pobres, prefieren morirse de hambre y no salir a hacer ese tipo de trabajos. No te miento que sentía vergüenza en ocasiones, un día iba con mis dos sacos de pan y en la distancia vi una jovencita que venía hacia mí, desde lejos pude ver que se trataba de mi compañera de escuela, de quien yo estaba muy enamorado, y aunque ya nos conocíamos muy bien, no le había contado a lo que me dedicaba porque mi trabajo no era algo para presumir, entonces antes de encontrarme con ella, decidí dejar el camino y entré en un bosque muy tupido para esconderme, para que ella no me viera con mis dos sacos de pan en mi espalda; no sé si ella me reconoció a la distancia, fue un tema que nunca tocamos cuando nos vimos nuevamente en la escuela.

»Esa es la razón por la cual nosotros nos afanamos por ser alguien en la vida, no queremos que la pobreza nos alcance como en esos tiempos. Hoy mi hermano está camino a la frontera, yo no haré lo mismo, pero sé que encontraré la forma de seguir mi vida hacia delante, de eso estoy seguro.

Mi trabajo en el bar me mantenía ocupado en los días que normalmente yo salía de fiesta con los amigos, por lo cual usaba los domingos para salir con ellos. En una ocasión nos encontrábamos en el bar llamado "Mala Noche" que estaba ubicado en la avenida Patria, ahí nos encontrábamos El Torero, Yordany y Poca Libra; fuimos a ese lugar para tomarnos unos tragos, pero "Poca libra", como siempre muy seguro de sí mismo, se sentó en el mueble de una forma inusual, usó el espaldar del mueble como asiento y colocó sus pies sobre el mueble con sus zapatos puestos. Un tipo de seguridad del bar se acercó y le pidió que bajara los pies del mueble, "Poca libra" a pesar de su baja estatura y de su delgadez, se mostró muy valiente y le dijo de una forma amenazante:

—Ven, hazme bajarlos.

El de seguridad lo miró de una forma analítica, entonces tomó su radio de comunicación y le habló a otro de seguridad que enseguida llegó al lugar, nosotros estábamos ahí esperando a ver qué pasaría, vi que el que llegó a dar apoyo miró la botella que teníamos en la mesa, parece que el precio que costaba esa botella fue suficiente para que él determinara que debían dejar que "Poca libra" pusiera sus pies donde a él le pareciera.

Esa noche mientras nosotros nos divertíamos entre el baile y una buena conversación, afuera estaba lloviendo con mucha intensidad, era una tormenta que había sido anunciada días antes. "El Torero" y "Poca libra" traían dos chicas que habían conocido en el bar, "Yordany" estaba borracho que no podía sostener su cuerpo, en cambio yo, siempre me mantenía sobrio, no era de mucho tomar, la razón de estar con ellos era para compartir, no para embriagarme.

"El torero" y "Poca libra" estaban cuadrando con las chicas para seguir la fiesta en casa de uno de ellos, entonces llamé a un taxi para regresar a casa con Yordany, él estaba por completo imposibilitado, él fue quien se acabó la botella de la mesa, para salir del bar tuve que pedirle al de seguridad que me ayudara a sostenerlo para subir al taxi.

Las calles parecían un río, el chofer del taxi iba manejando con precaución para no caer en una parte profunda de la calle y quedar estancados, cuando llegamos a nuestro destino le avisé a Yordany, abrí la puerta del carro y no había forma de bajarme sin que me mojara los zapatos y hasta el pantalón; no me importó y bajé porque no tenía opción, le di las gracias al chofer y también instrucciones para que tomara la mejor ruta de regreso.

Pasaron unos tres minutos, Yordany había bajado del carro, pero no lo vi caminar hacia el apartamento, entonces corrí hacía el lado donde él se había bajado y vi su cuerpo tirado en la calle con el agua que lo cubría por completo, lo levanté apresurado, aunque estaba muy pesado.

—Tú estás loco, te vas a ahogar —le dije.

—Ja, ja, ja, ja, ja, qué pasa mi carnalito te quiero un chingo cabrón —me contestó.

—Sí, sí, está bien, pero ven vamos a subir —le pedí poniendo su brazo en mi hombro para llegar hasta el apartamento.

Cuando todo estaba en calma y los demás dormían en el apartamento, de pronto oímos unos gritos que venían de la habitación de Miguelina, Eduardo se levantó y prendió la Luz, yo estaba de pie, pero faltaba Yordany, corrimos a la habitación de Miguelina, ahí estaba ella sentada en la cama con cara de espanto y con su ropa de dormir mojada, Yordany estaba parado a su lado y le dijo:

—Mamá disculpa, mamá sólo quería usar el baño.

—Pero Yordany, te has hecho pipí encima de mí, no, ¡esto es inaceptable!—reclamó Miguelina enojada.

Eduardo me miró aguantándose la risa porque la situación era seria, yo también moría de risa por dentro, luego llevamos a Yordany al baño, de esa manera todo volvió a la calma.

Los comentarios sobre la situación de mi hermano comenzaron a rondarme. La gente que conocía, los que formaban parte de mi mundo, me preguntaban qué había sido de mi hermano, que si había llegado bien, que si ya había llamado; a todas esas preguntas yo no tenía palabras para contestar porque era lo mismo que yo me preguntaba. Mi familia tenía la misma preocupación y hasta mi mamá estaba con ataque de nervios que ni deseos de comer tenía.

Ya había pasado una semana desde aquel día en que mi hermano partió hacia la frontera con el propósito de pasar hacia los Estados Unidos de Norte América.

Por otro lado, la novia de mi hermano no podía hacer mucho para encontrarlo del otro lado de la frontera porque ella también era una inmigrante que vivía de forma ilegal, o sea, todo se tornaba difícil para saber qué había pasado con mi hermano.

El miedo que sentía con todo eso de si mi hermano estaba bien o no me hacía perder la fe y en mi mente rondaban pensamientos negativos, esperando lo peor.

—Bueno Italy, yo no sé ni qué pensar porque el tiempo sigue pasando y no me llega ninguna noticia de mi hermano.

—No te preocupes bello, todo tiene que salir bien, creo que te estás preocupando mucho, seguro tu hermano está muy tranquilo tomándose una cerveza bien fría en este momento y tu aquí queriéndote morir por él —dijo el italiano en un intento de disimular su preocupación.

—Eso espero Italy, eso espero —le respondí y apoyé la cabeza en mi mano izquierda.

Esa conversación se terminó cuando una joven que llevaba dos días de estar trabajando con nosotros apareció. Ella era una morena clara, de uno 5.9 pies de altura, tenía cirugía en sus pechos, aparte de que se notaba que trabajaba su cuerpo en el gimnasio, sus caderas eran voluptuosas con muy buena forma, pelo negro largo, ojos pequeños muy bonitos, era un encanto la mujer. Ella carecía de conocimiento en lo que hacía, la peluquería no era parte de sus planes, se notaba que había decidido hacerlo cuando sus sueños se desplomaron y en busca de una salida, eligió cortar cabello aunque no se le diera el arte.

Yo pretendía disimular que solo era una nueva compañera de trabajo, pero la verdad es que desde el primer día que la vi, mis pensamientos eran otros y mi corazón latía de forma irregular. Así que establecí una amistad con ella. Yo me ofrecí a enseñarle lo que sabía del arte de cortar cabello y ella con gusto me aceptó como su maestro. Su nombre era "Emilia".

Con la llegada de Emilia a la peluquería, también se hizo frecuente la visita de un amigo del italiano de nombre "Roberto" que vivía a una esquina de distancia de la peluquería, él a sus 30 años aún vivía con su papá, no trabajaba, vivía de sueños y planes. Él siempre nos visitaba a la una de la tarde que era la hora en que se levantaba, o sea su mañana era en las tardes, vivía de manera relajada y sin preocupaciones.

Los días pasaban, yo seguía de maestro tratando de mejorar las habilidades de Emilia y Roberto la esperaba para fumarse con ella un cigarrillo. Una noche, después de terminar un largo día de trabajo, invité a Emilia a cenar, la llevé al restaurante del amigo del italiano, esa noche comimos una pasta que era el mejor plato del lugar y nos tomamos una botella de vino que nos sirvió para relajarnos y olvidarnos del estrés del día. Con el vino se me hizo fácil decirle lo bonita que se me hacía, con mis halagos se le sonrojaron las mejillas como si fuera una niña chiquita que escuchaba un piropo por primera vez.

Una tarde, Roberto me expresó que estaba muy enamorado de Emilia y que tenía una cita con ella al caer la noche. A sus palabras me quedé en silencio buscando qué decirle porque la intención de él era interrumpir mis sentimientos y quedar con el camino libre para conquistarla.

—Mira Roberto, vamos a hacer esto fácil y como hombres. Yo como tú, estoy detrás del encanto de Emilia, qué te parece si los dos luchamos por su amor y el que primero la conquiste se queda con ella, y el perdedor se retira, así quedamos de amigos como siempre, ¿qué te parece? —le comenté de forma muy seria.

—Me parece bien Esteban, trato hecho —me contestó y estrechó mi mano.

Al día siguiente, Emilia llegó imponentemente hermosa a trabajar, la ayudé a hacer sus cortes del día, pero noté que todo el día estuvo muy seria, como si algo le pasara. Así que le pregunté si todo estaba bien.

—Mira Esteban, déjame decirte algo y que te quede muy claro, yo no soy un juguete para que personas como tú hagan apuestas como si yo fuera un objeto, ¿qué te pasa, eh? Ayer mientras cenaba con Roberto me contó que tú le propusiste una apuesta, que quien me conquistara primero se quedaría conmigo, qué cosa más absurda Esteban.

Ante todos esos insultos que estaba escuchando, no tenía palabras para contestar, así que solo le di las buenas noches y me marché.

A Roberto no se le vio en la peluquería por más de tres días, por mi lado no quería mirar la cara de Emilia después de ese incidente, solo trabajamos como si no nos conociéramos.

Una tarde vi llegar a Emilia con Roberto muy felices y contentos, demostraban un amor ante mí como si fueran novios desde mucho tiempo atrás, yo ignoraba lo que estaba pasando, aunque la rabia me estaba matando.

Emilia en su modo de vivir y actuar daba a entender que andaba perdida, a pesar de que trataba de esconder en realidad quién era, sus ojos la delataban, en ellos se veía una mujer llena de miedo e inseguridad.

—Buenas tardes —dijo una señora en la puerta.

—Buenas tardes, ¿en qué podemos ayudarle? —contestó el italiano.

—Vengo aquí porque necesito pintar mi pelo, ¿podrán ustedes hacerlo aquí?

—Claro que sí señora, pásele —le dijo el italiano y volteó su mirada a Emilia que estaba sentada con Roberto en el sillón de espera de los clientes.

La principal razón por la que Emilia trabajaba con nosotros era porque en su entrevista para obtener el trabajo había dicho que era experta en colorimetría y tratamientos con el pelo de las mujeres.

Yo, aunque no le daba mi atención directamente a Emilia por el mal momento que pasé, le daba seguimiento a todo cuanto pasaba con ella en el trabajo, así que escuché la conversación entre ella y la clienta y entendí que ella no tenía ni idea de lo que iba hacer; la clienta con el deseo de tener un cambio total de su *look*, no se daba cuenta de que estaba expuesta a una inexperta.

La señora tenía su pelo rojo y quería cambiarlo a rubio, noté que Emilia estaba sudando, sus ojos buscaban ayuda con desespero, el italiano estaba muy distraído trabajando, no se percataba de lo que estaba pasando en su negocio.

—¿Qué le parece señora su cambio? —le preguntó Emilia mientras le enseñaba con el espejo la parte de atrás de la cabeza.

La señora se pasaba la mano en el pelo, se miraba de un lado a otro y no contestaba a la pregunta de Emilia. Yo miraba y pensaba lo mismo que la señora y movía mi cabeza como diciendo "ese pelo no está rubio", más bien parecía el color amarillo que usan para pintar la división de las calles y las aceras. La señora se levantó de la silla sin contestar una sola palabra, pagó por sus servicios y se marchó.

El día siguiente la misma señora saludó a la puerta, eran las dos de la tarde, nos encontrábamos el italiano y yo.

—Vengo porque me hicieron un mal trabajo ayer, mire el color de mi pelo, yo lo quería rubio y vea lo que hizo esa muchacha en mi pelo —expresó con enojo la señora.

—No se preocupe señora, hago una llamada que ella salió a su hora de almuerzo —contestó preocupado el italiano.

En la conversación que tuvo el italiano con Emilia le contó toda la situación; por lo que entendí ella venía de regreso a la peluquería y resolvería el problema.

La señora se sentó a esperar, el italiano y yo seguimos atendiendo a los clientes que seguían llegando, al paso de dos horas Emilia aún no aparecía, así que el italiano le hizo otra llamada, llamada que no fue contestada.

Ese fue el recuerdo que me quedó de Emilia, más nunca volví a verla, ella nunca regresó a la peluquería, ni siquiera por sus cosas.

—Esteban, llegaste —mencionó Miguelina desde su habitación, la reconocí por el tono de su voz porque con la puerta cerrada no la podía ver.

—Sí, Miguelina, soy yo, buenas noches.

—Ah, muy bien, tengo noticias de tu hermano y no son buenas —dijo con un tono de voz bajo.

«Dios, por favor, no he sido mucho de pedirte favores, pero en éste momento, si tú estás ahí mirando todo lo que pasa con tus hijos, como dicen los que fielmente te siguen, y que los milagros para ellos pasan constantemente y aseguran que el que te pide de corazón tú lo escuchas, entonces mi corazón está lleno de miedo y desde lo más profundo de mi alma necesito que lo que estoy a punto de escuchar no sea tan malo, que no vaya a quitar la paz a mi familia, tú sabes cuánto mi madre ama a Josué, si le pasa algo ella morirá de dolor, Amén, Amén, Amén.», oré mentalmente.

—¿Qué pasó Miguelina, qué le pasó? —le pregunté con desespero.

—Dame un segundo Esteban y salgo que me estoy cambiando de ropa.

—Ok, aquí estoy —le dije y apoyé mi cuerpo a la pared al lado de su puerta.

—Pues bien, Esteban... —dijo del otro lado de la puerta mientras la abría.

—¿Sí? —pregunté ya sin paciencia por la espera.

—La policía fronteriza de los Estados Unidos se comunicó con Marta y le informaron que Josué fue encontrado durmiendo en un establo de un ranchero al lado de unos caballos y que posiblemente le imputen cargos por penetrar en una propiedad privada —me explicó ella muy tranquila.

—Oh, Miguelina, qué susto me has dado, ¡te lo juro que yo pensé lo peor! ¡Gracias, Dios, que por lo menos está vivo! Lo demás se resuelve —le contesté.

—Ah, eso sí, Esteban, eso sí —dijo Miguelina.

Con esas noticias los días de insomnio terminaron porque la preocupación que tenía de que mi hermano estuviera en peligro me tenía los nervios de punta, entonces solo era esperar cuál sería el siguiente paso con él.

Días después de saber la buena noticia de mi hermano, aún seguía sin saber de él, la información me llegaba a través de Miguelina quien también las recibía de Marta, era desesperante la comunicación, pero era la única vía que tenía, así que de esa manera me enteré de que él sería deportado a República Dominicana.

Dos semanas después recibí la llamada de mi hermano, hablamos por un buen rato, dentro de tantos temas que tocamos, él me pidió el favor de ir a República Dominicana a llevar sus maletas porque toda su ropa estaba allí, favor que le dije que no haría porque no era el momento para regresar al país, le dije que el poco dinero que tenía ahorrado no lo usaría para ir a llevar unas maletas, y le recordé que él tenía la residencia mexicana que yo le había ayudado a conseguir, que mejor comprara un vuelo de regreso a México, o si el deseo era quedarse en la República por un rato, el pasaje me costaría treinta y cinco mil pesos que sería el equivalente de sus cosas en las maletas, que mejor él gastara esa cantidad y comprara todo nuevamente.

Esa idea que le di a mi hermano lo molestó mucho, me acusó de mal hermano y de mal agradecido, me recordó que gracias a él yo estaba en México, así que me exigía que le llevara sus maletas, lo cual firmemente le dije que no haría. Opté por decirle que le haría un envío con las cosas más importantes, como perfumes y gorras, que eran las cosas que yo sabía que él quería.

Al llegar al departamento de Miguelina, después de tener la conversación con mi hermano, ella me recibió con el mismo tema, ella también afirmaba que yo tenía que llevarle las cosas de mi hermano, a lo cual le contesté lo mismo que a él, que le haría un envío. Entonces ella tomó una actitud un poco arrogante y agresiva, y me dijo:

—Mira Esteban, si no quieres ir no hay problema, yo misma tomaré el primer vuelo a la República y le llevaré sus maletas.

—Se me hace muy bien, si usted cree poder hacerlo, muy bien, yo no puedo ir a la República en estos momentos —le contesté muy tranquilo.

Al día siguiente tomé de las maletas de mi hermano las cosas que le ofrecí mandarle, me dirigí a la compañía de envíos y le mandé lo prometido.

Mientras estaban pasando todas estas cosas, también en la ciudad se estaban preparando para la gran cena que se celebraba el veinticinco de diciembre, "Miguelina" al igual traía el mismo afán.

Yo recibí la invitación de parte de Adelaida para que cenara con ellos en familia porque según lo que me informó, todos estaríamos juntos en la cena, Miguelina y sus hijos, así que me hizo responsable de que no faltara a la cena, yo le informé que con gusto asistiría.

En la cena conocí a varios miembros de la familia, tuve la oportunidad de interactuar con ellos, la pasamos muy bien, fue la primera navidad lejos de mi familia, pero la verdad que ellos me hicieron sentir como si estuviera en mi casa.

Al final de la fiesta, los hijos de Miguelina decidieron quedarse porque al día siguiente se irían de viaje con los primos a la playa, así que Miguelina y yo nos regresamos al departamento y nos dimos las buenas noches como normalmente hacíamos.

En la mañana, al levantarme para salir a mi trabajo, Miguelina estaba esperándome en la puerta de la habitación donde dormía. Su cuerpo, por la posición que tenía, me comunicaba algo, entonces le pregunté:

—¿Qué pasa Miguelina? Te siento como rara, ¿pasa algo?

—No Esteban, no pasa nada, solo estoy aquí porque quiero informarte que necesito que me desocupes la habitación —me dijo sin mirarme a la cara.

—¿Y qué pasó? Pensé que todo estaba bien, que estabas a gusto de que yo rentara tu habitación —le contesté con mucha seguridad porque yo era muy responsable con los pagos de cada semana.

—Sí, pero ya quiero mi habitación —me dijo fríamente.

—Ok, no hay problema, ahorita me voy —le dije.

—No Esteban, no es para que te vayas ahora, solo es un aviso para que busques con calma dónde vivir —me dijo.

—No, gracias Miguelina, donde no me quieren, no vivo ni un segundo más —le dije mientras recogía todas mis cosas.

Con mi respuesta ella tomó una actitud de "no me importa" y decidió ayudarme a recoger todas mis pertenencias.

Capítulo 16
UNA MAÑANA GRIS

El tiempo pasó rápido y se me hizo tarde para abrir la peluquería, eran las once de la mañana, ya con todo listo, una maleta y una bolsa donde tenía mis cosas, saqué la llave del apartamento que me había dado ella a mi llegada y se la entregué.

—Antes de irme de tu apartamento, me gustaría saber la verdadera razón por la cual me echas de tu casa —le pregunté.

—La razón, Esteban, es que al llegar de mi trabajo ayer encontré el baño todo sucio y sin descargar el inodoro, y mi apartamento olía horrible, ya me cansé de eso —me dijo con tono dudoso.

—Muchas gracias por el tiempo que me permitiste estar aquí, lo aprecio mucho y si en otra cosa causé tu enojo o infelicidad, te pido me disculpes, traté de comportarme lo mejor que pude; si algo salió mal en todo este tiempo, solo pasó porque soy humano y la perfección entre los humanos no existe, Dios contigo.

De esa manera tomé mi maleta, la puse en mis hombros junto con la bolsa, me sentía como un indigente que camina sin rumbo fijo, aunque sabía que por lo menos en mi trabajo había una puerta que por unas horas se abriría para mí.

Mientras caminaba, ya muy cerca de la peluquería, vi al italiano que acababa de llegar, él siempre llegaba tarde porque quien abría el negocio era yo.

—¿Qué pasa contigo, Esteban? ¿Cómo es que no has abierto aún? —me preguntó con un tono de enojo que nunca había escuchado de él.

—Italy, ¿por qué no me preguntas primero qué me pasó? No ves cómo vengo con mis cosas, estoy totalmente en la calle, tendré que buscar dónde vivir, es lo más importante para mí —le expliqué con la maleta y la bolsa encima de mí.

—Ya te peleaste con la señora con quien vivías, ja,ja,ja,ja, no te preocupes hermano son cosas que pasan, ven pon tus cosas aquí que yo te llevo a vivir donde vivo yo, allá hay una habitación disponible, eso creo, llamaré a la señora "Leila" para informarle que tú llegarás con nosotros —me dijo más calmado.

—Muchas gracias por tu ayuda, Italy.

Pasé a vivir a un lugar más grande y solo para mí, pero en esa habitación la cama eran dos muebles unidos, la primera noche no pude dormir, me pasé horas de sueño acomodando los muebles y cuando pensaba que por fin dormiría, se dividían otra vez, fue una pesadilla.

Aquí vivíamos el italiano, la señora Leila, su esposo y yo, la ubicación de la casa era perfecta porque estaba exactamente en esa residencia detrás del bar donde yo trabajaba, aunque en ese momento estaba disfrutando de las vacaciones de pascua. Mis vacaciones comenzaron el veintidós de diciembre y terminaban el ocho de enero, así que me la pasaba de fiesta con "El torero" y los amigos.

Una noche me esperaba "El torero" afuera de la casa, con prisa trataba de ponerme mi mejor traje ya que esa noche íbamos a visitar un bar nuevo que tenía de nombre "Mami - mamita", estaba ubicado en la avenida Vallarta, muy cerca de la universidad de Guadalajara.

Yo estaba disfrutando de la música, que por cierto era muy buena, bailaba como si nadie existiera, sin pena ni temor a bailar, cuando de repente se me acercó un joven de complexión atlética, vestía traje negro, su peinado muy a la moda, cara perfilada y de un tamaño un poco más alto que yo.

—¿De dónde eres? —me preguntó.

—De República Dominicana.

—Oh, bailas bien —comentó.

—Normal, sólo me gusta bailar —le contesté sin darle importancia.

—¿Te gustaría trabajar con nosotros? Soy el dueño de este lugar —me dijo muy seguro de lo que hablaba.

—Muchas gracias, pero ya trabajo en un bar —le contesté.

—Mira, esta es mi tarjeta de negocios; si te parece, ven el lunes a mi oficina y dime cuánto te pagan y yo te pago el doble —me dijo.

—Ok, lo pensaré —le contesté sin el más mínimo interés.

Le conté a El Torero sobre esa conversación que tuve con el dueño del bar y me convenció de que era buena idea trabajar en ese nuevo bar porque ellos estaban creciendo de una forma alarmante, así que el bar prometía mucho.

—Buenas tardes —saludé en la puerta de la oficina del joven y le pregunté por Amador.

—Buenas tardes, ¿quién lo busca? —quiso saber una joven con una sonrisa muy amable.

—Dígale que es el joven que conoció en el bar el sábado pasado y que él le ofreció trabajo.

—Momento, por favor —dijo y se dispuso a abrir una puerta—. Amador lo busca un joven aquí afuera —escuché que le dijo.

—Pásalo —respondió sin pedir detalles de quién era.

—Pase señor —dijo la joven mientras seguía sosteniendo la puerta para mi entrada.

—Gracias —le contesté y pasé.

De esa reunión que tuve con el joven Amador sentí que había encontrado la dirección que por años había buscado porque ese día exactamente comencé el camino que me llevaría al éxito. Porque de estar ganando dos mil pesos de sueldo, que era mi pago en mi trabajo como cantante, pasé a ganar seis mil pesos, que me eran más que suficientes para cubrir mis necesidades y la promesa que le hice a mi madre y lo más importante, me sobraba para mis ahorros.

Mi nuevo trabajo me ocupaba cuatro días de la semana, de miércoles a sábado y mi horario era de diez de la noche a dos y media de la madrugada; mi papel a desempeñar era solo hacer amigos, regalar tragos, bailar y hacerles la celebración a los cumpleañeros.

En muy poco tiempo, por alguna razón, comencé a ser la sensación del bar; mi jefe, el joven Amador, estaba muy contento con mi trabajo, yo sabía lo que tenía que hacer y además, que lo que hacía me gustaba, no era más que conocer amigos, bailar con chicas. Literalmente, yo ponía la fiesta en el bar.

Ser de piel morena me daba un plus, era como lo más exótico porque en ese tiempo la emigración en México todavía no había tenido el auge que ha venido teniendo los últimos años, así que el terreno era totalmente mío y yo sabía que tenía que sacarle provecho.

Los anuncios del bar que estaban en vallas, casi por toda la ciudad, tenían la foto mía, eso de cierta manera me hacía famoso en la ciudad y la peluquería comenzó a sentir los efectos del huracán de éxitos que se aproximaba en todo mi entorno.

Ya no pasaba desapercibido en ningún lugar al que llegaba. Recuerdo que en Guadalajara se estaban celebrando los juegos Panamericanos en ese tiempo. Asistí con amigos, el narrador que estaba comentando los juegos me mandó un saludo diciendo:

—Saludo muy especial para el negrito del bar "Mami-mamita" que se encuentra visitándonos esta noche.

De repente, las cámaras me enfocaron y salió mi imagen en todas las pantallas del lugar; después comenzaron a llegar las chicas a donde yo me encontraba pidiendo que me tomara una foto con ellas, a lo cual yo accedía muy feliz, pero al cabo de diez minutos ya tenía una fila de personas que querían tomarse una foto conmigo. Me sorprendí con lo que estaba pasando —irónica la vida, ni cuando era cantante tenía ese reconocimiento.

Como no pude llevar las maletas de mi hermano a República Dominicana y la señora Miguelina tampoco lo hizo, entonces no tuvo más opción que regresar a Guadalajara, aunque su plan era quedarse en República Dominicana por unos meses.

Una mañana me encontraba platicando con la señora Leila y al mismo tiempo preparaba algo para comer porque a las diez tenía que estar en la peluquería, de pronto sonó mi teléfono, era mi hermano Josué.

—Hello, qué lo que Josué —le respondí.

—Tranquilo, oye, donde tú vives, ¿no hay una habitación para mí? Ya no quiero vivir aquí más —me respondió del otro lado de la línea.

—¿Qué pasó? —le pregunté.

—Nada, que ya me quiero ir de aquí —me contestó.

—Ok, espérame y le pregunto a la señora.

—Es mi hermano señora, quiere saber si usted tiene otra habitación disponible —le pregunté a la señora Leila.

—No, Esteban, no tengo más espacio, pero si ustedes quieren yo le rento el apartamento de mi papá y me traigo a mi papi para la habitación donde tú duermes y así ustedes se van para allá y viven juntos, ¿qué te parece?

—Me parece bien, pero ¿dónde está ubicado el apartamento? —pregunté curioso.

—Está exactamente en la glorieta de Felipe Zetter con Nicolás Copérnico, en paseo del sol —explicó con detalles.

—Oh, muy buena ubicación —le contesté.

Ese mismo día Leila y yo nos dispusimos a cerrar el negocio quedando de acuerdo en que le pagaría un mes de renta por adelantado por tres mil pesos, más cuatro mil pesos si me quedaba con los muebles del apartamento. Realicé el pago, mi hermano no pudo ir a ver el apartamento pues se encontraba trabajando. De esa manera quedamos mi hermano y yo responsables de todos los gastos del apartamento, algo que no era difícil para nosotros porque estábamos ganando buen dinero; él en una peluquería estética donde trabajaban mujeres y hombres y yo en el bar "Mami - mamitas" y con el italiano en la peluquería.

Después de cerrar trato con la señora pasé por la peluquería, tomé el carro del italiano y recogí mi maleta que era todo lo que tenía y la llevé a mi nuevo lugar, ya solo en el apartamento inspeccioné todo con tranquilidad, tenía una sala con muebles, una nevera, una mesa de comedor, lavadora. En cada habitación había una cama, en la pared tenía un cuadro que representaba una guitarra con signos musicales.

En la habitación principal la cama era tamaño matrimonial y en la segunda habitación el tamaño de la cama era individual, por lo cual decidí poner mi ropa en el closet de la habitación principal, me tiré en la cama y la sentí cómoda y confortable y pensé, «por fin mi cuerpo dormirá en una cama de verdad».

Al llegar la noche estábamos mi hermano y yo en nuestro lugar, le mostré todo el apartamento, él revisaba minuciosamente porque quería estar seguro de que los cuatro mil pesos que dimos por los muebles era algo justo, cuando abrió el *closet* se encontró con mi ropa muy bien acomodada.

—Oh, ya pusiste tu ropa aquí, ¿entonces esta va a ser tu habitación? —me dijo con tono de desaprobación.

—Así es hermano, ¿qué te parece, te gusta? —le contesté ignorando el sentimiento que sabía que él tenía.

—¿Cómo que si me gusta?—me dijo mirándome fijo, hubo un momento de silencio donde solo nos mirábamos y luego siguió diciendo—:Tú elegiste la mejor habitación, pero escucha esto, si yo salgo de cacería y cazo una cabra que será nuestro alimento durante varios días y tú no estás presente, ¿crees que yo te voy a esperar para que puedas saborear el filete y después de que calmes el hambre, voy a comer yo?, piensa en eso y entenderás.

»Yo lo entendí muy bien y como lo entendí muy bien, de los cuatro mil pesos que diste de los muebles solo te daré mil pesos para que no seas tíguere —me dijo mientras me daba la espalda.

—¡Wow, wow! —solo eso le contesté.

La mañana del día siguiente me despertó el sonido del teléfono de mi hermano desde la otra habitación.

—Hello —dijo mi hermano en voz alta—, dime a ver muchachito, estás perdido —siguió diciendo.

Imaginé que del otro lado de la línea estaba un buen amigo suyo por la emoción con la que estaba hablando y la manera como lo nombró: "Muchachito". Era su costumbre llamar así a sus amigos cuando dejaba de verlos por un rato.

—Muchacho, si te cuento lo que yo pasé en esa frontera, yo estoy vivo por milagro de Dios, mira éramos diez los que íbamos y los que nos llevaban eran cuatro, los famosos coyotes —Mi hermano comenzó a contar una historia que a mí me interesaba conocer porque, por alguna razón, nunca quiso contarme lo que pasó aquel día que se fue a los Estados Unidos y que fue preso, así que me senté en la cama muy cerca de la pared para escuchar mejor.

—Ellos ya tenían todo preparado para pasar la parte más peligrosa que era el río —explicó mi hermano—, una soga estaba amarrada desde el lado mexicano hasta el otro lado, Estados Unidos. Nos indicaron que nos sostuviéramos fuerte de la soga y que de esta manera fuéramos pasando de dos en dos, así lo hicimos. Ya del otro lado, el siguiente reto era caminar por el desierto, ya tu sabes, nos esperaban unos dos días de camino, pero cuando teníamos como una hora de camino yo comencé a notar comportamientos extraños de los hombres que nos llevaban, notaba que cada vez éramos menos, ósea de diez que salimos, quedamos siete y cuando pregunté por los otros compañeros, sus respuestas se me hicieron sospechosas.

»En ese momento estábamos descansando y cubriéndonos del intenso calor debajo de un árbol, le dije a ellos que tenía ganas de ir al baño, así que me separé del grupo, me adentré en un bosque muy tupido para hacer mis necesidades, pero en mi camino al bosque me tropecé con un cuerpo, era uno de los que iban con nosotros que estaba con una herida en el cuello, al percatarme de esa situación corrí despavorido, ellos se enteraron de que yo descubrí el cadáver e intentaron seguirme, pero me les perdí en el bosque.

»Caminé perdido en el desierto todo el día hasta que encontré un rancho con un potrero donde había caballos, así que estaba tan cansado que me metí a ese lugar y en la hierba seca, que era el alimento de los caballos, me acosté, quedé profundamente dormido. Al día siguiente, los dueños del lugar me despertaron, cuando abrí los ojos, ellos me apuntaban con dos escopetas, tranquilamente levanté mis manos, luego uno de ellos se acercó a mí y con una soga me amarró las manos y los pies, entonces escuché que hablaban a la policía, así fue como vine a terminar preso. Ahí duré como un mes, luego me llevaron ante un juez y este me sentenció a deportación a República Dominicana y una condena que no podía pisar territorio americano de por vida. Así pasó todo amigo mío.

Llegó la hora de irme al trabajo, así que salí de mi habitación y fui a bañarme; cuando dejé el apartamento, todavía mi hermano seguía en el teléfono con su amigo.

Mi cuenta en el banco estaba con el suficiente dinero producto de mi trabajo en el bar y en la barbería del italiano, así que un día le dije al italiano que ya era el momento de poner mi propio negocio, él me pidió que me quedara unos meses más con él hasta que encontrara a alguien que lo ayudara, a lo cual accedí por el agradecimiento que tenía hacía él.

Ya que todo se estabilizó con el italiano, con la ayuda de mi amigo "El torero" comenzamos a buscar local para poner mi propia barbería. Buscamos por diferentes zonas de la ciudad, hasta que encontramos uno que nos pareció con buena ubicación, así que empezamos con el proceso para rentarlo y para que eso sucediera, solo necesitaba que el papá de "El torero" me firmara como fiador para dar alguna garantía.

Todo parecía ir bien, pero invité a mi hermano para que viera el local, a él le gustó mucho y entonces me pidió que fuéramos socios. Ante eso me negué por los inconvenientes que habíamos tenido cuando trabajaba para él en República Dominicana.

—Hermano, yo tengo el dinero para poner solo ese negocio —le dije—, si tú quieres, vente a trabajar conmigo, no como mi empleado sino como si fueras socio, solo pagarás la mitad de la renta de cada mes, pero no quiero que inviertas en el negocio, es que no quiero volver a estar jamás bajo tus órdenes e inversiones, lo que pasé contigo fue horrible —Eso último se lo dije de forma muy seria.

Noté que se molestó y lo dicho fue suficiente para que él usara sus influencias con el papá de El torero ya que eran cuñados por parte de Marta, la hermana de Adelaida y madre de El torero.

El día siguiente tendríamos que firmar los documentos para la renta del local, pero El torero me informó que su papá le había dicho que si no hacía la sociedad con mi hermano no me firmaría, todo quedó inconcluso y no seguimos con los planes que teníamos.

El tiempo siguió su curso, yo trabajando con el italiano y en el bar y mi hermano siguió en la estética. Un día después del trabajo nos encontrábamos en el apartamento conversando y caímos nuevamente con el tema de abrir una peluquería juntos, esa vez yo fui más flexible porque la posibilidad de abrir la peluquería yo solo estaba casi que imposible porque necesitaba la firma de una persona que tuviera propiedades y esa persona era el cuñado de Josué.

Ese día que conversamos era sábado y al día siguiente no trabajábamos y decidimos salir a buscar local juntos.

Como el departamento estaba en el sector de Paseo del Sol, determinamos que era buena idea buscar en los alrededores, ya que no teníamos en qué transportarnos, de esa manera solo caminaríamos.

En nuestra búsqueda vimos uno que otro local, preguntamos por uno que nos llamó la atención por su ubicación, era una esquina muy transitada; había una tienda de abarrotes en el local de al lado. Entramos y preguntamos con la idea de que ellos quizás sabían alguna información, entonces un señor que se encontraba en la tienda nos dijo todo acerca del local, resultó ser el dueño.

Era un lugar pequeño, pero era suficiente para poner dos sillas de barbero que era lo que nosotros necesitábamos, afuera tenía una puerta blanca cubierta de una malla metálica que le daba un *look* de marquesina.

Todo pasó muy rápido, al parecer el dueño del local tenía la publicidad de "se renta" por años y al encontrarnos a nosotros como clientes vio la oportunidad de rentar el espacio.

Comenzamos los trámites y realizamos todo el proceso para cerrar el acuerdo. Lo más importante era la firma del papá de "El torero", es decir que todo estaba resuelto porque para que el señor nos ayudara la solución era la sociedad con mi hermano, y yo por falta de opción ya lo había decidido.

El local estaba en muy malas condiciones y nosotros logramos que se viera mucho mejor, solo pagamos por el letrero que un señor que se dedicaba al oficio de la pintura puso para nosotros, el anuncio decía: "Dominican Barber Shop".

Comenzamos a prestar nuestros servicios sin inaugurar el lugar, pues la verdad es que la condición física de la peluquería no era como para presumir. Aunque teníamos la fe de que el negocio sería un éxito, nuestra preocupación era cómo lograr el primer mes para pagar la renta.

El primer día de trabajo nos las pasamos arreglando detalles que faltaban, las personas que pasaban solo miraban con curiosidad, y así el día fue pasando sin que nadie entrara por nuestros servicios, la noche llegó y mi hermano y yo no llevamos dinero a casa.

El día siguiente abrimos a la diez de la mañana, un día más que comenzó con un ambiente despoblado como el día anterior; para entretenernos trajimos del departamento un mini radio, digo mini porque era muy pequeño, pero sonaba tan fuerte como un minicomponente. Así que comenzó el ambiente con la buena bachata, salsa, merengue y reggaetón. Mientras la música sonaba yo cantaba al compás de la voz del artista, por otro lado, mi hermano de vez en cuando se tiraba uno que otro pasito de baile.

Ese día solo tuvimos un cliente y fue el señor que nos rentó el local. Cuando él saludó en la puerta mi corazón saltó, pensé que era un transeúnte normal que había decidido entrar por un corte de cabello, pero bueno, por lo menos el señor pidió que le cortáramos su cabellera, mi hermano lo pasó a su silla. Cuando terminó de cortarle el pelo, el señor pagó por su servicio, luego mi hermano acudió por una escoba para barrer los cabellos del piso, pero antes de que él lo hiciera, yo reaccioné y le dije:

—No Josué, no barras el pelo, déjalo para que la gente que pasa vea que tuvimos clientes, quizás se motiven y acudan por su corte de pelo.

Así fueron pasando los días, una que otra persona de vez en cuando se motivaba a cortarse el pelo, pero nosotros seguíamos con el mismo entusiasmo, nos dábamos ánimo el uno al otro, hacíamos planes, a veces mi hermano comentaba:

—Ya verás Esteban, un día esta peluquería va a llegar a ser la más famosa de todo Guadalajara.

Yo también estaba de acuerdo con mi hermano porque a decir verdad no había peluqueros con la experiencia que teníamos, entonces solo era cuestión de tiempo para que la gente conociera nuestro talento.

Mi trabajo en el bar me daba la seguridad que necesitaba para mantener mi mente más relajada ante el reto que habíamos tomado mi hermano y yo; el dinero que ganaba era suficiente para poner mi parte tanto en el pago de la renta del apartamento como el de la renta del negocio.

En el bar nosotros hacíamos fiestas temáticas y le conté a mi hermano que el sábado siguiente sería noche dominicana, él me comentó que no le gustaba mucho salir en Guadalajara, pero que esa noche iría a visitarme al bar y que invitaría una joven que, de forma secreta, tenía de novia, y que conoció cuando trabajaba en la estética como peluquero.

Yo vi entrar a mi hermano con una joven de la mano; como estaba atareado por tanta gente que teníamos en el bar solo lo saludé de lejos haciéndole una señal de que luego pasaría por su mesa a darle la bienvenida. Cuando terminé de atender y reubicar a algunos amigos que eran mis invitados pasé por la mesa de mi hermano, lo saludé con un abrazo, pues verlo en mi lugar de trabajo me daba alegría, él me presentó a la joven que traía, era una morena de ojos grandes y claros, pelo negro, unos centímetros más alta que él, estaba subidita de peso, pero, aun así, no lucía desproporcionada.

La noche siguió e igual yo seguí en mi tarea para lograr el propósito que siempre tenía cuando trabajaba, que era hacer que la noche fuera especial para nuestros clientes; cada momento que me quedaba libre, pasaba por la mesa de mi hermano, noté que los tragos ya le estaban haciendo efecto.

Su novia se me acercó y me dijo al oído:

—Oye, tu hermano ya está muy borracho.

—No te preocupes, ahorita le digo para que se vayan al apartamento —le dije para darle a entender que todo estaba bien.

Mi hermano que estaba sentado, observaba la conversación entre la joven y yo, se paró de la silla y dijo:

—Ustedes creen que yo soy pendejo, yo sé lo que ustedes están hablando —soltó y me empujó con agresividad.

—¿Pero qué te pasa a ti Josué? —le contesté y me marché.

Unos minutos después de ese mal momento que pasé con mi hermano, lo vi salir con la joven, entonces pensé: «Bueno, ya por lo menos se van a casa». Yo conocía bien a mi hermano, él era tan inseguro que era capaz de crear situaciones absurdas, así como en ese momento que creó un ambiente de celos por la cercanía de la joven conmigo.

Cuando llegué a casa esa noche, escuché a mi hermano y a la joven conversando un poco subidos de tono en su habitación, no presté atención a nada porque yo solo quería dormir, estaba muy cansado.

Al día siguiente, como siempre, estaba en la peluquería luchando por subir la clientela; no hubo comentarios al respecto de lo que pasó la noche anterior, al contrario, noté que mi hermano estaba más callado y tranquilo de lo normal.

Mi hermano aún seguía trabajando en una peluquería que se llamaba: "Boxi peluquería", él solo trabajaba los jueves en ese entonces; aunque estábamos tratando de subir nuestro negocio, el dinero que ganaba los jueves en "Boxi Barber Shop" nos servía para los pagos de nuestra renta.

Pero ese jueves que tenía que estar trabajando, la vida le tenía otros planes, una llamada que recibí me desconcertó, era mi hermano en la otra línea que con agobio me dijo:

—Esteban, estoy preso, esa muchacha que llevé al bar aquella noche me quiere hacer daño.

—¿Pero cómo que te quiere hacer daño? ¿Qué pasó? —le contesté con asombro.

—No hay tiempo para explicar, ve con el señor de la estética donde yo trabajaba, dile que yo estoy preso, que la "negra" me ha hecho un daño y que si él puede convencerla de que venga a retirar la denuncia.

—Ok, ok —le contesté con apuro.

Tomé mi teléfono y con nervios llamé a mi amigo el torero, aunque mi hermano no quería que la familia de Marta se enterara yo no tuve más opción porque no tenía forma de transportarme. Así que El torero y yo fuimos a la estética, explicamos el caso al señor, él ya estaba informado de todo pues la joven le había contado, así que pidió que nos reuniéramos en pocos minutos en la estación de policía donde tenían a mi hermano.

Cuando íbamos de vuelta, el torero llamó a su papá para informarle del caso, al cabo de veinte minutos nos encontrábamos reunidos todos en el calabozo. Un alto jefe militar que estaba encargado del caso de mi hermano dijo:

—Señores, pónganse de acuerdo porque este caso es grave, su familiar está acusado de violación por esta joven aquí presente. Ante lo escuchado todos nos miramos con asombro. Adelaida que estaba ahí, solo se puso la mano en la cabeza y luego el jefe siguió diciendo—: Si ella, que es la afectada retira la querella, yo libero al joven, pero antes deben pagar la multa de 35 mil pesos"

—¡Oh, Dios mío! —exclamé al escuchar lo que el jefe acababa de decir.

Entonces pedí pregunté si me permitían ver a mi hermano, el jefe autorizó a un guardia de seguridad para que me llevara hasta la celda donde él se encontraba. Bajamos unas escaleras que olían a orines y heces de manera asquerosa.

Desde lejos vi la silueta de una persona que esperaba en la puerta de hierro. Era mi hermano que buscaba la única brecha de luz que entraba.

—*Klk*, hermano —le dije saludándolo.

—Aquí muchacho que esa mujer me metió en un problema feo —dijo agarrándose de los barrotes de la celda.

—Sí, el jefe dice que ella te acusó de violación, también dice que si ella retira la denuncia y se hace un pago de treinta y cinco mil pesos, te podrás ir con nosotros hoy mismo —le dije.

—Hermano, sácame de aquí por favor, yo no quiero estar aquí, ni en México, apenas salga me voy a República Dominicana y no regreso más —dijo con desesperación.

—Bueno Josué, tú sabes que los ahorros que tengo son para soportar los primeros meses del negocio.

—Paga la multa Esteban que yo te lo repongo, págala por fa —me pidió ansioso.

—Ok, déjame ver, pero de todos modos será mañana porque ya es muy tarde para retirar esa cantidad del banco.

Todo quedó de realizarse el día siguiente, la joven retiró la querella, pero dejó muy claro que no quería ver a mi hermano cerca de ella nunca más.

Como siempre, El torero como mi mejor amigo me acompañaba a todos lados, en esa ocasión íbamos rumbo a la estación de policía con la suma exigida por el jefe militar. Cuando llegamos ya estaba todo arreglado para despachar a mi hermano, solo faltaba el pago, así que le entregué los treinta y cinco mil pesos de forma secreta, él no se empeñó en revisar lo que le había entregado envuelto en un periódico, minutos más tarde nos encontrábamos de regreso con mi hermano a bordo del carro.

Todo comenzó a marchar de forma normal, nos enfocamos nuevamente en el objetivo que era subir la clientela de la peluquería, sobre la detención de mi hermano no se volvió a hablar, el tema quedó concluido porque era un tema vergonzoso.

Después de terminar ese sábado de trabajo que era el día que más gente nos visitaba, me encontraba en un autobús de la ruta 126 con rumbo al bar, ese día llegué una hora antes de lo normal porque teníamos una coreografía nueva y debíamos ensayar para presentarlo esa noche.

Al llegar al bar, inmediatamente el señor "Carlos", uno de los socios del bar, me invitó a la oficina para platicar, fue extraño para mí porque él nunca hablaba conmigo, yo sabía que era uno de los dueños porque mis compañeros comentaban sobre él.

—Esteban, tú tienes un hermano aquí en Guadalajara que se llama Josué, ¿verdad? —me dijo serio al tiempo que se acariciaba la barbilla.

—Sí señor, ¿cómo sabe usted de él? ¿Dónde lo conoció? —le pregunté con asombro.

—No lo conozco, hoy en una reunión que tuvimos todos los socios del bar, uno de ellos trajo la foto de Josué y dijo que él tenía un hermano que trabajaba con nosotros, dijo que él había violado a una mujer muy amiga de mi socio y que por eso estaba en la lista de los que esa semana serían levantados, pero yo pedí que no le hicieran nada hasta investigar contigo sobre ese caso—me contó con seriedad,

—Sí señor, es mi hermano, él estuvo aquí el sábado pasado, pero por favor hable con su socio, que le perdone la vida, se lo pido por favor hoy mirándolo a la cara —le dije con preocupación.

—No te preocupes, al momento que me enteré de que era hermano tuyo, mandé a parar todo contra él, te lo comunico para que le digas a tu hermano que cuide sus pasos de ahora en adelante porque el cartel tiene los ojos puestos en él.

—Oh, gracias, señor, gracias —le dije y me marché desconcertado.

Al día siguiente le conté toda la situación a mi hermano, él, aunque se mostró muy sereno, yo sabía que solo estaba disimulando el miedo porque, aunque en República Dominicana él mostraba su valentía ante los delincuentes, en México la historia era otra, la manera en la que operaban los carteles —grupos armado— no era la misma que en nuestro país.

Los grupos armados tenían un solo sistema de operar, si tú tenías algún pendiente con ellos, solo iban por ti, no había nadie que te salvara si estabas sentenciado a muerte.

Mi hermano tuvo esa sentencia de muerte, pero fue perdonada por tratarse de mi hermano y de que yo sin saberlo trabajaba para ellos, digo esto porque el bar "Mami mamita" era negocio del cartel, y de alguna forma yo era la estrella del lugar, si así se puede decir.

Uno de esos días de locos en el bar, donde se me hacía difícil caminar por la cantidad de clientes, vi llegar a El torero, Poca libra y cuatro jóvenes más que no conocía, sin embargo, continué mi tarea con una charola, con tragos que llevaba para regalar a una mesa de amigos que estaban haciéndome la visita esa noche.

Observé que se ubicaron en la mesa VIP que estaba reservada para ellos, cuando me desocupé pasé a saludarlos.

—¿Ustedes están listos para la fiesta? —dije, los saludé uno a uno y me presenté con los que no conocía.

—A ver guey, qué andas haciendo aquí guey —me dijo Poca libra sorprendido.

Yo entendí su sorpresa porque cuando yo salía con ellos me vestía con buena ropa, pero lo que él no sabía era que esa ropa me la prestaba El torero para que yo encajara en su círculo social como él solía decirme, y al verme con una charola trabajando afanosamente no lo asimilaba. —A ver guey, siéntate aquí —me dijo—, ve a llevar esa charola al lugar de donde la sacaste, ya no trabajarás más aquí, tú eres un amigo de los que más aprecio, así que te voy a poner a ganar dinero, te garantizo que en seis meses serás tan rico como nunca imaginaste, no me creas a mí, si quieres solo mira a "Karin", él trabaja para nosotros y mira la vida de lujos que lleva ahora.

»A ti te voy a mandar a Guatemala, trabajarás para un amigo mío, no tendrás que hacer nada arriesgado, solo lo acompañarás a donde él vaya, él tiene todo arreglado y nunca pondrá en peligro a una persona que yo le mande, así que arreglé todo para que te vayas esta misma semana —me dijo muy seguro de todo el plan.

—Poca libra, tú eres la única persona en la que confío en esta ciudad, contigo yo trabajo en lo que me digas, pero a tu amigo en Guatemala yo no lo conozco así que si es contigo comenzamos a trabajar en este mismo momento, pero con tu amigo no —le contesté como una forma de negarme a trabajar con su organización, porque yo sabía que el trabajo que él hacía para la organización, que en ese momento lideraba su tío, era el lavado de activos, y con él directamente no había trabajo para mí.

—Tienes miedo, guey, tú sabes que conmigo no hay nada que hacer, tú sabes cuál es mi trabajo —me dijo presionándome.

—Sí, yo lo sé, pero también sé que no confío en nadie más que en ti amigo mío —terminé diciendo.

Yo manejé la situación de la propuesta de "Poca libra" de manera que no me viera como negando a su petición, porque tenía claro que negarse a algo que ellos querían, aunque fuera tu amigo, podía significar el final. También tenía claro que mi futuro no estaba en el dinero fácil como ellos solían decir.

«Un salón de estética con "chicas chichonas"», nos decían los clientes cuando nos contaban sobre el servicio que ellas daban; ese lugar quedaba a una cuadra de nuestra peluquería, el lugar estaba quebrado porque la intención de las chicas cuando lo pusieron era vender sus cuerpos, no para cortar cabello, pero la falta de experiencia de las que manejaban el negocio llevó al cierre total del lugar.

Yo tenía el lugar en la mira porque se me hacía excelente para la peluquería, ya que nuestro local era muy pequeño y no se veía elegante, y eso era algo que nosotros queríamos. Un día que iba pasando por el frente del salón vi que estaban sacando los muebles y subiéndolos a un vehículo, me paré y le pregunté a un señor si sabía de la renta del lugar, me informó que seguramente su hermano lo rentaría de nuevo, para mi suerte ya estaba hablando con alguien de la familia del dueño del lugar, este me dio el número telefónico de su hermano.

A un mes de esa conversación, mi hermano y yo estábamos preparando el lugar con mucho entusiasmo, ya el crecimiento se estaba empezando a ver y la clientela que teníamos era gente de nivel económico alto, así que teníamos el compromiso con ellos de poner una peluquería con más estilo.

Los acuerdos entre mi hermano y yo, aunque eran de boca, los teníamos muy claros y lo que establecimos se tenía que respetar para evitar tener los conflictos que en tiempos pasados tuvimos en República Dominicana. Todo estaba basado de manera simple, el dinero que yo generaba era mío, al igual que lo que él hacía era suyo; la renta se pagaba cada mes y cada uno ponía la parte que le correspondía, eso también lo hacíamos con los pagos de las facturas de los gastos para mantener el lugar.

Pasaron dos años del reto que un día nos propusimos, tener nuestro propio negocio, la fama de "Dominican Barber Shop" estaba por toda la ciudad, nosotros seguíamos con la misma temática de tener la buena música, cantar y bailar mientras cortábamos el pelo.

Capítulo 17
AMOR PELIGROSO

Cada martes en el bar la fiesta era latina, el ambiente lo ponía un grupo de salsa cubano con el nombre "Avenida caliente", ellos eran buenos en lo que hacían; a pesar de ser un día entre semana el bar se llenaba, la gente los seguía. Mi función ese día en el bar era ayudar a un maestro de baile a dar la clase de salsa.

Un día mientras trabajaba conocí a una hermosa joven, ella era muy blanca para ser mexicana, tenía ojos de color mezclado entre miel y azules, su pelo tenía un color castaño claro, medía 5.7 pies de estatura, su cuerpo era robusto, con buena forma, su estilo al vestir era muy a la moda, elegante y su nombre era Monserrat.

Ese día que la conocí, ella estaba con una amiga muy diferente a ella, de actitud arrogante, de esas que se creen ricas por vestir según ellas con ropa de marca y tener el último celular. Monserrat estaba contenta por nuestro encuentro, me llevó con su amiga para presentarme.

—Mira, él es Esteban, el bailador de Mami-mamita —dijo Monserrat con excitación.

—Hola, ¿cómo estás? —la saludé extendiendo mi mano con formalidad.

La actitud de la joven me perturbó, no era algo que pasara regularmente, ella solo volteó su cara hacia la ventana que daba a la calle y me dejó con la mano extendida. Monserrat al ver la actitud de su amiga tomó mi mano y me llevó de nuevo a la pista de baile.

Monserrat desde el día que me conoció quedó enamorada al igual que yo, sentí que ese mismo día que nos conocimos nos hicimos novios, solo que queríamos cumplir con el protocolo social porque después de un mes de conocernos fue que nos dimos el primer beso.

Ella me visitaba en el bar cada martes, bailábamos muy bien la salsa, nos divertíamos juntos, era bonito estar a su lado, ella era mi chofer porque al terminar la fiesta me llevaba a casa en su camioneta *Ford Escape*; el amor que nos teníamos era algo increíble, buscábamos cualquier excusa para estar juntos. Después de dos meses de relación conocí a sus dos hijos: Jordán, que en ese tiempo tenía diez años y Thalía que estaba en la adolescencia tenía catorce años.

Así como amaba a su madre, los amé a ellos, se me hacían niños muy educados y cariñosos.

Cada domingo, después de terminar mis seis horas de trabajo en la peluquería, nos íbamos a comer mariscos a un pequeño pueblo llamado Chapala, no solo era la buena comida sino también la buena salsa que ponían en el lugar. Los domingos eran de salsa y era uno de los mejores restaurantes, estaba ubicado exactamente al lado del inmenso lago que tenía el pueblo, se llamaba igual Chapala, y el restaurante: *El bamusito*.

En ese momento el éxito que tenía la peluquería era notable por las filas de clientes que esperaban cada día por sus cortes de pelo, a mi hermano le gustaba tener la atención de los clientes y comenzó a crear un ambiente de chiste solo para hacer buen ambiente con ellos y que se divirtieran con cada cosa que él decía; y así entre sus chistes, me tomó a mí como el objetivo principal de sus comedias y en forma de broma decía cosas como: "cuidado con Esteban que no se tomó la pastilla hoy, míralo cuando comienza a bailar y a cantar es que ya se está enloqueciendo y puede ser peligroso". Los clientes reían a carcajadas con las ocurrencias de mi hermano.

Eso se le hizo costumbre, yo por mi lado también disfrutaba, aunque yo fuera el hazme reír de todos; un día, cuando la peluquería estaba tan llena de clientes que más que una peluquería parecía un bar, se me ocurrió inventarme una historia de nosotros, de nuestra infancia:

—Escuchen señores —dije para atraer la atención de todos—. En una ocasión, cuando yo solo tenía doce años y mi hermano catorce, decidimos ir de compras a Plaza del Sol, todos la conocen, ¿verdad? —pregunté a los clientes para incluirlos en la historia y todos contestaron sí, y seguí contando—. Nosotros tomamos el autobús 126, mi hermano que en ese tiempo tenía problemas para hablar porque nació con la lengua pegada, no tenía facilidad de movimiento como la gente normal, así que cuando estábamos a una cuadra de nuestra parada en Plaza del Sol, mi hermano le dice al chofer: "chofer ejame, chofer que me eje, eme eje", mi hermano hablaba con ansiedad. Yo miraba al chofer queriendo decirle de forma clara lo que mi hermano intentaba porque vi que el chofer no entendía, pero era tarde porque la parada de nosotros ya había quedado atrás como a tres cuadras de Plaza del Sol.

»Entré en pánico y no me salía la voz, entonces mi hermano muy enojado le dijo al chofer nuevamente: "Chofer oñasoo e me eje te Ije oñaso".

»De pronto el chofer paró y le dijo a mi hermano: "igue relajando oñaso Igue relajando", el chofer tenía el mismo problema que mi hermano para hablar y pensó que Josué lo estaba remedando y por eso lo ignoraba. No pude ni reírme porque yo era parte de lo que pasaba y estaba asustado.

Así terminé la historia a los clientes que se arrastraban de la risa, mi hermano se quedó muy serio, fue el único que no sonrió.

Nosotros estábamos tan ocupados que no dábamos abasto para cumplir con todos los servicios que ofrecíamos, por ejemplo, al terminar cada corte le lavábamos el pelo al cliente, luego le dábamos estilo al pelo y finalmente un pequeño masaje con una máquina que teníamos de mano.

Con todo eso se le ocurrió a mi hermano traer a nuestra hermana mayor, Estela, quien llegaría a México a través de un contrato de trabajo que nosotros le haríamos por medio de la peluquería. Yo no estaba totalmente de acuerdo con esa idea porque veía que no era rentable para mi hermana, pues su sueldo estaría muy por debajo de lo que le costaba a ella vivir en Guadalajara. El plan de mi hermano era que ella ganaría diez pesos por cada cabeza que lavara. Yo le aseguraba a mi hermano que eso no era suficiente para que ella pudiera vivir, entonces le propuse que sería mejor ponerle un salón de estética para que ella lo administrara. Él se negó rotundamente asegurando que él la traería solo para lavar la cabeza de los clientes y nada más.

Esa idea le costaría a mi hermana la pena de tener que dejar a su hijo de un año, era mi nuevo sobrino Yohandy, que tuvo con un hombre procedente del norte del país, Jarabacoa. Este se comprometió con mi hermana para cuidar del bebé hasta que ella se acomodara en Guadalajara y luego regresaría por ellos. Era algo que yo imaginaba que no pasaría.

Con la llegada de Estela hice oficial mi noviazgo con Montserrat, en una de las visitas al pueblo de Chapala, invité a Josué y a Estela a que nos acompañaran. Compartimos una botella de vino y disfrutamos de la música y decidí comunicarles el amor que sentía por Montserrat y de lo feliz que estaba de haberla conocido. Mi comentario la hizo sonrojar y se lanzó a mis brazos escondiendo su cara en mi pecho, Estela y Josué sonrieron.

Ya había tenido malas experiencias con Josué, la manera en que mi hermano pensaba con respecto a las mujeres era única, él tenía su propia forma de ser, su corazón se enamoraba a cada segundo sin importar la mujer que fuese, él sufría de hambre y sed de amor, las relaciones que iba acumulando durante su vida eran suyas para siempre, a él le era imposible dejar atrás una relación.

Muy cerca de la peluquería había una escuela de preescolar, la directora era una joven que por la manera que lucía, parecía una señora, era muy baja de estatura, de cuerpo grande, piernas muy delgadas, cabello largo, cara redonda y con un lunar de esos que salen y su tamaño no es normal, se le notaba en su mejilla derecha desde la distancia, su nombre era Rubí.

Ella cuando conoció a mi hermano, parece que sintió encontrar el amor, pues en la manera que lo trataba no era para pensar lo contrario, los regalos y cuanta cosa valiosa que mi hermano recibía eran de su parte.

Mi hermano comenzó a portarse de manera extraña conmigo, si yo salía de la peluquería a caminar en los alrededores, él me perseguía de manera discreta, pero yo me daba cuenta, me llamaba constantemente para saber dónde estaba. En una ocasión salí de la peluquería a una reunión con mi jefe para hablar de temas para mejorar el rendimiento en las noches de salsa del bar y treinta minutos más tarde, mi teléfono sonó en medio de la reunión.

—Hello —dije.

—Hello, ¿dónde estás? —dijo mi hermano.

—¿Por qué, pasa algo? —pregunté.

—No, no pasa nada, dame la dirección para ir con ustedes.

—Ok, estamos en la avenida Chapultepec, cerca de la estatua de los niños héroes —le expliqué y quedé pensativo.

Él nunca llegó y al día siguiente pasó lo mismo cuando salí a comprar el desayuno a la tienda de la esquina; mientras esperaba, mi teléfono sonó de nuevo, era Josué, le contesté un poco molesto y me hizo la misma pregunta que dónde estaba, colgué la llamada y me regresé a la peluquería. Él estaba sentado en la parte de afuera del local, pues no teníamos clientes en ese momento y entonces le dije:

—Mira Josué, tú me estás persiguiendo hace días, sé lo que piensas, tú crees que yo estoy viendo a tu novia Rubí y estás muy equivocado. Yo si tengo valores, no pienso como un animal, así que espero que sea la primera y la última vez que tú me haces una escena de celos con una pareja tuya, eso nada más te digo, ok —le solté con furia.

—Yo no estoy haciendo eso —contestó mi hermano de forma tímida.

—Bueno, ya te dije —le contesté y me marché a buscar de nuevo el desayuno.

Ese tipo de situaciones con mi hermano siguieron sucediendo, así como era de bueno para generar momentos de mal gusto, también era bueno para hacer crecer los negocios. Nosotros comenzamos con los precios bajos para los cortes, pero al mudarnos al nuevo local, él los subió, los clientes pagaban sin problema.

Era común en mi hermano que me recordara de manera muy grosera que gracias a él yo había llegado a Guadalajara, usaba términos como: "cállese come mierda, recuerda que quien te trajo aquí fui yo".

Si a alguien tenía que agradecerle que saliera de mi país era definitivamente a Josué, pero recuerdo que en una discusión que tuvimos, sus palabras me humillaron tan fuerte, que le dije que sus favores y la ayuda que me había dado estaban totalmente pagados.

Sus palabras me causaron tanto dolor que también le dejé muy claro que si no paraba con sus ataques, revelaría el momento en que estuvo preso y la razón deshonrosa por la que fue detenido. Él no creyó que yo fuera capaz de hacerlo y un domingo que estábamos sacando cuentas junto con mi hermana Estela, se estresó porque faltaba dinero en la caja, y como mi hermana era la que llevaba la administración arremetió contra ella.

Le reclamó de una manera que no me pareció bien y le pedí que fuera más amable con ella, pero mis palabras lo enfurecieron aún más y muy enojado me dijo:

—Cállate, no he pedido tu opinión, yo no te traje de la República para que te metas en mis asuntos.

—¿Sabes exactamente para qué me trajiste? ¿Quieres saber? —le pregunté mientras lo miraba fijamente a la cara, pregunta que él no contestó, entonces seguí diciendo—: Tú me trajiste para que yo te sacara de la cárcel —mi declaración generó un silencio y la conversación terminó.

En ese momento solo habló la mirada de mi hermana, en sus ojos se le notaba lo sorprendida que estaba, Josué en sus ojos tenía odio y maldad, por mi lado solo tenía el sentimiento de desahogo y un poco de furia también.

Mi popularidad en la ciudad era gracias a mi trabajo en el bar, y eso lo llevé a la peluquería. Como tanta gente me conocía, era normal que cada día un sin número de clientes nuevos llegaran buscando mi servicio.

Por otro lado, mi relación con Monserrat estaba parada en una cuerda floja, sentía que algo andaba mal, no era nada concreto, la duda la tenía yo. Cuando pasó el tiempo fui viendo un comportamiento en ella que me ponía a pensar, a pesar del amor que le tenía no estaba dispuesto a aceptar sus costumbres.

Yo trabajaba los sábados en la noche en el bar y no había forma de que nos viéramos, a menos que ella me visitara, pero como eso no era posible porque ella cuidaba a sus dos hijos, llegamos a la conclusión de pasar las tardes de los domingos juntos en familia después de terminar mi trabajo en la peluquería.

Era tanta la gente que me conocía que ella por ser mi novia tampoco pasaba desapercibida, todos la señalaban como la novia del negrito del bar "Mami- mamita". En una llamada que recibí de parte de una joven que conocí y que sentía celos de Monserrat me dijo que yo creía que tenía un gran premio por estar con Montserrat, pero todo eso era porque yo no estaba enterado de la vida que ella llevaba en mi ausencia y que era hora de que me enterara; me aseguró que en ese momento ella se encontraba en un bar llamado La esquina caliente, y que ahí estaba ella bailando con otros hombres de manera inapropiada.

Eran la doce y treinta de la madrugada, yo tenía que hacer el show de la noche a la 1:00 a.m., pero fueron tan grandes los celos que sentí que salí corriendo para ver con mis propios ojos lo que acababa de escuchar, y calculé que el bar donde ella estaba era a tres esquinas de mi trabajo, el tiempo me alcanzaría para ir y venir sin que mi jefe se enterara de mi ausencia.

Cuando por fin llegué, me quedé unos segundos afuera para tomar aire, me recuperé, entré al bar como si yo fuera un cliente normal, la gente comenzó a saludarme pues muchos también eran clientes del bar "Mami-mamita"; aunque ellos sabían de mi relación con Monserrat, decidí no preguntar por ella, porque yo quería sorprenderla en el acto y así descubrir que ella me mentía. Busqué una parte del bar donde pudiera ver a toda la gente que estaban bailando, vi que se divertían, intrigado me movía de un lado a otro, pero no fue posible verla en ese momento. Entonces pensé, fue una falsa alarma la llamada que recibí o quizás se fue antes de que llegara al lugar.

Mi intuición y mi corazón estaban de acuerdo en que algo pasaba con Monserrat, lo malo era que no sabía qué era. Era algo que me tocaba descubrir, o también tenía la opción de mirar sin ver y solo disfrutar de los momentos que pasábamos juntos; a su lado todo mi ser se desvanecía de tal manera que me sentía como esas hojas que el viento mueve de un lado a otro en la primavera.

El domingo era nuestro día de salir de la ciudad para relajarnos juntos y disfrutar de un buen plato de comida, pero ese domingo no fue posible verla porque ella tenía un evento familiar; aun así nos mantuvimos en comunicación, el teléfono fue nuestra conexión todos los días hasta que el martes apareció Monserrat en la puerta de la peluquería. Eran la dos de la tarde, su presencia fue una sorpresa que no esperaba, ella estaba parada en la puerta con sus ojos brillosos, con una ternura que no había visto en otra ocasión, mi corazón bailó la canción que traía su mirada, mi estómago pintó las mariposas de color rojo y le dio vida y salieron a volar.

Mi orgullo fue más fuerte que la vergüenza porque de mi boca salieron estas palabras delante de todos los clientes:

—Miren señores, qué hermosura de mujer ha venido a visitarme, su nombre es Monserrat y es quien me tiene hablando solo, me tiene loco de amor.

Ella respondió con un sonido que siempre usaba cuando yo la elogiaba, "Uuuu, mi amor", ese sonido tierno lo hacía combinándolo con un gesto en su cara.

Terminé el cliente que tenía en ese momento, le comuniqué a mi hermano que tomaría una hora de descanso para comer y estar con Monserrat. Normalmente comía mi almuerzo en la peluquería, pero ella cambió mi rutina, cómo negarme a hacerlo si el susurro de su voz retumbó en mis oídos:

—Hoy estoy aquí porque tengo deseos de ti, ¿no sería mejor que almuerces en tu departamento y así te preparo una rica agua de limón? —Yo entendí lo que ella quería y me sentí escogido por su amor.

Después de fundir mi cuerpo con el de Monserrat, nos quedamos acostados boca arriba mirando hacia arriba, la decoración del techo era la simulación de un cielo estrellado, ahí estuvimos contando una a una las estrellas.

—Mi amor, ¿irás al bar esta noche? —le pregunté.

—Todavía no sé, Jordan está enfermo, si se alivia, voy —me dijo sin perder la concentración en el conteo de las estrellas en el techo.

—Ok, me avisas —le dije.

Entendí la razón de la visita de Montserrat, en ese momento pensé que ella me amaba, porque como su hijo estaba enfermo, ella no podría ir al bar ese martes, por eso había decidido visitarme a la peluquería con su plan de luego tener nuestro encuentro de amor en mi departamento.

Esa noche el bar comenzó de forma tranquila, los músicos llegaron temprano y comenzaron a ensayar los temas que tocarían más tarde, mi trabajo los martes no era más que dar una clase de baile de salsa junto a un maestro profesional que trabajaba para el bar también.

La fiesta comenzó fría por la poca gente que teníamos, pero al cabo de las once de la noche el ambiente empezó a mejorar, entre el flujo de gente que empezó a llegar, me sorprendió la llegada de Monserrat, yo no la esperaba porque en nuestra conversación ella me iba a avisar si se decidía a visitarme.

Me acerqué a ella, le di un beso y le pregunté que cómo seguía Jordan, me dijo que estaba mejor y que por eso decidió ir al bar; en su hablar la noté fría, también vi que no tenía su atención, sino que mientras hablaba su mirada estaba enfocada en el grupo que estaba tocando.

Cuando el grupo terminó la canción, ella se acercó a ellos y saludó con mucho afecto al que tocaba el saxofón, ellos eran amigos y tenían en común que fumaban, así que siempre salían a fumar cuando llegaba la hora de descanso de los músicos.

Esa noche ellos estaban más intensos de lo normal, cuando terminaron de fumar bailaron una canción. Sus miradas se cruzaron constantemente durante la noche. Por mi lado seguía trabajando, aunque mi atención siempre estaba con ella.

Era la 1:40 a.m. cuando los músicos estaban recogiendo sus instrumentos porque la fiesta había terminado, antes de terminar la última canción se me acercó Monserrat y me dijo:

—Amor, me voy, me llamó Thalía para decirme que Jordan está llorando, así que me voy.

—No sé si creer la historia de tu niño enfermo, esta noche estuviste muy extraña conmigo —le dije reflejando duda en mi voz.

—Amor, deja tus celos, si sigues con eso, vamos a terminar la relación —me comunicó enojada.

—¿De cuáles celos hablas, si yo nunca te he celado? —le contesté con tono más alto.

—Bueno, me voy, ya te dije, piensa lo que quieras —me dijo mientras caminaba con prisa.

En ese momento vi que el músico con quien ella estuvo fumando también salía del bar, volvieron las dudas a mi mente de que algo no estaba bien con ella. Después de que se fue me quedé un rato más en el bar y después de terminar con mis tareas tomé un taxi para regresar a casa, cuando íbamos como a una cuadra del bar, vi la camioneta de Monserrat en una de las calles de poco tránsito, vi que las luces intermitentes estaban parpadeando.

—Hey espera —le dije al taxista—, ahí está la camioneta de mi novia, detente.

—Sí, espera y me estaciono aquí, está celoso mi negrito —me dijo el taxista ya que él me conocía muy bien porque él trabajaba para los clientes del bar.

—No, no celoso, pero tú sabes que las mujeres son muy inteligentes y tú nunca sabes qué se traen.

—Ah, eso sí mi negrito, eso sí —dijo y rió a carcajadas.

De pronto la camioneta se puso en marcha, entonces le pedí al taxista que la siguiera, íbamos con dirección al suroeste de la ciudad, el trayecto que habíamos recorrido era suficiente para preocupar al taxista.

—Estás seguro negrito que quieres seguir detrás de ella, mira el taxímetro cuánto dinero ha marcado —me dijo.

—No te preocupes por dinero, yo pago lo que sea por saber qué está pasando, ella a mí no me va a poner de relajo —le expliqué al taxista.

Desde la distancia vi el letrero de un hotel, la camioneta iba rumbo a esa dirección. «Dios, no puedo creer que Monserrat me esté engañando, ella me ha usado todos estos meses», pensé, pero me tranquilicé cuando vi que la camioneta continuó.

En la persecución pasamos por diferentes residencias, yo no conocía esa ruta que ella tomó, pero también pensaba que podría ser otra manera de ella llegar a su casa.

De repente veo que se estaciona, le pedí al taxista que se pusiera al lado de la camioneta; ya estacionado, bajé el cristal e hice una señal a Monserrat de que bajara el cristal de su puerta para poder verla, al hacerlo vi que no era ella quien manejaba, era su amiga Brisa quien estaba al volante, Brisa era quien siempre acompañaba a Montserrat, era su amiga de fiesta.

—¿Dónde está ella? —le pregunté con voz amenazante.

—Ah, yo no sé, quizás está en el carro que está detrás de mí —respondió nerviosa.

—Dale para atrás —le ordené al taxista.

Hice varias señales pidiéndole al conductor que bajara el cristal de su puerta para poder ver quien venía dentro, yo estaba visible para el conductor, pero yo al él no lo podía ver.

—¡Que baje el cristal! —le grite más fuerte.

Cuando ya me disponía a abrir mi puerta para salir del taxi, de repente bajó el cristal.

Entonces vi esa cara tan conocida como si fuera un pariente o un amigo mío, esa cara que veía cada martes en la noche de salsa en el bar; esa cara que a pesar de que trabajábamos en el mismo lugar nunca me miró de frente; esa cara con aspecto de no confiar. Mis ojos estaban viendo a ese saxofonista que se fumaba un cigarrillo en su descanso con mi novia, y que yo en su momento lo veía como algo normal.

Ahí estaba Monserrat al lado de él, de copiloto, ella trataba de esconderse detrás de él, pero ya no había duda de su comportamiento extraño, ella tenía cara de traición.

—Diablos, Monserrat, diablos, qué clase de persona eres tú, hoy me visitaste a mi departamento, hicimos el amor y ahora vienes para cogértelo a él también, eras la puta que no he conocido jamás.

—Esteban —habló Monserrat con un tono como pidiendo mi silencio.

—¿Esteban qué? ¿Ahora vienes a darle a este pobre tonto la sobra de lo que yo comí hoy? —le dije refiriéndome a él. A mi comentario, él intentó reaccionar, pero yo fui más rápido—. Tú cállate, tú eres cubano y yo dominicano y tú sabes muy bien qué lo qué con nosotros verdad —él guardó silencio total.

—Vámonos taxista, estas dos personas no merecen nuestro tiempo, y tú ve, hazle el amor a ella y luego me dices a qué te supieron mis genes —terminé diciendo con la sangre hirviendo.

El mal humor y la tristeza querían ser parte de mí, mi apetito también quería desaparecer, pero yo me sentía mentalmente preparado lo suficiente para afrontar el mal sabor que me dejaba una traición de quien me demostraba ser el amor de mi vida.

Comencé a hacer actividades que me distrajeran para no pensarla, me fui de compras, iba con más frecuencia al gimnasio, también como estaba en planes de comprar mi primer carro en Guadalajara, lo iba a comprar con el total de mis ahorros.

Monserrat no paraba de buscarme, ella me llamaba al teléfono y me suplicaba que volviera con ella y que la perdonara, quería hacerme entender que como ella nadie me iba amar, yo no creí en ese amor que decía tenerme, pero por mi parte estaba convencido de que el amor que sentía por ella era real, pero amarla no significaba que mis ojos no vieran el tipo de mujer que estaba amando.

Los recuerdos de nuestros mejores momentos se mudaron de forma permanente en mi mente, sus ojos, su sonrisa, sus travesuras, su movimiento al bailar; todo eso me hacía extrañarla, pero mi dolor era más grande que la añoranza.

Por varios días ella estuvo visitando los alrededores de la peluquería; aunque no entró, me dejaba una nota en el parabrisas de mi carro. En sus cartas me hablaba del amor que sentía por mí, y puntualizó que no pararía de buscarme hasta tener mi perdón.

Ella hizo más fuerte la relación con mi hermana Estela, la invitaba constantemente a su casa y por ende mi hermana la llevaba a nuestro departamento, yo me negaba a estar con ella, pero no podía pedirle a mi hermana que no fuera su amiga. Entonces me sentí que perdía la batalla, no había forma para ganarle a las armas que Monserrat tenía para lograr que regresáramos, eran poderosas y ella sabía en qué momento atacar, pues, aunque mi orgullo decía que no, mi corazón preguntaba por qué. Estuvimos en esa batalla por tres semanas y al final el amor ganó.

Pero al volver con ella le dejé claro que jamás estaríamos juntos en público y menos en el bar y que yo quedaba libre para conocer a alguien más porque yo quería tener una relación seria y con ella no podría, porque mi mente y mi orgullo no la perdonaban aunque mi corazón si lo hacía porque la amaba.

Mi hermano Josué tenía una semana que solo hablaba de su viaje a República Dominicana, él amaba nuestra tierra más que ningún dominicano inmigrante. Eso significaba que yo tendría que trabajar el doble en la peluquería para combatir la clientela que era exageradamente numerosa. El día que él se fue, lo llevé al aeropuerto, en mi regreso después de dejarlo pensaba lo difícil que iba a ser trabajar solo; aunque mi hermana estaba ahí, ella no hacía más que lavar la cabeza de los clientes y cobrar en la caja, pero algo había bueno detrás de lo malo y era que mis ganancias en esos dos meses serían solo para mí y era buen dinero, entonces trabajar mucho era un placer.

Cuando pasó la primera semana después de que mi hermano se fue para República Dominicana, mi hermana estaba haciendo las cuentas de la semana, ella era la encargada. Y mientras ella hacia eso, yo me afeitaba porque con mi habilidad como barbero no necesitaba la ayuda de alguien más, y de pronto mi hermana me dice:

—Esteban, mira, ahí está tu dinero, Josué me dijo que te descontara el veinte por ciento del dinero que tú generes mientras él esté fuera.

—¿Qué estás diciendo muchacha? A ver, ¿tú dijiste que yo tengo que darle el veinte por ciento de mi dinero a Josué? —le pregunté alterado.

—Sí, eso mismo me ordenó Josué que hiciera —me dijo.

—No, espérate, deja y llamo a ese cabrón, vengo ahora —le dije mientras me disponía a llamarle de un teléfono de esos de uso público.

—Josué, explícame eso que no entiendo, que tengo que darte dinero del que genero mientras tú estás de vacaciones —le dije con enojo.

—No hay nada que explicar, eso le dije a Estela que hiciera —me contestó del otro lado.

—Tú estás loco o qué pasa contigo, ¿por qué no me dijiste eso antes de irte? —le pregunté.

—No tenemos más que hablar Esteban, ya dije lo que hay que hacer —me dijo con voz de indiferencia y colgando al terminar de hablar.

Llamé a mi madre para que ella arreglara la situación, pero mi madre amaba a Josué de forma diferente al amor que nos tenía a los demás. Con mi reclamo mi mamá resolvió el problema argumentando que tenía que ser de la manera que mi hermano decía porque él era quien más se esforzaba para que el negocio creciera como estaba en ese momento.

Entonces llamé a mi hermana Yudely ya que ella era contadora de profesión, a ella le consulté explicándole todo con respecto a los acuerdos que hicimos mi hermano y yo cuando abrimos el negocio.

Pero Yudely sin pensar en los argumentos que le di, resolvió diciendo:

—Hasta donde yo sé, en un negocio de sociedad las dos partes deben ser beneficiadas con respecto a las ganancias.

—Yudely, pero ya te expliqué que este no es un negocio cualquiera que tú vendes un producto y sacas las ganancias, es una peluquería donde las dos partes son estilistas, tienen clientela separada, donde el que tiene más clientes es quien gana más, solo se comparten los pagos de la renta y se dividen utilidades porque un mes alguna de las partes puede ganar poco, pero al mes siguiente esto puede cambiar. Este negocio de alguna forma es por separado, porque el negocio son las manos, ¿me entiendes ahora? —Le terminé diciendo ansioso.

—Ah, yo no sé Esteban, ya te dije lo que tenía que decir —dijo.

—Ok, gracias por tu ayuda, hermana.

Me sentí más solo que nunca, no tenía a quién pedir ayuda así que decidí callar y aguantar la situación y respetar el acuerdo de mi hermano, más que un acuerdo era una estafa y un abuso de poder, poder que se atribuía mi hermano por ser mayor que yo y creer tener tres cerebros.

Monserrat se hizo tan amiga de mi hermana que ya dedicaba más tiempo con ella que conmigo, no dejaban de platicar, dejar que la risa de las dos estallara como un trueno, pues Monserrat le salía la felicidad hasta por los poros.

Estela trataba de olvidar el mal que le causaba mi hermano y yo seguía muy consciente de que ella no iba a alcanzar el sueño que persiguió al salir de República Dominicana, yo no tenía la manera de cambiar ese destino abrumador que la estaba abrigando.

Aunque Monserrat estaba tan feliz, había algo que aún la atormentaba y era el hecho de que yo le prometí, al volver con ella, que el amor que le daba jamás volvería a ser como antes y que, si la flecha de cupido me perseguía, le iba permitir que sacara esa gotita de sangre de mi corazón, y que si así pasaba, ese amor que le tuve y que ella cobardemente traicionó, se lo iba a dar a esa nueva persona que llegara.

Durante el tiempo de los dos meses de vacaciones de mi hermano era imposible para mí aceptar que yo trabajando de la manera que lo estaba haciendo, donde había días que no me era posible ni comer por la cantidad de clientes que tenía que atender, al final de todo mi esfuerzo, el veinte por ciento de cada cien pesos que ganaba iban para el bolsillo de Josué; ganancias que le llegaban por una habilidad ridícula y de rateros que él me impuso, porque no era algo que los dos dueños del negocio habían acordado.

Uno de mis clientes al escuchar mi preocupación me aconsejó que yo no tenía que reportar todos los cortes que hacía y que de esa manera no tenía que darle tanto dinero de mis ganancias a mi hermano, esa sugerencia de mi cliente la rechacé diciéndole que aunque yo no estaba de acuerdo con mi hermano, yo le iba a permitir que él se ganara ese veinte por ciento, y que si lo permitía, no iba a convertirme en ladrón de mi propio dinero diciendo que gané poco cuando mis ganancias fueron elevadas.

También le explique al cliente que la palabra para mí era sagrada, que si yo decía sí a algo, aunque no fuera de mi gusto, aun así, no fallaba, porque el valor y la honradez de un hombre están en su palabra.

Trabajar de la manera que lo estaba haciendo me mantenía en un cansancio permanente, porque mis días de trabajo no tenían final. Mis compromisos eran bastantes, el trabajo en el bar siempre esperaba por mí y por el hecho de estar cansado yo no me negaba a cumplir con mis labores.

Con la misma fuerza que comenzaba en la mañana en la peluquería, con esas mismas fuerzas y entusiasmo empezaba en el bar, saludaba a todos los clientes del bar con la energía y el amor que ellos esperaban de mí. En esa ocasión tenía de visita a un amigo que había conocido cuando trabajaba con el italiano. Su nombre era "Mercados", medía alrededor de 5.6 pies, color *indio claro*, cara cuadrada, ojos claros, de poco cabello en la parte de la frente, más bien estaba algo calvo, su país de origen era Perú.

Él andaba con un grupo muy grande de amigos y amigas, entre ellas una chica era su novia, una joven que desde que la vi supe que no era mexicana al igual que las demás chicas, todas ellas tenían las mismas características de pelo rubio y ojos azules como el mar.

—Brother, mira, ella es Maris, la mejor amiga de mi novia y es su cumpleaños quiero que le hagas el mejor show como esos que tú sabes hacer —me dijo Mercados con voz de excitación.

—Mucho gusto y feliz cumpleaños, vengo en un rato a tu mesa para hacerte tu celebración —le dije a la joven con la prisa que siempre traía en el bar.

Cuando me retiré, observé la mesa para saber cuántas personas estaban en su celebración para llevar la cantidad de tragos exacta ya que el espectáculo que yo hacía incluía regalarle un trago a cada persona, y para el cumpleañero había de regalo una chamarra de burbujas que tenía escrito en la espalda el mensaje: "abrázame que es mi cumpleaños".

Eran en total seis, tres mujeres y tres hombres. «Uumm, andan en parejas», pensé.

Cuando el reloj marcó las 12:00 de la media noche sabía que era hora de empezar, así que preparé todo mi equipo de trabajo y busqué a dos de mis compañeros de trabajo, los que bailaban la coreografía de la noche, ellos eran dos jóvenes musculosos, la intención era hacerle una noche especial a la amiga de mi amigo Mercados.

—Hey, hey, hey —Todos gritamos en coro al llegar a la mesa.

Ya los tragos que se habían tomado estaban haciendo su efecto, así que nos recibieron con la misma alegría que llevábamos. Puse la charola con los tragos en la mesa, le coloqué a cada trago una chapa de limón, tomé una copa grande, le puse un licor que prende como gasolina, el famoso control, luego prendí el alcohol en la copa y derramé el fuego sobre los tragos; tomé canela que tenía en un frasco y se la eché al fuego, eso causó una llamarada que subió hasta el techo. Tomé los tragos y los pasé por cada uno de ellos; la emoción, lujuria y adrenalina se sentía en la mesa. Entonces tomé la chamarra y se la puse a la cumpleañera, luego la senté en una silla y cada uno de nosotros le hicimos un baile de manera provocadora, todos gritaban y aplaudían.

Al final le pedí que se parara, la tomé por los pies, uno de mis compañeros le puso su mano izquierda en la frente y la otra en su nuca para tumbarla hacia atrás mientras el otro compañero la tomaba por la espalda, ya acostada boca arriba en nuestros brazos la aventamos hacia el aire en tres ocasiones.

Cuando la bajamos, le dimos varias vueltas para que se mareara como si ya estuviera totalmente borracha, al dejarla libre no podía controlar su cuerpo, sino que se caía sobre cada uno de los que estábamos en la ronda, ella estaba en el medio.

Al terminar de celebrar todos los cumpleaños de la noche, de inmediato nos subimos a la tarima a bailar la coreografía que era el *show* que la gente más esperaba, mis compañeros y yo tratábamos de no perder el ritmo ni los pasos que estaban muy ensayados. Cuando de repente volteé hacia mi izquierda y vi que había una mujer a mi lado tratando de seguir los pasos que nosotros hacíamos, sabía que era mujer por los zapatos que tenía puestos porque solo la vi de la cintura hacía abajo, entonces la miré mejor y para mi sorpresa era Maris, la joven que me presentó mi amigo Mercados, la misma a la que le había terminado de celebrar su cumpleaños.

—Hola, bailas muy bien y eres muy sexy —me dijo con acento al hablar.

—Oh, hablas español —le contesté tratando de mantener el paso con mi compañero.

—Vuelve a mi mesa cuando termines —me invitó mientras disimulaba bailando.

—Ok, está bien —acepté.

La novia de Mercados estaba abajo esperando que nuestra conversación terminara para ayudarla a bajar.

«¿Qué será lo que quiere esta mujer? Ella viene acompañada, ¿debería ir a su mesa o no? Mmm, bueno pero el hombre que la acompaña parece ser su amigo», pensé observando la situación desde donde estaba bailando.

Al bajar me acerqué a su mesa, ella al verme se acercó de inmediato a mí y entonces me presenté de manera más formal.

—Mucho gusto, mi nombre es Esteban —le dije la miré fijamente a la cara.

—El gusto es mío —dijo e hizo una pequeña reverencia.

—¡Wow! Tú hablas español muy bien —le dije sorprendido.

—Sí, aunque me veo gringa hablo español —me dijo como en forma de broma porque "gringa" le decíamos a las rubias americanas, es la forma de nosotros los latinos de decirle a alguien que es americano o que habla inglés y es de color muy blanco—. Yo vengo de Canadá y estoy aquí por trabajo, trabajo en el *American school* —agregó.

—Oh, muy bien, yo estoy aquí por trabajo también, yo soy de República Dominicana —le dije.

—Oh, qué bien —contestó emocionada.

—Buen, tengo que seguir trabajando, si gustas dame tu número telefónico y platicamos luego más tranquilos —dije firme y seguro.

—Sí, claro —dijo mientras con rapidez articulaba de forma clara cada número.

—Gracias —le dije y me marché.

Pasaron dos semanas y yo con Maris en la mente pensando si la llamaba o no, pues la verdad era que Monserrat, después de nuestra separación y de mi promesa de que yo seguiría con ella hasta que encontrara a una buena mujer, se mantenía con celos constantes. Dudaba de todo, el teléfono me lo revisaba buscando alguna evidencia de que yo estuviera saliendo con alguna puta, como ella decía cuando le daban sus crisis de celos.

La curiosidad que tenía de saber quién era Maris me tenía intrigado, así que tomé el teléfono, busqué el nombre de "Mario" en el directorio del celular, le puse ese nombre para evitar que Monserrat la identificara porque con ese nombre ella no preguntaría nada al verlo.

—Hola, soy Esteban, el negrito del bar "Mami-mamita", ¿te acuerdas de mí?

—Hola, claro que me acuerdo de ti, ¿cómo estás? —respondió.

—Muy bien, solo te llamo para invitarte a un café —le dije todavía dudando de que me dijera que sí.

—Sí claro, ¿en cuál café y cuándo? —aceptó emocionada.

—¿Te parece bien mañana a la 7 p.m. en Braulio café, frente a Plaza del Sol? —pregunté dándole la ubicación.

—Claro, se me hace superbién —me contestó.

—Bueno, ahí te veo mañana a las 7 p.m.

—Ya está —confirmó.

Después de ese día Maris y yo nos veíamos con frecuencia, al final de cada día corríamos en los parques de la ciudad, veíamos los hermosos atardeceres, era una forma de ejercitarnos, el tiempo que pasábamos juntos era algo diferente a otras citas que yo había tenido con otras mujeres. Ella era una persona muy educada, su personalidad transmitía seguridad que era lo que yo buscaba, una persona con objetivos hacia el futuro y lo mejor que tenía ella, eran sus buenos valores. Sentí que me estaba enamorando, aunque todavía no cerraba la puerta por completo con Monserrat.

En alguna conversación me preguntó en qué mes yo cumplía años, le dije que ya había pasado, que mi fecha de nacimiento era del 26 noviembre. Al darle explicación de que no tuve celebración ella me preguntó si quería acompañarla a la playa y que, de esa manera, aunque fuera tarde, ella me regalaba esas vacaciones; me pareció excelente la idea, entonces le dije que solo tendríamos que esperar a que mi hermano regresara de República Dominicana para que se hiciera cargo del negocio.

Cuando mi hermano regresó, aunque yo no estaba de acuerdo con lo que hizo, traté de mantener la calma, le entregué el dinero que no le correspondía, fue la cantidad de diez mil pesos, una cantidad exagerada que ganó sin hacer absolutamente nada.

Después de una semana de su regreso, lo invité al bar para que conociera a mi nueva amiga y quizás mi futura novia, de esa manera se lo expliqué.

Maris, aunque estaba muy ocupada aceptó mi invitación, era martes, ella me explicó que ese día era pesado para ella porque tenía que trabajar muy temprano al otro día, así que me lo dejó muy claro, que solo iría al bar por media hora.

Mi hermano, Maris y yo quedamos de vernos a la diez de la noche ya que a esa hora en el bar aún estaba todo muy tranquilo y así podíamos sentarnos y conversar sin que nos molestaran.

La única familia que tenía conmigo era mi hermana y mi hermano, así que mi interés de presentarlos a Maris era grande porque mi objetivo era conquistarla de buena forma y decentemente.

Josué y yo nos encontrábamos platicando sentados en una de las mesas del bar como si fuéramos clientes, a esa hora solo se movían los meseros de un lado a otro organizando cada mesa para los clientes que más tarde llegarían.

—Mira Josué, esa rubia que viene ahí es la mujer de la que te hablé —le dije a mi hermano mientras le levantaba la mano para que nos viera, a él no le dio tiempo para contestar porque ella estaba muy cerca.

—Oh —dijo ella al llegar, se le notaba un poco nerviosa. Me paré de la silla para recibirla, le di la mano y al mismo tiempo un beso en la mejilla.

—Mira, él es mi hermano Josué de quien te había platicado, él era quien andaba de vacaciones en República Dominicana.

—Mucho gusto, mi nombre es Maris —saludó a mi hermano y le tendió la mano.

—El gusto es mío —contestó mi hermano e hizo una reverencia.

Nos sentamos a platicar, uno de los meseros tenía tres tragos listos para nosotros, pues yo les había informado que esperaba a otra persona y que si la veían llegar nos sirvieran, también le informé al mesero que para ella debía ser un trago sin alcohol, pues ella me había informado antes de la reunión que no tomaría licor.

El tiempo pasó rápido pues ella tenía que regresar a casa y yo tenía que comenzar a trabajar, nos despedimos le di un beso en la mejilla y la abracé, ella se despidió de mi hermano estrechándole la mano.

Mi hermano me dijo que él tenía que irse, así que lo despedí también, no sin antes preguntarle qué le había parecido mi nueva amiga, él me contestó fríamente que estaba bien.

Monserrat se mantenía en celos constantes, y es que como toda mujer con su sexto sentido, ella sabía que algo estaba pasando conmigo; sus visitas al bar se hicieron más frecuentes, siempre aparecía al final de la noche y de esa manera siempre lograba que yo durmiera en su cama, su pretexto era que ya no se acostumbraba a dormir sola, que le hacía falta mi calor.

Todo estaba listo para mis vacaciones de una semana en la playa con Maris, ella y yo planeamos manejar y así disfrutar el camino que eran praderas y montañas muy hermosas; para nosotros viajar en un avión significaba perder la mejor parte de las vacaciones.

La deshonestidad no formó parte de mi vida, pero el camino de la vida me enseñó que en un mundo de lobos, el disfraz de oveja te convertirá en la primera opción de la cadena alimenticia.

Eso lo pensaba mientras buscaba la mejor manera de convencer a Monserrat de que esa madrugada dejaría su cama a una hora no acostumbrada, pues mis vacaciones comenzaban muy temprano ese día, así que le dije que tenía cosas que hacer y que era bueno terminar de dormir en mi cama; ella, aunque no estaba convencida, lo aceptó sin poner ningún problema como era normal en ella.

Mientras "Maris" conducía yo iba disfrutando de la vista, todo estaba saliendo como lo habíamos planeado, el clima era perfecto, íbamos escuchando música, ella estaba contenta, dejaba salir su buen sentir al cantar las canciones que sonaban en la radio.

Era nuestra primera vez juntos en un paseo, era un buen paso para nuestra relación de amigos, era cuestión de unas horas para que todo cambiara. Estábamos conversando que llegando a la playa el amor nos escogería, eso nos alegraba con tan solo pensarlo, teníamos ganas de intimidad, pero ninguno de los dos lo expresaba con palabras.

Maris tenía todo un plan preparado, el hotel donde llegamos era uno de los mejores de la zona, nuestra *suite* tenía vista hacia la playa, contaba con un jacuzzi al aire libre, la decoración era totalmente blanca, todo estaba pensado para que nos sintiéramos como en el paraíso, todo era elegante y con mucho *confort*.

Maris me informó en el camino que teníamos una cena al caer la noche, así que decidí ponerme la mejor ropa que tenía en mi maleta, al presentarme ante ella para saber si lo que llevaba era de su gusto, ella me desaprobó diciendo que ese no era el estilo que necesitábamos para la noche, entonces sacó de su maleta su traje y se lo puso, era adecuado para la playa, no para un restaurante, era de color blanco y combinaba con sus zapatillas de playa.

Entonces me dijo que la cena iba a ser en la orilla de la playa y que el hotel contaba con servicio de restaurante, que ella había reservado ese servicio para nuestra primera noche. Maris fue muy lista porque sabía que yo no tenía el traje de baño que ella quería que yo usara, así que me dijo:

—Yo traje uno para ti también.

Era el mismo que ella usaba pero para hombre, de esa manera estábamos listos los dos, vestidos de blanco.

—Aló, hablo de la suite 111, mi nombre es Maris —la escuché hablar desde el balcón donde me encontraba impresionado por lo hermoso del sitio en el que estábamos—. Sí, mi número de reservación es 2520, llamo para informarle que ya estamos listos para una cena que reservé en la playa —siguió diciendo.

Mientras ella se comunicaba con el personal encargado de nuestra cena, yo me decía a mí mismo: «Esto tiene que ser un sueño, yo con una mujer tan hermosa como Maris esperando para ir a cenar a la orilla de la playa como si yo fuera adinerado; Dios, si es un sueño, déjame seguir soñando, no me dejes regresar a la realidad».

—Listo, Esteban, vámonos —me dijo Maris al terminar la llamada en la que estaba.

La tomé de la mano y caminamos por un pasillo que nos condujo a unas escaleras, bajamos y luego pasamos por el área de la piscina; vi que la gente se divertía. En medio de la piscina había un bar donde la gente estaba sentada en sillas dentro del agua y disfrutaban de los tragos que preparaba un señor que llevaba puesto un sombrero exageradamente grande.

Mi mente estaba grabando cada evento que pasaba en ese momento, lo más simple se me hacía de mucho valor, el sonido que hacían nuestros pies cuando pisábamos aquella arena tan blanca como la sal, el viento que soplaba aire fresco, el sol que parecía estar besando el mar, y esas manos tan tiernas de Maris que me tocaban, todo esto pasando al mismo tiempo le daba libertad a mi espíritu y mente.

Unos cuantos trozos de madera elaborada con una terminación fina daban forma a lo que parecía una pequeña casa, tenía telas de color blanco parecidas a las que usan para hacer los vestidos de novia, esa tela frágil era el techo y las paredes, el viento al soplar la movía dando una sensación de paz, los suspiros me salían sin avisar.

En su interior tenía una cama que a la vez era mueble y mesa, el joven que nos condujo hasta ahí, que también era quien el restaurante asignó para que nos atendiera, convirtió la cama en mesa con unos cómodos muebles, luego prendió unas velas electrónicas de las que parecía salir fuego real. Puso en la mesa dos copas, destapó una botella de vino, la derramó en la copa de manera muy delicada y mientras tanto, dos ayudantes del mesero esperaban con dos platos, cada uno tenía dos langostas gigantes con ensaladas decoradas.

El momento se fue haciendo añejo, así que trajo con él cambios, el sol no besaba el agua del mar, si no que le dio su espacio a la luna que con su luz trajo el romanticismo y la serenidad al mar; en ese momento los sonidos del mar eran melodías de guitarra, violines, trompetas, el viento también traía su música al estrellarse con las palmeras.

De pronto, se me ocurrió hacer un juego con Maris, así que le pedí que me esperara un momento, que pronto regresaría, fui al restaurante y le pregunté al mesero que nos atendió que si era posible conseguir una manzana, un palillo de esos que se usan para poner la carne en un asador y un hilo de coser, él muy buena gente consiguió lo que necesitaba, le di las gracias y regresé con Maris; entonces metí el palillo por la parte superior de la manzana, amarré el hilo del palillo y a la vez del techo de la pequeña casa, una vez la manzana estaba colgando, le pedí a Maris que intentara darle un mordisco, ella hizo el primer intento y la manzana en movimiento no le permitió lograrlo, ella frustrada por parecerle tan fácil el juego lo intentaba una y otra vez sin éxito, yo no podía aguantar la risa al ver sus esfuerzos fallidos.

Para ayudar a Maris traté de sostener la manzana dejándola descansar en mi boca como si yo fuera a morderla también, entonces Maris logró su primer mordisco, luego con excitación quiso dar una mordida más grande causando que la manzana se moviera; sentí que sus labios tocaron los míos, sus ojos azules me miraron sorprendidos, sentí que los míos la miraron con ternura. Ella aún seguía ahí con su boca tocando la mía, entonces abrí mis labios y como si fuera a morder la manzana toqué los de ella de manera muy suave, escuché el ritmo cardiaco de su corazón, el mío también lo sentía acelerado, sus besos fueron tan suaves que no dejé de besarla, entonces con toda la magia que embrujaba ese lugar, la luna, el viento, el sonido del mar, decidimos ser parte de la naturaleza y deshacernos de la ropa y le dimos paso libre a la pasión.

—Esteban, ¿ese hermano tuyo es raro, verdad? —dijo Maris al tiempo que se acomodaba en una posición relajada.

—¿Por qué dices eso? —le pregunté mientras con mi mano movía la manzana que aún colgaba del techo.

—¿Te acuerdas el día que me lo presentaste en el bar?

—Ajá —contesté.

—A pocos minutos de salir del bar, me encontraba esperando un taxi, entonces él se me acercó y me buscó conversación, me dijo que él me llevaría a conocer República Dominicana.

—¿Te dijo eso? —pregunté sorprendido.

—Sí, entonces cuando yo le dije que con él no iría pero contigo sí, ahí me preguntó que si yo estaba enamorada de ti y yo le contesté que sí, entonces me pidió disculpas porque según él no sabía, cabrón —terminó diciendo Maris.

—Ay no, ese hermano mío, pero esa es su forma miserable de vivir —le dije dándole con mis palabras el apoyo moral que ella necesitaba en ese momento.

A mi regreso a Guadalajara yo no era el hombre de antes, ya no sufría por amor, me sentía completo y esa vez el amor se quedaría conmigo de forma permanente, pero había puertas que todavía no había cerrado y que era necesario hacer.

Monserrat era mi preocupación porque no tenía las palabras ni el valor para decirle que estaba amando a Maris; en mi ausencia ella me buscó con desesperación, al prender el teléfono entraron todos los mensajes que ella había dejado en la grabadora, lo que escuché me dejaba claro que su enojo conmigo era grande.

Como yo conocía el amor que Monserrat sentía por mí, decidí evadirla, era lo mejor que podía hacer porque entendí que el amor no escucha ni entiende razones, entonces le escribí un mensaje que decía:

"Hola Montserrat, te escribo estas líneas para decirte que mi ausencia es consecuencia de una decisión que tomé y que he venido pensando desde un tiempo atrás, necesito saber en verdad qué es lo que quiero en mi vida, si tú eres lo que quiero, yo te buscaré; si no, tendré que buscar por otro rumbo, espero y lo entiendas."

Yo pensé que todo estaba resuelto con Monserrat porque después de mi mensaje, pasó una semana sin que yo supiera nada de ella, así que continúe de forma normal mi nueva relación con Maris, me sentía libre para pasar tiempo con ella sin preocuparme porque alguna escena de celos interrumpiera en algún momento y generara inseguridad en nuestra relación.

Pero tanta paz donde se suponía que había huracanes y tormentas me daba miedo e incertidumbre, porque yo conocía muy bien a Monserrat, ella no era el tipo de mujer que se rendía así de fácil cuando en verdad le interesaba algo.

En la madrugada del sábado, después de terminar mi trabajo en el bar, tomé mi carro y fui a casa de Maris como era costumbre después de salir del trabajo. Llegué a su casa, estacioné mi carro, no tenía la necesidad de tocar la puerta, pues ella y yo estábamos a punto de vivir juntos, así que tenía las llaves de la casa.

No pasaron diez minutos de haber llegado y de pronto escuché una voz que venía desde afuera que decía.

—Esteban, Esteban, Esteban —me llené de pánico porque reconocía esa voz, entonces Maris se despertó exaltada y me dijo:

—Esteban, alguien dice tu nombre allá afuera.

—No, no es a mí —le dije lleno de miedo.

—¿Cómo que no es a ti? Si oigo que dicen tu nombre de forma muy clara y es una mujer.

—Duérmete, no te preocupes, esa es una loca de esas que no dejan mi vida en paz en el bar, tú sabes la fama que tengo en mi trabajo, eso puede pasar en cualquier momento —le dije tratando de que ella me creyera.

Maris vivía en un condado, en una de las mejores zonas de la ciudad "Providencia", el edificio tenía una puerta de hierro que no permitía la entrada de personas, entonces escuché nuevamente mi nombre:

—Esteban, hijo de tu puta madre, que bajes de ahí.

También reconocí la voz de otra persona, era la amiga de Monserrat que mientras me llamaba con enojo movía la puerta de hierro como si fuera a romperla. Me asusté aún más:

—No te preocupes, son dos locas, ellas se van a cansar y luego se van a ir.

De repente, comenzó a sonar mi teléfono, no contesté; al no contestar comenzó a sonar el de Maris, era el mismo número de Monserrat. Entendí que Monserrat estaba tomando una acción de venganza, me mentalicé de que ese sería mi final, su venganza era letal y estaba logrando con gran éxito su plan porque conociendo a Maris, que era una mujer profesional y con una vida acomodada, no tenía la necesidad de estar con un hombre como yo lleno de problemas y con mujeres que me seguían en las madrugadas, sí era el final, pensé.

Vi que Maris se levantó y se dirigió al balcón y quitó una bandera canadiense que identificaba su apartamento, al quitarla me dijo:

—Ven mi amor, duérmete, ellas no van a saber cuál es nuestro condominio, ellas perdieron y yo gané porque soy yo la que te tengo en mi cama.

No creía lo que estaba escuchando, pensé que Maris ante esa situación rompería la relación conmigo.

Trataba de dormir, pero no conseguía el sueño, la precaución de saber que Monserrat y su amiga no se iban me tenía desesperado, miré la hora en mi celular, vi que eran la cinco de la madrugada y ellas seguían ahí, estaban fumando y platicando, estaban esperando a que yo bajara, no sabían que amanecía con Maris todas las noches.

Al cabo de la seis de la mañana escuché que encendieron la camioneta y se marcharon, me relajé por tres horas y traté de conseguir dormir un poco; al despertar, Maris me comentó de lo raro que fue todo eso de las mujeres que me siguieron hasta su casa, platicamos del tema como algo normal y hasta reíamos de la situación, entonces pensé que Maris estaba tomando todo de una forma relajada.

Como dice un dicho muy popular: “Lo que no te mata te hace más fuerte”. Esta frase se hizo realidad porque después de ese día, el amor de Maris creció y yo entendí que tenía una mujer luchadora que no se rendía ante las adversidades, entonces decidí parar todos los juegos y darle a ella lo mismo que me daba.

Mi hermana Estela compartió conmigo la preocupación que le causaba mi decisión de mudarme con Maris porque eso conllevaba a que ella tendría que pagar la mitad de la renta del apartamento ya que ella vivía con nosotros y yo compartía mi cama con ella. A su inquietud no le di mucha importancia porque pensé que eso no era un problema pues ella trabajaba para nosotros y en ese caso, mi hermano se quedaría con el apartamento y todos los muebles, él pagaría la renta.

El plan de irme a vivir con Maris era un hecho, así que poco a poco fui llevando conmigo todas mis pertenencias.

—Hermano, yo he decidido vivir con mi novia Maris, así que te dejo todos mis muebles por si un día tengo que regresar —le dije a mi hermano Josué.

—Oh, eso está muy bien muchachito y la mitad de la renta entonces quién la pagará —me preguntó.

—Pero no voy a vivir aquí, yo pagaré renta con mi novia ahora —le dije.

—Bueno, si tú no vas a pagar y Estela no puede pagar, entonces yo viviré solo porque si ella no tiene para pagar la mitad tendrá que irse —me dijo fríamente.

—¿Qué estás diciendo hombre? —le contesté sorprendido.

—Lo mismo que escuchaste —me dijo de forma cortante.

—Mira, está bien Josué, a ella déjala tranquila, yo pagaré por ella.

—Ah, bueno, si tú pagas, ella estará bien —me dijo con una sonrisa que apena se le dibujaba en la boca.

Con el poco tiempo que tenía con Maris ya tenía mucha información sobre ella y sus planes. Maris tenía todo listo para regresar a su país de origen, Canadá, después de vivir por diez años en Guadalajara, así que entre nuestras conversaciones un día me dijo que ella no estaba para juegos, que si yo estaba dispuesto a casarme con ella nuestra relación seguiría, si no, ella emprendería su camino sin mí, nunca me pasó por la mente negarme a sus deseos, era la mujer que por años busqué.

Hacía unos meses que yo venía hablando de mis vacaciones a República Dominicana, era mi regreso después de unos años de ausencia, regresar significaba para mí abrazar a mi madre y decirle lo mucho que la extrañé, un te amo mirándola a la cara y así cambiar esa imagen de soledad y tristeza que me quedó desde aquel día de mi despedida, sé que mi regreso cambiaría todo.

Maris aprovechó la ocasión y me pidió que nos casáramos en mis vacaciones en República Dominicana, se me hizo una excelente idea, así que mis planes ya no eran solo mis vacaciones, sino que también sería nuestra boda, no podía creer que yo estuviera hablando de matrimonio, iba a ser mi primera vez, así que me daban nervios y ansiedad.

Mi hermana Mariza al enterarse de mi regreso me contactó y me dijo que ella tenía planes de comprar un carro y que quería hacerlo antes de que yo regresara para que yo no tuviera que rentar un carro, se me hizo un gesto muy amable de su parte.

Cuando mi hermana encontró el carro que le gustaba, el precio estaba muy elevado, le faltaban cincuenta mil pesos para poder comprarlo, me pidió que le prestara esa cantidad, que luego me lo pagaría. No dudé en hacerle el préstamo, pues pensé que de todas maneras podía gastarme eso y más en la renta de un carro en mis vacaciones.

Maris me comentó que su familia no estaba de acuerdo con la decisión de nuestro casamiento, que era muy apresurado, pero de todos modos ella seguía emocionada con tan solo pensar en tener su boda en República Dominicana, que Punta Cana era el lugar perfecto para nuestra luna de miel.

Ya todos esperaban mi regreso, yo también estaba muy emocionado, quería sentir esa brisa tropical, los rayos del sol que brillan más que el diamante, los cantares de las aves, el ruido de la música del vecino, el compartir debajo de los árboles, la sazón de mi madre, en fin, tantas cosas que extrañaba de mi pedacito de tierra y que estaba a punto de tener conmigo una vez más.

El momento del viaje se acercaba, así que me fui de compras para llevar regalos a toda mi familia, Maris me acompañaba y a la vez aprovechaba para comprar alguna ropa de playa ya que ella como yo estaba emocionada de visitar mi tierra, y el propósito por el cual la visitaba, la mantenía en estado de felicidad. Oficialmente nos íbamos a casar en República Dominicana.

A mi hermano Josué se le notaba que no era de su agrado que yo me fuera de vacaciones porque eso le costaría cumplir con la ley que él mismo creó y que en ese momento lo estaba castigando, él tendría que darme el veinte por ciento de lo que produjera en el negocio mientras yo estuviera de vacaciones.

A mi regreso fui recibido por toda mi familia y vecinos que se acercaban a saludarme. Me demostraron que me extrañaron y con orgullo les presentaba a mi novia, ellos la miraban con curiosidad, no era normal ver una mujer con tal aspecto físico en mi comunidad, su pelo tan rubio que daba una tonalidad dorada, así como su color de piel y sus ojos azules deslumbraban al mirar.

Como era costumbre de mi papá recibir con fiesta al que se ausentaba, la fiesta comenzó con buena música y comida; fueron llegando los tíos, primos y amigos, los años que estuve ausente fueron suficientes para ver cómo los niños que dejé muy pequeños estaban entrando en la adolescencia y los jóvenes ya no lo eran tanto, el tiempo como cada historia de mi vida iba pasando.

Mi madre estaba tan feliz con mi regreso que no paraba de consentirme, ella olvidó que tenía otros hijos, su atención era solo mía y yo me dejaba consentir. Ella y Maris eran el amor de mi vida.

Cuando la fiesta estaba en su nivel más alto de diversión, donde todos hablábamos y reíamos hasta del chiste más malo, Maris me secreteó al oído:

—Mi amor, ¿por qué no aprovechas la ocasión y das la noticia a tu familia de que nos vamos a casar?

—Oh, buena idea—contesté y lo hice de inmediato.

—Bajen la música que tengo algo que decirles a todos aquí presentes, como ya saben, esta hermosa mujer es mi novia y muy pronto será mi esposa porque tenemos planes de casarnos en nuestras vacaciones, así que todos están invitados —terminé diciendo.

A mi noticia todos aplaudieron y se acercaron a felicitarnos, mis hermanas y mi mamá se emocionaron tanto que nos tomaron a los dos de las manos y nos llevaron a una habitación de la casa y nos pidieron todos los detalles del plan de la boda, nosotros con gusto les informamos que todo sería muy sencillo, que los invitados solo sería la familia cercana.

Eran las diez de la mañana del día siguiente de mi llegada y de la fiesta, estábamos listos para salir para el campo a visitar a mi abuelo y a la vez pasar el día en el río, mi hermana Mariza me entregó la llave de su nueva yipeta como habíamos acordado, le dije que estaba muy bonita y confortable, que había sido una buena compra.

Ella aún seguía con el mismo novio con el que yo la dejé cuando me fui del país, el mismo que en aquella vez yo le dije que él no era bueno para ella, y aunque los años pasaron ellos aún seguían juntos, él tenía el mismo carro que Mariza le había ayudado a comprar cuando iniciaron su noviazgo.

Salimos en tres carros con toda la familia, yo iba con mi novia y mi sobrino Fraile que ya estaba en su etapa de adolescentes.

—Fraile, ¿pero ese no era el gordo, el que me lavaba el carro? —le pregunté mientras le señalaba sacándolo de un grupo de jóvenes que estaba en una esquina pasando el tiempo.

—El mismo —me contestó.

—Vamos a invitarlo para el río, el gordo fue muy buena gente conmigo —le dije mientras detenía la yipeta.

—Hey, Gordo que lo que, ven súbete —le dije, él sin vacilar se subió y me saludó con el cariño que nos teníamos cuando estábamos en la peluquería.

—Vamos para el río a pasar el día y cocinar —le expliqué.

—Ja, ja, ja, tú 'tas burla'o —exclamó con palabra de calle.

El carro donde venía mi hermana Mariza con su novio me rebasó y de repente se detuvo delante de mí causando que yo también frenara, entonces vi que Mariza se bajó y caminó hacia nosotros, bajé los cristales para enterarme qué había pasado.

—Esteban, si yo hubiese sabido que tú ibas a estar invitando gente para montarlo en mi yipeta, no dejo que tú la manejes y más ese gordo que mira cómo va el vehículo derrengao.

—¡Qué estás diciendo Mariza! —exclamé sorprendido—. Aquí te entrego tu yipeta —le dije pidiendo a mi novia que nos bajáramos.

Todos los que venían con nosotros en los demás carros se bajaron para tratar de resolver la disputa que estábamos generando mi hermana y yo.

Para resolver el problema le pedí a mi hermano Ramiro que también venía en su taxi amarillo que me permitiera manejar su carro y que él condujera la yipeta de mi hermana. Todos se negaban y me pedían que no le hiciera caso a Mariza, que la yipeta era más cómoda para mi novia, entonces hice caso a los consejos de todos y seguí manejando la yipeta, traté de no dañar el momento familiar que teníamos, pero ya no me sentía cómodo.

El ambiente cambió después del mal momento que generó mi hermana, así que al regreso del campo yo definitivamente no quise manejar su yipeta, conduje el taxi de Ramiro.

Muy temprano del día siguiente le pedí a Ramiro que me llevara a rentar un carro, entonces renté una yipeta, aunque la renta me costaba 66 dólares por día yo estaba feliz de pagarlo y la verdad que el dinero no era mi problema en ese momento.

Con mi regreso a República Dominicana saqué mi propia conclusión de por qué la pobreza abrigaba nuestra sociedad, de nuevo sentí el choque de culturas, cosas que para mí eran normales en ese momento hacían efecto en mí de forma negativa.

Levantarte cualquier día en la mañana cuando se suponía que la gente debía estar trabajando y encontrarte en cada esquina en la calle jóvenes entre veinte y treinta años platicando sobre nada y despreocupados del tiempo, era algo muy normal; para ellos trabajar no estaba en sus planes de vida, ni menos en su mente, era algo que me daba terror con tan solo observarlo.

Maris también me platicó que no se sentía cómoda por la forma en que la gente la miraba, que sentía como si ella fuera de otro planeta, se sentía acosada sexualmente.

Lo raro de toda esa situación fue que a ella la miraban con deseo y a mí me miraban con desprecio y celos, creo que era algo difícil de aceptar para ellos, que con mi regreso yo trajera conmigo una mujer como Maris y luego manejando una yipeta como la que traía.

En una ocasión me encontraba manejando por un vecindario que no conocía, luego vi un grupo de jóvenes reunidos; entre ellos reconocí uno que era mi compañero de la escuela, entonces me paré, bajé la ventana y lo llamé para saludarlo, él no me reconoció, al acercarse se sorprendió y me saludó con mucho aprecio, los demás jóvenes observaban, le presenté a Maris y le platiqué sobre mi boda con ella, me felicitó y cuando me disponía a irme unos de sus amigos dijo en voz alta para que todos escucharan:

—Qué es lo que se cree este maldito feo.

Ignoré por completo lo que escuché, lo raro era que ese joven ni siquiera me conocía, eso a Maris le pareció muy raro también.

Nosotros seguimos disfrutando de nuestras vacaciones, pero de igual manera siguieron pasando los eventos de ataque para los dos. El segundo mal momento que pasamos nos dejó boqui abiertos. Caminábamos Maris y yo de la mano como siempre, nos divertíamos con tan solo darnos compañía uno al otro, de repente escuchamos que alguien dijo:

—Cuando un negro está con una mujer blanca es porque el negro le debe dinero y ella no puede dejarlo hasta que el maldito negro le pague.

Nos miramos Maris y yo con cara de sorpresa por lo que habíamos escuchado, estábamos ante una situación de racismo.

Maris y yo teníamos la presión de hacer todo de manera rápida para nuestra boda pues el tiempo de nuestras vacaciones era de un mes y teníamos que casarnos dentro de esos días, así que todos estábamos con prisa, mi mamá buscó los padrinos, mis hermanas llevaron a Maris a hacerle unos ajustes al vestido de novia, mi papá y mi hermano Ramiro se fueron a comprar los trajes, yo estaba haciendo los arreglos del salón donde se llevaría a cabo la ceremonia.

Teníamos todo listo, solo nos tocaba esperar a que llegara el día donde firmaríamos el libro que nos dejaría unidos para siempre, eso me daba nervios, pues era un cambio a mi vida, era algo que yo tenía que aprender cómo comportarme de casado, aunque mi mayor ejemplo eran mis padres. Ellos se casaron desde muy jóvenes y aún el amor los apremiaba, entonces el secreto está en el amor, eso quería pensar.

—Mi amor, tengo que decirte algo, sé que tú no lo entenderás y también sé que culparás a mi familia, pero quiero que sepas que lo que vas a escuchar es una decisión mía y de nadie más —dijo Maris mientras nos encontrábamos en la cama listos para dormir.

—¿Qué tienes para decirme ahora? —le pregunté con un millón de pensamientos que rondaban en mi cabeza, trataba de adivinar qué tenía ella en su mente, pero me era imposible saber.

—Quiero que sepas que no me voy a casar contigo, también quiero que sepas que yo voy a pagarte todos los gastos que has hecho para la boda —terminó diciendo.

—¿Pero qué estás diciendo Maris? Si solo faltan tres días, hemos invitado a tanta gente, no me hagas pasar esta vergüenza con mi familia e invitados —reclamé con angustia.

—Ya te dije, si quieres el lunes nos vamos a Punta Cana porque el hotel está reservado y regresando me voy a Canadá con mi familia —dijo.

—Ahí está, ¿te convencieron tus padres, verdad? Pero un día te arrepentirás de lo que has decidido —le dije muy serio.

Con la decisión de Maris de no casarse cambiaron todos mis planes, en ese momento no tenía el ánimo ni el deseo de hacer nada, le informé a mi madre de la situación, ella quiso darme ánimo, algo que no pudo lograr porque desde el día que yo le dije que me casaría, ella hizo pública la noticia con todos su vecinos y amigos, ella como yo estaba llena de preguntas y confusión.

Solo habían pasado veinte días en República Dominicana y los planes eran pasarnos el mes entero disfrutando el país visitando los lugares más conocidos y bonitos de la isla, pero todo eso fue tirado al zafacón y también se fue mi orgullo y mi alegría.

Acepté la invitación de Maris a Punta Cana aunque ir o no ir para mí era igual, ya no sentía el afecto ni la química que teníamos los dos, y pensar que sería mi primera vez en ese paraíso y no poder disfrutar de la manera que debía disfrutarla, nada era igual, los colores no me daban la motivación que me daban cuando tenía el amor por completo de Maris.

Cuando llegamos al hotel, nuestra suite estaba decorada para una pareja recién casada, en la puerta tenía un anuncio que decía: "Felicidades para la señora Maris y el señor Esteban". Al entrar, tenía flores rojas en la alfombra y en la cama tenía un corazón decorado de igual manera con rosas rojas, entonces pensé que ella no tuvo el tiempo para anunciar al hotel de que no nos habíamos casado.

Capítulo 18

LA DECISIÓN

Maris hizo los cambios de los boletos aéreos mientras estábamos en el hotel, ella tenía planes de volar a Canadá, pero yo no se lo permití, le argumenté que ella y yo habíamos salido de México y que de igual manera regresaríamos juntos; una vez allí, tendría la libertad de hacer con su vida lo que quisiera. Ella aceptó, no sé si para evitarme más molestias, pero lo hizo.

Al regresar de la playa visité algunos amigos que por lo ocupado que estuve por lo de la boda, no había visitado, le dediqué tiempo a mis padres haciendo actividades con ellos, visitamos la iglesia, los llevé a comer a un buen restaurante y de esa manera terminaron mis vacaciones.

Maris al día siguiente de nuestro regreso voló a Canadá, me pidió que me quedara en su apartamento hasta que ella regresara, que a su regreso terminaríamos por completo nuestra relación. No quise suplicarle pues yo sabía mi valor como persona y si esa era su decisión no había nada que yo pudiera decir que la hiciera cambiar de opinión, así que opté por el silencio.

Me comuniqué con mi amigo El Torero, quería desahogarme y él era la persona indicada para escuchar mi dolor y decepción, me dijo que se encontraba en un almuerzo con su familia.

Ese día me la pasé con El Torero y su familia, como siempre Adelaida muy amable me daba uno que otro consejo para que superara de forma rápida la situación en la que estaba, ellos también estaban de acuerdo conmigo de cómo fue posible para Maris cancelar de manera fría y sin sentimientos nuestra boda. Yo les conté que sus padres le aconsejaron que yo no era buena persona, que mi real interés solo eran migrar a Canadá, que estaban seguros de que yo no la amaba.

En la noche recibí una llamada de mi hermana Estela, me informaba que Josué estaba molesto porque ya habían pasado dos días de mi regreso a México y yo no me presentaba en la barbería a trabajar. Sin vacilar le contesté que no trabajaría hasta que se cumpliera el mes completo de mis vacaciones, que en una semana yo iría a trabajar.

Era algo justo lo que estaba haciendo porque mi hermano en ese momento trabajaba y yo ganaba el veinte por ciento de lo que él producía, esa fue la ley que él inventó y que le cumplí cuando estuvo en sus vacaciones durante dos meses, entonces mi plan no era más que disfrutar de mis vacaciones completas.

Cuando me sentí recuperado y con la mente más tranquila, retomé el trabajo. Cuando llegué a la peluquería mi hermano estaba trabajando con un cliente y otros dos esperaban, así que organicé mi equipo y pasé a mi primer cliente.

Al terminar el día, mi hermano tenía las cuentas de mis ganancias listas:

—Oh muchachito, entonces llegaste a Guadalajara hace ocho días y, ¿apenas te apareces a trabajar? —me dijo mi hermano con un tono burlesco.

—Yo solo quise tomar mis vacaciones completas, eso parece que te molesta, ¿verdad? —le dije con el mismo tono.

—No, no mucho —soltó agitando los labios.

—Ahí está tu dinero y te lo digo antes de que lo cuentes, solo ganaste en el tiempo que estuviste en la República, desde el día que llegaste dejaste de ganar —dijo Josué.

—No lo voy a contar, el dinero es lo que menos me importa en nuestra relación como hermano y como socio, pero sí permíteme decirte algo claro y preciso: prefiero morir antes de cumplir con esa idea tonta y absurda que te inventaste, si viajas otra vez contando con dinero, no lo hagas porque de mi parte no lo obtendrás.

Como el negocio era una realidad y las ganancias eran muy buenas, decidí solicitar la visa nuevamente en la embajada de Estados Unidos, pero esa vez bajo mi responsabilidad, no necesitaba nada más que mi negocio para la solicitud; contraté un abogado notario para que me hiciera los trámites y diligenciara los documentos del negocio puesto que en México, ante el gobierno, en una sociedad solo una de las partes figura como dueño absoluto, la otra parte no figura ante la ley y en ese caso entran los abogados.

Quien figuraba como dueño ante el gobierno era mi hermano, entonces él tendría que ir a presentarse ante mi abogado a firmar una carta. Cuando nos encontrábamos para hacer la diligencia, él iba de mal humor, me estaba reclamando problemas anteriores como dándome a entender que en ese momento yo lo necesitaba. Entonces entendí su actitud y le dije que yo no estaba pidiéndole un favor, sino que como socio del negocio yo estaba en mi derecho de exigirle a él que firmara ese papel para mí. Mis palabras lo molestaron de una forma exagerada, entonces le pregunté por qué era tan conflictivo, se puso aún más enojado y me pidió que estacionara el carro porque no quería continuar. Al estacionar el carro, le dije que se quedara porque por lo que era mío no iba a rogar favores, estuvo pensando un poco y luego me pidió que continuáramos.

Con mala actitud mi hermano firmó la carta, yo hice todos los procedimientos que el consulado me exigía, recibí consejos de algunos amigos que ya habían obtenido su visado; tenía todo para probarle al cónsul que yo calificaba para entrar a su país. A pesar de todos los esfuerzos que hice, una vez más fui rechazado.

El mismo día que fui rechazado ante el cónsul recibí la llamada de Maris desde Canadá para que pasara por ella al aeropuerto, desde aquel día que se marchó no supe nada de ella, entonces pensé que aunque me habían negado la visa, el día no estaba tan gris, había un rayito de sol que todavía me daba su reflejo, así que me fui a una floristería y compré un arreglo de flores rojas aunque las últimas palabras que ella dijo al marcharse me hayan dejado un sabor amargo en la boca, yo quería el amor de ella conmigo otra vez.

Ahí estaba yo con mis flores esperando a que Maris saliera de la zona de chequeo de aduana, la gente que también esperaba a sus familiares o seres queridos me miraban, yo sentía que ellos también esperaban a Maris, pues en su mirada sentía la curiosidad que tenían de ver para quién serían esas flores rojas.

La puerta de salida era eléctrica, así que cada que salía una persona mi corazón saltaba, luego apareció esa mujer tan bonita que parecía una estrella de las películas que nos han vendido en el cine, esa es mi Maris y le diría que quiero su amor conmigo, que en su ausencia no dejé de pensarla.

Ella caminaba como si estuviera modelando para todos lo que esperábamos, era su forma natural de caminar, pero yo así la veía; vi que sus ojos se alegraron al verme ahí esperándola con las flores. El abrazo y la forma en que me besó al llegar me llenaron de esperanzas. «El amor se ha apiadado de mí», pensé mientras estaba en sus brazos; luego tomé sus maletas y la tomé de la mano y caminamos hacia la puerta de salida, yo sentía la mirada de todos que aún nos seguían, pues quién no miraría con la presencia de Maris allí, ella era increíblemente hermosa.

Al parecer, la decisión de Maris de visitar a su familia en Canadá le sirvió para relajarse y poner todo en orden. Ella regresó con un plan para nosotros, para nuestra relación y futuro, me explicó que se sentía arrepentida por el mal momento que me hizo pasar en República Dominicana y quería reparar ese daño, y que la mejor manera de repararlo era entregándome todo su amor como yo lo hice en República Dominicana.

Tenía todo listo para darle continuidad a la boda si yo todavía estaba de acuerdo, cómo no estarlo si la amaba tanto, ella sabía que aunque mi enojo era grande yo no tenía el valor para rechazar el plan que ella tenía con su llegada.

Me comentó de su plan mientras veníamos de regreso del aeropuerto, al escuchar sus declaraciones estacioné el carro, la abracé, la besé y en ese momento le juré amor eterno.

Maris, mientras estuvo en Canadá se mantuvo en contacto con todos sus amigos, ya tenía el día y el lugar de nuestra boda, yo estuve inocente del plan que preparaba, la boda estaba para realizarse en la casa de su mejor amiga, la esposa de Mercados, ellos le ofrecieron el lugar por ser acogedor para la ocasión, estaban muy felices de haber comprado su casa, era muy grande, eso les daba estatus como familia y, al hacer eventos como nuestra boda, les servía para mostrar la propiedad a todos sus amigos. Costumbres latinas y de nuestra sociedad el mostrarle a los demás nuestros triunfos, y aunque ella era de nacionalidad norteamericana, su esposo Mercados tenía su bandera peruana muy en alto y para él era un orgullo mostrar sus logros.

Casarnos en México era hacerlo sin la presencia de nuestros familiares, la familia de Maris no iba a estar para la boda, ellos le propusieron hacer otra boda en Canadá cuando nosotros fuéramos a visitarlos, y mi familia no tenía la manera para estar conmigo, mi única familia en ese momento era mi hermana Estela y Josué. Pero solo tendría el apoyo de mi hermana, pues mi hermano ya tenía todo listo para regresar a República Dominicana nuevamente.

Josué, después de nuestro desacuerdo estaba buscando la manera de traer a una persona de República Dominicana para que trabajara para nosotros, esa información me la daba mi hermana a sus espaldas porque, aunque Josué y yo éramos los dueños del negocio, él se la pasaba tomando decisiones propias como si el negocio fuera solo suyo.

En esa ocasión él contrató a una joven que también era peluquera para que trabajara durante el tiempo que él iba a estar en República Dominicana, la cual se me hacía una decisión arbitraria que no podía tomar en un negocio de sociedad, pero yo estaba cansado de tantos problemas con él, así que decidí callar una vez más ante esa situación.

Un día antes de la boda, se encontraba mi hermana Estela preparando a mi futura esposa, ella le estaba haciendo un peinado especial para novias, ella había estudiado estilismo en República Dominicana; mientras eso pasaba yo me miraba en el espejo con el traje que había rentado, era de color gris plateado, me veía elegante, yo estaba listo y emocionado para la boda porque me casaría con la mujer más hermosa que jamás tuve.

Mi hermana y la empleada que mi hermano dejó en su reemplazo se estaban haciendo buenas amigas, el comportamiento de ellas era un poco extraño, la manera de vestir de esa chica era muy vulgar, agregando que todo su cuerpo estaba trabajado, no por el instructor del gimnasio sino por los cirujanos; ella era una influencia para mi hermana porque en poco tiempo de estar con nosotros mi hermana cambió su forma de vestir. Ahora se empeñaba en mostrar su pecho, yo observaba ese comportamiento como erróneo, pero era más fácil callar que convencer a un cerebro vacío.

En una ocasión uno de nuestros clientes se estacionó en frente de la peluquería y le hizo una señal a mi hermana de que esperaba por ella, entonces mi hermana me dijo que iría al departamento a darle unos masajes, que regresaría pronto; en ese momento me sentí tan mal por la forma irrespetuosa del cliente, él quería aprovecharse a cambio de dinero, así que le dije:

—No vayas con él, yo te voy pagar el doble de lo que él te ofreció para que te quedes aquí atendiendo tu deber —Ella me miró sorprendida pues no esperaba esa reacción de mi parte.

Todo era una algarabía, la gente platicaba, tomaba vino, comían algunos bocadillos, los niños jugaban en el jardín. Mercados, el dueño de la casa junto a mi mejor amigo El Torero, le daban la bienvenida a los invitados que seguían llegando, estábamos en la celebración de mi boda, el último que llegó fue el juez, con su llegada de inmediato tomó la palabra y dio comienzo al acto ceremonial.

El Torero estaba a mi lado, al lado de Maris estaba su mejor amiga, la esposa de Mercados, ellos eran los padrinos, fueron los primeros en firmar el libro del juez, luego nos hizo jurar uno al otro que nos daríamos compañía en la pobreza, en momentos difíciles y en la riqueza. Terminando con esas palabras llegó el momento del beso, la gente aplaudía mientras Maris y yo nos olvidábamos del público presente y nos besamos como aquel día que estuvimos en la playa, luego llegó el momento de las fotos.

El fotógrafo pidió que la familia de los novios se pusiera al frente, con la pena le dijimos que no había familia de ninguno de los dos en la boda, yo pensé que por lo menos mi hermana me acompañaría en ese momento tan importante, pero ella andaba muy ocupada con su nueva amiga, así que en la foto solo quedaron los amigos.

La hora del brindis se hizo con champaña, Mercados acordó con cuatro de los invitados para que cada uno destapara una botella, las agitaron, luego pusieron las botellas hacia arriba y de manera simultánea las destaparon, eso causó un estruendo y todos aplaudieron como si fueran fuegos artificiales, con el brindis se les dio las gracias a los invitados.

—Que lo que —saludé en la peluquería.

—Que lo que —me contestó mi hermano y al mismo tiempo me contestó un joven que conocía de antes en República Dominicana, era la persona que había traído mi hermano.

Josué y el joven se desplazaban de un lado a otro en la peluquería, él con mucha atención escuchaba lo que Josué le indicaba, entre sus instrucciones le dijo que tenía que escucharme a mí también como queriendo decir que yo también era dueño, pero en la manera que lo dijo fue como si el valor mío en el negocio fuera algo secundario; el comportamiento de Josué como siempre acompañado de un egoísmo que no podía controlar, hasta en lo más pequeño lo demostraba sin importar lo mal que luciera al hacerlo.

Yo observaba al joven, se llamaba Louis, su estatura era muy similar a la de mi hermano, muy bajo, cuerpo robusto, cara expresiva, con sus ojos brotados, y dislocado de su mano derecha, no tenía el dedo grande, se veía que en algún accidente lo había perdido.

Mientras Louis acomodaba su estación donde trabajaría, mi hermano me pidió que saliéramos del local para platicar y me dijo:

—Como no quisiste aceptar el trato que te propuse, yo lo traje a él para que trabaje para mí —Al escuchar la primera palabra crucé mis brazos tomando una posición de descontento.

—¿Cómo así? No entiendo lo que dices —le contesté mientras mi cara se expresaba dejando salir las arrugas que se forman cuando algo no te parece.

—Sí, como lo estás escuchando, cuando yo salga de la peluquería y ustedes dos estén trabajando las ganancias que él genere serán mías y cuando tú salgas, él y yo trabajaremos y las ganancias serán divididas entre tú y yo —terminó diciendo mi hermano.

—¿Pero estás consciente de lo que estás explicando hombre? —le pregunté lleno de asombro.

—Más claro no canta un gallo papá —me contestó con tono burlesco.

—Mira Josué, no voy a perder mi tiempo peleando contigo, tómate una semana para que pienses eso que me propusiste y también háblalo con alguien que tenga experiencia, quizás pueda ayudarte —le dije y me marché, y de esa manera terminé la conversación.

Desde ese día que llegó Louis, él y mi hermano no paraban de hacerme bromas, los dos estaban conscientes de lo que hacían; el ambiente se tornó tenso en la peluquería, cuando pasó la primera semana mi hermana sacó las cuentas de lo que habíamos ganado.

Louis produjo cinco mil pesos, de lo cual dejaba dos mil quinientos para el negocio, dinero que debía ser compartido en partes iguales entre mi hermano y yo, pero él pretendía darme solo mil, yo no los tomé dejándole la mano extendida y le expliqué nuevamente que aclarara las cosas como debían ser y que por el contrario no tomaría un solo centavo hasta que todo estuviera resuelto de la manera correcta.

De esa manera fue pasando semana tras semana, las burlas y los ataques continuaron y aumentaban cada día, de tal manera que Louis no me miraba como dueño del lugar y mi hermano se aseguraba de que la relación entre Louis y yo no fuera amable, él celosamente cuidaba esos detalles.

Al cabo de un mes de la llegada de Louis la presión de ellos me estaba destruyendo y las palabras que cada día callaba para no generar un problema entre mi hermano y yo estaban rebosando todo mi ser, así que mientras yo estaba sentado en la antesala de la peluquería y ellos estaban en la parte de adentro platicando y riéndose a carcajadas, mostrando una felicidad que ninguno de los dos tenía, de alguna forma se les notaba a los dos la presión de mi silencio, entonces con voz fuerte dije:

—Josué si no te vas a robar mi maldito dinero quiero que me lo entregues en este momento sin que falte un solo centavo —Al escuchar lo que dije él se paró de inmediato y se paró frente a mí.

—Di otra vez las palabras que dijiste —repicó con mucho enojo.

—No tengo problema en repetirlas, pero quiero que te quede claro, no te atacaré físicamente por respeto a mi mamá, pero para callar mi voz, vas a tener que matarme primero, así que si tu intención es la de golpearme asegúrate de acabar con mi vida para que no sigas escuchando lo que voy a repetir.

Yo sabía que iba a haber pelea por parte de mi hermano, así que tomé la mejor posición antes de decirle ladrón nuevamente.

—Si no te vas a robar mi maldito dinero quiero que me lo devuelvas.

No terminé de decir lo que estaba diciendo cuando vi su puño que venía hacía mi cara, así que bloqueé el golpe con mi habilidad de peleador callejero, me paré y seguí bloqueando golpe tras golpe, también me cuidaba de Louis que se acercó; recorrimos todo el local en esa pelea, Josué tirando golpes y yo diciéndole que si no era ladrón me devolviera mi dinero y lo repetía una y otra vez.

En el centro del local había una mesa con la cual me tropecé y caí al piso, mi hermano quiso aprovechar la oportunidad para por fin darme un golpe porque a pesar de sus fuertes intentos no había logrado pegarme uno solo, pero en el suelo levanté mi dos pies y bloqueé de nuevo todos sus intentos, eso lo frustró mucho y de manera cobarde buscó una escoba y quitó la parte que barre y con el palo me hizo varios intentos mientras decía:

—¿Te vas a callar o no te vas a callar?

—Sabes que con el palo no podré defenderme —le dije entonces y decidí no llamarlo más ladrón.

Cuando apenas se terminó la agresión física, pasó una patrulla de la policía, mi hermano corrió hacia ellos, yo lo observaba, sabía con qué intención corrió con la policía, lo único que iba a decirles era que yo había generado una pelea en su negocio, pues él se sentía el dueño absoluto y de esa manera ellos me detendrían, pero él cambió la versión de la historia y les dijo cualquier tontería, al parecer se dio cuenta del error que estaba a punto de cometer o quizás se acordó que ante los abogados habíamos firmado una carta que me daba crédito ante la ley como dueño del negocio también; esos fueron solo pensamientos que me llegaron al ver que los policías siguieron su camino.

Cuando regresó nuevamente le dije que teníamos que ir buscar a una tercera persona para que nos ayudara a resolver ese problema, ya que él y yo no éramos capaces.

Entonces buscamos al papá de El Torero, que era la persona que podía dar una opinión neutral del problema, pero pasó que Josué le explicó todo el problema, mientras lo hacía le hablaba de manera amenazante porque su enojo era tanto que estaba listo para pelear con quien no le diera la razón a sus mentiras y errores.

Yo solo lo escuchaba, no hablaba, sentí que el problema era tan obvio que no era necesaria mi explicación, pero me sorprendió el señor cuando dijo que si mi hermano había llevado al trabajador era justo que trabajara para él, entonces sin decir una palabra me di la vuelta y me marché, al retirarme se acabó la reunión, mi hermano me siguió y subimos a mi carro.

De regreso le dije que nuestra sociedad había terminado, que si le parecía yo le daba 20 mil pesos y me quedaba con el negocio, se negó, entonces le ofrecí 50 mil y le pareció buena la oferta. Tomó su teléfono y le comentó a su novia Marta; por lo que escuché a ella no le pareció que él me dejara el negocio y él se puso de su parte; cuando colgó la llamada le pedí que entonces fuera él quien me diera los 50 mil, puesto que no había aceptado mi oferta y así yo abandonaba el negocio por completo, no me contestó.

Al llegar a la peluquería él se bajó, yo seguí manejando; como a una cuadra de donde estaba la peluquería me estacioné, tomé mi teléfono y le marqué a El Torero, le expliqué toda la situación y mis planes, él me pidió que pasara por su casa para ayudarme y platicar.

Nos dirigimos por la avenida Nicolás Copérnico mientras íbamos hablando, él miraba de un lado de la calle y yo del otro, queríamos asegurarnos de no pasar ni un solo local sin que viéramos si estaba en renta. Sí, en ese momento estábamos buscando un local para poner mi propia peluquería y esa vez yo solo, lo de la firma del aval ya no me preocupaba, pues mi esposa Maris era dueña de una casa en una colonia en las afuera de Guadalajara, así que era cuestión de encontrar el local en un buen lugar y ella firmaba los documentos para mí.

Pasamos la avenida Mariano Otero. A muy pocas cuadras del semáforo vimos un local que decía "se renta", seguimos hasta la glorieta del Hospital Arboleda y retrocedimos, el local estaba en una pequeña plaza donde solo había dos locales, nos bajamos del carro y vimos que en el negocio anterior había una estética, así que básicamente el local era perfecto para poner la peluquería, de eso hablamos El Torero y yo.

El Torero de inmediato marcó al teléfono que estaba en el anuncio e hizo una cita para el día siguiente con el dueño del local.

A las diez de la mañana del otro día nos encontrábamos los tres, él nos mostraba el local, todo estaba perfecto, no había que hacer mucho trabajo para empezar la peluquería, el local estaba listo. El señor pedía un adelanto de diez mil pesos para dejarme el local así que fui al banco de inmediato y le entregué la cantidad requerida, el mismo día él me entregó unos documentos donde mi esposa firmaría.

Ya con el local El Torero y yo nos enfocamos en conseguir las personas que repararían los detalles que le hacían falta para empezar a trabajar, el último detalle se lo estaba dando el pintor que estaba escribiendo de forma muy detallada y con letras en colores muy vivos el nombre del negocio: "The 'bacano' Dominican Barber Shop", solo con ver el nombre de mi empresa sentía que el paso que estaba dando era gigante.

Lo único que me preocupaba en ese momento era que mi esposa Maris estaba afanosamente trabajando con los documentos para que nos mudáramos a vivir a Canadá y eso significaba que al cabo de un año yo tendría que cerrar el negocio o venderlo, pero era feliz solo con pensar que trabajaría mi último año en Guadalajara en mi empresa y no tener que vivir el día a día viendo el egoísmo, el odio, la avaricia, la intolerancia y el descontento de alguien con el alma como la de mi hermano.

Él llegó a un extremo en el que un día le comentó a mi hermana Estela que por más que yo trabajara o hiciera en la vida, jamás llegaría a alcanzarlo económicamente, con eso fue suficiente para darme cuenta de que él tenía como plan principal destruirme mental y físicamente.

Pasaron tres días desde que mi hermano eligió ser deshonesto de forma descarada, llegó al extremo de agredirme físicamente, en esos días yo aproveché para trabajar en lo que siempre soñé, ser dueño de mí por completo y tomar mi propio rumbo sin mirar atrás, no me importaba a quién dejaba, mis planes era no retroceder aunque la voz que me llamara fuera la del ser que más quería que era mi madre; porque así fuera mi madre, hermano o cualquier familiar, eso no significaba que fueran las personas que de verdad quisieran lo mejor para mí.

Mi hermano no tenía noticias mías desde el día de la pelea y cuando regresé por mis herramientas de trabajo quedó sin palabras cuando le informé que yo me iría a hacer mi propia vida porque por más que intenté ser amigo y hermano él no me lo permitió, también le dije que buscara la manera de que mis inversiones y mi esfuerzo en nuestra sociedad fueran devueltos de la mejor manera para que las dos partes salieran sanamente beneficiadas.

A todo eso él solo me dijo que era tonto abrir un negocio cuando mis planes de mudarme a Canadá estaban tan cerca. Ese comentario me confundió porque de algo estaba muy seguro y era de que él no quería que yo me fuera a Canadá, no porque me extrañaría sino por el miedo que tenía de que le ganara la competencia que él mismo creó entre nosotros por ser Canadá un país con una economía más sólida que la de México, sentí que los sentimientos extraños lo estaban consumiendo por dentro.

La furia que le causó a mi hermano que yo abriera mi propio negocio fue tan grande que afectó a toda la familia, convirtió el problema que él traía conmigo en una guerra contra todos, se comportaba como un niño cuando le quitan un juguete, que de la rabia quiere destruir todos los demás juguetes.

Mi hermana Estela fue la primera en salir afectada, ella fue despedida un mes después, pero de inmediato yo la contraté para que trabajara para mí, en realidad no la necesitaba, pero era algo que tenía que hacer porque ella no tenía manera de sobrevivir, que era el plan de Josué, hacerle daño solo por amor a la maldad.

Estela trajo con ella información que no le pedí, pero escucharla tampoco me molestaba, me dijo que con mi partida la peluquería había bajado casi el ochenta por ciento de sus clientes, y yo le creía porque la mayor parte de la clientela era mía y ellos me siguieron a mi nuevo local; también me dijo que mi hermano destruyó todas la tarjetas personales que tenían mi información y que mandó a hacer nuevas tarjetas, que se la pasaba llevándola casa por casa de la vecindad tratando de atraer nuevos clientes.

Los domingos como siempre era el único día que cerrábamos más temprano y era el día que yo disfrutaba de unas horas de descanso, descanso que sacrifiqué para ver a mi hermano que me citó para hablar de la división de las partes de nuestra sociedad. Me estacioné donde él vivía y después de una corta espera él apareció.

—Que lo que —me dijo y se apoyó en la ventana del carro del lado del copiloto.

—Tranquilo —le dije.

Sentí que el momento se puso tenso, la verdad que reunirme con él me hacía estar alerta porque las cosas podrían salirse de lugar y terminar en una pelea, que no era mi plan en lo absoluto, pero él era muy capaz.

Luego sin pronunciar una palabra se metió la mano en el bolsillo y sacó un paquete de dinero:

—Mira, ahí hay diez mil pesos, si tú quieres lo tomas o lo dejas, en un mes te doy otros cinco mil, es todo lo que te voy a dar por tu parte en el negocio.

En ese momento jugué con mis emociones y no le permití que leyera en mi cara lo que sentía, la dejé neutra como si lo que había escuchado no fuera bueno ni malo; fue algo que aprendí cuando trabajaba con él y me funcionaba muy bien porque como su único plan era en cada oportunidad causar daño con sus palabras, yo me convertía en un actor dándole entender a través de mi lenguaje corporal que lo que había escuchado no había causado el efecto deseado por él.

Le pedí que pusiera el dinero en el asiento del copiloto y de inmediato cambié el rumbo de la conversación, ignoré el tema principal pues no había nada más de qué hablar porque él tenía la situación totalmente resuelta, la cantidad que él tenía lista para entregarme no era ni siquiera la mitad de lo que gastamos al abrir el negocio, nuestra inversión al principio fueron de ochenta mil pesos. Si hacíamos la operación en calculadora de forma clara, mi parte serían cuarenta mil pesos y si a esa cantidad le sumamos la producción semanal del negocio que eran veinte mil pesos —porque el crecimiento de un negocio también cuenta a la hora de separación de una sociedad—, nuestro negocio en los años trabajados tomó un valor de unos doscientos mil pesos y pensar que él me estaba devolviendo quince mil, no tuve más opción que darle a entender que el dinero no me importaba porque de lo contrario la pelea iba a ser de manera muy ruda, físicamente y con un final desastroso.

Mi negocio fue un éxito de inmediato, el dinero que me generó en los primeros cinco meses lo invertí en un inmueble en República Dominicana, sabía que la mejor manera de seguir creciendo era reinvirtiendo el dinero.

Mi éxito causó efectos de odio en mi hermano y no le bastó con sacar a mi hermana de su negocio, sino que la dejó en la calle, no le permitió que viviera con él. La vida se le tornaba difícil a Estela, pero la amistad que hizo meses atrás con la señora que trabajó para nosotros cuando mi hermano estuvo en República Dominicana le sirvió de mucho en ese momento porque le dio auxilio dejándola vivir en su casa. Sin embargo, en una ocasión que fui a visitarla, mi hermana me mostró la manera en que vivía y me afligió el corazón, así que de inmediato me dispuse a buscarle un departamento para que ella viviera dignamente.

Ella tenía planes de traer a mi sobrino Fraile, pero por falta de dinero estaban parados así que le puse en su mano la cantidad que necesitaba para que lograra su sueño de estar junto a su hijo.

Con la llegada de mi sobrino fraile a México me llegaron nuevas ideas de negocios y comencé a ver mi empresa desde otra perspectiva porque mis planes en realidad eran trabajar por un año antes de irme a vivir a Canadá, luego venderlo o simplemente cerrarlo, pero me dispuse a preparar a Fraile para cuando llegara el momento de que yo tuviera que partir él se pudiera quedar encargado del negocio.

En ese momento todo estaba pasando en mi vida al mismo tiempo, fue como si una bomba cargada de todo lo bueno y positivo explotara de una manera inexplicable para bien; yo sabía que había trabajado para lograr mi sueño, pero lo que estaba pasando conmigo era más de lo que yo esperaba.

Mi esposa Maris tenía en su vientre mi primer hijo, estábamos tan felices de saber que esperábamos un varón, él ya tenía tres meses, yo lo llamaba Leoncio, ese fue el nombre que le di en memoria de mi hermano aunque Maris le llamaba Mateo, entonces quedamos con el acuerdo de llamarle "Leoncio Mateo". Maris desde el día que nos casamos me comentó que su sueño era tener un bebé conmigo; aunque no era mi plan se me hizo tan difícil negarme por la forma tan tierna en que ella me lo pedía.

El deseo que tenía de tener una visa americana se hizo realidad, ¡sí, estaba en mi momento!, fue tan fácil como hacer presencia en la ventanilla, escuchar dos preguntas y ver que la joven que me atendió me sonreía y me daba las felicitaciones mientras se quedaba con mi pasaporte para ponerle la visa.

El responsable de que obtuviera mi visa de esa manera tan fácil fue un cliente que era cirujano de profesión, gracias a él la conseguí, yo les contaba mis problemas a mis clientes, era una forma de darme terapia a mí mismo, entonces cuando le conté a él la cantidad de veces que había intentado obtener la visa sin éxito, con mucha seguridad me dijo:

—Ve y haz la solicitud otra vez, luego dame el número de tu solicitud y verás que te la van a dar.

—Oh, muy bien y, ¿por qué tan seguro de que me la darán? —le pregunté con dudas.

—Yo le operé la nariz al cónsul, así que él me dijo que si tenía algún familiar o un amigo cercano que quisiera la visa que se lo mandara que él se la daría sin ningún problema, y como tú eres mi peluquero, yo te voy a hacer ese regalo —terminó diciendo.

—Muchas gracias, no sabes el favor que me has hecho —le agradecí con mucha emoción.

Al darle la noticia a Maris de que me habían dado la visa americana se puso muy contenta y me dijo que la siguiente sería la de Canadá porque ella quería que yo estuviera con ella para el nacimiento de nuestro hijo. Ella ya había hecho la aplicación del proceso para que el gobierno de Canadá me diera una residencia, pero como el proceso se tardaba un año no podíamos esperar, así que por esa razón ella me solicitaría la visa que era un proceso más rápido.

En los periódicos se hizo eco del éxito que tenía "The Bacano Dominican Barber shop", la información la tuvieron con una visita que nos hicieron, en ese momento el personal de trabajo estaba compuesto por cinco trabajadores, cuatros peluqueros y mi hermana en el área de lavar la cabeza.

Mientras yo cortaba el pelo ellos me hacían preguntas, las cuales yo respondía de manera muy fácil porque no era más que hablar de mi experiencia y mi esfuerzo para lograr lo que en ese momento tenía.

La columna del periódico decía: "Suman inmigrantes, se vuelven patrón treinta y dos de cada cien extranjeros en Jalisco", y seguían relatando toda mi trayectoria, me hicieron dueño de los dos negocios aunque yo les expliqué de manera muy clara que en la peluquería donde yo era socio con mi hermano no era de mi propiedad, que solo tenía "The Bacano Dominican Barber Shop".

Esa información no le gustó a mi hermano porque desde que el periódico comenzó a circular, él *hackeó* mi página web poniéndole la información de su negocio, eso significaba que mis clientes al buscarme obtenían toda la información de la peluquería de mi hermano y no de la mía; ante esa situación yo me quejaba a través de las redes sociales sin hablar directamente con mi hermano, trataba de ignorar lo que él hacía.

A pesar de la molestia que le causó la noticia del periódico a mi hermano, él buscaba la manera de recuperar su negocio ya que con mi partida él estaba totalmente en quiebra, yo era la piedra en el zapato para él, pero su real problema era su alma tan mala; yo que conocía el negocio muy bien sabía que era cuestión de unos meses para que él se recuperara.

A través de los clientes me llegaban las noticias de él porque yo decidí no visitarlo más por la manera en que terminaron las cosas entre nosotros y continuaban los ataques de parte de él.

Después de terminar nuestra sociedad, Josué trajo otro peluquero de República Dominicana, mis clientes decían que era buen peluquero y que le llamaban "El Pastor", que ese nombre era su apodo por ser de la religión cristiana y por la predicación que les daba a los clientes mientras les cortaba el pelo.

Al escuchar que su nuevo peluquero era cristiano pensé que le daría menos tormentos porque con Louis no le salieron los planes como él pensaba. En ese tiempo Josué no pensaba, su única intención era demostrarme que él podía vencerme y hacerme el mayor daño posible, pero se tomó un trago del veneno que había preparado para mí. A pocos meses de irme y abrir mi negocio, ellos tuvieron serios inconvenientes porque el motivo de su amistad era para vencerme y yo no estaba.

Ellos eran dos hombres con personalidades parecidas, la traición, el engaño, la deshonestidad, la maldad tenían hogar en su ser, Louis a la primera oportunidad sacó sus garras, en el mismo tiempo que tenía de haber llegado dejó a mi hermana en embarazo, se aprovechó de la falta de oportunidades que tenía Estela y la convenció de que teniendo un bebé podrían obtener la ciudadanía mexicana y que teniendo ese documento pondrían un negocio y ellos como pareja juntos alcanzarían la riqueza sin tener que cumplirle órdenes a nadie.

Durante meses supimos que estaba embarazada, pero no sabíamos quién era el papá, yo estuve presente en el crecimiento de esa barriga ya que en ese momento era mi empleada, yo la mantenía en el trabajo para mantenerla ocupada y con un sueldo para que viviera, pero los malestares no le permitían cumplir con sus obligaciones. En el trabajo Estela y en mi casa Maris, dos mujeres embarazadas que me estaban volviendo loco.

El día que mi hermano se enteró de que Louis era el papá, ese mismo día lo echó a la calle, según la información que me daba mi hermana, después de que se supo todo, Josué se quedó con todas las herramientas de trabajo, lo dejó sin nada, eso lo hizo para vengarse y para cobrarse las deudas que Louis tenía con él.

Una tarde mientras Josué y El Pastor trabajaban, llegaron unos jóvenes encapuchados con pistola en mano y apuntaron a todos los presentes, los sometieron a todos, echaron en bolsas todas las herramientas que había en la peluquería y se fueron con ellas; hasta la fecha no se sabe quiénes fueron los responsables de ese robo, y pensar que nosotros, de alguna manera, estábamos protegidos por los grupos armados ya que ellos eran nuestros clientes.

En ese momento, aunque estaba disfrutando del éxito de mi negocio, tenía tantas cosas en mi cabeza que sufría de estrés; por un lado, mi hermano queriendo destruir mi negocio, por el otro lado Maris y Estela que con sus embarazos tenían un estado de humor pesado, pero a pesar de todo eso, la alegría que tenía de saber que mi madre vendría a México a visitarnos era para mí la medicina que calmaría mi dolor, estaba totalmente feliz.

Josué sentía la necesidad de controlar todo en cuanto a nuestra familia, para él era algo muy importante, aunque lo extraño era que no lo hacía por ayudar o por hacer un bien sino para alimentar su ego y en ocasiones para ganar dinero, su esfuerzo por un liderazgo familiar lo llevaba en él como un político por la presidencia de una nación.

Eran las doce y treinta de la madrugada del martes, me encontraba manejando mi carro rumbo al aeropuerto, todo iba muy tranquilo y silencioso, parecía como si yo fuera solo por la vías, pero al voltear al asiento del copiloto veía a mi hermano Josué, y aunque no lo sentía, sabía que en el asiento de atrás venía mi sobrino Fraile. Mi hermana Estela tendría que estar al lado de su hijo, pero el embarazo estaba en su etapa final, así que no nos acompañó.

El silencio que llevábamos era algo que no tendría que estar sucediendo porque la felicidad de la familia venía en un avión y de esa felicidad solo nos separaba máximo media hora, mi madre era quien llegaría en ese avión a romper ese silencio y a poner las sonrisas en nuestros labios.

El último avión de la noche era en el que mi madre llegaría y había aterrizado, así que nos encontrábamos ansiosos por verla salir; era tanta mi ansiedad que la confundí con otros pasajeros que venían saliendo, era un gran grupo el que llegó. Los familiares que esperaban como nosotros se hacían menos con cada minuto que pasaba al igual que los pasajeros.

Al voltear a todos lados vi que solo estábamos Josué, Fraile y yo, entonces sentí como un punzón en mi corazón, sentí como que una fuerza me lo comprimía, y entonces entré en mi pánico.

—¿Qué pasó Josué y mami? —le pregunté.

—Es raro, ella tendría que llegar en ese avión —me contestó con la mirada dislocada.

—¿Tú fuiste quien compró el boleto? —le pregunté.

—No, Ramiro fue quien se lo compró —contestó.

—¡Oh, mi Dios! —exclamé mientras caminaba con prisa hacia el área de información.

Al llegar con la joven le di todos los detalles de mi madre y le dije que ella tendría que llegar en el último avión, la joven buscó en su lista de pasajeros y vio que mi madre no estaba en su lista, entonces me preguntó con dudas que si ella llegaría a ese aeropuerto o al de la ciudad de México, y sin esperar buscó en lista:

—Aquí está, ella aterrizó allá —dijo la joven.

—¿Cómo va a ser? —pregunté llevándome las manos a la cabeza, me moví unos pasos hacia atrás y luego volví a mi posición anterior.

La joven me aconsejó que podía comprar un vuelo para el siguiente día a primera hora.

—No —contesté a lo que la joven me dijo.

Mi mamá estaba a un día de carretera, no había forma de manejar hasta allá e ir a rescatarla y decirle: "Mami no tengas miedo, tu hijo amado está aquí y vine por ti amor de mi corazón", yo sentía una gran impotencia de no poder ayudar a mi madre en ese momento tan difícil para ella, era su primera vez, así que tendría que estar llena de miedo.

Entonces me acordé de que la mejor amiga de mi ex novia Carolainy vivía en esa ciudad y la tenía como contacto en Facebook, al llegarme ese recuerdo me emocioné porque vi una pequeña salida a mi preocupación, entonces me dirigí a mi sobrino y le dije:

—Fraile, yo tengo una amiga que vive en la ciudad de México, espérame y la llamo para que ella vaya por mi mamá.

—¿Qué amiga vas a tener tú, tú siempre el que más amigas tiene? —contestó Josué con mala actitud.

—Cállate Josué, coño que tú nada más sirves para joderle la vida a los demás.

—¿Qué dijiste? —preguntó con furia.

—Sí, eso mismo coñazo, coñazo —dije mientras caminaba hacia él y quien me esperaba en posición de pelea.

Fraile observaba lo que estaba pasando, corrió y se puso en el medio de nosotros, él no permitió que nos fuéramos a los golpes.

Tomé un minuto para calmarme, entonces cogí el teléfono y marqué a la amiga de mi ex novia.

—Hello, hello —dije al escuchar la voz de una mujer.

—Hello, ¿quién es?

—Jenny, no sé si te acuerdas de mí, soy Esteban el ex novio de Carolainy —le dije con timidez porque ya era muy tarde.

—Claro que sí Esteban, ¿cómo estás? Qué raro que me hablas, ¿le pasó algo a Carolainy? —quiso saber.

—No, fíjate que tengo un pequeño inconveniente a ver si tú me puedes ayudar con eso —le dije.

—Claro, dime —contestó.

—Mi madre está en el aeropuerto de la ciudad de México perdida, ella tendría que llegar a Guadalajara y por confusión terminó allá, ¿podrías ir a buscarla?

—Claro que sí, mano, ahorita voy por ella —me contestó de un modo muy amable.

—Wow, gracias, me avisas por fa —le dije mientras en mi cuerpo rondaban sentimientos de gratitud.

Al terminar la llamada con Jenny tomé el carro y lo conduje de regreso, el mismo silencio reinaba, aunque la escena en el carro era la misma, mi hermano de copiloto y mi sobrino en el asiento trasero y yo iba haciendo cálculos, pensaba que en el tiempo que llegaría al departamento donde vivía mi hermana tendría noticias de mamá.

También pensé que en ese momento mi mamá tendría que venir en el carro con nosotros y me imaginaba contándole todo lo que había pasado desde la última vez que la vi en República Dominicana, que ya su nieto Leoncio Mateo estaba a tan solo días para nacer y que ya tenía mi boleto para ir a Canadá a estar con él y luego traerlo para que ella lo sostuviera en sus brazos. Era una realidad, ella iba a ser abuela dos veces y al mismo tiempo porque mi hermana estaba lista para dar a luz el diez de junio y Maris para el diecisiete del mismo mes.

Maris se comunicaba conmigo todos los días y me daba los detalles de todo cuanto pasaba con el embarazo, que su familia me esperaba con ansias, también me decía que Leoncio Mateo tenía una maleta llena de regalos, que sus amigas y familiares no paraban de llevarle cosas, que no teníamos que preocuparnos por nada, que ya él tenía de todo.

La abundancia estaba en mi hijo desde antes de nacer, mientras que la pobreza y la necesidad estaban en otros niños alrededor del mundo. No porque la suerte le tocara a Leoncio Mateo era un motivo para sentirme orgulloso o feliz porque yo fui criado en un mundo de carencias.

Sabía que alegrarme porque era mi hijo me parecía injusto con los que sufrían por no tener el dinero para llevar el pan para sus hijos, por no tener un simple juguete que quizá costara unos centavos.

—Hello —contesté el teléfono.

—Mano, aquí estoy con tu mamá —dijo Jenny al otro lado.

—¿Sí la encontraste? ¡Wow! Dios es bueno —exclamé lleno de alegría.

—Sí, aquí la llevo conmigo a casa, así que no te preocupes —dijo Jenny.

—Jenny, la verdad te debo tanto que no alcanzará mi fortuna para pagarte —le dije con emoción.

—No, tú tranquilo Esteban, para eso están los amigos, no me debes nada —me respondió.

Eran las seis de la tarde del miércoles, Josué y yo nos encontrábamos en la estación de autobús en el sector de Tonalá esperando a mi madre, Jenny se despidió de ella dejándola en el autobús que la traería hasta nosotros.

Vi el cansancio en la cara de mi madre al bajar del vehículo, me acerqué a ella, tomé un bulto que traía, la abracé y besé su rostro cansado, mientras le decía que sentía mucho que hubiera pasado por esa situación tan difícil, que mi deseo era ir por ella hasta esa ciudad, pero que la distancia que nos separaba era grande.

Después de los abrazos de bienvenida nos subimos al carro y manejamos hasta el apartamento de mi hermana, allá nos esperaban Fraile y Estela: llegamos y ellos la abrazaron con mucho amor.

Todos juntos comenzamos a hablar del mal susto de su llegada a esa ciudad y ella nos contó el mal momento y todos reíamos tratando de disimular, para relajarla, pues aún se le notaban los nervios.

Junio 10, 2014, nos encontrábamos todos en el hospital esperando la llegada del quinto hijo de mi hermana Estela, este llevaría como nombre "Isaías Cael", había amigos y amigas de Estela, entre ellas estaba Monserrat que hacía meses que no la veía; nos saludamos de manera normal, sin rencores entre nosotros. En ese momento ella tuvo la oportunidad de conocer a mi mamá, se portó muy gentil y amable con ella.

Tres días después de la llegada de mi nuevo sobrino, yo me estaba despidiendo de todos, le dije a mi madre que regresaría en dos meses y traería en mis brazos a su nieto Leoncio Mateo. No podía esperar a tener a mi hijo en brazos, como le dije a mi mamá, Mateo venía a traer la felicidad a mi vida, yo lo sentía, lo podía adivinar, él era sangre de mi sangre y amor de mi amor.

En el aeropuerto de Edmonton, Alberta, Canadá, fui recibido por el papá de Maris, él era un señor como de 69 años, alto, muy blanco, vestía con un estilo campesino o ranchero, botas, pantalón de jean azul claro, camisa color caqui manga larga y una gorra.

Mi suegro, mientras conducía del aeropuerto a la casa donde me esperaba mi esposa, trató de comunicarse conmigo, pero no fue posible pues la verdad que yo era sordo para el inglés, y yo que pensaba que lo hablaba, al escucharlo no tuve más opción que callar y decidí disfrutar del paisaje que tenía en mi ventana. Vi que la ciudad de Edmonton estaba asentada en la planicie, era tierra llana, la vista se perdía sin que una montaña la cortara, la vegetación era limpia y verde, el cielo azul, parecía estar sosteniendo la tierra, yo había visto algo similar en mis sueños con el paraíso, en ese momento lo veía con los ojos abiertos.

Por lo que iba viendo entendí que el suegro tomó carretera en campo abierto, ellos vivían a las afueras de la ciudad, su manera de vestir tenía razón de ser, él era un ranchero; desde la distancia vi una casa en medio de un terreno muy grande, no se veían más viviendas a su alrededor. En pocos minutos él se estaba estacionado en aquella casa solitaria.

Maris al escuchar el carro salió a nuestro encuentro, la barriga no la dejaba caminar con rapidez, salí del carro y corrí hacia ella, la abracé tiernamente para no afectar a Leoncio que estaba tan grande que con el abrazo pude sentirlo en mi estómago, bajé y le besé la barriga y le dije algunas palabras de cariño a mi Leo.

El día diecisiete Maris aún no sentía las contracciones para que Leoncio saliera a ver el mundo, nos encontrábamos en el hospital, la doctora que la atendía comenzaba a preocuparse, era mi primer bebé, así que no tenía ni la más mínima idea de lo que estaba pasando; yo me encontraba al lado de Maris como si fuera un doctor, llevaba puesta una bata muy grande y amarilla.

A las seis de la tarde, la doctora y otra joven que la ayudaba estaban preparando todo para terminar con la preocupación que teníamos; Maris comenzó a sentir fuertes dolores en la barriga, ella pidió a la doctora que le pusieran la inyección que servía para reducir el dolor y vi que la doctora se la aplicó en la espalda.

Maris estaba acostada en la cama y con los pies en cuclillas pujaba para hacer más fácil el trabajo de la doctora; la joven que le ayudaba se movía de un lugar a otro trayendo cuantas herramientas le pedía la doctora, todo eso me tenía nervioso. Maris apretaba mi mano mientras pujaba, la doctora le exigía más y le aseguraba que si lo hacía más fuerte lo lograría.

Los gritos de Leoncio Mateo trajeron la serenidad y la calma en aquella habitación; una sonrisa se dibujó en la cara de Maris, yo secaba el sudor de mi frente mientras la doctora me pasaba una tijera para que yo cortara el cordón que salía del ombligo de Leoncio. Tomé la tijera y al intentarlo me llené de miedo y no pude, entonces la joven que ayudaba lo hizo por mí.

La doctora al terminar nos trasladó a una habitación donde nos esperaban los padres de Maris; la abuela estaba muy feliz con Leoncio en los brazos y el señor, que como yo, no dejaba de mirarlo, pienso que buscaba si se parecía en algo a él, los dos sentíamos la misma curiosidad, no era para más, para los dos era una experiencia nueva, Leoncio era mi primer hijo y para ellos su primer nieto.

Me comuniqué con mi hermana en México y le di la noticia de que ya era papá, mi mamá también estaba al teléfono y la escuché muy feliz.

A pesar de que mi visita a Canadá tenía como motivo el nacimiento de mi hijo, yo aprovechaba para conocer todo cuanto podía de ese gran país, pues mi plan más cercano era hacer una vida allí, aunque el desafío que me esperaba no era para nada fácil, pero eso era lo que se me hacía interesante, el reto que tenía ante mí.

Para mi adaptación había tres factores que yo tenía que afrontar: Cultura, idioma y clima. La cultura no era más que observar sus gustos y costumbres, en el idioma con esfuerzo y voluntad podía aprenderlo y el clima, que era lo más difícil para mí que venía de un país caluroso, no era más que prepararme mentalmente y tener las herramientas adecuadas para mantenerme caliente, ya que la temperatura podía bajar hasta menos 40 grados.

Mi hermana Estela con la preocupación de no tener los suficientes recursos para que las vacaciones de mi madre fueran por lo menos dignas y normales, me contó que Josué no estaba ayudando en lo económico y ella con su niño recién nacido no podía generar dinero. Como un lamento me dijo que mi madre llevaba un mes con ella y que la ayuda que había recibido de él no era más que un cartón de huevos y que mi madre viendo esa situación estaba pensando en regresar a República Dominicana.

Yo con la intención de que mi madre esperara a que yo regresara con mi niño para que ella lo conociera le propuse que visitara mi negocio y que se ocupara de limpiarlo, que yo le pagaría un buen sueldo y así ganaría dinero y de esa manera estaría tranquila, ella muy contenta por lo que le propuse empezó al día siguiente.

Al igual que mi madre también sentí la necesidad de trabajar en mi estadía en Canadá, en ese momento me encontraba trabajando en "Meik Barber Shop", era un lugar pequeño, que comparándolo con mi negocio en México se quedaba muy por debajo en elegancia y confort, pero tenía buena ubicación, así que había buena clientela y para mí estaba bien porque ganaba buen dinero y en dólares.

Al regresar a Guadalajara con mi niño y mi esposa mi hermana me dio la sorpresa de que mi madre se había regresado a República Dominicana, entonces me di cuenta de que mi hermano le cambió la fecha a su tique aéreo. No valieron mis esfuerzos para que ella me esperara y conociera a su nieto Leoncio Mateo. Todo fue muy extraño porque ella se fue un día antes de mi llegada, sin embargo, una vez más opté por el silencio y pensé que la guerra no solo se gana en la batalla, sino con estrategias que te lleven a la victoria.

Mi esposa Maris usó el tiempo en Guadalajara para vender las propiedades que tenía, nuestra decisión de vivir en Canadá era un hecho. Eso me emocionaba porque Canadá era un gran país, su economía era sólida y sabía que era el lugar perfecto para seguir creciendo económicamente. Aunque mi negocio parecía funcionar sin mí, yo necesitaba más tiempo para dejar todo organizado y eso me costaría separarme de mi esposa y mi niño por cinco meses, ellos tenían planes de regresar a Canadá sin mí.

Aunque la peluquería tenía clientes suficientes decidí enfocarme en traer más y preparar a mi sobrino para que cuando llegara el momento de marcharme, él quedara con el negocio totalmente sólido y de esa manera solo se enfocara en la administración.

Busqué una revista local que salía cada semana y era entregada casa por casa, allí salió una publicación de la barbería en primera página, aunque el precio por aparecer en primer lugar me costaba mucho, yo lo hacía porque entendía que la mejor manera de aumentar la visibilidad de un negocio era a través de la publicidad. La publicidad siempre da buenos resultados, nunca será una mala inversión hacer un *flyer* o una tarjeta de presentación de tu negocio, siempre te dará frutos.

Decidí seguir trabajando en las noches en el bar porque para mí el tiempo era muy importante y porque no hacerlo en cinco meses significaba dejar de ganar un buen dinero y al mismo tiempo me servía de distracción y diversión.

Uno de eso días que el bar estaba con tanta gente, que caminar no era posible, estaba en la oficina preparando las herramientas para hacer las celebraciones de la noche y de repente me dieron ganas de ir al baño a orinar, pensé que por la cantidad de personas en el bar no iba a llegar a tiempo, entonces recordé que una vez vi a unos de los socios orinar en el balde donde cae el agua del aire acondicionado y decidí hacer lo mismo, pero con tan mala suerte de que en ese momento llegó el joven Amador, al verme orinando allí se molestó y comenzó a insultarme:

—¿Qué estás haciendo ahí wey? No seas pinche asqueroso —Yo estaba que me moría de la vergüenza, pedí disculpas y le expliqué la razón por la cual lo hice, pero él seguía muy molesto y continuó diciendo—: No puedo creer eso de ti, no tuviste educación en tu casa o qué pedo.

Entonces volví y le pedí disculpas, pero él no paró, volvió y arremetió contra mí, entonces fue cuando le dije:

—Sabes que te he pedido disculpas con la vergüenza más grande, pero tú no me has considerado, ¿quién te crees que eres para hablarme así? Aquí te dejo tu trabajo, no tengo la necesidad de aguantar tus insultos, aunque te agradezco por darme la mano en aquel tiempo atrás.

Vi que la expresión de su rostro cambió al escucharme hablar así, entonces me dijo:

—Tienes razón, Esteban, me he excedido contigo, te pido una sincera disculpa, quiero que sigas trabajando —Al decirme esas palabras continuó su camino y yo seguí mi trabajo.

Los días en la peluquería eran sumamente ocupados, al final mi sobrino y yo nos quedamos platicando por un rato, ese día era miércoles y estábamos agotados. El tema que teníamos era el de mi hermana Marisa que esa misma noche llegaba a visitarnos desde República Dominicana, pero como siempre no teníamos la información de a qué hora llegaría porque mi hermano Josué se encargaba de arreglar todo para que nosotros quedáramos fuera del plan.

A mi sobrino se le ocurrió hacerle una llamada a un trabajador que tenía Josué de nacionalidad mexicana, al preguntarle por mi hermano, este le dijo que él no estaba porque había salido para el aeropuerto a buscar a Marisa; al saber eso salimos de inmediato al aeropuerto para esperar a Marisa porque ya sabíamos que la intención de Josué era hacernos quedar mal ante ella y hacerla pensar que no quisimos darle la bienvenida a México.

Para ese tiempo Josué había traído a otro de mis sobrinos para que trabajara con él, era el hijo de mi hermano Ramiro, tenía como nombre

Yeudy, su parecido con Ramiro era tanto que si no fuera por la edad podría confundirlos.

Cuando mi sobrino Fraile y yo llegamos al aeropuerto, vimos que estaban Josué, Yeudy y el Pastor esperando por mi hermana, entonces nos acercamos, y yo para asustar a mi hermano dije:

—Hey carajo, ¿qué hacen aquí? —Mi hermano brincó del susto.

—Oh, ¿por qué no nos dijeron? Nos hubiéramos venido juntos? —dijo sorprendido. Por momentos la hipocresía le salía muy bien porque él sabía que nosotros no sabíamos la hora de llegada de mi hermana.

—No, no más llegamos aquí a esperar a mi hermana —le contesté de forma incoherente.

Al llegar mi hermana el ambiente se puso tenso e incómodo, ella tampoco esperaba verme a mí y a su sobrino esperándola; nos saludó a todos, luego mi hermano le pasó la maleta que ella traía a Yeudy y luego la tomó por un brazo y corrieron juntos hacia la camioneta de Josué, Fraile y yo caminamos de forma normal, no entendíamos por qué ellos corrían, de esa misma manera salieron en la camioneta, parecía la escena de una película.

Tomé el carro y manejé hacia la casa donde vivía mi hermano, al llegar no había nadie en la casa, entonces mi sobrino y yo pensamos que podían estar en el apartamento de Estela. Fuimos hasta allá, entramos y tampoco estaban allí, solo Estela. Le preguntamos por ellos, nos dijo que ellos no habían llegado, analizamos que Josué tenía planes de no dejarnos compartir con Marisa y lo más grave de la situación era que ella estaba cooperando, pero yo no estaba dispuesto a permitirle a ninguno de los dos que yo pudiera darle una cálida bienvenida a mi hermana.

Entonces regresamos nuevamente, ellos se encontraban dentro de la casa, tocamos el timbre, vimos que alguien miró por una ventana, al vernos actuaron como si no lo hubieran escuchado, seguimos tocando hasta que decidieron abrirnos. Cuando entramos ellos tenían pizza en la mesa lista para comer, nosotros disimulamos como si todo estuviera normal, como si todos los eventos anteriores no hubieran pasado. Nos sentamos en la mesa con ellos, nos servimos pizza, compartimos de forma normal, reímos con ellos, cuando las horas pasaron decidimos marcharnos; les dimos las buenas noches deseándoles un lindo sueño a todos.

Por tres días no supimos más de mi hermana Marisa, ella se encontraba compartiendo con Josué, él la tenía como secuestrada solo para evitar que ella tuviera contacto con nosotros, era algo absurdo e infantil.

Se repitió la historia, una vez más me encontraba en el interior de mi carro con mi hermana Marisa, pero esa vez no me hablaba de su noviazgo, de aquel hombre que yo creía que no era buena elección para ella; ella no escuchó mi consejo, aunque mis palabras resultaron proféticas, esa vez yo sabía que pasaría lo mismo, pero no podía callar una verdad que ella misma sabía, sus ganas de pertenecer a cierto nivel social la cegaban, en ese momento ella y mi hermano tenían corazón de dinero y mente de cerdos.

—Marisa, explícame, ¿cómo es que vienes de vacaciones a México y prefieres pasarla con Josué en su casa cuando tu hermana Estela está afanosamente ocupada con un niño recién nacido? ¿No sería lógico estar pasando tiempo con tu hermana o acaso la forma humilde en la que vive no es de tu gusto o de tu estatus socio económico y prefieres estar en una casa donde todos lo que viven son hombres? ¿O es que no piensas de manera correcta como la mayoría de las personas? —le pregunté con impotencia al ver que ella no quería estar con mi hermana solo porque el apartamento de ella carecía de elegancia y confort.

—Yo sé, pero yo voy y la visito — me dijo bajando la mirada.

—Yo no soy nadie para juzgarte, pero sí sé que la manera en que tú y mi hermano piensan es única —Con esas palabras terminé la conversación con ella.

Mi tiempo en México había terminado, era hora de partir hacia Canadá para estar con mi esposa y mi hijo de manera permanente; ellos me extrañaban tanto como yo, pero había algo que tenía que hacer antes de partir, porque de no hacerlo le dejaba un problema a Fraile que no era su responsabilidad resolver.

Mi problema no era más que hacerle entender a mi hermano Josué que *hackear* mi página web era una manera cobarde de hacerle daño a mi negocio, y que de esa manera él seguía siendo el mismo ladrón que en aquella ocasión mencioné y que a él tanto le molestó.

Entonces tomé mi teléfono y decidí dejarle un mensaje en la aplicación de chat:

«Escucha muy bien Josué lo que te voy a decir: Parece que no tienes el coraje ni la fuerza para sostener tu negocio a tal punto que tienes que afectar el mío para que el tuyo crezca, ¿o acaso también te quieres quedar con "The Bacano Dominican Barber shop"?, es tiempo de que dejes mi vida y mi negocio en paz wey», le dije con acento mexicano.

Ese mensaje fue leído en el instante, pero él no lo contestó, entonces de inmediato me metí a mi página web, cambié la información que él había puesto y una vez más escribí mi información con la esperanza de que él escuchara mi inquietud y de una vez por todas dejara de hacerme daño.

Sentado en la silla de la ventanilla en el avión que me llevaría al estado de Washington, pensaba que era el momento de dejar atrás toda esa energía negativa que me generaba el que debía protegerme por ser mi hermano mayor, pero que por el contrario, él deseaba que yo dejara de existir, sus amenazas me lo dejaban bien claro.

Mi esposa viajó desde Canadá con mi hijo para reunirse conmigo en Washington, en EE. UU., ella preocupada por lo que estaba pasando pensó que estando juntos en vacaciones me serviría mucho antes de llegar a Canadá.

Estuvimos durante tres días, conocí las impresionantes montañas en Seattle, esa encantadora ciudad que se encuentra en el estado de Washington. Allí tuve mi primera experiencia esquiando, también fue mi primera vez en la nieve; solo estar en el país donde todos los dominicanos soñamos con visitar, me sentía realizado y exitoso. Mis sueños los estaba viviendo en ese momento porque el día siguiente estaría en Canadá de manera permanente.

Al llegar a Canadá mi suegro me dio la noticia de que el día siguiente tenía una entrevista de trabajo, él había agendado todo para mí; las cosas estaban a mi favor, pero me preocupaba el idioma, aunque a la vez también confiaba en mi experiencia, que era suficiente para obtener un buen resultado hasta con los ojos cerrados. Confiaba tanto en mí que pensaba que para hacer un buen corte de pelo no necesitaba ni siquiera hablar con el cliente, sino solo ver su perfil, su rostro, su forma de vestir y tener más o menos una idea de su edad; con esas tres características yo podía hacer mi trabajo dejando satisfecho al cliente.

Mi suegro iba manejando y yo le acompañaba de copiloto, era el día de mi entrevista, entre el suegro y yo como siempre no había comunicación, el idioma aniquilaba por completo esa oportunidad de una buena conversación entre nosotros. Él quería saber en realidad quién era yo, y yo quería que me hablara de Canadá, él tenía la edad suficiente para narrarme todo un libro de experiencias, qué bueno hubiera sido porque no hay mejor manera de aprender la cultura y costumbres de un país que de boca de una persona adulta.

Mi suegro saludó en la puerta de una barbería, un joven que se encontraba en la recepción respondió, el lugar era elegante, tenía ocho estaciones para cortar el pelo, vi que había tres barberos trabajando. En cuanto a diseño el sitio tenía un estilo diferente, las estaciones tenían forma de arcos, las paredes estaban pintadas de blanco con rojo y en el fondo del local había dos pantallas de televisión gigantes.

Mientras mi suegro hablaba por mí yo observaba todo a mi alrededor, pero en un momento escuché que el joven dijo algo refiriéndose al idioma español y en la forma que lo dijo yo entendí que no me daría el trabajo porque no había manera de poderme comunicar con los clientes; entonces le hablé de forma directa en español e inglés y le dije:

—Disculpe, señor o excuse me, *I don't need to speak English to make a good haircut* —le dije con coraje y valentía.

Él se quedó mirándome de forma pensativa y entonces dijo:

—*Hired, I like your attitude* —Lo entendí muy bien, había dicho: "contratado, me gusta tu actitud".

Canadá es un país donde la gente trabaja incansablemente, la mujer y el hombre tienen los mismos derechos, cuenta con un sistema de ley donde se cumple punto por punto su justicia, un sospechoso ante la ley siempre es inocente hasta que la misma justicia demuestre lo contrario.

Yo como residente tenía el derecho de vivir y trabajar libremente, como cualquier ciudadano, la discriminación y el racismo es penado por la ley, es un país donde la desigualdad no se ve, una persona con el salario mínimo puede vivir dignamente, por esa razón la gente no presume lo que tiene, se vive de una manera simple.

Una de las razones es que a la gente le da igual que tú tengas el último carro del año o que tengas el más atrasado, esa es la gran diferencia con República Dominicana.

Mi primer día de trabajo me encontraba sentado en la silla de mi estación, me sentía nervioso porque todos mis compañeros hablaban entre ellos y yo ni idea de lo que decían, uno que otro se me acercaba tratando de conversar conmigo, pero eso no era posible, yo seguía sordo en el lenguaje inglés.

Cuando llegó el momento de pasar mi primer cliente sentí que también había llegado el momento de demostrarle a mi jefe que yo no necesitaba el idioma para trabajar como se lo había dicho en la entrevista.

—*Hi, how are you?* —le dije tratando de usar un saludo común.

—*Not bad* —respondió el cliente sin percatarse de que estaba hablando solo.

—Ok —le dije mientras cruzaba los brazos en frente de él dándole a entender con mi lenguaje corporal que me dijera qué corte quería.

—*Well, one and a half on the sides and two fingers on the top* —me explicó de manera confiada.

Yo no entendí nada de lo que quería el cliente, entonces pensé que era el momento de poner en práctica el arte de adivinar, en la parte de arriba él quería el número dos porque dijo algo como "*two*" y yo con lo poco que sabía de inglés entendía que eso en español era dos. Entonces tomé mi máquina, le puse el peine número dos y le di un pasón, inmediatamente el cliente se expresó de una manera que no necesitaba hablar el idioma para entender que me había equivocado; volteé a ver a mi jefe que estaba en la estación detrás de mí, su cara estaba blanca como un papel y después se puso rojo como un tomate, entendí que estaba en problemas.

Aprender un idioma puede ser un proceso largo y tedioso en ocasiones, había momentos que me sentía tan frustrado que lo único que quería era cambiar el mundo y que todos a mi alrededor solo hablaran español y de esa manera el problema se resolvía.

Mi opción era enamorarme del inglés, ponerle pasión, era lo que necesitaba, olvidar por completo mi idioma y solo pensar en inglés; tenía que meterme totalmente en la cultura y así aprender los modismos comunes que existen en cada idioma.

Me acuerdo que mi esposa me dijo que el momento llegaría, que yo debía estar preparado principalmente con el idioma, ella me pagó un curso en una de las mejores escuelas en Guadalajara, pero yo tomé todo muy a la ligera, estaba enfocado más en mis compromisos diarios; en verdad ella me decía que iba a ser difícil para mí si no hablaba inglés, pero nunca pensé que fuera tanto. En ese momento estaba en una posición que necesitaba aprenderlo, tenía prisa, pero sabía que tomaría su tiempo, entonces no tenía más opción que pagar el precio de mi terquedad por no escuchar a mi esposa.

Cuando terminé de hacer el corte, el cliente seguía muy enojado, yo traté de arreglar el daño en su cabello, pero me fue imposible, ya era muy tarde, el pelo estaba muy corto, pensé que mi jefe no le cobraría el corte, pero para mi sorpresa, le cobró como si el corte fuera del gusto del cliente.

Yo me mantuve sentado en mi silla de trabajo, mi jefe seguía en su estación ocupado, la posibilidad de que me despidiera en cualquier momento no se me salía de la cabeza.

Los clientes nos los dividimos por orden de llegada, así que cuando todos mis compañeros pasaron su primer corte, el siguiente era yo; los nervios seguían conmigo, pero tenía claro que en esa oportunidad no podía fallar, todo tenía que salir bien, así que al llegar el momento no usé comunicación verbal con el cliente, sino que usé las señales y le mostré los números de los peines de la máquina, de esa manera hice mi trabajo sin ningún problema y el cliente quedó satisfecho.

Al final del día mi jefe me dio mis horarios de trabajo, así que el miedo de que fuera despedido quedó como un simple susto.

Mi esposa Maris, sabiendo que estaba contratado para trabajar de tiempo completo, me llevó al banco donde ella tenía sus ahorros, pidió una tarjeta extra de su cuenta para que yo gastara de su dinero, fue extraño para mí, pero a la vez lo vi como un buen gesto de su parte.

Cuando obtuve mi primer cheque Maris me dijo que lo depositara en su cuenta y que de esa manera nosotros como esposos manejaríamos una sola cuenta bancaria, también se me hizo extraño, no era mi cultura tener todo junto con la esposa, pero no me hacía mal conocer y aprender de otras culturas.

Era un hecho, me había adaptado por completo a la cultura canadiense, la noticia que me dio Maris de que íbamos a tener a nuestro segundo hijo me ponía en una posición más familiar y con mayor madurez; Maris y yo lo teníamos planeado, pero sucedió pronto, sin embargo, así pasó y estábamos listos para darle la bienvenida a Enrique Lian, ese nombre lo escogimos desde antes de que ella quedara embarazada, Maris escogió Lian y yo, Enrique.

Con esa noticia también le recordé a Maris el motivo por el cual decidimos mudarnos a Canadá, que aparte de crear una familia también era muy importante tener mi propio negocio, esa fue una de las condiciones que le puse a ella antes de dejar atrás mi vida en México, una vida que paso a paso mejoré hasta convertirla en lo que era, pasé de no tener nada, ni siquiera para comer, a tener para mantener una familia, que a pesar de las barreras que parecían más difíciles en Canadá, yo quería hacer más de lo que había hecho en México.

Yo sé que podía, yo creía en mí, el éxito me apasionaba y me seguía; aunque quisiera dejar las cosas para después, no podía, por esa razón era que apresuraba a mi esposa, ella siempre me decía que sí, pero yo sentía que ella no creía en mí argumentando que pagar una renta en Canadá no era lo mismo que en México, que cómo haría crecer la barbería si no hablaba el idioma, etc.

Yo le comuniqué a mi jefe mi intención de poner mi propio negocio, no quería hacer las cosas a escondidas, la lealtad era un valor que yo tenía y no había por qué esconder mi deseo de ser mi propio jefe, aunque sabía que eso podía costarme el empleo porque todo el mundo quiere su propio beneficio.

Era miércoles 28 de noviembre de 2015, esa mañana me encontraba trabajando, todos estábamos ocupados desde que abrimos, la gente empezó a llegar; para esa fecha mi inglés estaba mejorando, una llamada que recibí de mi hermana Marisa quitó por completo la sonrisa de mi cara, ella me dijo que a mi mamá la habían llevado muy enferma al hospital, pero no solo me daba la noticia, también me decía que sería muy bueno si yo regresaba a República Dominicana para estar con ellos; en ese momento entendí que las cosas no estaban bien.

Le conté al cliente que tenía sentado en mi silla de trabajo la noticia que había recibido y que por esa razón tendría que irme sin terminar el corte.

De igual manera le dije a mi jefe y a mis compañeros, ellos vieron mi preocupación, llamé a mi esposa y le dije lo que estaba pasando y mi intención de volar ese mismo día a República Dominicana; cuando llegué a casa, mi esposa me esperaba con las maletas listas y el carro para llevarme al aeropuerto.

Aunque su embarazo estaba a tan solo un mes para dar a luz, iba a manejar para que yo regresara con mi madre, cuando llegamos al aeropuerto ella de inmediato se dirigió a un empleado que vendía los boletos aéreos, nosotros decidimos comprar el tiquete allí mismo porque en internet no había vuelos disponibles para ese mismo día. Con el personal del aeropuerto logró conseguir uno que volaba a la ciudad de Toronto, pero el problema era que debía amanecer allí y al día siguiente a las seis de la mañana volaría a República Dominicana, y sin contar con que el tiquete me costaba dos mil dólares, era mucho dinero, pero yo tenía que estar junto a mi mamá lo más pronto posible, así que tomé ese vuelo.

Al llegar al aeropuerto de las Américas en Santo Domingo me di cuenta de que había perdido una de las dos maletas que llevaba, de inmediato hice los trámites que debía hacer para que la compañía aérea me hiciera llegar la maleta a casa.

Mi papá y mi hermano Ramiro esperaban por mí para llevarme al hospital donde estaba mi madre, al llegar tomé las escaleras para subir al segundo piso donde se encontraba la unidad de cuidados intensivos; unos metros antes subir vi a mi hermano Josué y a su ex cuñado El Cabo, estaban parados conversando al final de las escaleras, ya había pasado unos meses que yo no había vuelto a ver a Josué, ni sabía de él.

—¿Qué tal muchachos? —dije saludando.

—Loquillo —me dijo El Cabo mientras me daba la mano, era de la manera que él me llamaba cuando vivíamos en el barrio, mi hermano sin pronunciar una sola palabra me dio la mano.

Al terminar con el saludo, miré a mi derecha donde imaginé que estaba la sala donde se encontraba mi madre, era un pasillo largo y al final había una puerta cerrada, el pasillo estaba lleno de gente que yo conocía, todos eran nuestros vecinos que estaban preocupados por la salud de mi madre. En todo el pasillo iba saludando, mis hermanas estaban junto con la multitud, ellas me abrazaron sollozando, se les notaba que la preocupación y la tristeza estaban acabando con ellas; yo sentía que mi ser lloraba por dentro, pero traté de mantener una posición fuerte para darles ánimo a ellas.

Me uní a la multitud para esperar a que llegara la hora de visitas. No tuve que esperar por mucho rato para que una enfermera anunciara que era permitido entrar, solo cuatro visitantes podían ingresar a la sala donde se encontraba mi madre. Mi hermana Yudely que estaba recostada de la pared pidió a la enfermera que me diera entrada a mí primero pues yo iba desde muy lejos para verla.

La enfermera me entregó una capa amarilla para que me la pusiera y así evitar que cualquier virus afectara al paciente, el cuerpo de mi madre yacía en aquella cama de hospital, una máquina estaba conectada a su boca, sus ojos lucían hinchados, sus manos estaban cerradas de forma permanente.

—Mami aquí estoy, soy Esteban, quiero ver una señal de que me escuchas madre mía, he dejado todo para estar junto a ti en este momento en que tú me necesitas, estoy aquí para ti —Mientras hablaba vi que de sus ojos salieron lágrimas, eso lo tomé como la señal que le había pedido, mis ojos al igual que los de ella lloraron. Era una situación dura, muy dura para mí, no imaginaba siquiera qué sería de mi vida si ella me faltaba.

Ella, quien evitó mis caídas en mis primeros pasos, ella quien alimentó mi estómago aún sin yo decirle que tenía hambre, ella que perdió una y otra noche de sueño solo para asegurarse de que yo durmiera, ella que me dio el más tierno abrazo que no he tenido jamás, por todo esto y más que hizo sin yo saber, le perdí al creador del universo que le diera salud a mi madre.

Cuando salí de la sala donde se encontraba mi mamá, encontré a todos mis hermanos reunidos en una pequeña sala que tenía el hospital para que la gente hiciera sus oraciones de forma privada por sus seres queridos. Cuando llegué, mis hermanas me pidieron que debíamos perdonarnos unos a otros para que Dios se apiadara de nosotros y salvara a nuestra madre.

La idea de esa reunión era para que mi hermano Josué y yo hiciéramos las paces, porque según contaba mi hermana Ivet, mi mamá deseaba que nosotros dejáramos atrás el rencor y el odio, yo fui el primero en decir que por la salud de mi madre yo hacía eso y más.

Ese día compartimos todos en familia con armonía, mi hermano y yo nos perdonamos, estuvimos hasta muy tarde de la noche haciéndonos compañía mientras los doctores y las enfermeras entraban y salían de la sala donde se encontraba mi madre.

El director del hospital apareció durante la noche y nos informó que mi madre, aunque estaba en estado de coma, estaba estable; otra persona allegada a la familia nos aconsejaba que no creyéramos en los doctores, que en muchas ocasiones mantenían a los pacientes vivos a través de máquinas para sacarle dinero a la familia; esa versión me aterrorizaba porque de ser así significaba que mi madre ya estaba muerta.

Mi esposa Maris estaba más preocupada de que yo no estuviera presente para el nacimiento de mi segundo hijo que de la situación de mi madre, en sus conversaciones me presionaba para que regresara, me aseguraba que mi verdadera familia era ella y sus hijos, que mi madre iba a estar bien y que yo no era doctor para ayudarla a sanar, al escuchar a Maris hablar de esa manera me molesté tanto que le dije que no tenía cabeza para nadie más que no fuera mi mamá; le reclamé qué tipo de ser humano era, que de saber su forma de pensar, nunca me hubiera casado con ella porque mi madre era mi vida entera.

Mientras mi madre moría en una cama, Maris no dejaba de atacarme a través del teléfono, ya no soportaba tanta presión de su parte, hasta que en una discusión acalorada le dije que regresando a Canadá quería el divorcio, que éramos personas totalmente diferentes.

La cultura hace una gran diferencia entre nosotros, ella culturalmente era fría, no tenía sentimientos por nada y yo venía de un país donde hasta los vecinos pasan a ser nuestra familia, donde la muerte de una persona conocida nos dolía como si fuera uno de los nuestros.

Sin embargo, en Canadá la muerte era algo muy normal, la familia que perdía a un ser querido, en ocasiones lo velaban solos porque no tienen amigos ni vecinos que los acompañen.

Ya habían pasado diez días de mi llegada al hospital de mi país, mi madre aún seguía en el mismo estado en que la encontré; esa mañana platicaba con mi hermano Josué en el mismo lugar donde lo vi a mi llegada con su ex cuñado El Cabo, esa vez había un gran grupo de vecinos que nos visitaban para saber de mi madre. Desde la distancia vi que salió el director del hospital y le dijo algo a mi hermana Yudely que se encontraba recostada en la pared al lado de la puerta de la habitación de mi madre, ella estaba aferrada a ese lugar, mi hermana parecía sufrir más que todos la situación de mi madre.

De repente, vi que mi hermana cayó al piso llorando desesperada, entendí que era el final, corrí con prisa para escuchar la noticia que tenía el director, al llegar no pude escucharlo, el llanto de todos los presentes no me lo permitió, no tuve más opción que entender el mensaje que me daban los gritos; mi madre esa mañana me dejó, ella perdió la batalla, mi mundo se tornó gris, acababa de perder el amor de mi vida.

La noche del velorio los arreglos florales no dejaban de llegar de parte de los vecinos y amigos que se encontraban fuera del país, mi ex novia Carolainy también fue parte de las personas que se solidarizaron, yo por mi lado me encontraba en estado de dolor y decidí soportar mi dolor solo, bajé mi cabeza y esa noche no la subí más. La gente se me acercaba y me hablaba, por mi estado no supe quiénes eran, nunca los miré a la cara solo los podía reconocer por su voz.

El 22 de diciembre del 2015 me encontraba con mi niño Enrique Lian en mis brazos, él nació la madrugada de ese día, yo no estuve presente en el momento de su nacimiento porque estaba en República Dominicana, mi llegada al hospital fue algunas horas después de que mi esposa diera a luz; aunque él no me entendía, cuando lo tuve en mis brazos le expliqué la razón por la cual estuve ausente en el momento de su llegada, le dije que su abuela había muerto y no tuvo la oportunidad de conocerlo.

Mientras yo estaba en República Dominicana con el dolor de haber perdido a mi madre, Maris me reclamaba por mi ausencia, eso me llegó a molestar tanto que regresé con la idea de pedirle el divorcio, pero todo cambió al ver a mi nuevo hijo Enrique y a Leoncio Mateo que ya con un añito hacía de mi vida todo un mundo de felicidad, así que olvidé todo y seguí con mi familia, sabía que mis hijos y Maris me necesitaban, que las palabras eran ruido que se desvanecía en el aire, que lo real eran los sentimientos que tenía por mi familia.

Volví al trabajo y continué con mi sueño de tener mi propia peluquería, ser mi propio jefe era mi meta a corto plazo, había mejorado con el idioma, pero a decir verdad no era suficiente para ser dueño de un negocio en Canadá; Maris me mantenía con la idea de que ella me iba a ayudar con todos los trámites y procedimientos, pero la fuerza que ejerce una segunda persona en el sueño de otro nunca será igual que la fuerza que ejerce el soñador.

Maris y yo habíamos tenido varias entrevistas con diferentes dueños de locales, pero al final nunca nos llamaban, por alguna razón no teníamos el perfil del cliente que ellos buscaban. Eso quería pensar, pero en una ocasión pensé que por fin tendría el local para abrir la peluquería, todo parecía ir bien, entonces le dije a Maris que con el dinero que tenía ahorrado en su cuenta iba ser suficiente para abrir el negocio, ella sin vacilar me contestó que en la cuenta yo no tenía dinero, que había sido gastado en muebles y comida para los niños, me quedé sorprendido, entonces le dije que yo llevaba un año de trabajo en Canadá y que todo mi dinero se lo había dado a ella para que lo ahorrara, ese había sido el acuerdo entre nosotros cuando llegué al país.

Ante esa situación no tuve más que empezar desde cero nuevamente, yo sabía que pelear con la madre de mis hijos no era una decisión inteligente de mi parte, así que tomé la situación de una manera calmada, fui al banco y como pude abrí una cuenta a mi nombre, volví a mi cultura, la canadiense no me funcionó, por confiado. Mi sueño de abrir mi negocio retrocedió en vez de avanzar, decidí trabajar aún más duro, ahorrar lo que más pudiera porque no tenía ni el más mínimo pensamiento de rendirme.

Al comunicarle a Maris de que había abierto mi propia cuenta de banco se molestó de una forma tal que ella misma habló de la posibilidad de que eso nos llevaría al divorcio; para ese tiempo yo manejaba un carro que me había prestado su padre para que yo fuera al trabajo, Maris motivada por la rabia me pidió la llave del carro, me dijo que buscara mi propio medio de transporte para ir al trabajo, que le devolviera el carro a sus padres. Al escuchar eso, le pedí que, si podría ayudarme a sacar un carro a crédito, por alguna razón ella no se negó, así que obtuve mi primer carro en Canadá; no era buena idea, pero no tenía más opción, yo sabía que al tener deudas era más difícil ahorrar el dinero que necesitaba para el negocio.

Capítulo 19

LA MENTIRA

Con la muerte de mi madre, mi padre quedó muy solitario en casa, así que se me ocurrió traerlo a que visitara Canadá; para hacer los papeles de visado le pedí a Maris que me ayudara a buscar en internet el proceso que tenía que seguir para lograrlo, ella me dijo que me ayudaría, que en unos días me tenía la información, esperé por ella; al llegar el momento me dijo que el proceso era fácil que solo tenía que mandarle una carta de invitación y los recibos que comprobaran que le enviaba dinero; esa información se me hizo muy simple y comencé a buscar las copias de los recibos del dinero que yo le había mandado.

Ya había pasado un mes desde que hablé con Maris acerca de traer a mi papá, en esa ocasión estaba hablando con una paisana Dominicana que se encontraba en la peluquería, en la conversación salió el tema de mi intención de traer a mi papá, yo le conté lo fácil que era traerlo según lo que me había informado mi esposa, ella al escuchar el proceso que yo estaba haciendo para la aplicación de la visa, impresionada negó todo y me dijo que yo estaba mal informado, que ella tenía experiencia en traer familiares desde la República, entonces me pidió un lápiz, un papel, y escribió:

"Primero, una carta de invitación, segundo, una carta del banco que diga el monto que tienes ahorrado, tercero, una carta de tu trabajo y que diga cuánto te ganas y por último recibos de los dos recientes impuestos pagados al gobierno (taxes)."

—Mira, esto es lo que verdaderamente necesito para traer a mi papá a Canadá —le dije a Maris al llegar a casa.

—¿Y quién te dijo? —me contestó sorprendida.

—Oh, tú estabas muy consciente de que la información que me diste no era la correcta —le dije con expresión amenazante.

—Ahora toda tu familia quiere venir a Canadá, yo sé qué es lo que quieren con Canadá —me dijo dándome la espalda y caminando hacia la Cocina.

—¿Sabes qué? Esta vaina no funcionó, tú y yo tenemos que dejarnos, no sabía que tenías ese corazón tan frío y duro, pensándolo bien, por esa razón nunca me llamaban los dueños de los locales, mi sospecha hoy quedó clara, tú ponías la información incorrecta para que no me llamaran; yo voy a seguir mi sueño, contigo los sueños se convierten en pesadillas. Oye lo que te voy a decir, en una semana dejo tu casa y va a ser para siempre.

—Haz lo que quieras Esteban —me contestó como siempre, fría e incrédula.

Esa noche no pude dormir, estuve pensando y dando vueltas en la cama, Maris se levantó como siempre a la seis de la mañana para irse al trabajo, yo al igual que ella me levantaba a prepararles el desayuno a los niños para luego llevarlos a la guardería.

Mientras esperaba el momento para llevar los niños, mi teléfono timbró, vi el número en la pantalla, era mi sobrino Fraile.

—Hello —le dije.

—Qué lo qué, ¿estás ocupado? —contestó.

—No, aquí esperando el momento para llevar a los niños a la guardería —le expliqué.

—Coño loco, tuve problemas con Josué y el pastor anoche —me dijo.

—¿Qué pasó? —le pregunté preocupado.

—Es que se pasaron, principalmente Josué, ayer él hizo una fiesta en su casa e invitó a mami, a tu ex novia Monserrat y a mí, la fiesta estaba muy buena, todos tomábamos y nos divertíamos, él estaba como raro, tenía algún plan; yo me quedé dormido y cuando me desperté no vi al pastor ni a Josué, ni a Monserrat.

»Me paré y subí a la habitación donde dormía el pastor —prosiguió—, Josué estaba en su habitación y al verme subir se interpuso en mi camino, yo tenía una botella de tequila en la mano; al ver que Josué trataba de frenarme para que yo no pasara, sospeché que el pastor estaba con tu ex novia, entonces tiré la botella al piso y le grité fuerte a Josué que no era justo que te hicieran eso a ti. Le reclamé por qué estaba de acuerdo con que pasara en su casa, que él no tenía respeto por nadie —terminó con enojo.

—No me digas una cosa así fraile, ¡Wow!, ya no se puede creer en nadie en este mundo de mierda, pero sabes que aquí fue donde el vino rebosó la copa, yo perdoné a ese cabrón cuando mi madre estaba muriendo, ahora de ser mi hermano pasará a ser una persona más que conozca y nada más, así no más te lo digo sobrino —le contesté con coraje y con rabia.

Lo que mi sobrino me contó me molestó mucho, no porque yo tuviera algún interés con Monserrat, porque entre nosotros no había relación alguna, sino por el irrespeto y las malas intenciones que tenía mi hermano de hacerme daño; él no estaba cómodo con la amistad que llevábamos después de la muerte de mi madre porque le era más vergonzoso y difícil hacerme daño, el odio que él sentía por mí traspasaba la frontera.

El pastor y yo no compartimos mucho, pero en algunos momentos que mi hermano y yo pretendíamos llevarnos bien íbamos a restaurante juntos, entonces yo no era un extraño para él, El Pastor también me debía respeto y él sabía que Monserrat era mi ex novia, pero se dejó llevar por la maldad, era normal que mi hermano influenciara a las personas que tenía a su alrededor, él usaba a la gente para hacer sus maldades y quien se negara a hacer lo que Josué quería, entonces le hacía la vida difícil. Le gustaba que la gente dependiera de él, era su manera de controlarlo todo.

Yo no quise confrontar al Pastor porque no tenía caso hacerlo, pero recuerdo que a través de Facebook escribí varios *posts* que decían:

"Había dos perros, uno vira lata y otro de raza y cazador, como su nombre lo dice el cazador lo hacía para comer mientras que el "vira lata" comía las sobras que este dejaba."

"Palabras sabias dicen: Ten cuidado en tu vivir y en tus acciones porque la misma vara que usaste para medir, con esa misma serás medido."

Esa fue una manera de desahogarme porque ninguno de los dos tenía la capacidad mental para escuchar y entender; eran dos personas perdidas que a su edad no se habían encontrado a sí mismos, no conocieron la lealtad ni el respeto, ellos eran dos amigos-enemigos, en cualquier momento se iban a hacer daño entre sí porque de esa manera obra el mal.

En mi trabajo yo tenía un compañero que llamaba mi atención por dedicado y lo bien que hacía su trabajo, su nombre era Aduu, él era como yo, un inmigrante que venía de Afganistán, era de piel *india,* cabello muy negro y lacio, medía unos 5.9 pies, era delgado y de cara un poco redonda.

En una conversación que tuve con él, le conté sobre el deseo de poner mi propia peluquería, pero que lo único que me afectaba era el idioma, él también como yo tenía esa misma idea de ser dueño de su propio negocio, pero a diferencia mía, él no tenía dinero, pero si hablaba el idioma con fluidez, entonces le propuse que nos uniéramos, él ponía el idioma y yo el dinero; ante esa propuesta él se negó, me dijo que si yo ponía la barbería, él trabajaría para mí, no me sentí muy cómodo con su propuesta, así que dejamos la conversación inconclusa.

Al pasar la semana que le prometí a Maris para irme de su casa, seguí con la firme idea de hacerlo, así que me levanté muy temprano, tomé una maleta y me dispuse a recoger toda mi ropa, ella estaba totalmente segura de que yo no me iría; en su mente yo no podría sobrevivir solo en un país como Canadá, donde todo cuesta y no hablar inglés te cierra las puertas por completo.

—¿Es verdad Esteban que te vas a ir? —me preguntó. Tenía el cuerpo recostado en el marco de la puerta.

—Tú no me creíste cuando te dije que me iría, mi camino está marcado, sin embargo, siento que tú no me empujas para que yo pueda dar mi siguiente paso, al contrario, siento que me frenas, así que lo siento por mis hijos, pero tengo que marcharme —le dije mientras ponía mi maleta en la camioneta, ella quedó sin contestar, solo su cuerpo expresó lo que la boca calló.

Al salir no tenía un rumbo donde ir más que a mi trabajo, era la única puerta que se iba a abrir para mí, aunque ya tenía algo pactado con un amigo que me iba a conseguir dónde vivir por dos semanas.

Mientras manejaba tomé mi teléfono y le marqué, le expliqué que ya me había ido de la casa de mi esposa, le expliqué para que supiera que de verdad necesitaba quedarme en algún lugar por algunas semanas, el entendió mi mensaje y de inmediato me puso en contacto con un amigo suyo que tenía un apartamento en el que me quedaría hasta que yo rentara algún lugar para mí.

Parecía como si mi vida estuviera dando vueltas y de repente me encontraba nuevamente en el principio. De esa manera pensé cuando vi otra vez aquel sofá donde dormiría, mis recuerdos me llevaron a Guadalajara, cuando mi cama eran dos muebles unidos y que me despertaba cada media hora para volver a unirlos.

Esa era la cama que me esperaba en el departamento del amigo de mi amigo, pero la frase de los limones siempre volvía a mi mente, entonces entendí que seguiría haciendo limonada mientras del cielo siguieran cayendo limones.

En ese momento tenía tres problemas potenciales que resolver y desistir no estaba en mis planes, porque me era más fácil resolverlos que vivir juzgándome a mí mismo por no hacer lo que tenía que hacer, así que en mi lista estaba:

1. Buscar un lugar donde vivir de forma normal y permanente.

2. Mi papá esperaba que le sacara la visa para venir a visitarme y conocer a mis hijos

3. Abrir mi primer negocio en Canadá que era mi sueño más anhelado en ese momento.

Aduu, un amigo suyo y yo estábamos compartiendo y disfrutando de un una buena comida y una botella de vino, propicié esa reunión para explicarle a Aduu por qué era buena idea que fuéramos socios, él no estaba consciente de la oportunidad que yo le estaba ofreciendo porque para él las sociedades traían inconvenientes en el futuro. Al igual que él, yo estaba consciente de eso, pero también sabía que con la compresión y la paciencia se podía vivir en paz con los demás.

Yo entendía que el camino se hacía más largo y más pesado si uno iba solo, además comprendí que los grandes imperios no fueron creados por una sola persona, sino que fueron producto de grandes sociedades y por mentes pensantes.

A mi explicación reaccionó el amigo de Aduu, donde de forma muy expresiva trataba de hacer entender a Aduu que rechazar una propuesta como la que tenía en la mesa no era inteligente de su parte, porque él entendía que era la oportunidad de su vida, que él sería socio sin tener que invertir gran cantidad de dinero como era el caso mío. La explicación de su amigo le fue más que suficiente para que despertara y aceptara ser mi socio, entonces nos estrechamos las manos y brindamos por el momento.

Con una sociedad de palabra, Aduu y yo compartíamos ideas de dónde sería una buena ubicación para abrir el negocio.

—Yo sé de un local muy bueno para la peluquería —dijo Aduu.

—Por la emoción que veo en tu cara voy a adivinar que estás pensando en el mismo local que yo tengo en mente, una vez fui rechazado por la dueña porque como todos, no tuvo fe en mí por no hablar bien inglés —le conté con seguridad.

—El que yo digo está en la calle 99 y hace esquina con la "White Avenue" —me dijo.

—Es el mismo local del que te hablo —le contesté.

No le dimos importancia al rechazo que yo tuve en el pasado y decidimos marcarle a la señora, la señora sin pensarlo nos hizo una cita para el día siguiente a la dos de la tarde.

Aduu y yo llegamos veinte minutos antes a la cita, mientras esperábamos llegaron dos personas más que también estaban interesados en el local; eso nos ponía en una posición competitiva en la que teníamos que demostrarle a la señora que nosotros estábamos listos para invertir y que el negocio saldría adelante.

Una señora mayor de edad trataba con dificultad bajarse de un carro que se estacionó, pude ver que su cuerpo voluminoso le impedía bajar con facilidad, su cabello blanco y las arrugas me dejaron claro que sus movimientos lentos eran de una persona de 70 años.

—Buenas tardes, llegaron justo a tiempo —dijo la señora, iba acompañada de un joven como de unos 20 años, era quien manejaba el carro.

—Buenas tardes —respondimos Aduu y yo casi al mismo tiempo, las personas que esperaban también respondieron el saludo, ellos parecían tener la misma idea que nosotros, poner un negocio en sociedad, pero ellos eran hermanos.

El joven abrió la puerta para que la señora entrara y luego entramos nosotros, al ver el local noté que era más grande de lo que yo esperaba, era perfecto para la peluquería, calculé a la vista que en ese espacio podríamos acomodar 6 estaciones perfectamente, era lo que nosotros buscábamos.

—Bueno señores, este es el local, espero que sea lo que ustedes están deseando —dijo la señora refiriéndose a todos nosotros.

—Es perfecto —respondió Aduu, yo solo afirmé con mi cabeza; los dos jóvenes que estaban se notaban muy calmados y con una posición de brazos cruzados.

—A mi entender ustedes quieren poner una peluquería —comentó la señora refiriéndose a nosotros.

—Sí —contestó Aduu con palabras firmes y con fuerza en su voz.

—Y ustedes un restaurante hindú —dijo la señora a los dos jóvenes, ellos seguían muy callados, estaban con más interés de observar el local que platicar con la señora.

—Les voy a ser clara, el local está listo para el que tenga el dinero del depósito en este momento y la cantidad son ocho mil quinientos dólares, quien me de esa cantidad le entrego la llave en este momento —dijo sin vacilar la señora demostrando con su palabra el interés en el dinero.

—Yo lo tengo —respondí de inmediato tratando de ganar tiempo antes de que los dos jóvenes contestaran a la oferta.

—¿Tú los tienes aquí contigo? —preguntó la señora sorprendida, Aduu y los dos jóvenes también me miraban sorprendidos, yo entendí su asombro pues no era normal que una persona tuviera esa cantidad de dinero en efectivo.

Salí de inmediato a mi camioneta abrí la guantera y saqué una chequera que tenía y firmé uno por la cantidad que la señora pedía, ella se quedó aún más sorprendida.

—Negocio hecho, el local es para ustedes —dijo la señora entregándonos la llave.

Era el día de cobro, mi nuevo socio Aduu y yo teníamos la preocupación pues debíamos decirle a nuestro jefe que nosotros estábamos listos para abrir una peluquería juntos. Lo queríamos hacer para que él supiera lo que teníamos planeado y de esa manera no lo tomara mal. A decir verdad, la salida de nosotros le iba a causar una baja en sus clientes, pues nosotros éramos quienes teníamos la mayor parte de ellos.

Aduu y yo nos encontrábamos en la oficina esperando a que él nos entregara el cheque, estábamos nerviosos porque no sabíamos cómo empezar a darle la noticia.

—Nosotros estamos aquí para informarle algo que tenemos planeado señor —dijo Aduu con su voz insegura, el jefe nos miró a la cara con el signo de pregunta en sus ojos—. Queremos ser honestos con usted y de igual manera espero que nos entienda —siguió diciendo Aduu, yo solo estaba de apoyo, no tenía las palabras en el idioma para explicar esas cosas.

—Habla muchacho, ¿qué traes en mente? —dijo el jefe mirándonos a ambos a la cara.

—Esteban y yo vamos a abrir nuestra propia peluquería, ya tenemos el local, así que esperamos que usted nos entienda. Hacemos esto porque queremos crecer y si es posible que nos dejara trabajar por unos meses más hasta que todo esté listo, se lo agradeceremos mucho —explicó Aduu.

—Okay, no hay problemas muchachos —dijo el jefe con unas palabras que decían lo contrario a lo que yo leí en sus ojos.

Mi socio Aduu y yo cambiamos por completo nuestra rutina de trabajo, sabíamos que no debíamos descuidar nuestro empleo, de esa manera teníamos la oportunidad de generar dinero para vivir hasta que nuestro negocio empezara a funcionar; así que nuestra hora libre la usábamos para hacer cosas en nuestro proyecto, no teníamos otra opción porque el trabajo de remodelación del local sería un proceso que tardaría.

Después del día que le dimos la noticia al jefe, el ambiente se tornó pesado y silencioso.

—¿Qué pasó, Aduu? —le pregunté con curiosidad.

—He sido despedido por el jefe —me contestó con cara de vergüenza y preocupación, se me hizo extraño lo que estaba pasando en ese momento porque el jefe nos aseguró dejarnos trabajar hasta que abriéramos nuestro negocio.

Me paré de donde estaba y fui hacia la oficina de él con la curiosidad de saber si también yo estaba despedido.

—¿Qué tal? —dije en la puerta de la oficina con tono de pregunta.

—Pasa *brother* y siéntate —me dijo el jefe guardando respeto hacia mí.

—¿Por qué fue despedido Aduu si cuando hablamos usted dijo que esperaría a que lo nuestro estuviera listo? —le pregunté de forma directa.

—Su apatía me quitó la paciencia, desde el día que lo contraté me mostró una personalidad que no fue de mi agrado y hoy en una conversación que tuvimos me dijo que a él solo le importaba poner su negocio, que este lugar para él pasaba a un segundo plano; que si alguna vez llegaba tarde, sería porque estaba ocupado en su proyecto, entonces lo despedí de inmediato para que así tenga tiempo para hacer sus cosas —me dijo con detalle.

—Mire, desde el día que yo comencé aquí, yo le dejé claro que pondría mi propio negocio, y le he trabajado cumpliendo sus reglas y respetando su horario de trabajo; he sido un trabajador enfocado en mis tareas, no he provocado molestias de ningún tipo, así que yo le voy a pedir por favor que si un día usted piensa en despedirme, le pido respeto al hacerlo; que me avise unos días antes para organizarme, no lo haga de la manera que lo hizo con Aduu, para mí eso sería una vergüenza, tener que recoger mis cosas con prisa delante de mis compañeros como si hubiera robado algo, así que por favor quiero respeto conmigo —dije seguro.

—No Esteban, te aseguro que contigo serán diferentes las cosas —dijo él también con seguridad.

Aduu ese mismo día acomodó una estación de trabajo en nuestro local, aunque la remodelación estaba en curso, él y yo acordamos que tenía que hacerlo de esa manera para que siguiera generando dinero y dándole el servicio a sus clientes.

Al final de cada día yo me dirigía al local para enterarme cómo iban las cosas y ahí estaba Aduu ayudando a los que estaban remodelando y atendiendo a uno que otro cliente que llegaba a cortarse el pelo. Fue una sorpresa saber la cantidad de personas que él atendía, el local no tenía nada de comodidad y aun así sus clientes lo seguían, me quedaba claro que el éxito sería un hecho.

Era sábado en la mañana, estábamos muy ocupados, la ausencia del jefe se sentía; se encontraba visitando su país de origen, aunque no tenía características faciales, él era libanés, así que se encontraba por esos rumbos del Medio Oriente.

Yo sentía que mis compañeros tenían cierto recelo conmigo, eso era motivado de alguna manera por lo que pasaba en ese momento, que yo seguía trabajando de forma normal mientras que mi negocio se estaba haciendo realidad. Aunque el jefe no lo decía verbalmente, sí le preocupaba la idea de que yo me llevara a sus clientes a mi nueva peluquería.

El teléfono en mi trabajo sonaba constantemente, pero nunca imaginé que esa mañana al timbrar el teléfono habría un mensaje para mí, cuando la secretaria colgó la llamada, de inmediato se dirigió a mí y me pidió que la acompañara a la oficina.

—Esteban, el jefe llamó y me dijo que te dijera que recojas todas tus pertenencias y que abandones el lugar —me informó la mujer con nervios al hablar.

—¿Y qué pasó? —le pregunté sorprendido.

—Él no me dio explicaciones del por qué, solo me ordenó que te despidiera, lo siento —dijo con pena la secretaria.

—No digas lo siento, no pasa nada —le dije mientras me dirigía a recoger mis pertenencias.

Mis compañeros me miraban y guardaban silencio, ya se imaginaban lo que estaba pasando, al terminar de recoger mis equipos de trabajo me despedí chocando los puños con cada uno de ellos.

En mi carro mientras manejaba para mi local, tomé el teléfono y por la aplicación de chat dejé este mensaje: «¿Qué tal jefe? Solo quiero decir que le agradezco mucho por darme la oportunidad de trabajar con usted, aunque al final las cosas no salieron como esperaba, pero quiero decirle que si en algo falté le pido una sincera disculpa, espero que a su regreso pueda reunirme con usted y decirle esto cara a cara, gracias por todo».

Aduu y los albañiles se sorprendieron al verme llegar porque se suponía que debía estar trabajando por ser sábado cuando la peluquería por lo general estaba más llena de clientes.

—¿Qué pasó? —preguntó Aduu.

—Fui despedido al igual que tú.

—¿No se suponía que el jefe no te haría los mismo? —dijo sorprendido.

—Eso era lo que se esperaba, pero todo cambió con una llamada que él realizó desde donde se encuentra en vacaciones —le conté.

—Jazmín me habló ayer, él tenía mucho interés en saber el nombre que teníamos para nuestro negocio, como yo conocía sus intenciones, le dije que le pondría: *Para macho elegante Barber Shop*. Lo hice para ver su reacción al poner el nombre muy parecido al negocio del jefe que se llama: *Para hombre elegante Barber Shop* —terminó contándome Aduu.

Jazmín fue la persona que el jefe dejó encargada en su ausencia, los dos eran del mismo país.

Al escuchar esas declaraciones, me di cuenta de que fui despedido por prejuicios, mi compañero de trabajo queriendo ganarse la confianza de nuestro jefe no midió las consecuencias y mi jefe no usó su sentido común, y claro, se dejó llevar por el temor de que nosotros le robáramos el nombre de su negocio.

La renovación estaba avanzando, los carpinteros se movían afanosamente de un lado a otro para entregarnos el lugar en el menor tiempo posible. Aduu y yo que no teníamos más opción que trabajar para obtener dinero para el pago del mes de renta que se aproximaba, era una responsabilidad que obtuvimos desde el día que firmamos el contrato del lugar.

Un espejo acomodado de forma improvisada y una tabla que puso un carpintero era mi estación de trabajo. Aduu de igual manera estaba trabajando con los clientes, no le daba importancia a lo incómodo del lugar, ellos solo querían recibir nuestros servicios.

Todo en el local fue tomando sentido, mientras yo me enfocaba con un cliente, los carpinteros habían hecho muchos cambios; uno de ellos al terminar una estación me pidió que me moviera a trabajar en la que ya estaba lista para poder continuar con la que yo estaba utilizando de forma improvisada. Mientras eso pasaba, a la pared del fondo le estaban dando la última pasada de color verde claro, el plomero terminaba de instalar las estaciones de lavado de pelo, el electricista estaba haciendo pruebas de luces, el encargado de poner el piso colocaba su última pieza de madera para que el piso quedara reluciente y una grúa de una compañía de publicidad que contratamos estaba subiendo el letrero al techo del local, al ver que ya terminaba, salí a inspeccionar el trabajo y leí: "Las generaciones Barber Shop".

Me alejé unos pasos hacia atrás para ver mi sueño hecho realidad con más detalle, todo el frente del local era en cristal, un letrero que decía: "Abierto" prendía y apagaba con luces rojas; un caramelo tradicional de barbería daba sus luces blancas, rojas y azules.

Me acerqué a la puerta, al abrirla vi todo en su lugar, las paredes laterales estaban pintadas de gris oscuro que combinaban perfecto con el verde claro del fondo, un cuadro muy grande de un reloj, con el que el artista logró dar la sensación de estar en algún monumento italiano antiguo, combinaba con la pared y la hora marcaba las 12:30 p.m.

A mi derecha tenía la recepción con una luz blanca, roja y azul que iluminaba esa área, había seis estaciones hechas de mármol blanco, cada una con sus espejos y marcos de madera, todo combinaba a la perfección. Las sillas de cada estación eran negras con los bordes en plata y brillaban como espejos, encima de cada silla había un conjunto de tres luces que eran la iluminación para cada peluquero.

Los obreros y carpinteros que hicieron posible que *Generaciones Barber Shop* fuera un hecho también se hicieron parte de nuestros clientes, dándoles servicio a ellos hicimos nuestra inauguración si así se puede decir porque la verdad, estábamos más enfocados en hacer dinero que en tener una celebración, mi cuenta de banco quedó con el fondo mínimo.

No tener dinero en la cuenta significaba que *Generaciones Barber Shop* estaría en una situación riesgosa en su principio ya que yo era el que estaba encargado de soportar el negocio económicamente, mi socio era más el encargado en la parte de relaciones públicas o logística, ese era su papel en la sociedad que teníamos.

Aunque ya teníamos una cartera de clientes que nos seguían, yo comencé a hacer publicidad llevando tarjetas del negocio a las personas más cercanas a la barbería.

La tormenta estaba bajando su intensidad, todo iba marchando como lo planeado, mi papá se encontraba de visita y en ese momento yo compartía un apartamento con una amiga mexicana, el apartamento era nuestro porque fuimos quienes firmamos el contrato de arrendamiento, así que mi papá llegó a mi casa y me puse contento de tenerlo.

La visita de mi papá fue corta, pero fue suficiente para él, puesto que era algo que necesitaba para relajarse y conocer; en el tiempo libre que sacaba lo llevé a conocer las inmensas llanuras de la ciudad de Edmonton, nos deleitamos viendo los campos, los animales y la forma diferente como el campesino canadiense trabaja sus tierras. Las llanuras parecían jardines de flores porque en esa ciudad se produce aceite de canola, y las plantas son flores amarillas y de la semilla es de donde se obtiene el aceite.

Aduu y yo nos apresurábamos cada día con la clientela que crecía sin control, en ocasiones no éramos suficientes para combatir el trabajo que nos llegaba.

Éramos visitados por personas de todas partes del mundo, o sea éramos multicolores. En Canadá la población está compuesta por muchas culturas, a Aduu le molestaban las personas de la india, era algo que yo notaba en él, su personalidad era impaciente y los indios eran personas de muy alto cuidado personal, para ellos un corte de pelo y un arreglo de barba lo era todo y exigían un buen trabajo, lo cual le molestaba.

Para mí era algo normal porque siempre y cuando pagaran por el servicio que pedían estábamos bien, esa era una de las cosas que yo le explicaba a Aduu, que no había clientes buenos ni malos si traían dinero en la cartera.

Generaciones Barber Shop se fue consolidando en la comunidad, éramos conocidos por todos. Con el poco tiempo que llevábamos estábamos de primer lugar en las redes sociales, eso hizo que nuestro dinero fuera recuperado rápidamente y lo reinvertimos. Contábamos con tres establecimientos dando servicio y con una cantidad de empleados a los que nosotros mismos capacitábamos para que nuestra marca siguiera dando el resultado esperado por los clientes.

La puerta no dejaba de abrirse cada diez minutos, alguien salía o alguien entraba, parecía uno de esos lugares donde las personas van por algo que les regalan, pero nosotros aun manteniendo los precios más altos que la competencia, estábamos por encima de ellos en cantidad de clientes.

Capítulo 20
UNA INVITACIÓN

Ese día quien saludó en la puerta y llamó mi atención fue mi gran amigo nicaragüense Carlos Mejía, un hombre de un color de piel *indio claro*, pelo negro, ojos grandes, de barba muy tupida y tan negra como su pelo, aunque su edad estaba muy cerca de los 45 años no se le veía una cana.

—¿Cómo está hermano? —preguntó dándome la mano y mirando fijamente mis ojos, le contesté con el mismo gesto.

—Bien, afortunado y ahora con su presencia mucho mejor.

—Eso es todo hermano —me contestó y preguntó—: ¿Cómo van los negocios?

—Van bien, el que está lleno de preocupaciones soy yo que no me sobra tiempo ni para lo básico, comer, ir al baño o pasar tiempo con mis hijos —Él sonrió de una manera amable y compasiva.

—Ese es el resultado de ser empresario exitoso, yo estoy en la misma situación —me dijo.

Carlos era el gerente de una compañía muy exitosa llamada *Worker Bees,* traducida al español, "Abejas trabajadoras", tenía más de veinte años trabajando para esa compañía, le iba tan bien que no tuvo la necesidad de caminar en el mundo de los negocios por sí solo porque esa familia lo trataba como uno de ellos y gozaba de los privilegios como si fuera el dueño de la compañía; además, los dueños le permitían hacer, dentro de la compañía, negocios para sí mismo.

Era el 10 de diciembre ese día de su visita, cuando ya las compañías andaban en los preparativos para la fiesta de empleados de fin de año. Me pidió que le arreglara la barba y que el pelo solo se lo retocara porque quería estar decente para el día de la fiesta que su jefe les hacía, en medio de la conversación que tuvimos mientras lo atendía me invitó a la fiesta porque según él, ese año tendrían un artista latino que pondría el ambiente.

Como la fiesta de él era para el 15 de diciembre y la fiesta para mis empleados estaba planeada para el 12, me pareció perfecto poder estar en los dos eventos.

Al final del día me marché a tomarme un café con mi socio Aduu.

—Buenas noche Aduu —le dije al llegar.

—Buenas noches —contestó. En ocasiones como broma lo llamaba por su nombre real para molestarlo porque él no lo usaba ya que era difícil para los canadienses pronunciarlo, así que continué diciendo—: ¿Por qué tan elegante señor Eddy? —Usé el nombre falso con el que se hacía llamar.

El vestir elegante siempre estaba presente en Aduu, con los años me di cuenta de que era como una religión para las personas del Medio Oriente vestir en extremo elegante con trajes costosos, más cuando eran personas exitosas y podían comprar sin importar el precio, y ese era el caso de mi socio.

Pasamos un momento agradable, tratamos diversos temas sobre cómo mejorar los negocios, el tema de la fiesta fue tratado al final. Lo invité a la fiesta de mi amigo Carlos, lo hice por cortesía porque él no asistía mucho a eventos de habla hispana, siempre me decía que por no hablar el idioma se le hacía aburrido, aunque reconocía que nuestras mujeres hispanas eran muy hermosas.

Cuando el reloj marcó las cuatro de la tarde del 15 de diciembre, me encontraba terminando el trabajo con el último cliente del día. Tenía un compromiso con Carlos, habíamos quedado de vernos en el parqueadero de la peluquería, así que me despedí de todos los trabajadores.

Fui a casa a prepararme para estar listo a la hora acordada, tomé un baño con prisa y me puse mi mejor ropa y como estábamos con un clima muy frío, a 25 grados bajo cero, me puse un abrigo de piel de oso que me llegaba casi a la rodilla; rápidamente tomé el ascensor, yo vivía en una torre de 25 pisos y mi apartamento estaba en el nivel 16. En el parqueadero elegí irme en la camioneta porque para la cantidad de nieve que había caído era el vehículo perfecto.

Al cabo de diez minutos de estar esperando se acercó un vehículo blanco, bajé mi cristal para ver si era Carlos puesto que no podía ver por la oscuridad, en el invierno Canadá oscurece muy temprano, y sí, precisamente era él.

—¿Qué tal hermano, listo? —preguntó.

—Sí, ya —le contesté y puse mi camioneta en movimiento para seguirlo.

Después de seguirlo por un rato, como media hora, él estaba abriendo un portón muy grande, vi que esa puerta tenía el apellido de la familia grabado en letras de metal, decía "Familia Smith", al entrar me sentí eufórico pues por la cantidad de vehículos que vi en el parqueadero adiviné que iba a ser una gran fiesta.

Cuando nos bajamos, nos saludamos con más formalidad y caminamos hacia la puerta que nos llevaría dentro de la casa.

Por la distancia que caminamos vi que esa casa era enorme, era como si nos encontráramos en un parque público. Carlos empujó la puerta y el murmullo de una gran cantidad de personas que hablaban al mismo tiempo detonó en mis oídos.

Al entrar nos quitamos los abrigos y los colgamos en percheros, también nos quitamos los zapatos y los dejamos a un lado de la puerta junto a todos los zapatos de los invitados.

Es una costumbre canadiense quitarse los zapatos en la puerta antes de entrar en una casa donde estás de visita. De inmediato comenzaron los saludos, pues era una fiesta de empleados donde todos ellos se conocían, Carlos me iba presentando con algunos de sus amigos y saludaba a otros que me distinguían porque eran clientes frecuentes en Generaciones Barber Shop, se sorprendían al verme ahí con ellos.

La fiesta estaba agradable, la gente reía, tomaban, otros jugaban billar en varias mesas que había en el salón. Impresionado por lo inmenso del lugar donde estábamos levanté mi cabeza como cuando miras hacia el cielo y vi que en el techo había una luz muy elegante, había un segundo piso con un pasillo que le daba toda la vuelta al salón; vi que también había gente que platicaba en el pasillo y miraban hacia abajo donde estábamos la mayor cantidad de personas. Vi que en el salón había como especie de una tarima, aquello formaba parte del lugar, no era algo que habían hecho para el evento, sino que estaba construido con el propósito de traer artistas invitados; pensé que era una familia muy armoniosa y rica, evidentemente.

Algunas veces estuve solo y por ocasiones con mi amigo Carlos debido a que él era el anfitrión y estaba ocupado saludando a todos sus compañeros de trabajo. Decidí acercarme a una de las mesas de billar hasta formar parte del ambiente, en muy pocos minutos ya me encontraba jugando con algunos clientes que me conocían muy bien. Los músicos comenzaron a tocar, pero yo estaba tan distraído que no me importó, aunque era muy fan del género de la salsa.

De repente, escuché los acordes de la canción titulada: "Yo no sé hoy" de Luis Carlos, solté el taco de billar y tomé a una joven que estaba platicando con nosotros mientras jugábamos, sabía que estaba sin pareja, nos entramos hasta la mitad de la pista y mientras avanzábamos iba pensando «Ojalá que esta mujer sepa bailar», porque ya me había tocado en diferentes fiestas parejas con muchas ganas y energía de bailar, pero sus pies estaban divorciados del ritmo de la música.

Comenzamos a movernos lento, al ritmo de los acordes de la canción, al entrar la parte rápida me sorprendió cómo bailaba, la miré a la cara y reí con ella como haciéndole entender que lo hacía muy bien, realizó un movimiento con su cabeza que acompañó con una linda sonrisa, terminó la canción y bailamos la siguiente, y la siguiente, y así sucesivamente.

Volví a mirar hacia el balcón y vi una familia con una presencia que sobresalía entre todos los invitados. «¿Quiénes son esas personas?», me pregunté. Eran cinco, entre ellos una joven muy elegante que, aunque estaba lejos, era impresionantemente hermosa. El pelo negro y el blanco de su cara, así como su piel muy fina, resaltaban la belleza que traía esa joven; estaba con dos jóvenes muy altos, un señor de edad y una señora con las mismas facciones que la joven, pero mucho más adulta. Pensé que podrían ser padres e hijos.

La joven con la que bailaba puso su mano en mi mejilla, volteó mi cara hacia la suya y vi como sus cejas formaron la letra "eme", lo entendí como un reclamo por dirigir mi atención hacia la familia que ella estaba viendo igual que yo.

El baile volvió a tomar importancia porque mi pareja era la mejor bailarina del lugar, ya teníamos fans que no dejaban de mirar y sabíamos que eso provocaba que ambos hiciéramos nuestros mejores pasos.

Pero no dejaba de voltear a ver a la familia, ellos también nos miraban y parecía que comentaban algo, en una ocasión que volteé ya no estaban todos, vi solo a mi amigo Carlos platicando con la joven, pero vi que ella apuntaba hacia nosotros mientras conversaba con él y él buscaba con la mirada lo que ella señalaba.

Al terminar la canción fui nuevamente hacía la mesa de billar y seguíamos conversando la joven y yo. Entonces vi que Carlos me llamó desde arriba, pedí permiso a mi pareja de baile y me dirigí hacia donde estaba él con la hermosa joven.

Mientras subía las escaleras seguí impresionado de la finura y los detalles arquitectónicos de la madera en las escaleras y las columnas.

—Qué tal Carlos, no te he visto bailar —le dije con mi atención más en la joven que en él, no contestó a mi inquietud.

—Mira hermano te presento a Kimberly, es la hija de mi patrón —me dijo.

Puse mi mano izquierda como abrazando mi espalda, incliné mi cuerpo un poco hacia delante y con mi mano derecha hice un círculo en señal de reverencia y respeto. Miré fijamente sus ojos y me presenté dándole mi nombre, tratando de aclarar las palabras con mi inglés que todavía no era tan bueno.

Sus ojos eran más azules que los mares de mi isla caribeña, sus cejas eran negras como su pelo, todo en su rostro combinaba a la perfección.

—Es usted muy buen bailador —dijo con una reverencia de respeto y en español, sin ningún acento.

—Oh, habla español —dije sorprendido.

—Sí, hablo cinco idiomas, los estudié como carrera en la universidad —me contestó.

—Oh, muy bien y lo de bailador hago lo mejor que puedo señorita Kimberly —expresé.

Miró a Carlos y se sonrió con él.

—Qué caballeroso me salió su amigo, me dijo señorita —le dijo.

Yo también reí, pero un poco intimidado, sentí que la conversación estaba buscando otro rumbo, no sabía si se trataba de un pequeño coqueteo con Carlos.

Los acordes de la canción de Luis Carlos, "Yo no sé hoy", volvieron a sonar, miré hacia abajo buscando a mi pareja de baile nuevamente, luego escuché que ella dijo:

—Me gusta esa canción —La miré por pocos segundos y seguí buscando a la bailarina y entonces volví a escuchar—: ¿Bailamos? —Impresionado miré a Carlos buscando su aprobación, entonces él hizo una señal que indicaba que estaba de acuerdo.

Le tomé la mano que aún la joven tenía tendida hacia mí, bajamos las escaleras y pensé: «Es muy bonita mujer, pero estoy seguro de que no baila».

Para mí, bailar es combinar los movimientos del cuerpo con el ritmo de la música y sincronizar cada movimiento con la de tu pareja, si esto no sucede mientras bailas entonces se convierte en un mal momento, tanto así que si la canción que estás bailando es muy larga y el que sabe bailar no tiene paciencia con su pareja, es capaz de dejarla en medio de la pista de baile.

Ya íbamos por la mitad de la canción y pude ver que la joven tenía talento para bailar, no como mi pareja de la noche, pero era suficiente para pasar un momento agradable. Mientras bailábamos seguimos platicando, le dije mi nacionalidad, entonces comentó que la razón por la que hablaba español sin acento era porque también había viajado gran parte de su vida por países de habla hispana, pero que no había tenido la dicha de conocer República Dominicana.

Entonces entre broma y verdad le dije que había ido a todos lados pero que le faltaba conocer el paraíso, sonrió y me dijo del interés que tenía de conocer era porque le habían contado mucho sobre lo impresionante que era.

En medio de la conversación le conté que yo era dueño de las barberías Generaciones, que estábamos en desarrollo, pero que el crecimiento tenía mucho potencial.

Yo a pesar de que era un pequeño empresario nunca fui de platicar de mis negocios y menos en un baile, pero estaba ante una persona muy educada y su inteligencia le salía a flote cuando hablaba, así que decidí tomar mi postura de educado, aunque a decir verdad mi educación estaba muy por debajo de la de ella, pero trataba de hacer lo mejor que podía.

Después de tanto baile y plática noté que ella estaba emocionada:

—Quiero que conozcas a mis padres y hermanos, ellos estarán encantados de saber que tú eres quien le corta el pelo a los trabajadores de la compañía —me dijo, luego tomó mi mano y corrió como una niña que agarra a su compañerito.

Subimos las escaleras y corrió conmigo por el pasillo; mientras corríamos seguía mirando la hermosa casa en que vivía esa familia, todo el pasillo tenía puerta enmarcada finamente con tamaños que no eran las que acostumbraba a ver. Aunque corría con ella, mi mirada estaba puesta en los detalles de cada espacio.

Los cuadros eran piezas únicas, tenían colores con una tonalidad apagada, su elegancia no se basaba en lo ostentoso, sino en lo simple y único.

Al llegar a una de las puertas, ella la empujó sin tocarla, era un estilo de puerta que abría como en forma de libro, dos puertas en una. Nuestra presencia interrumpió el ruido de una canción instrumental que un pianista tocaba.

—Mamá, papá, les presento a Esteban, es un tremendo bailador —decía ella intentando tomar aire para hablar por lo sofocada que estaba con la corrida; todos voltearon hacia mí, puse la mano derecha en mi pecho y dije:

—Es un placer conocerlos a todos —Ellos sin decir palabras movieron la cabeza hacia abajo afirmando que el placer era de ellos, eso pensé.

Entendí que ellos tenían su propia fiesta, muy aparte de los trabajadores, tomaban vino todos sentados en una mesa redonda y amplia, no había visto una mesa con más de diez sillas. Disfrutaban de buena comida, un paquete de flores estaba en el medio de la mesa, el señor que tocaba el piano vestía de blanco con un sombrero negro como los de mago, el piano que tocaba era de un tamaño exagerado, no había visto uno de ese tamaño jamás, era de color negro, pero de un negro tan brillante que te podías ver en él como si fuera un espejo.

Después de que compartimos un rato con los padres de Kimberly, ella de nuevo me tomó de la mano y me invitó a seguir bailando salsa. Al salir de la fiesta privada que tenía su familia, ella vio cómo yo miraba los cuadros del pasillo, me preguntó que si me gustaban, le contesté que estaban muy bonitos todos y que la casa era muy grande y elegante, entonces comenzó a mostrarme todo el pasillo que le daba la vuelta por completo como un círculo al salón donde todos bailaban.

Después de mostrarme todo el lujo de aquella casa nos sentamos en un banco que estaba en una ventana de cristal desde donde se podía ver lo inmenso del terreno, le pregunté por unas luces que dividían el terreno como si fueran una empalizada, me dijo que de las luces para allá todo eso era la compañía *Worker Bees*, que ese era la compañía de su padre y era un negocio que él heredó de sus abuelos, que su padre era el mayor importador de miel de Asia, Europa y que en el mercado estadounidense también, pero que la miel ahí no tenía tanta aceptación como en los otros continentes.

Se nos pasó el tiempo mientras conversábamos y no bailamos como era lo planeado, así que compartimos nuestros correos electrónicos y los números de teléfono. De regreso a casa me puse a pensar que el momento que acababa de pasar había sido muy agradable y que conocer a esa familia me servía de inspiración para seguir creciendo en el mundo de los negocios y poder llegar a ser tan exitoso como ellos.

Desde el día que nos conocimos Kimberly y yo no paramos de hablar en nuestros tiempos libres, quizás ella lo hacía para practicar su español y yo porque quedé deslumbrado por su belleza. Era tanto lo que hablábamos que en poco tiempo sabía más de lo que debía saber de su vida, aunque su familia era muy rica, ella vivía de una forma muy sencilla, pues amaba la libertad y decidió viajar por el mundo, por lo que a su vez gastó lo poco que tenía ahorrado, viajaba por motivos de estudio, pero al mismo tiempo disfrutaba la vida como una fiesta.

Un día la invité a salir a bailar salsa a un bar que se llamaba "La piedra", yo esperaba un rechazo a mi invitación, puesto que siempre estaba preocupada por algún examen, en ese tiempo estaba estudiando francés. Todo sucedió al contrario de lo que esperaba porque ella emocionada me contestó que sí aceptaba la invitación.

Al tocar la puerta su madre abrió y me dijo:

—Kimberly aún no está lista, pero pase y siéntese a esperarla, ¿gusta algo de tomar? —preguntó amable.

—No, muchas gracias, señora —le contesté.

Vi que subió las escaleras, luego las escuché hablando entre ellas, al cabo de diez minutos oí las pisadas de una mujer que bajaba, al mirar vi que venía una joven aún más hermosa que la que conocí la noche de la fiesta; yo no pude disimular y dejé que mis ojos recorrieran cada escalón que ella bajaba hasta que llegó a mí.

—Hola Esteban —me dijo y aunque me saludó, pensé que se trataba de alguna hermana o prima, ella notó mi confusión y me dijo—: No me reconoces, soy Kimberly.

—Oh, disculpa, estaba distraído, ¿cómo estás? —le pregunté.

Tenía un vestido rojo, zapatos rojos, esa vez su pelo estaba rizado, sus ojos azules tenían una sombra negra que los resaltaba más, sus mejillas lucían rosadas y en su cuello tenía una prenda diferente a las que normalmente ves en alguna mujer.

Ante mis ojos había una mujer perfecta y que esperaba por mi mano para que la llevara a tener una noche de baile.

Como costumbre canadiense antes de salir de la casa, ella revisó la temperatura.

—Oh Dios, estamos a menos veinte grados esta noche, así que tendré que llevar mi mejor abrigo de invierno —aseguró.

—Sí, está muy frío afuera —le confirmé.

Nos despedimos de la señora que todavía nos miraba desde arriba.

—Que se diviertan mucho —nos dijo.

—Sí mamá —contestó Kimberly.

—Así será, señora —le aseguré yo levantando mi mano.

Antes de poner la camioneta en movimiento puse en la radio la salsa que el día de la fiesta bailamos, ese día ella me dijo que le gustaba esa canción al igual que a mí.

La visibilidad mientras conducía no era la mejor por la cantidad de nieve que caía. Entonces volteé hacia ella.

—Yo al igual que tú debí ponerme un abrigo más caliente, ¿qué te parece si pasamos por mi apartamento que nos queda de camino al bar? —comenté.

Ella venía bailando y cantando la canción, así que tuve que bajar el volumen del radio para que me escuchara.

—Sí, escuché lo que decías —dijo desesperada por seguir escuchando la canción, tomé dirección a donde yo vivía, al llegar parqué con prisa para subir por mi abrigo.

—¿Te gustaría pasar —pregunté.

—Sí, ¿por qué no? —me contestó.

Tomamos el ascensor, presioné el botón del piso 16, subiendo noté que se impresionó al ver la vista que tenía de la ciudad puesto que el ascensor era de cristal.

—Tú vives en un buen lugar de la ciudad —dijo.

—Así es, me gusta mucho estar aquí.

Al abrir la puerta de mi piso le permití la entrada a ella primero haciendo un gesto de caballero. Su impresión fue la misma o más intensa que la que yo tuve cuando por primera vez llegué a su casa. La decoración que tenía en mi apartamento era de una diseñadora de interiores muy famosa de la ciudad.

Todo era blanco, pisos, cuadros, paredes, todos los muebles. La diseñadora justificó su idea de que todo fuera así, porque según ella por ser tan alto el lugar era bueno que se sintiera como en el cielo o en una nube, y como me encantaron sus ideas, no me resistí a ellas.

Ahí estaba Kimberly mirando cada detalle de mi casa e impresionada con la ciudad llena de luces al fondo; me acerqué con ella a la ventana y le enseñé dónde se encontraba el bar que íbamos a visitar.

Al llegar al bar saludé a uno que otro amigo, era conocido porque visitaba con frecuencia ese lugar. Mi orgullo esa noche era Kimberly, su personalidad era impresionante e importante.

Cuando terminó la fiesta, Kimberly aún seguía con energía para bailar, así que la invité a mi apartamento para seguir la fiesta, decidimos parar y comprar algo de licor porque, según ella, no quería tomar vino que era lo que yo tenía en el bar del apartamento.

Aunque era muy tarde en la madrugada, yo me dispuse a preparar una pasta italiana para comer con Kimberly y así darle la bienvenida a mi hogar, ella estaba sintiendo los efectos del licor, la hacía entrar en más confianza y dejó salir su verdadera personalidad. Al hablar era más ruidosa y bailaba más alborotada, yo también estaba borracho.

Tomé una botella de vino que tenía y la destapé para tomarla mientras cenábamos, cambiamos el tipo de música por canciones más románticas, el ambiente cambió de ser ruidoso a ser silencioso, entonces entre Kimberly y yo se comenzaron a crear miradas que expresaban sentimientos. Por mi parte sabía lo que sentía, pero no quería equivocarme y perder esa linda amistad que entre nosotros se estaba formando, aunque yo sentía que era la noche perfecta.

Al terminar de cenar la tomé de la mano para bailar una canción que sonaba con tonos muy suaves, ella bailaba al mismo ritmo que la canción que sonaba; yo sentía su cuerpo tan cerca al mío que nos convertimos en uno solo; ella respondió a mi lenguaje corporal con un gemido, alejé mi cara de su hombro y la miré fijamente a la cara y permití que leyera lo que mis ojos al principio querían ocultar, eso fue más que suficiente para que ella dejara que sus labios tocaran los míos.

El timbre de su teléfono nos despertó, era su madre que le habló para asegurarse de que ella estuviera bien, en la conversación que tuvieron escuché cómo ella le explicaba que había tenido una noche increíble, que los tragos se le pasaron un poco y que por eso decidió quedarse a dormir.

La pasta que aún quedaba nos sirvió de desayuno, ella estaba impresionada por la sazón que tenía al cocinar, entonces le conté algo de mi historia cuando trabajaba con el italiano y de dónde aprendí a preparar la pasta.

Mis visitas a la casa de la familia de Kimberly se hicieron frecuentes, sus padres y sus hermanos eran cómplices de lo que se estaba creando entre ella y yo, parecía como si todos estuvieran de acuerdo en que ella y yo anduviéramos juntos. En ocasiones, después de tomar unos tragos en casa de ellos, no me permitían manejar, así que terminaba durmiendo con ella, y ellos felices de que eso pasara aunque para mí era un poco extraño porque aquella conducta en República Dominicana no es bien visto por las familias.

En Canadá la cultura era todo lo contrario, los jóvenes tienen toda la libertad del caso, los novios pasan los límites que en otros países no son permitidos. Una joven con dieciséis años se va de fin de semana a acampar con el novio y a su regreso la vida sigue normal; los padres no cuestionan ni hacen preguntas, ni mucho menos se preocupan por las consecuencias que esas acciones puedan traer en el futuro, todo es muy relajado para ellos.

En ese momento yo estaba viviendo de la manera que elegí vivir, las cosas que antes me molestaban ya no me daba tiempo para prestarles atención. Los mundos de los negocios me mantenían en una caja de acero, la cual impedía que las flechas que antes dañaban mi paz interior lo hicieran nuevamente, el acero las destruía al primer contacto.

La mejor decisión que pude tomar fue hacer a un lado a todas aquellas personas que estaban en mi vida haciendo el papel de amigos o familiares, pero que en realidad eran los enemigos más peligrosos que jamás tuve, enemigos que me llevó años desenmascarar, porque el instinto me lo decía, pero el miedo a equivocarme hacía que me resistiera a creerlo. Sin embargo, al final fue fácil detectarlos porque se frustraron, se desesperaron y tuvieron envidia cuando vieron que iba cumpliendo mis metas poco a poco.

Josué se sintió tan desesperado que quiso jugar con la mente de mi sobrino Fraile, solo porque él siendo tan joven mantenía mi negocio en dirección a la cima. Entonces Josué le propuso que abandonara mi negocio, que si lo hacía lo llevaría a conocer Europa y que estando allí le pondría un negocio donde las ganancias serían en euros. Mi sobrino se negó a esa propuesta, entonces siguió jugando con maldad y le propuso que si no quería ir a Europa, que ahorrara y pusiera su propia peluquería, ante esa propuesta mi sobrino guardó silencio como si lo estuviera pensando.

Fraile me comunicó las propuestas que había escuchado, muy relajado le dije que lo llamara por teléfono y que le dijera que había pensado en la segunda opción, pero que solo la llevaría a cabo si le permitía llevarse con él a unos de sus primos que en ese momento estaban trabajando para Josué; a esa declaración Josué contestó que sus sobrinos estaban bien con él, que no necesitaban irse a trabajar por sí solos. A esa reflexión mi sobrino Fraile y yo reímos a carcajadas por el altavoz del celular que era por donde se daba la conversación.

La relación de Kimberly y yo estaba tomando un rumbo que no esperaba y que ella tampoco tenía en mente en ese momento, pero lo cierto era que estábamos enamorados como niños de escuela; no estaba en nuestros planes seguir los consejos que en una conversación su papá nos había dado, él lo decía como algo muy normal, pero en realidad tenía un enorme deseo de que nosotros nos casáramos, era algo que le inquietaba en gran manera.

Por mi parte no tenía tiempo ni siquiera para pensarlo, en ese momento el crecimiento de los negocios me mantenía de un lado a otro, pero todos mis planes cambiaron inesperadamente.

—Yo estoy agradecido con que mi hija y tú tengan una relación, yo sé que ella estará muy bien el día que la hagas tu esposa. Cuando yo tenía tu edad estaba también en el mundo de los negocios, el resultado de todos mis esfuerzos es mi compañía y la familia que es mi regalo de vida —Con detalle me decía el señor y mientras lo escuchaba disfrutaba de una copa de vino que él sirvió para mí—. Las ganas de seguir continúan, pero mis fuerzas y mi salud me han dejado solo, así que lo único que me interesa es ver a mi hija casarse antes de que el cáncer acabe conmigo —terminó diciendo el señor y dejándome sorprendido por lo que había escuchado.

Me explicó con detalles que padecía cáncer terminal y que según su doctor de familia no le quedaba mucho tiempo de vida. Ante esa situación yo le prometí que por el amor que le tenía a su hija era capaz de casarme sin pensarlo y que estaba decidido. No tenía valor para negarme ante esos ojos tristes y a la vez llenos de esperanza por ver a su hija casarse antes de que la muerte tocara su puerta.

A pesar de la confianza que teníamos Kimberly y yo, ella no me había dicho que su padre padecía de cáncer, ella justificó su secreto diciendo que era un problema familiar y que no querían hacerlo público.

—Para demostrarte el amor que siento por ti no necesito firmar ese papel, pero hoy quiero decirte que si tú estás de acuerdo uniremos nuestras vidas de esa manera —le dije a Kimberly mientras acariciaba su rostro.

—Cómo no estar de acuerdo si eres el hombre de mi vida, al parecer no me crees que nunca había amado como te amo —me confesó.

El Tiempo comenzó a apresurarnos y los diagnósticos de la salud del suegro también, así que todo ese proceso de la boda tenía que ser llevado a cabo en el menor tiempo posible.

Cada noche en mi visita a Kimberly nunca faltaba el tema de la boda, la felicidad que tenían los suegros parecía ser mayor a la de nosotros, el señor aún con sus fuerzas agotadas, la palidez en su rostro y su cabeza sin cabello, mostraba su mejor sonrisa.

—Hija, yo deseo que la vida sea justa contigo como lo fue conmigo —le dijo su madre a Kimberly—, tu padre fue el hombre más responsable y honesto que jamás conocí, siempre se preocupó porque no nos faltara nada, vivimos momentos difíciles, pero él siempre los solucionaba sin importar qué tan grande fuera el problema, lo amo y lo amaré aún más allá de la muerte —concluyó con las lágrimas bajando por sus mejillas.

Kimberly acariciaba su cabello y miraba con tristeza a su papá que también escuchaba desde la cama del hospital, allí nos encontrábamos, él llevaba tres días internado.

—Papi, tienes que mejorarte para que nos vayamos a casa, acuérdate que mañana es mi boda y tú tienes que estar ahí con nosotros —le exigió Kimberly sosteniendo su mano; una sonrisa se dibujó en el rostro del señor que parecía ya no tener la fuerza ni siquiera para reír.

Al día siguiente era mi boda con Kimberly, la boda sería celebrada en la mansión de la familia, su padre fue quien organizó todo para la boda, los invitados eran solo familia de Kimberly que vinieron de diferentes ciudades de Canadá, por mi parte solo estaría mi papá y dos amigos que eran mis invitados especiales.

La pregunta de si el suegro estaría presente en la boda se escuchaba en boca de todos los invitados, ellos al ser familiares sabían lo que estaba pasando con su salud.

Mi ex esposa Maris al saber que me casaba, quiso vengarse y en sus argumentos decía que mis hijos no participarían en la celebración; yo buscaba la mejor manera para convencerla. Ella era del tipo persona que no valoraba los esfuerzos que yo hacía, lo digo porque en esos días le compré una casa para ella y mis hijos, parecía estar muy feliz con su regalo, pero todo cambió al enterarse de que mi boda era un hecho.

Maris y su familia tenían un anillo donde mi entrada a ellos era limitada, los consejos que recibía de su padre tenían más poder que el amor que nuestros hijos podrían recibir de mi parte.

Después de mi divorcio con Maris obtuve la realización de mis sueños, sueños que ellos no esperaban que sucedieran porque pensaban que las limitaciones que tenía al venir de un país del tercer mundo harían imposible que los pudiera lograr, pero las ganas que tenía de superarme fueron más fuertes que los prejuicios y malos deseos.

Al abrir la enorme puerta de la mansión de los padres de mi novia, vi sillas acomodadas y decoradas con cintas amarillas, mesas con manteles de seda y un nutrido grupo de invitados con trajes elegantes; en la pared del fondo había rosas de todos los colores, tantas que no se podía ver la pared, Kimberly estaba sentada justo en el medio de esa pared, se veía espectacular.

Los invitados estaban a ambos lados, una alfombra roja salía desde el portón hasta llegar a los pies de Kimberly, yo estaba en la camioneta acompañado de mi papá y mis dos invitados especiales, no sabía qué hacer. Estaba como en un trance donde la mente te abandona dejándote por un momento solo, en un cuerpo que no es capaz de tomar decisiones.

Con la motivación de mi papá y mis invitados reaccioné y con ellos me bajé de la camioneta, todos los invitados que estaban allí nos miraron como si fuéramos culpables de algún delito, pero mi único delito era que me casaría con la mujer más hermosa de toda la ciudad y que ella me esperaba para entregarme todo su corazón, de eso no tenía dudas, así que yo era inocente.

Mi papá caminaba a mi derecha y mis dos invitados detrás, caminamos con paso firme, ellos me daban el valor que necesitaba para llegar a los pies de la princesa que me esperaba.

Unos pasos antes de llegar se acercaron a Kimberly tres jóvenes de muy buen parecer y vestidas con trajes morados, dos de ellas se colocaron justo detrás y una a la derecha, cada cosa me sorprendía, no esperaba que el evento estuviera tan organizado.

Me paré frente a Kimberly y le ofrecí mi mano, ella la tomó con fuerza para levantarse de la silla, nos volteamos de frente al público y entonces escuchamos los aplausos de los invitados.

Un señor muy alto vestido con una bata negra y con sombrero del mismo color se nos acercó y se colocó en medio de Kimberly y yo, entonces dio la bienvenida al público y enseguida pidió un aplauso para nosotros, al mirar el público noté que faltaba el suegro y un hermano de Kimberly, entonces por medio de una señal le pregunté a Kimberly por ellos y con la misma señal entendí que estaban en el hospital, entonces comprendí que el suegro no estaría en nuestra boda.

—Yo los declaro marido y…

El ruido del portón que empezó abrirse interrumpió las palabras del juez, entonces al abrirse por completo apareció una ambulancia que entraba en reversa lentamente y una luz amarilla que parpadeaba en la parte superior.

—¡Papá, papá! —gritó Kimberly mientras corría al encuentro de la ambulancia.

Su vestido blanco se arrastraba en el suelo, yo corrí detrás de ella, el público al igual caminó al encuentro con la ambulancia, la puerta se abrió, estaban dos médicos y el hermano de Kimberly, y en una cama que tenía una posición inclinada estaba el suegro, Kimberly gritaba.

—Ay papá, dime que tú estás bien, que solo viniste a mi boda.

La madre de Kimberly también estaba preocupada y el público igual; ellos también tenían curiosidad de saber qué estaba pasando.

Vi que las manos del suegro se movieron lentamente, noté que no tenía fuerza para alzar sus brazos; ya con las manos arriba vi que hizo el movimiento que hacen los religiosos cuando le echan la bendición haciendo una cruz. Ahí lo entendí, su visita era para darnos la bendición, Kimberly respiró, ella esperaba lo peor.

El juez se acercó a nosotros que todavía seguíamos pegados a la puerta de la ambulancia y en la presencia del suegro dijo:

—Yo los declaro marido y mujer, hasta que la muerte los separe.

El público aplaudió, el suegro levantó la cabeza y una sonrisa acompañada de un guiño de ojos salió de sus labios. Las puertas de la ambulancia se cerraron y el conductor se fue desapareciendo por completo de nuestra vista.

Al día siguiente yo me encontraba consolando a Kimberly que destrozada lloraba la muerte de su padre, los invitados de la boda también estaban en la funeraria, su padre yacía en su caja fúnebre, todavía conservaba aquella sonrisa en su cara, parecía que dormía.

La tristeza estaba presente en los hermanos de Kimberly y su madre lloraba de forma silenciosa. Los abrazos de solidaridad eran el apoyo a la tristeza que en ese momento sentía la familia. Recordé la muerte de mi madre y la tristeza me visitó de nuevo, lloré con ellos como si mi llanto fuera causado por el suegro, solo yo sabía por qué lloraba.

Me llevé a mi nueva esposa a vivir conmigo a mi apartamento, ella no lograba recuperarse de la tristeza que sentía por la muerte de su papá, abandoné mi vida laboral por dos semanas, sentía que no era el momento para dejar a Kimberly a su suerte, yo la motivaba con ocurrencias para distraerla, esto le hacía bien.

Al igual que Kimberly también estaba su madre, pero para ella la situación era más fuerte porque ella se encontraba sola en una casa tan grande, sus dos hijos siguieron su vida porque ellos estaban casados y tenía sus compromisos laborales, ellos eran dos economistas muy reconocidos.

La suegra le comentó a Kimberly que no sabía qué hacer con la empresa y con la casa porque era muy grande como para ella vivir sola, entre sus lamentos le comentó que si sería posible que ella y yo nos mudáramos allí para hacerle compañía.

No aceptamos la propuesta dado que nosotros teníamos nuestra propia vida y no se nos hacía bien mudarnos como adolescentes a la casa de la suegra.

La suegra estaba cansada, la edad no le ayudaba para seguir trabajando, además su fortuna era exageradamente grande, entonces buscando alguna solución pensó en vender la mansión y la empresa, ya que sus dos hijos no quisieron hacerle frente a los negocios que dejó su padre al morir.

Dos punto cinco millones de dólares fue el precio que la suegra pidió por la empresa y la mansión, al escuchar esta oferta me llegó la idea de por qué no tratar de que mi esposa y yo fuéramos los dueños del negocio y de la mansión.

Kimberly le comentó a su madre la idea que teníamos, así que la suegra vio que era mejor si el negocio quedaba con la familia, ya que ese fue el resultado de muchos años de trabajo del suegro y decidió bajar el precio a dos millones de dólares.

Yo tenía una cuenta abierta en el banco, mi crédito estaba en tres millones de dólares, esa cantidad estaba disponible para cuando la necesitara, era un préstamo aprobado de forma permanente.

Hice una reunión con mi amigo Carlos, él era el segundo al mando de la empresa, así que él era la persona indicada para darme los detalles de todo cuanto se movía en la empresa. Tocamos diversos temas, todo en cuanto a la producción y las ganancias que generaba el negocio.

Todo me pareció perfecto, así que sin pensarlo fui al banco acompañado de la suegra y como si fuera un negocio con un valor de mil dólares, transferí a su cuenta dos millones de dólares, ya mis abogados tenían los documentos en orden. Todo quedó a mi nombre legalmente, desde ese momento era el dueño de un negocio que producía 1.5 millones de dólares al año.

Mi esposa estaba que bailaba y cantaba de tanta felicidad, vivir en la mansión donde creció lo era todo para ella. Cada rincón tenía una historia que ella conocía, las flores del jardín daban muchos colores a sus mañanas; su vista podía viajar sin necesidad de pasar fronteras; el primer rayo de sol alumbraba su habitación, sus atardeceres eran visitados por una diversidad de aves que con su cantar la inspiraron a escribir bonitas poesías.

Por mi parte, seguiré logrando aquello que los pesimistas llaman "imposible", disfrutando lo que el inseguro, el inestable, el egoísta, el perezoso no es digno de disfrutar.

Yo declaro ser digno de mis logros, así que tendré lo que sea de mi gusto sin la preocupación de su precio en dinero.

Era el verano del año 2020, me encontraba con Carlos dando una visita a las abejas que ya estaban trabajando para la producción de ese año, él me contaba que los campos de los alrededores estaban florecidos, que la producción prometía muy buenos resultados, que la miel producida daría para endulzar a nuestros dos clientes potenciales en el continente asiático y europeo.

Quién diría que en mi niñez yo fui agricultor y que por los trabajos que pasé llegué a odiar esa forma de vida y la dejé atrás, que tuve que caminar por diversos senderos, navegué por mares y océanos, daba un adiós a una ciudad y recibía la bienvenida en otra, dejando atrás una y mil historias en cada país.

Tomé los consejos de personas que seguían un sueño, aprendí a apreciar lo que la vida me iba dando, aprendí que las metas no se consiguen con prisa sino con constancia y paciencia. Que lo que consideré un error en realidad fue el soporte para obtener lo que perseguía; que la honestidad te genera paz, que lo bueno de un día malo era que el siguiente mejoraría.

Conocí tantas culturas en mis andanzas que decidí tomar de cada una un poquito para así lograr lo que perseguía.

Odié la agricultura porque buscaba la riqueza y sentía que ella por el contrario me generaba más pobreza. Pero no pude escapar de mi destino, yo nací para ser campesino, los limones siguieron cayendo del cielo, pero aprendí a endulzarlos. De ser agricultor me convertí en abeja-cultor así que la miel era lo que les faltaba a aquellos limones para que fueran por siempre dulces.

Si quieres aprender a hacer limonada, comienza a crear tu propia miel.

EPÍLOGO

Cuando el joven Esteban sintió que la tristeza iba a acabar con él por la muerte de su hermano, se propuso a sí mismo no dejarse vencer, levantó la cabeza y tomó el control de su vida desencadenando con esa decisión un potencial que él no conocía.

Él decidió regresar atrás para conocer todo en cuanto a su niñez, en ese trance se dio cuenta de que odiaba lo que su padre le enseñó a hacer que era trabajar la tierra como agricultor.

Después de cumplir sus trece años, comenzó a vivir como adulto, una inquietud de superación lo invadió y comenzó a buscar los medios que lo llevaran a mejorar su vida, y lo más importante, dejar de ser un campesino.

El deseo de seguir lo hacía pensar en el siguiente paso. Entonces muy temprano encontró una brecha en el camino que lo puso en la dirección correcta. Aprendió el arte de la peluquería gracias al consejo que recibió de su hermano Leoncio, quien fue el primero en la familia que aprendió el oficio.

Sus padres se mudaron a la capital y eso convirtió a Esteban en una máquina de trabajo donde hacía diferentes oficios para vivir. Vendió pan en la calle, fue taxista y peluquero, también estudiaba para aportar a su gran deseo de superación.

En el camino y en su lucha por la vida, encontró personas que lo guiaron, pero también fue engañado por otras que vieron la oportunidad de venderle un sueño, y como era lo que él perseguía, lo compraba. Esas situaciones lo fortalecían más y aprendió que esas serían las piedras que debía ir quitando para no tropezar nuevamente.

Una visa en su pasaporte para cruzar ese inmenso océano era lo que lo hacía suspirar por una oportunidad al otro lado. Pensaba que después de hacer tanto en su pedacito de tierra, República Dominicana, era necesario salir de allí para no heredar la miseria que traía de sus padres.

Muchos intentos fueron frustrados, sin embargo, como la gota de agua que de tanto caer en la misma roca termina en hacerle un hoyo, así mismo fue la insistencia del joven, logrando con eso la llegada a México.

Amigos, tragos, trabajos y amores, serían la realidad que lo esperaba en México. «La vida se toma de la manera que llegue», se dijo a sí mismo el joven Esteban. Él determinó que los amigos no eran buenos ni malos, solo eran, y que la vida era de la manera en que uno mismo la veía. Detrás de algo que crees que es malo vendrá algo bueno, de los amigos obtenía los contactos para continuar con su sueño, al igual que de los amores, ellas tuvieron un papel importante en su vida.

La responsabilidad en el trabajo era lo que lo caracterizaba, llegar tarde era imperdonable, por esa razón les exigía a sus jefes respeto ya que nunca se consideró un trabajador normal, él daba todo de sí.

Durante cuatro años solo durmió entre cuatro y cinco horas diarias, ya que en la noche trabajaba en un bar y en el día en la peluquería.

•••

«Contigo sí, amigo mío, pero con otra persona que no conozca, nunca trabajaré en ese mundo», le dije a uno de mis amigos que no aceptó verme trabajar como mesero en un bar y me ofreció trabajo como narcotraficante, él me aseguraba riqueza en corto tiempo.

No podía negarme a su oferta así porque sí, pues a los narcotraficantes les molestaba que la gente se negara a lo que ellos pidieran, así que le prometí trabajar para él, no para su amigo, de esa manera conseguí mantenerme fuera de ese mundo si así lo puedo decir, aunque la fiesta siempre la compartía con ellos.

Mi vida en México con los años comenzó a mejorar, una sociedad que hice con mi hermano lo cambió todo, cuando digo todo, lo digo en todos los sentidos, porque en lo económico me iba bien, pero mi hermano se encargaba de hacer mi vida miserable.

Luché con él por años hasta que rompimos la sociedad y emprendí por mi cuenta y puse mi primer negocio, entonces luchaba por hacerlo crecer, y también debía tener cuidado de mi hermano porque se puso como objetivo hacer que mi negocio no funcionara.

Después de una decepción que tuve con una joven que consideré que era mi gran amor y que engañó mi corazón sin importar lo que yo sentía, en mi lucha por olvidarla conocí una mujer proveniente de Canadá, ella me demostró ser diferente y que era una persona que le inquietaba, así como a mí, el progreso. Ella como yo perseguía un sueño, así que nos hicimos novios y comenzamos a vivir un romance increíble.

Ella me llevó a conocer su país, vi una oportunidad para continuar mi sueño allí, así que después de casarnos nos mudamos a Edmonton.

De ese gran amor nacieron mis dos niños y con el estrés que le causaba a ella el cambio de vida, no me hacía feliz ni yo a ella, así que decidí seguir el rumbo de mi vida.

La vida se tornó difícil porque tenía que aprender la cultura y el idioma, porque para lograr mi sueño era imposible si no aprendía inglés.

Trabajé como peluquero, allí conocí a un joven proveniente del Medio Oriente, él como yo tenía sueños, así que lo convencí para que fuéramos socios y de esa manera abrí mi primer negocio en Canadá.

Muy pronto fuimos reconocidos, éramos visitados por clientes de todas partes del mundo, ya que Canadá es un país multicultural, el éxito parecía perseguirme como yo lo perseguía a él.

En una fiesta a la que fui invitado por uno de mis clientes conocí el siguiente amor que me acompañaría en mi largo camino hacia el éxito. Ella era la hija de una familia muy rica y con mucha educación, yo que ya tenía una trayectoria en mi vida, tuve que hacer uso de mis conocimientos para poder encajar en esa familia. Les hablé de mis negocios en México y Canadá, sentí que era importante hacerlo ya que las personas con alto estatus no son dados a relacionarse con personas de bajo nivel económico.

Su padre era el dueño de una exitosa compañía, ellos producían toda la miel que se exportaba a Europa y Asia. Su padre aprobó nuestra relación, él traía prisa en la vida ya que padecía de cáncer y la vida se le estaba acabando; su preocupación era ver a su hija casarse ante de su muerte.

El amor que ella y yo sentíamos era suficiente para cumplir el deseo del suegro, así que hicimos una gran boda. Un día después murió, dejando la familia hundida en la tristeza y la preocupación de cómo continuar el legado que había dejado.

A mí me perseguía el campo porque terminé comprando la compañía y la mansión del suegro, mi esposa y yo seríamos los nuevos dueños.

Mi nueva compañía producía el dinero que necesitaba para vivir sin preocupación y dejar de preguntar el precio de las cosas.

Mi esposa estaba tan feliz de tener la mansión y la compañía de su padre que dedicó sus horas a escribir poemas.

Pienso que la vida nunca fue mala, sino que no sabía cómo hacer que la parte agria y pesada, se convirtiera en liviana y dulce.

SOBRE EL AUTOR

Esteban Gerbacio es nativo de Yamasá, Monte Plata en República Dominicana. Es hijo de Francisco Gerbacio correa y de Santa Primitiva De los Santos. Uno de once hermanos, de estratos humildes que supo aprovechar las oportunidades de la vida y resistir los embates de los tiempos difíciles. Hombre de trabajo y de gran voluntad, se desempeña como empresario del estilismo con presencia en varios países y sede principal en la ciudad de Edmonton, Canadá, donde también reside el escritor.

estebangerbacio.s

Esteban Gerbacio

esgerbacano@gmail.com

Made in the USA
San Bernardino, CA
25 July 2020